复旦文史丛刊

利玛窦
紫禁城里的耶稣会士

[美]夏伯嘉 著
向红艳 李春圆 译
董少新 校

A Jesuit in the Forbidden City:
Matteo Ricci 1552-1610

上海古籍出版社

图书在版编目(CIP)数据

利玛窦:紫禁城里的耶稣会士/(美)夏伯嘉著;向红艳,李春圆译. —上海:上海古籍出版社,2020.6
(复旦文史丛刊)
ISBN 978-7-5325-9632-4

Ⅰ.①利… Ⅱ.①夏… ②向… ③李… Ⅲ.①利玛窦(1552-1610)—传记 Ⅳ.①B979.954.6

中国版本图书馆 CIP 数据核字(2020)第 081909 号

复旦文史丛刊

利玛窦:紫禁城里的耶稣会士

[美]夏伯嘉　著

向红艳　李春圆　译

董少新　校

上海古籍出版社出版发行

(上海瑞金二路272号　邮政编码200020)

(1) 网址:www.guji.com.cn
(2) E-mail:guji1@guji.com.cn
(3) 易文网网址:www.ewen.co

常熟新骅印刷有限公司印刷

开本635×965　1/16　印张21.25　插页8　字数295,000

2020年6月第1版　2020年6月第1次印刷

印数:1—1,500

ISBN 978-7-5325-9632-4

B·1153　定价:95.00元

如有质量问题,请与承印公司联系

利玛窦画像

游文辉绘　油画　1610年　罗马耶稣会藏

（游是利玛窦的追随者）

马切拉塔（Macerata）
利玛窦的故乡
Francesco Mingucci 绘
1626年

16世纪晚期的果阿
选自Georg Braun和Franz Hogenberg所著 *Civitates Orbis Terrarum*（1575），耶路撒冷希伯莱大学和犹太国家图书馆提供

16世纪晚期的里斯本
选自Georg Braun和Franz Hogenberg所著 Civitates Orbis Terrarum（1575），耶路撒冷希伯来大学和犹太国家图书馆提供

利玛窦世界地图　1600年版

万历皇帝像

明代绘北京紫禁城

《基督教远征中国史》（*De Christiana Expeditione apud Sinas*）首页

"复旦文史丛刊"编纂说明

复旦大学文史研究院成立后,致力于推动有关中国文化与历史的研究,近期重心是围绕着"从周边看中国"、"批评的中国学研究"、"交错的文化史"和"域外有关中国的文字资料与图像资料"、"宗教史、思想史与艺术史的综合研究"等课题进行探讨,同时,也鼓励其他相关文史领域的各类研究。为此,复旦大学文史研究院与上海古籍出版社合作,出版这套"复旦文史丛刊",丛刊不求系统与数量,唯希望能够呈现当前文史研究领域中的新材料、新取向、新视野和新思路,并特别愿意鼓励和收录年轻学人的著作。

本丛书基本体例如下:

(一)本丛刊收录有整体结构和完整内容的有关中国文史的研究专著,不收论文集。

(二)本丛刊内所收专著,一般字数在25—40万字,个别情况可以超过此限。

(三)接受国外以其他语言写成的专著的中文译本。

(四)注释一律采用页下注,书后要有《引用文献目录》,如有《人名索引》和《书名索引》,则更为欢迎。

（五）本丛刊设立匿名审稿制度，由复旦大学文史研究院聘请两位国内外学者担任匿名审稿者，如两位审稿者意见和结论彼此相左，则另请第三位审稿者审查。

（六）本丛刊由上海古籍出版社负责编辑出版。

2008年5月

中 译 本 序

　　本书的出版,实拜复旦大学文史研究院葛兆光教授鼎力支持,特此致谢。翻译工作主要是由宾州州立大学历史系博士生向红艳与复旦大学博士生李春园两位完成。广东省民族宗教研究所的赵殿红博士亦给予了很大帮助。复旦大学的董少新博士审阅了全文,不遗余力。在此谨向各位表达我衷心的感谢。

　　本书用词,"基督教"之义泛指基督宗教。在明末耶稣会传教士的著述中,"基督教"只有罗马天主教的涵义。近人常以"天主教"与"基督教"代表基督宗教两大教派的区分。本书则以新教、旧教两名词分别代表反对与拥护罗马教宗神权的两派人士。

夏伯嘉
2011 年 4 月 15 日

目 录

中译本序

致谢

插图

地图

缩略语

序言 / 1

第一章　马切拉塔和罗马 / 1

第二章　葡萄牙海洋 / 28

第三章　澳门 / 56

第四章　肇庆 / 84

第五章　罗明坚 / 104

第六章　韶州 / 124

第七章　南昌 / 150

第八章　南京 / 180

第九章　北京 / 212

第十章　《天主实义》/ 234

第十一章　奠定基石 / 253

第十二章　畸人 / 277

结语 / 296

附录：指控罗明坚通奸行为之判词 / 318

参考文献 / 319

致　　谢

宾州州立大学的安息假期使我有时间撰写本书的主体部分,感谢文学院和历史系给予的这个长假。本书得以完成,要感谢我的同事兼朋友伍安祖,我们一起在广东参观利氏遗迹,他一路承担摄影工作;感谢 John Morrow 为我准备地图;感谢美国集邮协会的 Ellen Peachey 小姐帮助鉴别利玛窦纪念邮票;感谢向红艳帮忙准备出版稿件。多年前的一份生日礼物 *Fonti Ricciane* 激发了我对这个课题的研究热情,历史学家 Sophie de Schaepdrijver 既是我的同事,亦是我的爱人。我们多年来有过许多次愉快的谈话,我经常向她辩称并解释我对耶稣会士的研究兴趣,并在这些谈话中闪现出灵感。谨将本书献给 Mathilde Ming-wei(夏明慧)和 Eduard Ming-tse(夏明志),希望在不久的将来,他们能够得到探索中国的愉悦,一如他们对欧洲的探索。

插 图

1. 利玛窦出生的房子 / 2
2. 马切拉塔的陡坡 / 5
3. 16 世纪晚期的罗马 / 7
4. 罗马学院(Collegio Romano)正面 / 13
5. 在书房中的克拉维乌斯肖像 / 15
6. 澳门 / 60
7. 明代官员徐显卿交游图 / 74
8. 肇庆西江边的崇禧塔 / 89
9. 南华寺大门 / 125
10. 珠玑巷 / 148
11. 梅岭古道 / 149
12. 徐显卿《宦迹图》/ 178
13. 南京明代城墙 / 192
14. 圣路加(San Luca)的圣母像 / 285
15. 金尼阁(Nicholas Trigault)画像 / 299
16. 徐光启雕像 / 302
17. 耶稣会墓地入口 / 312

地　图

1. 从里斯本到澳门 / 46
2. 明代的中国 / 57
3. 肇庆 / 87
4. 韶州 / 127
5. 南昌 / 159
6. 明代的南京城 / 187
7. 明代的北京城 / 217

缩 略 语

ARSI, Jap-Sin　Archivum Romanum Societatis Iesu, Japonica-Sinica（罗马耶稣会档案馆和汉文献）

DI　Documenta Indica, 1540 – 1597, 18 volumes, editor, Joseph Wicki. Rome: MHSI, 1948 – 1988（《印度文献集》）

FR　Fonti Ricciane. Matteo Ricci, Storia dell'Introduzione del Cristianesimo in Cina, 3 volumes, editor, Pasquale D'Elia. Rome: La Libreria dello Stato, 1942 – 1949（《利玛窦文献集》）

HCC　Handbook of Christianity in China Volume One: 635 – 1800, editor, Nicolas Standaert. Leiden: Brill, 2001（《中国基督教史研究手册》）

Lettere　Matteo Ricci Lettere (1580 – 1609), editor, Francesco D'Arelli. Macerata: Quodlibet, 2001（《利玛窦书信集》）

MHSI　Monumenta Historica Societatis Iesu（耶稣会历史学会）

OS　Opere Storiche del P. Matteo Ricci S. I., 2 volumes, editor, Pietro Tacchi-Venturi. Macerata: F. Giorgetti, 1913（《利玛窦著作集》）

序　言

在生命的尽头，利玛窦击败了他的敌人。

1611年11月1日，这位意大利传教士被他的同伴们葬在大明王朝的首都北京城外。葬礼在一座新建成的小教堂举行，坐落于一个被充公的庄园，庄园过去属于一位曾经地位显赫但当时已经失宠的宫廷太监。庄园一度被用作佛教寺庙，现在被皇帝赐作利玛窦墓地，又转而成为天主教教堂，并被整饰一新，祝为圣地，以备葬礼之需。成百上千的信众参加了葬礼，其中有官员徐光启和李之藻，他们是利氏的生前好友，现因后者的去世而显得彷徨无依。还有其他官员和教外之人敬献花圈和唁词，其中不乏高层人士，他们视利玛窦为一位德高、正直、博学的非凡之人。出于敬意，万历皇帝批准诸臣上书，以宫廷待遇举行葬礼。1610年5月至10月，利玛窦躺在一个密闭的棺材内，源源不断的客人到北京的耶稣会住地向他表达最后的敬意，他们在这位西方人的画像和遗物前鞠躬献花圈，一如中国瞻仰逝者的悠久传统。利氏最后被安葬于北京西门之外。

请求皇帝赐予墓地的提议来自徐光启的学生孙元化，文辞优美的奏疏出自李之藻之手，叶向高阁老等高官与所有重要的利氏朋友们则在政治上施以援手。自从墓地选定,耶稣会士们还要反击失势的太监一而再再而三地想要收回庄园的企图。事情一成定局,他们就欢欣鼓舞地收拾破碎的佛教塑像和装饰,将这些"偶像崇拜"的残渣碾成粉末,用水泥混合,为天主教堂奠基。即使是死后,利玛窦还是大获全胜,击退了他生前的敌人,包括太监和僧侣,这些人使他在中国漫长的岁月中遭受了许多磨难。从上疏皇帝到举行葬礼,历时八个月;利玛窦既非国王,亦非使节,却是首位在中国获此宫廷葬礼殊荣的平民外国人,至此,他在中国已度过了二十八个春秋。

利玛窦经历了一个漫长的旅程。他出生于一个因新教改革而支离破碎的世界,离开了与罗马教会的敌人——异教徒和异端者——无休止的斗争中重拾力量与信心的天主教欧洲,来到中国。除了天主教正统教义之外,利玛窦还吮吸了文艺复兴的甘露,接受了希腊语和拉丁语的人文主义熏陶,并学习了自然哲学。因为坚信人的救赎要同时依靠真正的知识和学说,利玛窦和成百上千的先辈传教士以及成千上万的后辈们千方百计地向非基督教世界传播他们的精神产品。这些灵魂商人沿着胡椒商人——葡萄牙人——开辟的海路走向东方。葡萄牙人开辟的站点和要塞已经形成海上贸易网络,从马德拉群岛到巴伊亚,从莫桑比克到果阿,从马六甲到澳门。从此,利玛窦得以进入明王朝的大门。

明朝的中国就好像是一座富丽堂皇的大宅院。其围墙之高耸,庭院之宽敞,大堂之奢侈,给访客留下深刻的印象,但最好的建筑部分却十分隐蔽。只有亲信、亲属和密友才能有幸进入区分公开与私密区域的屏风之后。穿过通往内室的曲折的走廊,东西厢分为男女眷属的寝舍,房间面朝花园和池塘,有石头铺彻的小路,池塘中有假山点景,荷花与牡丹烘托出湖心的美亭,书房静谧,经室低诵。再往远处,则是仆役们的嘈杂场景,做饭声、洗衣声、吆喝声扑面而来。耶稣会士们于16世纪80年代进入中

序　言

国的时候,这座宅院没有片刻的安静。在它从内到外看上去似乎富丽繁荣、生机勃勃的时候,却遭遇了大火。恰如著名的佛教经典《妙法莲华经》中的隐喻,生命被激情和欲望消耗殆尽,如同房屋失火,屋中人浑然不觉,直到整个房屋在他们的头顶塌陷。当危机的迹象交织出现,官员、士绅和平民开始寻找答案和出路,世界大变的情绪蔓延,不公正、不平等和焦虑感随之出现,社会失去稳定的秩序。

远道而来的利玛窦却闯入了这个院落。这位意大利传教士凭着其智慧、魅力和坚持,成功地进入中华文明的核心层面,而这种文明向来排斥几乎所有的外来之客。按照耶稣会士的比喻,他曾经希望进入房屋,迫使屋中之人随他而出,皈依天主教信仰。后来的他成功探索了中国大院的内部构造,进入了他们私密的领地,现实已经远远超出他最初的期望。但这是一条不归路。这就是利玛窦和他的世界的故事。

第一章　马切拉塔和罗马

1552年10月6日,利玛窦出生于教宗国马尔凯区行政首府马切拉塔城,父母分别是乔万尼·巴蒂斯塔和乔万娜·安洁莱丽。16世纪后期的马切拉塔是教宗国农业生产最发达的地区,有12 000人口;它所在的马尔凯区,除了一些河谷和一条狭长的海岸外,都是山地城镇和村庄。较高的地势成了阻止强盗和疾病的天然屏障;但崎岖的地形也阻碍了交通,南北几乎无法通行,东西则要翻越意大利的脊椎——亚平宁山脉。马切拉塔城(彩版2)坐落于两河之间的一座山上,俯瞰着脚下起伏的葡萄园、橄榄树林和麦田,它的北方紧邻马尔凯区的两个重要城镇:一个是亚得里亚海港安科纳,是通向东地中海的关口,这里的犹太、希腊和土耳其商人社区非常繁荣;1532年安科纳失去自治权,转属教宗国,1550年代,教宗保禄四世治下的宗教裁判所,以秘密信奉犹太教的指控烧死了大批葡萄牙"皈依者",引发了一场对安科纳的奥斯曼犹太人商业的抵制。另一个是洛雷托,它的兴起靠的不是商人,而是朝圣者。洛雷托号称意大利第二圣城,吸引了大批前往拿撒勒屋的朝圣者,拿撒勒是圣母领报之处,也是神圣家庭的居所,传说在13世纪天使将其从圣地搬走。虽然东侧15英里便是亚得里亚海,马切拉塔却因政治、经济等原因跟罗马关系极为密切。16世纪时,罗马和马切拉塔之间有着稳定的人流、物流,有前往洛雷托的朝圣者,有罗马到安科纳、里米尼和威尼斯去的定期邮差,还有从马尔凯区护送岁入到使徒商会(教宗国的税务所)去的教宗国官员和士兵,以及从马尔凯的麦田运粮食到人口日渐膨胀的罗马城的四轮马车。所有这些都沿着一条古罗马道路行进,从马切拉塔出发,经托伦蒂诺、卡梅里诺、福利尼奥,越过亚平宁,道路转向南方,朝斯波莱托方向去之前,会经过博尔盖托,货物在这里转到台伯河的驳船上,行人则继续沿着弗拉米尼亚大道,从罗马北门弗拉米亚门进城。

身为一个首府城市的中世纪名门后裔,乔瓦尼·巴蒂斯塔·利奇对子女们抱有极高的期望。从乔万尼的药房步行片刻就能到城市中心广场的市政楼。他和他的大家庭住在商会大楼旁边几步路远的一条小巷子里,旁边就是利玛窦出生的那所房子(图1)。如此接近马切拉塔的心脏地带,显示了乔万尼的地位。作为一名成功的商人,他入选了市政委员会。利奇家族古老又体面,将来的一代人很可能从城市中产阶级上升为

图1　利玛窦出生的房子,马切拉塔,1626年。作者摄影。

第一章 马切拉塔和罗马

贵族;而教育是个中关键。利玛窦差不多刚会走路时,乔万尼就让他跟随一位名叫尼可洛·本奇万尼的神父学习拉丁文。1559年本奇万尼离开当地,去参加新创的教团耶稣会,7岁的利玛窦就在家中继续接受教育。我们对他的家庭生活所知甚少。这个家在不断扩大,乔万娜一共生了九个男孩、四个女孩,利玛窦大概是家中的老大。多年之后听到祖母死讯时,利玛窦曾经回忆说,母亲乔万娜的时间几乎全用于繁杂的家务,是祖母拉里娅"有段时间如同另一位母亲般"抚养他。他似乎和弟弟安东尼奥·玛利亚关系很好,对最小的几个弟妹可能就了解不多了,他离家时有些弟妹还未出生。

1561年,受本城神父之邀,耶稣会士来此创办了一所学院。因为不收学费,加上优秀的人文学术和严格的纪律,耶稣会所办的学院对城市精英们吸引力极大。乔万尼·巴蒂斯塔毫不犹豫地把年幼的利玛窦送进学院。耶稣会学院共招收了大约140名男孩,其中不少寄宿生,学生几乎全都来自本地上流家族。和神父们一起的七年对年幼的利玛窦影响极大,在他一生的思想和情感个性上都留下了烙印。

按照后来的《修学进程》即《耶稣会教育总纲》要求,耶稣会学院的教师"应以如下方式训练那些被托付与耶稣会教育之青年:在学习文学的同时,学生应将基督徒之道德品行内化为自身素质,此乃首要之务。然而,教师又应特别注意,无论是否在课堂之上,只要时机适宜,就教导青年,使他们具备各种美德,亦即吾人应借之以取悦他(上帝)的那些美德"。[1]

第一个目标:获取拉丁文和希腊文的知识,可通过一套渐进的初等教育课程来实现。从初级语法课开始,逐渐提高到中级语法、高级语法、人文学,再到修辞学。利玛窦在马切拉塔耶稣会学院的七年中,前几年要掌握拉丁文语法,并学习希腊文句法基础。升入人文课程后,要花两到三年时间背诵西塞罗的作品和一些罗马诗歌,同时学习希腊文语法。紧接

---

[1] *The Ratio Studiorum. The Official Plan for Jesuit Education*, trans. Claude Pavur S. J. (St Louis: Institute of Jesuit Sources, 2005), 137.

着是大规模的拉丁文学习,从西塞罗、凯撒、萨卢斯特、李维、库蒂乌斯的韵律学,到维吉尔和贺拉斯的诗歌(当然要删掉那些淫秽部分)。还有更难的希腊散文,为修辞学课程做准备。按照规定,学生之间要以拉丁语交流,通过口头朗诵和书面写作、翻译、评论等进行强化训练;除了节日,学生每周六天,上午下午不停上课,只在课程中间略作短暂休息。进入修辞学课程后,记忆就显得无比重要,因为学生要背诵大段大段的西塞罗作品,为提高希腊文水平,还要阅读德摩斯梯尼、柏拉图、修西底得、荷马、赫西俄德、品达,以及格列高利·纳齐安、巴西略、克里索斯托等教父的作品。不过正如西塞罗是拉丁文的核心,希腊文的核心是亚里士多德;这一年级的主要文本是亚里士多德的《修辞学》和《诗学》,为下一阶段耶稣会教育全面学习亚里士多德热身。学院每周、每月都有练习、竞赛和奖励,还有向市民社区展示教育成果的公开辩论,耶稣会士们通过这些方式保持学生的活力,奖励优秀的,记下平庸的,惩罚懒惰的,开除不守纪律的。

第二个目标:灌输基督教道德价值,这要靠日常行为和榜样的力量。耶稣会学院的所有课程都以祷告开始,所有学生每天参加弥撒,所有人必须每月忏悔。比较积极的学生则加入学院的玛丽亚兄弟会,有些还私下和神父虔诚交谈。最热忱、最聪明的学生可以担任各级别兄弟会、学会的办事员,藉此将道德与智慧融汇一体——这一方面是耶稣会极为重视的。

在利玛窦的这些同学和朋友中,有两个人日后加入了耶稣会。一个是吉罗拉莫·科斯塔,出身马切拉塔一个贵族家庭,和利玛窦年纪相仿,在学院中两人一直是密友。他于1574年在罗马成为耶稣会士,并升到了耶稣会的重要管理层。两位友人保持了一生的往来。另一个是朱利奥·阿拉雷奥尼,1577年在罗马成为耶稣会见习生,利玛窦也认识他的弟弟吉罗拉莫,后者十年之后也加入了耶稣会。

尽管马切拉塔也有一所从13世纪后期的法学院发展而来的大学,但对利玛窦这样的天才少年和他雄心勃勃的父亲来说,这个城市太小了。这里有可爱的红瓦屋顶,有优雅的中世纪教堂塔楼,居高临下可以俯瞰葱

第一章 马切拉塔和罗马

绿的河谷,可惜教宗国马尔凯区太偏远了。所幸的是,越过亚平宁山脉就是罗马,那是教宗国的首都,也是意大利和整个天主教世界的首都——"世界之都",那是世界上最光辉的城市,有无数人赞美她的荣耀。

1568年,乔万尼·巴蒂斯塔把儿子送到了罗马。利玛窦离开了家乡长长的坡道(图2),沿着翻越亚平宁山脉的平整大道来到台伯河岸边,来

图2 马切拉塔的陡坡。作者摄影。

到有着平坦马路的罗马,进入罗马大学学习法律。法学,是比药学更加高贵的专业。不是所有的儿子都要待在家里,最聪明的应该走得最远。在父亲眼中,利玛窦最终将成为一名律师,踏上教宗国行政官员的成功道路,不仅能给自己挣得体面生活,或许也能给下一代挣一个贵族头衔。对利玛窦的大学生涯,我们几乎一无所知。不过要想掌握民法和教会法的文本,需要很强的记忆力和专门技术;或许还要耐得住寂寞,我们知道这一点就可以了。与耶稣会士的密切联系,让年轻的学生感受到了家乡生活的延续:他向罗马耶稣会学院的神父忏悔,并加入了罗马学院的圣母领报会。1571年8月15日,即将迎来19岁生日的利玛窦前往奎里尔诺山上的耶稣会见习修道院,请求加入耶稣会。

现存的耶稣会见习修道院奎里尔诺圣安德鲁教堂是17世纪由贝尔尼尼设计的,它所在的地方此前是蒙特卡瓦罗圣安德鲁教堂。后者是在利玛窦加入耶稣会之前的几年由蒂沃利主教安德鲁·科洛斯捐赠给耶稣会的一座教区教堂,隐身于这座外表朴素的建筑的见习生们,在将来的教会史上赫赫有名。

这个消息让父亲乔万尼·巴蒂斯塔非常失望,他动身前往罗马想劝阻儿子;老父亲指望着儿子有个光彩的前程,他的天才绝不能浪费在牧师这一行上。刚刚上路几个小时,在大约12英里外的托伦蒂诺,乔万尼·巴蒂斯塔就发起高烧,不得不返回马切拉塔。这位药剂师认为此乃上帝的旨意,只好听任儿子走上宗教职业。

1570年代的罗马(图3)正在转型之中。这座永恒之城已走过了一个世纪的城市复兴,在中世纪城墙之内,整个市区的各个角落散布着新的教堂、宫殿、马路、纪念碑、喷泉和桥梁等等。转型的完成还要花上一个世纪时间,过程进行得时紧时慢:两位文艺复兴时期的教宗西克斯图斯四世和朱利叶斯二世——他们是来自德拉·罗维尔家族的叔侄——的富有活力的任期监督了梵蒂冈图书馆的设立和西斯庭教堂的完工;接着是1527年罗马大劫之后的多年萧条;然后在教宗法尔内塞·保禄三世(1534—1549年在任)时期再度繁荣起来,并延续到1560年代他的孙子、

第一章 马切拉塔和罗马

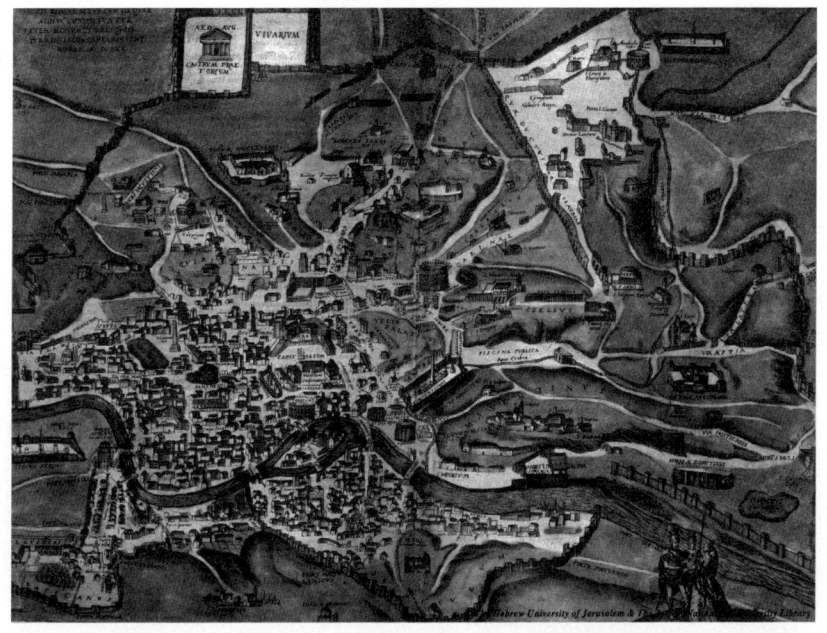

图3　16世纪晚期的罗马。选自 Georg Braun 和 Franz Hogenberg 所著 *Civitates Orbis Terrarum*(1575)，耶路撒冷希伯莱大学和犹太国家图书馆提供。

耶稣大教堂的修建者亚里桑德罗·法尔内塞红衣主教时期。总的来说，利玛窦逗留期间(1568—1577年)的罗马城正在短暂休息之中，尽管额我略十三世也进行了一些诸如耶稣会罗马学院的重建工作，但一直要到教宗西克斯图斯五世才又迎来建筑与艺术的热潮。

利玛窦来到的，是一个比家乡马切拉塔的人口多八倍的城市。城墙围起一片广阔市区，从古罗马的七山之间，一直延伸到台伯河对岸。不过虽然面积很大，正如1580年冬天到访的法国散文家蒙田所说，城内超过三分之二是空地，罗马的人口似乎只有巴黎的三分之一。罗马的房屋都集中在台伯河边的市中心地带，还分为许多区，每个区各有特色。紧挨着台伯河和马赛琉斯剧场的圣安格罗区里，有教宗保禄四世设立的犹太聚居区，住着3 000多名犹太人。西班牙人、法国人和德意志人的社区是三个人数最多的外国人聚居区，都拥有各自的教堂：圣贾科默教堂、圣路易吉教堂和圣玛丽亚灵魂之母教堂。也有来这里寻求政治避难、以罗马为家的,像英国的天主教徒、希腊与阿尔巴尼亚的难民等。罗马有来自全意大利的人:佛罗伦萨人集中在五区(蓬特区),科西嘉人集中在十三区(特拉斯提弗列区),米兰人分布比较散,但人数也很多,只有威尼斯人相对较少。在密集的居民区中散布着中世纪教堂和古罗马的名建筑:万神庙、图拉真广场、卡比托利欧山和马赛琉斯剧场。靠着台伯河,清一色的石头铺成崭新的朱利亚大道直通法尔内塞宫;这座宫殿是教宗保禄三世还只是红衣主教时开始修建的,它是16世纪意大利最重要的宫殿,至今仍然是最漂亮的罗马宫殿。跨过台伯河,面目狰狞的卡斯特兰格罗山护卫着梵蒂冈,当然那时的教宗城和今天还大不相同。始建于1506年的圣彼得大教堂还要半个世纪才能完成。这座教堂的穹顶由贾科默·德拉·波塔设计,这个十多年后才完工的穹顶,现在还只是头上的一片天空。圣彼得广场还没有17世纪天才贝尔尼尼设计的那些柱廊,圣灵博格路两边的房子也挡住了欣赏台伯河的视野。从德国制图学家格奥尔·布劳恩和弗朗茨·霍根堡绘制的一幅题为"世界之城"的1575年罗马地图上可以看到,出了拥挤的市中心,罗马的城墙还围住了一大片空地;不用出城,就有走在乡村的感觉。若是走在从帕拉蒂尼山的古代遗址、穿过马克西穆斯竞技场、前往亚壁古道的圣塞巴斯蒂安墓穴的道路上,一个朝圣者肯定会陷入沉思;当时唯一已出土的圣塞巴斯蒂安墓穴,是前"甥侄枢机"(受担任教宗的伯、叔、舅父任命的枢机主教)查尔斯·博洛梅奥,以及菲利波·内利曾经来此祈祷缅怀殉道者之处,他们后来都成为教会的圣人。罗马城的另外三座山:埃斯奎利诺山、维米纳尔山和奎里尔诺山,山上建筑也很少。城南和城东大部分地区人口稀少,克劳迪娅水渠和圣约翰·拉特兰教堂就在城市边缘了。从奎里纳尔山上的耶稣会见习修道院教堂可以鸟瞰整个市中心、台伯河和梵蒂冈,视野相当开阔。

不一样的人看到不一样的罗马。蒙田觉得罗马"到处是宫廷和贵族,人人都有一种僧侣式的懒散";他怀念起工场成排的巴黎街道来,而罗马就只有宫殿和花园。将《圣经》译成英文而成名的英国牧师格里高利·马丁曾在罗马有过一段愉快的生活,对他来说,这座永恒之城全是教堂、修女院和医院。两人都发现罗马有着无数的宗教典礼：在这个神圣舞台上，在罗马那些宏伟教堂组成的幕布前面，教会指挥着大批演员，表演教宗谒见、布道、游行，大斋节的救赎及驱邪等一出出永不停息的大戏；也有大规模展示大众虔诚的活动，狂热的人群组成上百个会团游行，人们抽打自己的脊背，对着圣维罗妮卡那块布上带血的基督面容哭喊，凝视圣约翰·拉特兰教堂里圣徒彼得和保禄的面具一样的头颅以及其他圣人遗物，或者全神贯注地聆听教堂与街角富于激情的忏悔和布道。

  无论是宫殿之城还是教堂之城，罗马比欧洲任何其他地方都有更多的来访者。使节们前来向教宗宫廷递交国书并亲吻教宗绣着牧徽的室内便鞋（不过莫斯科大公派来的首任俄罗斯外交官在向额我略十三世递交国书时拒绝了这个仪式）。成千上万的朝圣者从欧洲乃至全世界的各个角落来到这里，特别是到了每二十五年一次的大赦年，平常稳定的人流会变成洪流。当时，古迹指南对识字者而言唾手可得，于是像蒙田这样依照指南来参访教堂和古罗马遗迹的文化观光客，也可能到贵族的宫殿去欣赏私人的古董收藏品：他们是 17 世纪文化"大旅行"的先驱。罗马的教会招待所、朝圣者之家以及超过 300 家旅馆，为旅客们提供服务。还有大量的妓女，既服务本地顾客，也满足旅客们那并不太圣洁的需求。尽管她们拥有美貌且名声在外，蒙田却抱怨这些妓女连聊天的时间都要以跟"服务"同样的价格收取费用，而且言语乏味，无法引起他说话的兴致。当年和现在一样，罗马人都知道如何依赖观光客维生。

  这就是当时天主教世界的中心。它遭到过新教改革的冲击，又在 1527 年被皇帝查理五世（一位信奉天主教的王子！）的军队劫掠，在特利腾大公会议上也不止一次出现了批评罗马教会最高层的声音，不过等利玛窦到来时，这些已经平息。1563 年特利腾大公会议成功闭幕使天主教世界重拾信心，又由于有了要促成非欧洲的异教徒皈依的新目标而使得此信心更加强化。教会因此重拾信心。罗马重申了其天主教会核心和正统基督教支柱的地位，罗马的城门守卫搜查每位到访者以防带入新教异端的有毒书籍，蒙田就被门卫搜查过。

教宗是正统争夺战的支柱。1572年,在一场不到24小时的秘密选举会上,出身博洛尼亚贵族、受过律师训练并参加了最近一次特利腾大公会议的红衣主教乌戈·邦孔帕尼当选为教宗。他是教会史上第十三位采用"额我略"称号的教宗,显示他要效仿前一位"伟大的额我略"(590—604年在任)对教会进行改革。教宗和西班牙国王菲利普二世的联合,旗帜鲜明地提出了教会复兴的道路:和新教作无情的斗争以改造迷途的灵魂。当选之后不久,额我略十三世发行了纪念牌,纪念当年圣巴托罗缪之夜(8月24日)对数千名法国胡格诺教徒发动的大屠杀。此举引发新教世界的不满,以及一些天主教徒(例如科隆日记的作者赫尔曼·冯·维恩斯伯格)等人私下的批评。还是在1572年,新教宗指派最后几场特利腾大公会议的主席、红衣主教乔万尼·莫罗恩前往德意志主持一次圣会,深入讨论在新教异端腹地的斗争策略问题。1573年,额我略十三世重开德意志学院,这是一所建于1551年、但两年之后因为经费短缺而关闭的教宗神学院。按照红衣主教莫罗恩的文雅说法,德意志学院的目的是培养新一代有学养、坚持正统、组织严密且忠于罗马的天主教士,在新教堡垒德意志内部安上一匹特洛伊木马,从内部征服死敌。随后几年,在额我略十三世的支持之下,匈牙利、英格兰、希腊和其他一些国家学院相继建立。所有这些学院都交由天主教最杰出的教育家——耶稣会士——负责。

按那个时代的说法,天主教会就像濒死的病人,四肢和全身器官都感染了新教异端,唯一剩下的只有"教会的神经和肌腱"——教士。现在,这个病体正在复苏,如果说教宗是心脏,那么耶稣会士就是血管,将生机和活力注入身体的每个部分。

年轻的利玛窦所加入的耶稣会是16世纪最有活力的宗教团体,创建于1540年,创始人是西班牙人依纳爵·罗耀拉。不同于传统修会较重视共同生活的规定,包括日课在内,罗耀拉和他的耶稣会早期同伴认为自己是传福音的布道者。为了把基督的声音传到任何地方,需要有高度的流动性和灵活性,这一点导致早期耶稣会士遭到指责;另外一个招致指责的因素是以救世主耶稣命名,这显示出了傲慢,似乎是想要凌驾于多明我

第一章 马切拉塔和罗马

会、方济各会和其他旧有教团之上；后面这些都是以创始人的名字命名的。克服了最初的困难之后，耶稣会士马上成为广受欢迎的教育家，他们的学识、教义和纪律为他们赢得了统治精英的邀请，得以在各地创办学院，或者接管被旧教团废弃掉的机构；学院成了耶稣会成长的动力。最早一批耶稣会学院出现在甘迪亚、墨西拿、巴勒莫和科隆。1551 年耶稣会教育的旗舰——罗马学院开张，校名题为"免费的语法、文学及基督教义学校"。这里是最主要的耶稣会士培训机构，在额我略十三世的支持下被冠名为"宗座额我略大学"。依纳爵去世时的 1556 年共有 46 所学院，到 1579 年利玛窦抵达印度之时已经有 144 所学院，在跨越三大洲的天主教地区构成了耶稣会据点的庞大网络。学院配有教授、导师和其他助手，并招收最聪明和最虔诚的学生，是学院让耶稣会得以持续扩大。1556 年有 1 500 名耶稣会士，1565 年 3 500 名，1579 年 5 164 名，到 1626 年耶稣会士的队伍扩大至 15 544 名，此后增速明显放慢，最终在 1740 年代达到最高峰——超过 22 000 名。

依纳爵把新教团的总院设在了罗马，和这座城市一样，耶稣会正在建设之中。靠着持续增长的成员和教宗的支持，耶稣会或者叫"教团"，代表着后特利腾大公会议时代最活跃的教会力量。在利玛窦见习期间，耶稣会在罗马有超过 200 名会员，分属奎里纳尔圣安德鲁教堂和罗马学院的立誓神父室。他们是第二大的教团，人数上仅次于包含许多分支的圣方济各教团系，据格里高利·马丁所说，后者大约有 315 人。1575 年左右，在总共约 9 万罗马人口中，各类教团共有超过 1 100 名男性成员和 978 名女性成员，此外还有世俗神职人员。在这片教会的天空中，耶稣会是一颗冉冉升起的明星。耶稣会成员、罗马学院经院神学教授西班牙人弗朗西斯科·德·托雷多号称是最雄辩的牧师和道德完美之人，由于教宗的器重，长期担任教廷布道师，只在额我略十三世期间短暂离任，1593 年他成为首位耶稣会士红衣主教。另外有十二名耶稣会牧师参加圣彼得大教堂的定期布道，还有一些在耶稣会自己的教堂或在公开死刑之后布道，以满足公众对圣道演说的强烈需求。在这个充满宗教仪式的城市，修辞是展现神圣性的核心因素。正如西塞罗所说,演说是"智慧的充分表达";耶稣会士都精通圣道演说,善于用雄辩和理智增进基督信仰的神秘。始建于 1568 年的耶稣会母堂"耶稣堂",实际上就是专为布道而设计的,能通过良好的采光和极佳的音响效果在空旷的教堂内部创造出焦点。在利玛窦的时代,耶稣堂还是节制和简明的样板,到巴洛克时代就变成了一座曲线华丽、图案夸张而且过度表现的场馆了。

利玛窦出现在见习修道院时,他的全部财产包括一件旧外套、三块手帕、一条毛巾、三本书和一些干面包。他发誓"怀着上帝的恩赐观察耶稣会的全部制度、规则和生活方式,追求中立与温顺以达到耶稣会所要求的修养与儒雅,并尽可能地服从一切命令"。接待利玛窦的是主管见习生的范礼安,一个来自离利玛窦老家不远的阿布鲁齐地区基耶蒂城的贵族。范礼安对利玛窦一生影响极大,以后我们还会详细介绍。他的继任者是法比奥·德·法比耶(1543—1615),一个刚刚受任为牧师两个月的年轻罗马贵族。接下来的一年中,法比奥对利玛窦非常关心,让这位见习生终生感铭。法比奥后来在耶稣会重担任了很多重要职位,从见习主管升任罗马学院院长、总会长意大利地区助理,再到耶稣会罗马教省会长。1572 年 1 月,利玛窦被派到立誓神父室(这里都是立下耶稣会全部四个誓言的神父)从事低级的院务工作。5 月,利玛窦发了信仰誓言,并前往罗马耶稣会士的静修地、托斯卡纳的一所耶稣会学校度过了夏天。9 月正式开始在罗马学院的学习。

罗马学院(图 4)创建之初有 250 名学员,在教宗额我略十三世任期内增加到 1 000 名。在 1572 年共有超过 920 名学生,分成了如下几个班级:神学班有 60 名耶稣会士学生和 100 名非耶稣会士学生,哲学班共 215 名学生,其他分属修辞、人文和语法等班级。[1] 学院这时候共有包括利玛窦在内的 26 名读书修士,统一由日后的耶稣会总会长克劳迪奥·

---

〔1〕 数据见 Riccardo G. Villoslada, *Storia del Collegio Romano dal suo inizio (1551) alla soppressione della Compagnia di Gesù (1773)* (= Analecta Gregoriana, vol. LXVI) (Rome: Gregorian University Press, 1954), 58。

图4 罗马学院(Collegio Romano)正面。

阿夸维瓦负责照管。[1] 因为没有合适的校址,学院两次搬迁,最后定在

---

[1] Henri Bernard, *Le Père Matthieu Ricci et la société chinoise de son temps 1552-1610*, 2 volumes (Tianjin Hautes Études, 1937), i. 19.

了多利亚·潘菲利宫对面建的"罗马学院广场",就是今天所在的地方;这块地方是 1560 年由日后的教宗保禄四世的侄女德拉·维尔侯爵夫人即维托莉娅·德拉·托尔法捐赠的。罗马学院的教员中有众多耶稣会的顶尖学者,因此享有极高的声誉。蒙田惊讶于耶稣会士所受的尊敬,感叹"世上绝无任何会社与团体有如此之地位,或者说,能达到他们所将创造之成绩,设若其计划得以持续。他们即将占据整个基督教世界,因为这里乃是各方面都堪称伟大之人物的育成所。这是教会中可予当今异端以最有力之威胁者"。[1]

在这个基督教伟人育成所里,看护幼苗的园丁都是谁? 他们又是如何培育美德的成长的?[2] 1572 年,罗马学院在任院长是文森索·邦尼,他的继任是卢多维科·马塞利,后面这位院长拥有民法学博士学位,1557 年加入耶稣会,来罗马任职之前是耶稣会洛雷托学院院长。1573 年逝世的西班牙人胡安·莱德斯玛是学院的教务长;他去世后的 1579 年,发表了他的《罗马学院的教学计划》,成为 1599 年耶稣会官方《修学进程》的蓝本。利玛窦的修辞学老师是马丁诺·德·佛纳里和奥拉奇奥·托尔塞利尼;数学教授是德意志人克里斯托弗·克拉维乌斯,我们后面还要谈到这个人。利玛窦和他的几位学术导师马塞利、德·佛纳里、克拉维乌斯以及思想导师法比奥·德·法比耶保持了终生联系。当时最有名的教授有两位:一位就是克拉维乌斯,来自德意志的巴姆贝格,是当时最杰出的数学家之一,1582 年额我略十三世颁布了由克拉维乌斯(图 5)订立的更加精确的新历法以取代旧的《儒略历》,克氏也因此成为现代计时系统之父。另一位是博学的神学家、意大利人罗伯托·贝拉米诺,他因为在西属尼德兰(今比利时)的鲁汶大学阐释阿奎纳的思想而声名鹊起,后应召到罗马学院担任新设立的"争议神学讲座",并于 1576—1577 学年开设了驳斥新教的神学讲座课程,利玛窦很可能选修了这门课程。1599 年贝拉米

---

[1] Montaigne, *Travel Journal*, in Michel de Montaigne, *The Complete Works*. Trans. Donald M. Frame (New York: Alfred A. Knopf, 2003), 1167.
[2] 一份院长和教授名单附录在 Villoslada, *Storia del Collegio Romano*, 322 - 336。

第一章 马切拉塔和罗马

图5 在书房中的克拉维乌斯肖像,F. Villamena 绘。

诺升任红衣主教,成为第二位获此殊荣的耶稣会士。

《修学进程》规定,"关于文体,只能学习西塞罗",因此在经历一遍又一遍的"西塞罗"修辞课程之后,利玛窦开始了哲学学习。按规定,哲学课程不能少于三年,内容几乎全部是对亚里士多德这位"哲学至尊"的作品进行深入细致的剖析、探讨和摘要。第一年学习《工具论》收录的逻辑学作品,第二年学习《物理学》、《论天》、《天象论》、《元素论》和《生成论》,最后第三年专注于《灵魂论》和《形而上学》。耶稣会教授被告诫绝对不能脱离亚里士多德,除非这位哲学至尊与基督教信仰相冲突;并且只能采用耶稣会的阐释,例如葡萄牙人佩雷罗·达·封塞卡(1564)和西班牙人弗朗西斯科·托雷多(1572)有关亚里士多德逻辑学的集注。利玛窦日后一直秉承着在这里所受的教育,他批评中国人对亚里士多德分类法与逻辑学的无知,并引介了希腊的四元素理论来取代中国的五行学说。不过,与后来的一些耶稣会士相比,亚里士多德对利玛窦的影响不算很大。数学比亚里士多德更能吸引这位年轻耶稣会士的兴趣。

耶稣会数学的核心是几何,几何的权威则是欧几里得。利玛窦的几何学教授就是克拉维乌斯,他除了讲授古代的阐释文本,还介绍自己的特别是有关天文观察和地理测算的作品,以激发学生的兴趣。在文本和理论之外,学生还要学习象限仪、浑天仪、地球仪、星盘、六分仪等的使用方法,要学习测算日食以及通过测量太阳方位来计算经纬度。1572年利玛窦还是实习生的时候,克拉维乌斯和他的学生们曾观察到一颗新星,让这位德意志天文学家非常兴奋,立马写了如下字句:"我相信,要么该新星乃上帝于第八空间所创,以预示某件重大之事(虽然此事究竟为何尚未能知)……"[1]这该不会是预示着耶稣会天空中将要升起的一颗明星、也就是那位即将跟随克拉维乌斯学习的新学生吧?

几何学既促进了对宇宙的想象,也推动了制图学的进步。全靠了葡萄牙人与西班牙人在航海探险中进行的陆地勘测和航海图的积累,在16世纪出现了地图制作的革命,利玛窦的青年时期正是地图学进步最为迅速的时代。1560年代,制图学家、数学家佛兰芒人杰拉德·麦卡托

---

〔1〕 James M. Lattis, *Between Copernicus and Galileo. Christopher Clavius and the collapse of Ptolemaic Cosmology* (Chicago: University of Chicago Press, 1994), 150–151.

第一章 马切拉塔和罗马

(1512—1594)分别制作了天球和地球,他的投影法利用数学公式把经度和纬度转化为间距相等的直线,使航海路线的表示更加准确。他的朋友、生于安特卫普的亚伯拉罕·奥特琉斯编纂了第一部近代世界地图集。1564年奥特琉斯完成了一幅八页的世界地图,1570年在安特卫普出版了他的《世界舞台》,这是第一部近代世界地图集,共有53幅地图;仅仅两年之后,这本地图集就翻印了三个拉丁文版本,以及荷兰语、德语与法语版本。中世纪的欧洲地图并不追求准确,而是注重象征意义,要么是表现地球和伊甸园的邻近,要么是把耶路撒冷画成世界中心;与此不同的是,16世纪的这些"近代"地图则力求准确。世界前所未有地呈现在了读者眼前,而地图也就代表了地理知识的状况。《世界舞台》有一些错误在后来的版本中得到了修正,例如美洲西海岸的形状,但总的来说,奥特琉斯的世界地图集是一个非常了不起的成就。安特卫普和罗马都出版了该书的精装本;作为一个地理和数学非常出色的学生,利玛窦肯定知道这些书。多年之后,他在这方面的知识和兴趣还会给他带来极大的好处。

通过《修学进程》我们可以重建利玛窦的学习过程,那么一个耶稣会学者的生活又是怎样的呢?对此我们要利用1581年出版的《神圣罗马行记》,它记录了1576年底到1578年7月格里高利·马丁在罗马18个月的生活经历。和利玛窦在离开多年之后对母校的深情回忆一样,马丁对耶稣会的神父们也是推崇备至:

> 这个会所(罗马学院)之内,是一间具备学识与课业的完整大学。会堂挤满了不同年龄、不同学科与专业的听众,有罗马人、意大利人、德意志人、英国人,还有来自各城市的人。每到下课钟点,人群从各个教室涌入庭院,学院内摩肩接踵,大街上全是一对对的学生,紧接着又有新同学、新讲师准备开始新课程。这是多么壮观的景象啊。教室内满是桌子以供写作。这里的惯例是当讲师口授之时,你若未能逐字笔记,那你就算不上一个认真的全日制学生……至于讲师,则全部是为各学科专门精挑细选而来,于本学科

利玛窦：紫禁城里的耶稣会士

无不异常精通。[1]

在与自己的母校牛津作比较时，马丁富有诗意地赞扬了罗马学院的神学课程：有些教授讲授《圣经》，有些讲授天主教与新教的争论，还有些讲授辩论术，更有教授全面讲授托马斯·阿奎纳的《神学大全》。讲座课程之外，"为满足全部听众之需，还有每周一次的公开辩论，一位讲师担任裁判，其他讲师在场列坐，批评或支持年轻辩手们的观点。观看大博士们在导师面前对某个问题进行穷尽式的辩论，是一件很吸引人的事，既有诸多乐趣、又能增进学问；一方不断追问另一方的错误之处，迫使对方给出正确的答案，这一过程实际上也告诉听众，一旦真相出现，无论何种谬论都会如雾霭一般被太阳驱散殆尽"。[2]

我们的英国客人以充满爱意的细节描绘了耶稣会士的精神修行、祷告和圣礼活动，盛赞耶稣会士的虔诚与仁爱；而他在牛津的密友埃德蒙·坎匹恩则刚刚于 1573 年加入耶稣会。马丁对神父们的谨严与温和印象深刻，耶稣会士在日常学术和宗教生活中避免极端的禁欲主义，这点利玛窦也很认同。"寓健全之精神于健全之身体"，耶稣会为神父提供良好的医疗，在学术日程中安排有放松计划，并且每学年结束都会把成员送到托斯卡纳以避罗马的酷暑，经过一个暑假的身心恢复，到秋天教授们和学生们又会带着对新学年的渴望回到学院。

靠着依纳爵及其继承者们制订的既紧密、又合理体贴的学术与宗教日程，利玛窦和他的见习生同伴们避开了 16 世纪后期罗马的世俗生活——那是一番对比鲜明的景象：一边是妓女、罪犯和遍布乞丐的世界，另一边是贵族（包括牧师）在宫殿、佣人、马车、花园、葡萄园和避暑山庄之间的奢华与休闲。然后还有一些印上了大众意识的日子：一个是利玛窦加入耶稣会不久的 1571 年 10 月 7 日，因为基督教舰队在勒班陀海战大败奥斯曼海军，整个天主教世界都敲响了教堂钟声以庆祝这一胜利；另

---

[1] Gregory Martin, *Roma Sancta* (*1581*), ed. George Bruner Parks (Rome: Edizioni di Storia e Letteratura, 1969), 162 - 163.

[2] Martin, *Roma Sancta*, 164.

第一章 马切拉塔和罗马

一个是1575年为圣年(大赦年),成千上万的朝圣者们涌入了天主教的精神首都。

　　普赦罪过的大赦节是罗马天主教主要的朝圣活动。1300年教宗卜尼法斯八世首次颁布了大赦,自1475年之后每25年举行一次。1575年是利玛窦首次看到大赦。朝圣者从全意大利乃至更远的地方来到罗马,就像台伯河周期性地淹没街道那样,朝圣者如洪峰一般涌入。圣三一朝圣馆是1549年由菲利普·内里设立的专门接待朝圣者的教会招待所,据其统计是174 467人,但实际总数很可能达到400 000人,超过罗马人口的四倍。[1] 大部分朝圣者是组团过来的:由主教和教士带领着同乡教友,佛罗伦萨人、威尼斯人或者米兰人,挥舞旗帜,唱着赞美诗,念着祷告词,一起步行而来。罗马的居民敞开了仁爱的怀抱为远道的客人提供食宿;贵族也打开宫殿和花园接待外国显贵,据统计共来了六位王子、九位公爵、四位侯爵、八位伯爵和七位男爵;牧师忙着分发救济品、组织祈祷与游行,并散发玫瑰经、蜡像圣牌以及献礼的肉片或鱼片。朝圣者们到罗马的七大教堂去朝觐,用拉丁文和方言唱赞美诗,想着自己身为战斗教会这个大集体的一分子,感到无比的欣喜。这个由各民族组成的战斗教会,此时正陷入信仰对手的前所未有的重围之中。

　　利玛窦时代的罗马呼吸着天主教文化或者说"基督教精神"的空气,这种精神包括正统性、健全思维以及由"教宗"领头的一套等级制度,它既象征着罗马从异教古代到基督教现代的历史延续,也象征着今天对过去的胜利。教会的圣灵演说就是以西塞罗式的雄辩来训导和证明基督信仰的真实性。罗马便等于普世教会的首都,除此之外没有罗马;而这个普世的教会包括了德意志人、法国人、佛兰芒人、英国人、佛罗伦萨人、威尼斯人、达尔马提亚人、希腊人、亚美尼亚人,以及许许多多的其他因地理靠近而凝聚到一起的人。当异教的万神庙成了基督教教堂,

---

〔1〕 这些数据见 Jean Delumeau, *Vie économique et sociale de Rome dans la seconde moitié du XVIe siècle*. 2 vols. (Paris: de Boccard, 1957), 171。

当曾经是血腥的基督殉难场的圆形大剧场用永恒的寂寞证明着异教罗马之屈服的时候,这座永恒之城本身不就是一座基督教对古代异教的胜利纪念碑吗?因此,"基督教精神"乃是文艺复兴和天主教复兴的结合:它号召那些接受了古典的与宗教的综合教育的精英,为了公共利益、为了"国家"(即天主教会更大的荣耀)、为了自身灵魂的拯救而努力。

然而,基督教文明的世界已经断裂了,"基督教国"已不存在,虽然还有蒙田这样的人,但追随马丁·路德之后,胡尔德莱斯·斯文利、约翰·卡尔文以及许多其他新教徒都把教宗视为反基督者,把罗马天主教会视为《启示录》中预言的"巴比伦妓女"。1585年,奥格斯堡的一位名叫约翰·梅耶的印刷匠出版了一本讲述1577—1581年间耶稣会布道团日本经历的书,他在这本书的前言中悲叹道:"在上、下德意志这片成千上万的灵魂被引入歧途的地方,全能的仁慈的上帝……已经选择'去拯救'另一个世界的另一个民族,那个民族迄今为止对基督以及真正的基督信仰一无所知。"[1]因此,对"基督教精神"的实践,再不能像16世纪早期荷兰人文主义者伊拉斯谟那一代人所提倡的那样,仅仅局限于以信仰的单纯和古典知识的学问来培养宗教虔诚。基督教精神现在意味着行动:驳斥异端、拯救灵魂、让世界重归正统,并由此达至天国。行动舞台已经跃出破裂的基督教世界,延伸到了欧洲以外——那里有无限的收获希望。

1576年底,葡萄牙耶稣会士马丁·达·席尔瓦来到罗马。作为耶稣会印度教省的代表,席尔瓦回欧洲来筹集经费并招募新传教士。1498年瓦斯科·达·伽马开辟新航路之后,印度成了葡萄牙亚洲事业的中心。但这个地区对帝国和教会来说都是极为严酷的。葡萄牙人被热带气候与疾病所击垮,并在神秘的南亚文化中、绚烂的异国情调的肉欲面前失去了

---

〔1〕见拙作 " Mission und Konfessionalisierung in Übersee," in *Die Katholische Konfessionalisierung*, eds., Wolfgang Reinhard and Heinz Schilling (Münster: Aschendorff, 1995), p. 158。

第一章 马切拉塔和罗马

抵抗力。葡萄牙据点在印度沿海划出了一条狭长地带,在这个所谓"印度国家"内部,来自母国的葡萄牙人和亚洲出生的葡萄牙人之间、旧基督徒和新基督徒(犹太皈依者渐渐遭到藐视和怀疑)之间的关系极为紧张,此外还有葡萄牙与当地人的混血儿以及来自不同种姓、族群的印度皈依者混处杂居;在这里,耶稣会士意味着秩序和正统,他们是异教大地上基督教精神的坚定象征。在葡萄牙国王和总督们的支持下,到 1570 年,耶稣会在葡属地区已经有六所学院和十六所较小的驻所,成为这里最强的精神力量。但神父一样会被气候击垮:新来的人绝大多数生了病,许多人死了;印度的修道院院长们只好向罗马总会长写信求援。

利玛窦被这一呼吁感动了。他对印度传教团已经有所了解。罗马学院教授托尔塞利尼曾经为首位耶稣会传教士沙勿略写过传记,并编辑出版了这位印度使徒的信件。此外,罗马学院还扮演着耶稣会全球联络中枢的角色。全世界的耶稣会士,无论是报告天主教各国各教区状况的修道院院长,还是新教地区为天主教事业而奋斗的教士,又或是远方的精神战线上递交最新战报的孤独勇士,他们写给总会长的信件和报告都由罗马学院负责处理。学院的神父们会选编、出版其中最有教育意义、最有趣的那些报告。1581 年,著名的《耶稣会年报》的第一卷印刷完毕,并流入欧洲各个图书馆。即使这套书还未出版之时,利玛窦也能够阅读一些来自远方布道团的传教报告:《耶稣会德高望重之神父所编 1551 和 1552 年以来葡属印度通报》[1]、《新编印度巴西各地……及此等地方之皈依状况通报》[2]、《印度、尤其是日本国内之天主教发展的特别通报、附中国信息》[3]以及《新近由西班牙文译至意大利文之 1551—1558 年间耶稣会德高望重之神父就葡属印度地区及其人民、风俗以及该地之人感受神

---

[1] *Avisi particolari delle Indie di Portugallo ricevuti in questi doi anni del 1551 & 1552 da li reverendi padri della compagnia di Iesu*. Rome, 1552.

[2] *Novi avisi di piu lochi de l'India et massime de Brasil ... doue chiaramente si puo intendere la conuersione di molte persone ...* Rome, 1553.

[3] *Avisi particolari del avmento che Iddio da alla sua Chiesa Catolica nell'Indie, et spetialmente nelli Regni di Giappon con informatione della China, ricuuti dalle Padri della Compagna di Iesu, questo anno del 1558*. Rome, 1558.

圣信仰与基督教之光而皈依等状况的诸通报》。[1] 这些激励人心的读物，触发了利玛窦和许多后来者对梦想的渴望：梦想着穿过无人地带与异域山林的遥远旅程，梦想着历经野蛮人与无神论者的袭击和折磨、伴随着苦咸的阵阵海浪的远航，梦想着磷火幽幽的潮湿坟墓，梦想着殉难、翻船以及永恒的荣耀与救赎的胜利。[2] 这种想象不仅仅俘获了这些男青年的心；亚维拉的德兰在 12 岁时就梦想着冲向摩尔人，被折磨，然后殉难，她后来进了修女院，走上了一条缓慢而曲折的神圣道路，最终成为近代早期天主教最著名的圣女。

自 1560 年代以来，一种新的精神激励着天主教世界。旧时代所看重的是追求权利、名誉和财富，努力把现世的成功与灵魂获救联系在一起。现在，新的一代成长起来，并抛弃了旧的目标。天主教世界的精神精英们放弃了世俗世界，也没有用修道院里的冥思静修来代替积极进取，而是要为神圣事业努力奋斗终生。"愈显主荣"这句耶稣会士的格言，就是这一崭新精神的最好象征。请注意，这是个比较格：上帝的荣耀或许已经很好，但热忱的基督徒有义务进一步增进这一荣耀。赶快行动起来吧，驳斥新教教义、传播天主教信仰、创立宗教团体、设立学校、与异端及无神论者作斗争、支持传教、建设新教堂、拯救堕落妇女、抚养孤儿、造访监狱以及从事其他所有能把天主教的仁爱变为实际的社会、文化、政治行动的行动。记住，只有行动才是重要的，行动越多越好。那位开传教之先河的耶稣会士沙勿略喊着"更多、更多、更多"，哀求上帝在他的心中注满宗教热忱和虔诚信念。"为了上帝更伟大的荣耀"，就意味着为神圣事业而奋斗不息，意味着"更多、更多、更多"；那种几乎无法克制的在行动中赞颂上帝、净化自我的愿望，便是全部。天堂是约定的奖励，除了永恒的拯救之

---

[1] Diversi avisi particolari dall'Indie di Portogallo, riceuuti dallanno 1551 sino al 1558, dalli Reuerendi padri della compagnia di Giesu, dove s'intende delli paesi, delle genti, & costumi loro, & la grande conuersione di molti popoli, che hanno riccuuto il lume della santa fede, & religione Christiana. Tradotti nuouamente dalla lingua Spagnuloa nella Italian. Venice, 1565.

[2] See Gian Carlo Roscioni, Il desiderio delle Indie. Storie, sogni e fughe di giovani gesuiti italiani ([Italy]Turin: Einaudi, 2001).

第一章 马切拉塔和罗马

外,还可以像查尔斯·博罗梅奥、依纳爵·罗耀拉、沙勿略、亚维拉的德兰和菲利普·内里等等那样获得此岸世界的不朽,这些榜样都在 17 世纪早期成为天主教复兴之后的新圣徒。

耶稣会士正是这一全新精神的体现。他们是神圣行动的大师,懂得在激发愿望的同时,控制可能偏离这一愿望的冲动。圣安德鲁教堂见习生室的墙上画着各种酷刑刑具:钳子、长鞭、叉矛、标枪、长剑、箭矢、绳子、肢刑架、钉子和十字架;早期教会的殉道者们便是被这些刑具撕扯、鞭打、穿刺、斩首、射击、上绞、拉伸乃至被钉死。同时,为了缓和狂热的欲望,以免殉道的冲动导致近乎自杀的行为,耶稣会同时要求禁欲苦修的适度控制、对身体的适当照顾以及保持理智。在欲望与纪律、冲动与克制的张力之中,爆发出一股巨大的能量,并且被控制、疏导,进而引向耶稣会所致力的各项神圣工作。

这些神圣行动中,最壮丽的大概就是传教了。参与这项神圣任务的,绝非只有葡萄牙和西班牙的耶稣会士。保禄·达·卡梅利诺、安东尼奥·克尔密纳里和尼可洛·兰塞罗蒂是最早一批于 1540 年代前往印度的意大利耶稣会士,从而在耶稣会的历史上留下了热忱之名。克尔密纳里于 1549 年在捕鱼海岸的科摩林海角殉道,兰塞罗蒂则在多年的炎热与疾病困扰之下死于 1558 年。他们之后,新一代意大利耶稣会士又志愿远赴海外,其中就有范礼安;在利玛窦的罗马岁月里,他的故事对耶稣会见习生和学生们来说是一个传奇。

范礼安 1539 年出生于那不勒斯王国阿不鲁奇地区基耶蒂城,就在马尔凯区以南、刚刚越过教宗国边境的地方。他出身贵族,身材高大、体格强健、魅力非凡,在利玛窦成为耶稣会见习生时正任职耶稣会见习总管。年轻的利玛窦走的是一条耶稣会士的标准道路:从一个模范学生成长为一名热忱的见习生。范礼安不一样,他是在一番痛苦的经历之后才加入耶稣会的。这位年轻贵族有着他那个阶级的傲慢和暴躁的性格,在他 1562 年还是帕多瓦大学法学院学生时,范礼安被指控用刀割破一位年轻妇女的面容,因此被逮捕下狱。靠着红衣主教博罗梅奥的干预,还有给受害者的大笔赔偿,范礼安在监禁几个月之后获释。他离开了威尼斯共和国,来到罗马。对过往生活的忏悔让范礼安在1566年皈依宗教,加入了圣安德鲁修道院,后到罗马学院进修,学成之后又回圣安德鲁担任院长。1572年 墨丘里安提名范礼安为东印度巡阅使,作为葡萄牙耶稣会布道团中的总会长代表。1573年9月,范礼安离开罗马前往里斯本,从那里前往印度就任这个颇有权势的新职位。[1] 在范礼安带领的这批新传教士中有两位马切拉塔人:一位是朱利奥·皮亚尼,1537年出生,后来到了印度与日本工作;另一位是奥利维耶罗·托斯卡内利(1542—1601),耶稣会修士,曾长期陪伴范礼安,1592年成为澳门一所小学的校长。

  利玛窦没有留下任何记录罗马生活的文字。我们不知道具体是什么激励了他参加传教。不过在他之后的两个世纪中,耶稣会的传教士野心家们留下了数以千计的写给总会长的信件,在这些信里传教候选人都恳求着、叫喊着"Indipetae("渴望印度"的文言措辞)",阐述他们要求海外传教的迫切心情。有些信对传教职业写得很平淡,只是按照耶稣会所要求的申明服从而已;也有些声称看见、梦见了上帝的启示;还有些信表达出拯救灵魂的强烈愿望——既要拯救自己,也要拯救那些不信上帝的人;最后少数人不谨慎地透露出他们想要殉道的愿望。利玛窦会渴望殉道吗? 从他后来在外面的信件与行动来看,利玛窦没有表现出一丝那种可能让某些人选择暴力殉道的激情。或许是冒险、旅行与自我净化这几种愿望的结合吧。用另一位耶稣会士的格言来说,"帮助自己的同时帮助他人"。利玛窦在罗马学院的同学大部分留在了意大利,大概是满意于更常规的生活道路和更熟悉的行动舞台。吉罗拉莫·本奇(1554—1608)升到了罗马教区长,利玛窦的数学课同学朱利奥·弗里加蒂(1550—1633)最后在1587年接掌了克拉维乌斯教授的数学讲席,还有莱利奥·帕西欧内后来在摩德纳(Modena)和曼图亚等地的耶稣会学院教

---

[1] 关于范礼安的生平,参见 Adolfo Tamburello, M. Antoni J. Üçerler and Marisa Di Russo (eds.), *Alessandro Valignano S. I. Uomo del Rinascimento: Ponte tra Oriente e Occidente* (Rome: Jesuit Historical Institute, 2008)。

第一章 马切拉塔和罗马

课;多年之后,远隔重洋的利玛窦还非常怀念这些同学。还有一些人与利玛窦有着同样的愿望。

1577年初,墨丘里安从学院挑选了八名新传教士加入印度布道团。[1] 其中有六名是意大利人。其中引人注目的是27岁的鲁道夫·阿瓜维瓦(1550—1583),他的父亲是阿特里公爵,叔父是教宗内侍克劳迪奥·阿夸维瓦,后者当时是耶稣会士,1581年继墨丘里安之后成为耶稣会总会长。鲁道夫的叔父从内侍职位上退下来,是为侄子继任创造条件,这是当时教宗等级体系的惯常做法。但鲁道夫拒绝了这一头衔,他追随叔父加入了耶稣会;在耶稣会马切拉塔学院学习两年人文课程之后转入罗马学院,被召入布道团时是一名神学学生。波伦亚人巴范济(1554—1612)是一位法学博士、教宗国司法牧师的儿子,1572年十月加入耶稣会,当时是罗马学院学生。队伍中年龄最大的是34岁的罗明坚(1543—1607),来自阿普利亚。罗明坚是那不勒斯大学教会法与民法专业的优秀毕业生,放弃世俗、投身宗教之前在西班牙政府工作,1572年在罗马加入耶稣会,并把名字从"蓬皮利乌斯"改为听上去更基督教化的"米歇尔"。热那亚人尼古拉斯·斯宾诺拉,生于1549年,1569年3月在米兰加入耶稣会,1577年晋铎,在罗马被选入布道团。第五位意大利人是世俗修士乔万尼·杰拉迪奥,费拉拉人,1561年在罗马加入耶稣会。第六位意大利人就是利玛窦。队伍中还有两位非意大利人:来自低地国家(今比利时)的鲁特格尔·伯尔乌茨,生于1551年,1576年在罗马加入耶稣会;彼得罗·贝尔诺(1552—1583),来自瑞士阿斯科纳,德意志学院学生,1577年加入耶稣会。

任务完成之后,马丁·达·席尔瓦在五月份离开罗马前往葡萄牙。他带走了三名新人——巴范济、利玛窦和伯尔乌茨,其他人留下来继续完成学业,到11月份再动身。5月18日队伍出发的日子,教宗额我略十三

---

[1] 有关1577年被遣往印度的耶稣会士的传记,参见Joseph Wicki (ed.), *Documenta Indica*, xi: 1577 - 1580 (= *Monumenta Historica Societatis Iesu*, vol. 103) (Rome: IHSI, 1970), 19 - 23。

世发来了祝福。席尔瓦允许利玛窦前往洛雷托朝圣,并途经马切拉塔向父母道别。但利玛窦为了突出自己的献身精神,拒绝了这一好意。这支耶稣会士的小队伍离开罗马,沿着古罗马的弗拉米尼亚大道行进,向北方的热那亚进发。他们很可能从教宗邮驿租了马匹,因为沿着那不勒斯、罗马到热那亚轴线的这条曾经宽阔平整的古罗马道路,已经到处破败失修、无法通行马车。正如那位笔耕不息的蒙田所看到的,只有靠近锡耶纳的路段状况还比较好。这条路上的人,一部分骑马,大部分人靠步行,还要面对恶劣天气和强盗;从那不勒斯运送西班牙国王的税金到热那亚支付军饷的运输队以及商队,都可能遭强盗突然袭击。

在热那亚,耶稣会士们看到了大批西班牙士兵正在执行另一项教会任务——镇压低地国家的叛乱,那里的反叛者和异端们正在反抗他们的天主教君主。十年前,阿尔瓦公爵曾经带领西班牙军队登陆,并穿越萨伏伊和弗朗什-孔泰向北进军;公爵早已被召回,西班牙军队却仍在向北开进。耶稣会士是另一项行军命令下的另一支天主教军队,时刻准备奔赴自己的战场、投身反对魔鬼的世界战争。1620 年代,在依纳爵的封圣仪式举行之际,一位荷兰加尔文派诗人雅各布·雷乌斯曾经借依纳爵早年的军事生涯,嘲讽这位耶稣会创始人是西班牙军队的大炮轰出来的圣人。

离开父母九年之后,24 岁的利玛窦踏上了第一次海上航行。他再也没有见过双亲,再也没有回过他的第二故乡罗马,也未能再见到他在上帝那里的家庭——耶稣会的神父与兄弟,日后身在万里之外的利玛窦,每当回想起他们的陪伴和友谊,总有着无限的欣慰和伤感。大概我们这位年轻的耶稣会士并没有预感到任何哀伤或失败,因为他对耶稣会世界充满了信心。对此,格里高利·马丁曾经带着崇敬写道:

> 比兄弟情谊、互助互爱更加高尚的东西,或者说是比这两者更简单、更好的措辞,是全世界的家庭……都成为一个家庭,家庭中的所有人都是相互尊重的父子兄弟。他自罗马到米兰、自米兰到巴黎,从那里他又会走向哪里?是西班牙的托莱多,还是葡萄牙的里斯本?

第一章 马切拉塔和罗马

是东印度,还是西印度? 他到哪里都像在罗马学院一样无拘无束,到哪里都和神父、教友们在一起,所有的规则、秩序和谈话一仍其旧,这让他到哪里都觉得非常舒适,感觉不到任何变化。此时心中充满的,是救世主对他们的许诺:放弃尘世生活,追随主,将在今生得到百倍的回报。一个牧师,就回报一百个;一个兄弟,也回报一百个……[1]

从陆上穿越西班牙之后,1577 年 7 月,利玛窦来到了天主教欧洲的尽头,也是通向更广阔世界的大门——里斯本。

---

[1] Gregory Martin, *Roma Sancta*, ed. George Bruner Parks (Rome: Edizioni di Storia e Letteratura, 1969), 167.

第二章　葡萄牙海洋

里斯本(彩版3)背靠欧洲大陆,坐落于特茹河上。城市最高点圣若热城堡耸立于河口,静静凝望着河流逐渐加宽,成为湖泊,最后注入茫茫的大西洋。1577年的里斯本人口超过10万,是仅次于巴黎和伊斯坦布尔的欧洲第三大城市。首都虽然富裕,但葡萄牙这个国家绝大部分是人烟稀少的农村,居民总共不过150万。富有的大都会里斯本与山后区、阿尔加维区这类贫穷内地之间隔着巨大的鸿沟。对远道而来的意大利耶稣会士而言,里斯本与罗马毫无相似之处,或许只有丘陵地形与棕榈树算是共同点。里斯本几乎没有罗马那样的旧城遗址,全是中世纪的白泥灰墙和红瓦屋顶,以及巨大的城堡与哥特式教堂;这里的文艺复兴建筑全是曼努埃尔风格——以曼努埃尔一世国王命名的一种建筑样式——总让人想起晚期哥特的华丽,而非意大利文艺复兴所追求的比例和谐。不过最大的差异大概来自海洋,里斯本是一个海港,全世界的人与物涌入这里,包括穆斯林战俘、非洲奴隶和一小撮皈依基督教的精英人物。16世纪后期,十分之一的里斯本人口是非欧洲人,大部分是非洲黑人,既有自由人,也有奴隶;[1]另有数量可观

---

[1] A. C. de C. M. Saunders, *A social history of black slaves and freedmen in Portugal 1441 - 1555* (Cambridge: Cambridge University Press, 1982) has figures for the size and distribution of African slaves in Lisbon.

第二章 葡萄牙海洋

的战俘,主要是阿拉伯人和柏柏尔穆斯林;还有少量来自巴西的图皮印第安人。一个多世纪以来,非洲奴隶在里斯本周围的农田耕作,在城市从事手工业,并为几乎所有葡萄牙的上流社会——包括大部分教会机构——所雇用。

在首都短暂停留之后,耶稣会士一行来到科英布拉,这里有葡萄牙最早也是最有声望的大学,利玛窦要在此开始神学学习。1579 年整个耶稣会共有 5 164 名会士,其中在葡萄牙教区注册的就有 550 名,将近七分之一的耶稣会士是葡萄牙人。[1] 耶稣会在葡萄牙享有极高的威望和影响力,并自修会成立伊始便得到国王若奥三世(Joao III)的有力庇护。和统治阶层一样,耶稣会士也主要在城市活动:他们大都在里斯本拥有两处房舍,他们是科英布拉大学的主要势力,并控制了新成立的埃武拉大学。

科英布拉大学坐落于当地最高的山顶之上,俯瞰城市,注视着蒙德古河在青翠的丘陵田野间蜿蜒。这所中世纪大学有段时间曾经迁往里斯本,但最终还是落户科英布拉,并占用了奥加苏瓦宫。为提高大学声望,若奥三世创办了一所皇家学院,并于 1555 年将之委付给耶稣会士。神父们把这间新机构和自己的耶稣会学院加以整合,由此控制了整个人文学科。据耶稣会葡萄牙教区 1585 年人名录记载,科英布拉有 32 名受任神父、15 名神学学生、33 名哲学学生和 49 名人文学生。[2] 这里的耶稣会教授对哲学极为精通,他们编写的亚里士多德集注在耶稣会教育体系内广为使用,被称为《科英布拉集注》。但在神学方面,却是由一位多明我会修士担任了圣经讲席一职:修士路易斯·德·索多玛尔(1507—1589),出身显要的贵族家庭,毕业于鲁汶大学并参加过特利腾大公会议。利玛窦可能听过他的《圣经·诗篇》讲座。利玛窦同时在耶稣会学院内的跟班听课,包括曼努尔·德·果伊斯的哲学讲座和路易斯·德·莫林

---

[1] 有关葡萄牙耶稣会的历史,最好的著作是 Dauril Alden, *The Making of an Enterprise. The Society of Jesus in Portugal, Its Empire, and Beyond 1540 – 1750* (Stanford: Stanford University Press, 1996)。

[2] ARSI, Lusitania 39, Catalogii brevii, fols. 7 – 8.

那的阿奎那讲座。最重要的是,利玛窦和其他外国人都必须调整自己以适应葡萄牙的方式:学习葡萄牙语、和葡萄牙神父相处、为很快到来的远航做准备。11月,另外几位来自罗马的新传教士鲁道夫·阿夸维瓦、罗明坚、尼古拉斯·斯宾诺拉和佩德罗·伯尔诺也抵达了葡萄牙,与巴范济、利玛窦和伯尔乌茨重新会合。3月初,除了伯尔诺之外(他要一年后才动身),其他人都被院长派往里斯本,作觐见国王和登船之前的最后准备。

年轻的国王塞巴斯蒂安(1554—1578)三岁便登上王位,他的母亲是哈布斯堡皇帝查理五世的妹妹卡特琳娜。为防范西班牙,叔祖父、红衣主教亨利把卡特琳娜排除在摄政者之外,改派两名耶稣会士担任小男孩的教师和王室管理人。幼年的塞巴斯蒂安是在基督教勇士之王的影像环绕中长大的;带着对葡萄牙历史的热爱和极度的民族自豪感,国王急不可耐地想要树立威望。1571年勒班陀海战中,西班牙、威尼斯和教宗的联合舰队摧毁了奥斯曼海军。这场大捷激发了塞巴斯蒂安的梦想,他也想建立足以与堂兄、西班牙国王菲利普二世媲美的军事成就和荣耀。3月,耶稣会传教士见到了狂热中的国王,他正全力为征讨北非的十字军作最后准备。6月,在耶稣会士们踏上灵魂征程之后,塞巴斯蒂安率领一支一万五千人的军队进军摩洛哥。8月4日,在非洲烈日之下,国王以及奶油般的葡萄牙贵族,在摩洛哥的阿尔卡萨·奎瓦尔遭遇了毁灭性的打击。

3月中旬,马丁·达·席尔瓦就即将到来的印度之行,给总会长墨丘里安写了一封信。信中表示,国王忙于准备入侵北非,疏忽了印度耶稣会的事务,他因此无法获得觐见国王的机会并感到很沮丧。不过达·席尔瓦对新募的传教士非常满意,无论是人数还是品质。除了意大利人之外,他还选调了五名葡萄牙耶稣会士,并特别称赞了洛波·阿布鲁和孟三德在古典学与神学方面的学识。教宗曾有敕令表示,对离开里斯本前往海外的传教士,可以在完成全部学习之前即授予神职。据此,耶稣会院长们请求大主教乔治·德·阿尔梅达准许向其中六名成员授任:意大利人阿夸维瓦、巴范济、罗明坚和另外三名葡萄牙耶稣会士。1578年3月12日圣乔治节,六名新晋神父在里斯本圣洛克教堂做弥撒,且于启程之前获准

第二章 葡萄牙海洋

向国王道别,并可亲吻国王塞巴斯蒂安的手。达·席尔瓦向总会长报告说,"我并未授予利玛窦神职,因为他还太年轻(25 岁),且尚未学过任何的神学课程(利玛窦在科英布拉跟过几个月的班)"。[1]

1578 年 3 月 23 日夜间,十四名前往印度的耶稣会士从里斯本港登船。四年之前,范礼安也是从里斯本出发,并带走了多达 42 名耶稣会士,绝大部分后来去了日本。船队停靠海关与几内亚印度大厦之间的宫殿广场岸边,就是现在拜沙区南部的商业广场。十名神父和四名兄弟分别上了三条船:队长达·席尔瓦、意大利人鲁道夫·阿夸维瓦、巴范济、另一名葡萄牙神父以及佛兰芒兄弟伯尔乌茨乘坐圣格里高利号;利玛窦与日后中国的同伴、意大利人罗明坚等五名耶稣会士乘坐圣路易斯号(又称船长号),组长葡萄牙人孟三德;最后一组四名耶稣会士在尼古拉斯·斯宾诺拉率领下登上了慈爱耶稣号。未来的事业将把利玛窦、罗明坚、巴范济和孟三德带往遥远的中国;不过在 3 月 23 日这个夜晚,即将开始的远航让所有人兴奋不已。清晨,有超过一千名水手和士兵登上了国王的船队远航印度。

圣格里高利、圣路易斯和慈爱耶稣都可谓 16 世纪后期最为庞大的海船,被称为葡萄牙"大帆船",专为长达六个月的印度航行而打造;船身长约 150 英尺、宽约 40 英尺,四层甲板,顶层高达 25 英尺,首尾甲板还要更高;四桅的大帆船号称"木质山峰",全船载重 1 200—1 600 吨、装备 30—40 门大炮,可搭载至少 400—500 名乘员,还留有巨大的货舱以装运亚洲出产的贵重香料——正是这些货物让危险重重的远航变得利润丰厚、魅力无穷。[2] 这一小队传教士登船时,水手们正忙着往甲板上搬运货物(金钱)和给养(饼干、干肉、油、酒和淡水)。经国王塞巴斯蒂安特许,耶

---

[1] *DI*, vol. XI, 156.
[2] 有关葡萄牙帆船的海上考古和研究,见 N. Fonseca, T. A. Santos, and F. Castro, "Study of the intact stability of a Portuguese Nau from the early XVII century," in *Martime Transportation and Exploitation of Ocean and Coastal Resources*, eds., Guedes Soares et al. (London: Taylor & Francis, 2005), pp. 841 – 849 和网络资源 http://nautarch.tamu.edu。关于葡萄牙航海技术和海上探险的历史,见 Frédéric Mauro, *Le Portugal et L'Atlantique au XVIIe siècle (1570 – 1670). Étude économique* (Paris: SEVPEN, 1960)。

稣会士可以免费搭乘并享受特殊待遇：每艘船上的传教士都拥有船尾一间单独小客舱，带窗户和独立卫生间，并携有国王专为此次航行所颁赐的给养。乘员之中，只有船长和领航员可拥有单独房间，其他首领共用客舱，至于普通船员则只能在公用甲板上有个铺位和衣橱。所有人各司其职：船长、领航员、水手和士兵们打着国王的名义登船服役和探险，是为了王室利益和自己的钱袋子；耶稣会士则作为随船神父为大家服务，在接下来令人煎熬的几个月中，他们的慰藉和安抚是非常必要的。

24日清晨，三艘大帆船启航了。同时出发的还有许多稍小的船只，各自前往巴西、非洲和大西洋上的其他目的地。旌旗在风中招展，船队向里斯本道别；当时情景，恰如路易斯·贾梅士的诗句。这位16世纪葡萄牙大航海时代的著名诗人，曾经这样想象过1498年达·迦马的印度之航：

> 未知的旅途如此地漫长，
> 行人必定已失落在远方；
> 女人哭诉着哀怨，
> 男人心痛地悲叹；
> 母亲姐妹的心在挂念，
> 爱人更因挚爱而不安；
> 年年月月的企盼和翘首，
> 换来冰冷的恐惧与悲伤。

(*Os Lusiadas*, Canto Four, 89)〔1〕

不过对于船上的人来说，心中更多的恐怕是旅行的兴奋，而非悲伤，特别是我们这些从未出过海的耶稣会士。当特茹河入海口的哲罗姆派修道院和贝伦塔从地平线上消失时，这些人心中或许正回响着贾梅士的诗句："我们展开翅膀/迎着和煦的微风/离开亲爱的港口/船帆在风中铺展/我们照例大喊：上帝赐速/北风听后回应刮风/巨大的船身疾驰于海面。"

---

〔1〕 此处英文原文使用的是 Landeg White 的译文（牛津/纽约：OUP, 1997）。

第二章 葡萄牙海洋

(*Os Lusiadas*, Canto Five, 1)

最初的兴奋过去,真实的航海便来到面前。借着极佳的风况,船队迅疾驶入大西洋,马上就有许多乘员开始晕船。慈爱耶稣号上的尼古拉斯·斯宾诺拉一路上都写有日记,里面说他开始趴在栏杆上呕吐,整整两天没有进食。[1] 圣格里高利号的巴范济也在呕吐;据他的日记所写,第一晚船上几乎所有人都在晕船。巴范济很庆幸自己只花了两天就适应了颠簸的风浪,其他有些人被折磨了整整十天。但这点不舒服只算是航海代价的零头而已。相比达迦马时代,1570 年代的葡萄牙人拥有最好的海图,上面已经标出大西洋上所有的岛屿与海岸;但此时的葡萄牙船要面对更大的危险:海盗。

1570 年,一艘开往巴西的葡萄牙船遭法国胡格诺海盗劫持。法国人先以火力压制葡萄牙船,然后登船,掳走货物;最后虽然葡萄牙乘员都被释放,但耶稣会巴西布道团团长伊格纳修·德·阿赛维多和他新招募的传教士,一共四十名耶稣会士统统被法国人扔进海里,成就了耶稣会著名的殉道事件。

法国海盗船就潜伏在葡萄牙水域附近。出港几天之后,为了充分利用风况,三艘大帆船各自全速前进,很快便脱离了相互的视线。有一天,圣格里高利号遭遇几艘小船,当即进入战备状态;幸好这些是友邦弗兰德的谷物运输船。慈爱耶稣号则遭遇了真正的海盗。和慈爱耶稣号一道从里斯本出发、开往巴西的一艘葡萄牙船,遭遇两艘法国海盗船,在法国人

---

[1] 1578 年之行中,四名耶稣会士记下了旅行经历,其中三位:尼古洛·斯宾诺拉、巴范济和鲁道夫·阿夸维瓦的日记已经收录于 Joseph Wicki 主编 *DI*, vol. XI (罗马:IHSI), 304—324 页、333—379 页。第四位罗明坚的记录收录于他的手稿:ARSI, Jap-Sin, 101, fos. 8−11, 116r-v。斯宾诺拉和巴范济的叙述最为详细。可惜现在似乎没有看到利玛窦所写的记录。他的船友罗明坚的记录非常简略,可能也是因为航行相对顺利。参见 Joseph Wicki 的论文:"As Relações de Viagens dos Jesuítas na Carreira das Naus da índia de 1541 a 1598",收入 Luis de Albuquerque 和 Inácio Guerreiro 主编 *II Seminário Internacional de História Indo-Portugues* (里斯本:IICT-CEHCA, 1985), 3—17 页。耶稣会士的记录主要集中于具有教育意义的事情,没有记录世俗事务。1583 年,多明我会士 Vincente de Fonseca 赴任果阿大主教,他的随从、荷兰人 Jan Huygen van Linschoten 从非牧师的世俗视角,对印度之航作了简单、生动又别具特色的记录;见 *John Huighen van Linschoten. His Discours of voyages into ye Easte & West Indies* (伦敦:John Wolfe, 1598),网络资源可见 URL: http//name.umdl.umich.edu/A05569.0001.001。

即将成功登船时,被赶来的慈爱耶稣号击退。海上可不能有悲剧。不过事实上,三艘船还是相当顺利地开到了几内亚湾。四天时间到马德拉群岛,八天到加那利群岛,十五天到了佛得角群岛,过佛得角之后风就开始减弱了。虽然相互之间可能也就数小时航程,但三艘船是分别驶往赤道的。复活节那天,船上的耶稣会士们"如同在陆上一般"主持了弥撒和礼拜、接受告解,并举行了圣餐礼。

接下来的一段航程最为沉闷。3月底的几内亚海岸,要么是突如其来的飓风,要么如死一般寂静,有可能好多天都不见一丝风。几年前,数艘前往印度的船因为无风,在这里煎熬了三四十天,有超过一千人丧生,航行也因此取消。我们这支船队很幸运,虽然开得很慢,但毕竟没有停:利玛窦所在的圣路易斯号可能最先通过了赤道;4月23日,圣格里高利号和慈爱耶稣号一道越过了赤道,从里斯本出港到现在差不多刚好一个月。接下来,船队不是直接朝葡萄牙正南方行使,而是转向西南,驶往巴西的东北角;之后再沿海岸线开到南纬20度,在那里赶上强劲的西风和急速的洋流,便可如离弦之箭一般驰往好望角。

病痛是这段缓慢航程中最大的威胁。第一批给养早就消耗得差不多:腌肉、干鱼、洋葱和大蒜已经用完,每天配给的伙食只有饼干、淡水和一点点酒,完全提不起任何食欲。赤道骄阳的暴晒下,水要发臭,食物变质,全身汗水湿透了衣服,书也褪了色,铁器也生了锈,无数人发起了头痛、牙龈肿痛或者四肢疼痛。人在白天全都无精打采,因为"夜里睡觉时汗流浃背,躺在铺板上,身下的薄床垫发着臭味,还爬着无数的虱子、跳蚤和其他让人难受的东西"。[1]慈爱耶稣号上,斯宾诺拉患了一个月的黏膜炎,牙齿和下巴的疼痛导致无法进食,让其他耶稣会士都担心他可能死掉;不过他最后康复了,并深信这是上帝对他的眷顾。许多人患了热病,其中一位在众人的开导和耶稣会士的安慰下,带着虔诚的忏悔升了天。慈爱耶稣号失去了一名水手,是夜间从船尾掉进了海里;另有一次四名水

---

〔1〕 *DI*, vol. XI, 307.

第二章 葡萄牙海洋

手用力拖一条大鱼时绳子断了,也掉进海里,所幸被救了上来。

唯一的娱乐就是钓鱼。赤道附近海水温暖,各种各样的鱼蜂拥而至,当然少不得要咬上船员的钓钩,令每日乏味的伙食生色不少;大概还挽救了很多人的健康。有些人靠捕杀鲨鱼来消磨无聊的日子。把带肉的鱼钩扔到这种食肉动物出没的水域,钓上第一头鲨鱼之后,切下死鱼头,再血淋淋地扔回海里,血腥味便会引来大批鲨鱼,并造就一场大屠杀。船员们当然会看到其中的残忍,但正如耶稣会士斯宾诺拉的日记所写的,在那样的环境下,人和鲨鱼有着相似的命运。

圣格里高利号和圣路易斯号的航行大概要顺利一些,未见记载什么不幸。只是焦躁不安的情绪在蔓延。圣格里高利号上,耶稣会士举着带往果阿教堂的两件圣物组织了一场船尾到船头的游行,其中一件圣物是圣乌苏拉的伙伴圣洁莱茜娜的头骨;另一件是一万一千名科隆殉道处女的队长、殉道者圣卜尼法斯的头颅。船头设置了一座祭坛,传教士在祭坛前朗诵主祷文、宣扬忏悔;从船长到小听差,所有人都在为上帝的仁慈和宽恕而哭喊。5月29日,三条船上都组织了伴有音乐和圣物的圣餐游行,在祷告和虔诚之中,船队迎来了西风,转向了东—东南方向,从南纬20度驶向好望角。

在南半球漆黑而晴朗的夜里,利玛窦可以观察在罗马看不到的南极星和其他星座。他肯定也和其他耶稣会士一样,饶有兴趣地观察着航行的距离、穿越的纬度和重要地标物的方位。位于南纬35度的好望角,意味着葡萄牙到印度航程的中点,也是漫长旅程中最危险的航段。

6月20号前后,圣路易斯号平安通过了好望角。不久之前,这块非洲陆地的小突起还被葡萄牙人称为暴风角,这里的飓风让他们损失了大量船只;直到现任国王的祖父若奥三世在位时,才改为这一给人希望的名字。6月20日,圣格里高利号也看到了好望角,但是湍急的洋流和强风迫使船长转向深海,以免撞上海边崖石。第二天,马丁·达·席尔瓦进行了一场鼓舞人心的布道。似乎是要考验他们的决心和虔诚,6月24日起了无比猛烈的风暴,从船头直压过来;巴范济觉得这是整个旅程中最可怕的一场飓风。圣格里高利号降下了桅帆,上下剧烈颠簸了整整24个小时,根本无法航行。所有人都在祈祷,耶稣会士还把一个蜡像圣牌和一个圣保禄的圣物匣扔到了海里。风暴减弱了。终于,第二天柔和的尾风让圣格里高利号顺利通过了好望角,到达了位于今天德班附近、葡萄牙人称为纳塔莱的海岸。慈爱耶稣号的遭遇最差。6月11日即将到达好望角时,遇上了骇人的飓风,山峰一样的巨浪不停地朝船上压来;所有人都湿透了,全都在担心翻船。连续24小时的虔诚祷告似乎让海面平静了一些;虽然第二天午夜前后又起了一场飓风,但是规模小得多。传教士奉上了蜡像圣牌和圣物匣以抚慰大海。终于迎风转成了尾风,这又激起许多人对上帝仁慈的感激之情,开始忏悔罪过。因为还在远海,看不见陆地,船上的领航员估计自己这船已经绕过了好望角、并且已经从东向转为东北航向;事实证明这个猜测完全错了。虽然有人质疑,但领航员坚持自己的看法,慈爱耶稣号沿着非洲西海岸朝葡萄牙方向航行了九到十天,直到领航员发现错误并掉转船头。整个过程浪费了大约20天时间,7月2日才通过好望角,比其他两艘船晚了将近两个星期。

　　好望角是过了,但麻烦还没有完。水手们还得驶入非洲大陆与马达加斯加岛之间的大通道——莫桑比克海峡,其间纳塔莱附近航段也相当危险。三艘船中迄今为止最为顺利的圣路易斯号,在这里迎来了航程中最猛烈的风暴。圣格里高利号也闯过了几次暴风——让人宽心的是风是从船尾刮来的。慈爱耶稣号在享受了几天和风之后,又驶入了一场危险的风暴;船只顶着狂风,整整25天无法前进,让人备受折磨。许多人患了病,全都在担心给养;用斯宾诺拉的话来说"心都凉了"。在这段航程中,三艘船全都碰见了海上的奇迹——圣埃尔莫之火。有些人只事务性地记了此事,如圣格里高利号上的巴范济就只简单记载说,船员们把圣埃尔莫之火叫做"圣体";也有些人看到了上帝的手;利玛窦的船友罗明坚则看到了海上保护者圣母玛丽亚:

　　　　……在海上守护圣徒圣佩德罗·冈萨雷斯之夜,在尾帆、后帆和主桅上方,出现了带着光环的圣母;许多诚实可靠之人都目睹了这一

第二章 葡萄牙海洋

景象。险境之下,神父们对前来告解的船员们说,在如此的危险之中,应当转向圣母的帮助以实现自身的拯救。[1]

如果说罗明坚的话反映了神的抚慰和圣路易斯号的乐观情绪,那么斯宾诺拉的日记则写下了慈爱耶稣号在遇到圣埃尔莫之火时的绝望:

> 暴风来了。在茫无边际的大海之中,在漫天的光线、光环之中,巨浪让所有人都遭了重创。这在纳塔莱完全是正常现象,虽然水手们也说从未见过如此大的规模;光线是如此地强烈,我们看不到任何其他东西,船也像着了火。我从未见过、甚至从未想象过如此景象,大概这便是地狱的样子了。必须紧紧依靠我们的主才可能保持勇气,因为大海是如此的不可预料,有时候这便意味了通向死亡的道路,但同时这更加强了我们在登船之前所立下的视死如归的决心。
>
> 现在,把一切都交到主的手中吧![2]

死亡阴影的笼罩之下,慈爱耶稣号的船员们更加虔诚起来。耶稣会士再次组织游行、朗读连祷文并作了忏悔布道;船员们满含着泪水坦诚罪行、向上帝哀求,甚至有人立誓要成为神父。因为无法向东北航行,船长和领航员商量要直接越过马达加斯加岛前往印度;这条路线会让航程多出三个月,给养耗尽将导致大批船员死亡。消息传出,怨声蔓延开来。直到耶稣会士把险情告知船长,加上突然出现的尾风让慈爱耶稣号顺利驶入了莫桑比克海峡,负面情绪才得以平息。为了感恩,又组织了一次游行,向圣帕多瓦的圣安多尼致敬。此时已是8月12日,如果想赶在风向和洋流发生季节变化之前开往印度,就来不及再到莫桑比克的岛屿要塞停靠,因此慈爱耶稣号直接朝果阿进发,一路平安,于9月9日抵达目的地。

圣格里高利号和圣路易斯号分别于7月21日、22日抵达莫桑比克港停靠。从里斯本出港以来,经过了四个月,船上的人才得以踏上陆地;

---

[1] ARSI, Jap-Sin 101 I "M. Ruggiero Relaciones 1577–1591".
[2] *DI*, vol. XI, 315.

重逢的喜悦被焦虑之情冲淡了,大家都担心慈爱耶稣号的命运。旅途中的传教士受到当地多明我会教士的热烈欢迎,后者还介绍了自己在马达加斯加岛的传教情况,他们希望基督教能够击败这个岛上占主导地位的伊斯兰教。船队在此停留了约有三周。暂离了海上航行之苦,传教士的领导、总务长马丁·达·席尔瓦很快恢复了健康,还在莫桑比克的贝鲁阿特圣母教堂作了一场精彩的感恩布道。8月15日,船队装上了一批非洲奴隶之后(圣格里高利号上有300—400名,可能圣路易斯号上也是这么多)重新启航,两艘船并肩在8月27日再次驶过赤道。对葡萄牙乘员来说,印度洋上海面平静,风向极佳,一路航行平安无事;但圣格里高利号上有18个非洲奴隶死于了疾病。9月13日,船队开抵果阿;看到慈爱耶稣号先已平安抵达,乘员们非常高兴。

六个月的海上航行,让传教士们对即将着手的传教有了身心准备。首先,他们面对过死亡。在利玛窦远航之后又过了一个世纪,在华的比利时耶稣会士南怀仁曾经写了一封信,请求从欧洲招募传教士,信中感慨暴风巨浪的折磨就如异教统治者的酷刑一般,[1]翻船、溺水便象征着殉道者的桂冠。死亡是实实在在的,17、18世纪中,大约有15%的德意志传教士死于前往美洲或亚洲的途中。[2]其次是病痛。圣格里高利号上的所有耶稣会士都曾染过病:达·席尔瓦患了面部感染,其他人都得过热病,而且这还是在一条航行相对顺利的船上。第三,船上的困苦和磨难更增进了传教士的使命感,正如斯宾诺拉写道:"然而我们平静而从容地忍受这一切,将圣洁的感恩献给我们的主,而对其他一切都毫无畏惧,带着主在这些痛苦中给予我们的抚慰,铭记我们进入这一事业的虔诚信念。"[3]最后,耶稣会士还实践了他们的职责,包括宣扬忏悔、探访病人、为临终之人提供身心抚慰、调解派系纠纷,以及在风暴与翻船面前增强人们的

---

[1] ARSI, Fondo Gesuitico, 723/5.
[2] 德意志耶稣会士赴海外传教途中的死亡率(15.3%)来自 Christoph Nebgen, *Missionarsberufungen nach Übersee in drei Deutschen Provinzen der Gesellschaft Jesu im 17. Und 18. Jahrhundert* (Regensburg: Schnell/Steiner, 2007), p.98。
[3] *DI*, vol. XI, 307.

第二章　葡萄牙海洋

信仰。

强健的身体和坚毅的精神是必不可少的。正如巴范济和斯宾诺拉所写的那样,旅行的传教士们经历了船上极为严格的日常程序。清晨,耶稣会士们花一个小时作清晨祷告和每周告解——他们在自己的小客舱里从事修心、忏悔,包括早晚两次的良心考验;然后巡视全船、探访病人并提供身心协助;为免船员发生讧斗,晚上要带领他们唱赞美诗、作祷告,每天都要朗诵连祷文,经常一天朗诵好几次。神父们每两天进行一次教理问答,在节日要作弥撒、布道,并尽力让船员们远离诅咒和赌博;如前文所写的那样,在面临危险的时候还要组织游行。神父们履行神职的同时,修会兄弟们(包括利玛窦在内)则负责照顾病人;过莫桑比克之后,他们照顾的对象又包括了非洲奴隶,为这些即将在果阿奴隶市场上市的俘虏们提供精神抚慰。

果阿(彩版4)是葡属亚洲这只皇冠上的明珠。城市(现在的旧果阿)坐落于半月形港湾内的一座岛屿上,东、北两面有小河与大陆隔开,港湾西面开口,朝向阿拉伯海。虽然殖民地东面有一堵墙把它同大陆隔开,但果阿对海洋是完全开放的。这是个有着漂亮的花园洋房与教堂的城市,对旅行者来说,它就是热带"小里斯本",在棕榈树和各种葱郁的植物中间,葡式建筑的白灰墙壁在明媚的阳光下闪耀。除了宗教节日之外,每天清晨在主干道上都有热闹的集市。在这里,商人们可以找到印度货物、东南亚香料、中国瓷器与丝绸以及非洲奴隶。葡萄牙人之外,还有混血儿、印度本土的基督徒、波斯人、古吉拉特人、马拉塔人、犹太人、亚美尼亚人、叙利亚人以及中国人等等,混杂一处。印度总督治下的果阿共有15万人口,其中约有9万基督徒,其余为印度教徒。尽管商人的来源非常多元,但葡萄牙人只允许基督教在果阿城内活动。这里是葡萄牙文明的中心。

1510年,葡萄牙人占领了这个原属比加布尔苏丹的旧印度据点,把它变成了所谓"印度国家"的首府。实际上,把葡萄牙在亚洲的领地称作一个国家有点言过其实;他们的"帝国"只是一连串重装保卫下的港口,全靠手中掌握的制海权才连成一片贸易网络。自1510年代击败奥斯曼和其他穆斯林势力之后,葡萄牙人就控制了这片辽阔海域:从非洲东海岸的索法拉、莫桑比克,到波斯湾口的霍尔木兹,再经印度西海岸的一串堡垒,包括第乌、巴塞因、果阿和科钦,直到锡兰(斯里兰卡)和马来半岛的马六甲。不过一出欧洲火炮的射程进入大陆腹地的沙漠、草地和热带森林,他们的势力就急剧衰落。葡萄牙人一边与当地势力周旋,或战或和,一边从事着利润丰厚的香料、丝绸、瓷器和白银生意;到16世纪中期,又把摩鹿加(安汶)、中国东南沿海的澳门和日本长崎加入了贸易网。

葡萄牙殖民主义在厚厚的亚洲土壤上,铺上了一层薄薄的欧洲文明,它的存活有赖于两种营养:人口和基督教。人口是一大难题:葡萄牙是欧洲人口最稀少的国家之一,在1570年代共有约150万居民,远远少于英格兰的300万、西班牙的700万和法国(欧洲人口最多的国家)的1 400万。葡萄牙的扩张需要人手,定期开往巴西、印度和东亚的舰队上需要水手,散布全球的贸易堡垒也需要士兵守卫。更关键的是,16世纪时几乎没有葡萄牙妇女会参与海外冒险,后来在王室支持下,也只有极少数的女孤儿前往海外。绝大多数葡萄牙人娶了本地妇女,他们的后裔混血儿尽管也是讲葡萄牙语的基督徒,却被来自母国的葡萄牙人视为二等人;但正是这些人成为葡萄牙殖民的支柱。在包括果阿、马六甲和澳门在内的所有葡萄牙永久殖民地中,成年男性被分为已婚男子和士兵两种,但都有服务王室(即从军)的义务。人口的不足要靠奴隶和土著基督徒来补充。奴隶的来源极为庞杂,主要有东非黑人、摩鹿加人、帝汶人和不同族群的印度人,以及稍后从华南买来的中国徒工。土著教徒对葡萄牙的殖民同样极为重要。在果阿,土著基督徒占据了人口的绝大多数,可见基督教信仰作为另一种资源,对维持葡萄牙势力的重要性。反过来,葡萄牙人(包括神父)也认为皈依基督教与成为葡萄牙人乃是同义词,包括在语言、服饰、饮食和信仰等各个方面,但同时肤色和出生地(母国与殖民地之分)又成为区别身份的标志。

人手的不足,迫使葡萄牙人允许意大利、德意志和佛兰芒的商人分享

第二章 葡萄牙海洋

亚洲商业利润。神父人手一样很缺乏,不足以服务众多海外葡萄牙社区并开展传教,葡萄牙人也号召欧洲其他天主教国家的传教士前来协助收获灵魂。

9月13日十字架荣立节前夕,利玛窦一行四名传教士抵达果阿。登岸之后看到一大片非常美丽的绿地,让四位意大利耶稣会士欣喜过望,赶紧坐下休息,因为他们"在船上整整七个月没有看到绿地,到这时脑袋还在不停地摇晃"——这是几年之后罗明坚的夸张回忆。船友们开始畅想上帝"在这一地区"的计划,年龄最大的罗明坚自作主张地分派起任务来:鲁道夫·阿夸维瓦做神学家,巴范济做哲学家,利玛窦做数学家,他自己做律师,然后全体一道去中国。说完这些"脑袋里的空中楼阁",罗明坚不禁笑了起来;反倒是阿夸维瓦情绪高昂地喊道:"不要笑,神父!这可不就是未来么!"[1]休息过后,他们步行进入果阿城,与其他人汇合之后,在圣保禄耶稣会学院受到了热烈欢迎。

四年前,总会长伯尔吉亚曾经把一块真十字架残片从罗马送到果阿。耶稣会印度大教区的教区长路伊·维森特主持了晚祷,随后领导游行队伍前往耶稣会教堂门前的广场;在一座新树立的石质十字架前,新人加入了本地教友,一道朗诵主祷文。第二天,维森特面对座无虚席的教堂领了一场精彩弥撒,学院院长弗朗西斯库·蒙克拉罗在弥撒中登台讲道,总督和所有葡萄牙显贵都出席了活动。弥撒过后,绕教堂游行时,维森特神父举着真十字架残片,让每一个人都亲吻了圣迹。随后游行队伍走出教堂,进入广场;队伍前面是八名耶稣会学院学生,负责担任前导,并专为远道而来的修士表演了舞蹈。其他学生,有些只有六七岁,穿着军装、扛着火绳枪(这是他们日后的职业)列队行军,并在真十字架前鸣枪敬礼。新人

---

〔1〕 这段轶事发表于 *OS*, ed., Tacchi Venturi, vol. II, p. 395. Tacchi Venturi 提到这段故事所出的手稿是 ARSI 所藏的一部未署名的抄本,他错误地认为这段的作者是阿夸维瓦,实际上这段插曲出自罗明坚的回忆录:ARSI Jap-Sin 101 I " M. Ruggiero Relaciones 1577 – 1591"收入佚名:"Relatione del successo dela missione della Cina dal mese di Novembre 1577 sin all'ano 1591 del P. Michel Ruggiero al nostro R. P. Claudio Acquaviva Generale della Comp di Gesu", f. 11。

们在果阿停留了三四天,随后被教区长送往附近科若岛的静修院调养身心,恢复精神,以待接受任务。

果阿既是葡萄牙亚洲帝国的中心,也是耶稣会印度大教区的心脏。1578年,整个教区共有257名成员,将近葡萄牙大教区的一半。[1] 人员最为集中的是果阿耶稣会学院,连同新人在内共有106名成员,包括37名神父、51名助理神父和18名见习生。另有82名耶稣会士在印度其他各地服务,包括巴塞因有34名,科钦20名,肖尔9名,捕鱼海岸14名,此外在麦拉坡的圣托马斯教区(在今天金奈附近),据说有使徒圣托马斯的墓地,那里也有5名守护神父。

印度教区还负责管辖亚非两洲的其他耶稣会士。非洲被证明是天主教的瘠土,三名耶稣会士想把埃塞俄比亚的基督教王国转皈到罗马天主教,虽费尽心机,却毫无成果。马六甲的十名耶稣会士主要为葡萄牙社区服务。另外有四名传教士在摩鹿加维持着最为艰难的一处据点,那里的丛林和土著极为危险,以至于其中两位擅离职守,于1552年被沙勿略撤职,第三位在1558年殉道,第四位耶稣会士发了疯,只好被送回果阿,死于1564年。[2] 发展中的中国和日本看上去更有希望:澳门有七名耶稣会士为葡萄牙商人的小社区及其附属人群服务,日本更有46名传教士,皈化成果极为丰富。印度教区辖下约有十分之一的耶稣会士不是葡萄牙臣民,其中绝大多数是意大利人;他们在经过长途旅行之后,语言能力有了极大提高,他们写给罗马总会长的信中掺入了葡萄牙语词汇,可见这点。不过葡萄牙耶稣会士大多满足于为他们在热带的同胞提供神职服务,而意大利神父不同,他们总是渴望到当地居民中传布福音。

不过,新人们的第一项任务却是到圣保禄学院工作。根据教区长维

---

〔1〕 有关耶稣会印度大教区的信息来自 *DI*, vols. Ⅸ－Ⅻ,涵盖了1573—1583年的情况。利玛窦的信件,以及巴范济、罗明坚、阿夸维瓦的信都来自 vols. Ⅺ－Ⅻ。

〔2〕 Ines G. Zupanov, *Missionary Tropics. The Catholic Frontier in India* (*16th - 17th Centuries*), 76.

第二章 葡萄牙海洋

森特任命,阿夸维瓦担任教堂长老和哲学教授,巴范济担任学院理院,斯宾诺拉、罗明坚和利玛窦前去学习神学,第六名意大利新人、临时助教乔万尼·杰拉迪奥担任圣器保管员。

利玛窦在科英布拉的第一年神学学习并未完成,到果阿之后又进入诡辩术和思辨神学班级,聆听了孟三德、洛波·阿布鲁(也是两位新人)和劳伦特·品荷洛等人讲授阿奎那讨论仁慈、法律和天使的著作。每日的例行生活肯定让他联想起任何一所耶稣会学院的生活。确实,在巴范济看来,圣保禄学院堪比欧洲任何一所最好的耶稣会学院。按照巡阅使范礼安的指示,刚刚建成了一所模仿罗马圣安德鲁教堂、拥有独立花园和礼拜堂的见习院。范礼安自 1574 年 9 月起一直待在果阿,直到利玛窦到来之前的几个月才去了日本指导传教工作。学院教堂内有本地耶稣会士设计的庄严祭坛和精美壁画,并且供奉着三位圣徒的宝贵头颅,前文已经交代过,其中两样圣物是刚从欧洲奉请来的。

1578 学年,学院共有超过 900 名在籍学生。最主要的、也是人数最多的班级包括大约 700 名葡萄牙男生,学习阅读、写作、教义和算术。更高一级的是人文班,有大约 150 名外部学生和 13 名耶稣会学生。哲学班有 19 名耶稣会士和少量外部学生;考虑到果阿的传染病,加上葡萄牙人与比加布尔苏丹在附近的萨尔塞特爆发了冲突,维森特在学期中决定把哲学班转到科钦的耶稣会学院。最高级的神学班有 20 名学生,几乎全都是耶稣会士。根据总督的要求,耶稣会士除教学之外,还要和果阿的其他教派一道轮流在市民医院协助工作。此外还要为土著男孩传授教义,如果学生懂当地的孔卡尼语,就用这种语言上课;如果学生不懂,就要通过口译上课。部分神父会去关怀死刑犯,并定期看望宗教裁判所的受难者;果阿的宗教裁判所也拥有对整个葡属亚洲的管辖权。1578 年秋萨尔塞特冲突中,担心比加布尔的穆斯林军队报复的印度基督教徒沦为难民,耶稣会士也为他们提供了帮助。

然而学院生活并非许多人的梦想,因为这种生活当初在欧洲就可以实现。留在果阿的人在写往欧洲的信件中,流露出这次传教之行虎头蛇尾之憾,因为这里的每日例行事务完全不能和英雄式的航海相提并论。斯宾诺拉和罗明坚最幸运,只待了短短两个月就被派到捕鱼海岸,到马拉巴尔基督徒中传教。剩下的人里,阿夸维瓦和巴范济给总会长写私人信,发泄沮丧之情;沮丧的表现之一就是对葡萄牙人的不满。早在启程前往葡萄牙之前,他们的上司就告诫过这些意大利耶稣会士,要注意葡萄牙人的自尊心,在葡萄牙船上绝对不要说任何批评的话,并且时刻铭记葡萄牙王室的虔诚和庇护。可是,在葡萄牙亚洲殖民的心脏生活了几个月之后,批评的声音出现了。1578 年 10 月 31 日,阿夸维瓦致信总会长墨丘里安,报告他在果阿收集到的马丁·达·席尔瓦的恶劣名声:因为涉嫌在告解时性骚扰,范礼安禁止达·席尔瓦接受女性的告解;更令果阿许多人震惊的是,这位前任总务长本人还身在罗马时,居然就被允许作为教团的立誓神父发第四誓。

不管怎样,阿夸维瓦最终是摆脱了学院的沉闷无聊和果阿的恶毒流言:1579 年,路伊·维森特选派他和其他几位耶稣会士前往莫卧儿皇帝杰拉尔丁·穆罕默德·阿克巴(1542—1605)的宫廷,皇帝想请基督教学者们前来为他增加点荣耀与学养。接下来的三年中,阿夸维瓦、弗朗西斯科·亨里克斯和若奥·德·梅斯基塔在印度北部城市阿格拉一边受着煎熬,一边收集各种语言、文化和政治信息。可是因为看不到帝国皈化的希望,阿夸维瓦于 1583 年 5 月回到了果阿;两个月后在萨尔塞特死于当地印度教徒反抗葡萄牙人的暴动之中,实现了作为传教士和殉道者青史留名的愿望。

他的朋友兼船伴巴范济背上的十字架更重。他写下了自己适应环境的痛苦,不是适应印度可怕的高温和热病,而是适应耶稣会学院院理这个职务——他得负责大约 300 名耶稣会士和寄宿学生的心灵健康。1580 年 10 月 27 日写给总会长墨丘里安的信中,巴范济抱怨说他离开罗马前来印度,正是为了躲开这类事务。更加重他精神痛苦的是那位教区长,巴范济也承认教区长是位圣徒般的人,但他古板、严厉、脾气暴躁又吹毛求疵;自 1577 年生了一场大病之后,这些毛病越发严重,稍有违反规矩,或

第二章 葡萄牙海洋

稍有人忤他的意,就要对下属大发脾气,痛骂一番。巴范济沮丧地说,应付维森特必须要用葡萄牙方式。1579 年秋,巴范济申请去埃塞俄比亚布道团服务,但可惜没有船出港。到 1580 年,情况变得更加糟糕,以至于根本看不到任何传教机会。虽然私下有所抱怨,但巴范济本人还是很得教区长信任。1580 年 12 月教区长提拔他为大教区行政长官。接下来一年里,巴范济要管理教区的全部事务,包括买油、酒和其他各种物资,同时管理属于日本布道团的财产的租金收入,并保证钱款的安全和及时汇出。1582 年 4 月,重新回到学院理院任上的巴范济被范礼安召往日本与他汇合,至此终于实现了他的传教使命。

1578 年的这批人中,另有一名意大利耶稣会士被召入一项新的传教事业。1579 年 4 月 12 日,教区长维森特收到日本来信:范礼安要求他选派一位有语言天赋的传教士前往澳门,学习中文官话,准备开启福音的天国。范礼安比较中意伯纳迪诺·德·费拉里斯,一位卡拉布里亚耶稣会士,但他此时正抱病在身。维森特心中盘算一番之后,决定改派罗明坚;后者在 11 月份刚刚被下派,带着一箱法律书从果阿去了捕鱼海岸。在加入耶稣会之前,罗明坚是民法与教义法博士;教区长希望这位那不勒斯人能同时进行"文明的传教",让那些捞珍珠者和新近皈依的教徒能够遵守基督教法和欧洲市民法。

罗明坚的上司们对他评价极高。长驻捕鱼海岸的传教士、教区书记安东尼奥·蒙塞拉特向总会长墨丘里安盛赞罗明坚说:

> 罗明坚神父已前往中国,学习中国官僚所使用的最优美与文雅的语言;可以相信,罗神父可以继承圣洁的沙勿略神父及后续诸位神父因为神的原因而未能达成之事业。通过刚从日本返回、对此项事业信心坚定的巡阅使范礼安神父的热情介绍,我们的主使罗神父虔诚的目光转向了那些可怜人。罗神父的被选任,乃综合考虑其年龄(35 岁)、品德、技能、意愿及其他各项必要素质之结果。在捕鱼海岸数月之中,罗神父曾以极大的虔心与热忱学习泰米尔语,并已能接受以此种语言所作的告解;罗神父的声望极高,以至于耶稣会驻所内外

都对他的离去深感遗憾。[1]

另一封维森特写给总会长的信同样强调了罗明坚的语言才能,声称这位意大利人抵达当地只数天时间,就能接受泰米尔语的告解,同时也指出个人品德亦为该项决定的原因之一。罗明坚本人则谦虚和务实得多,承认一年之后方能接受泰米尔语告解。[2] 4 月,"因为在抵达印度之前就有这一梦想",[3] 罗明坚很高兴地接受了命令,离开捕鱼海岸前往科钦,5 月从科钦登船前往澳门(地图1)。

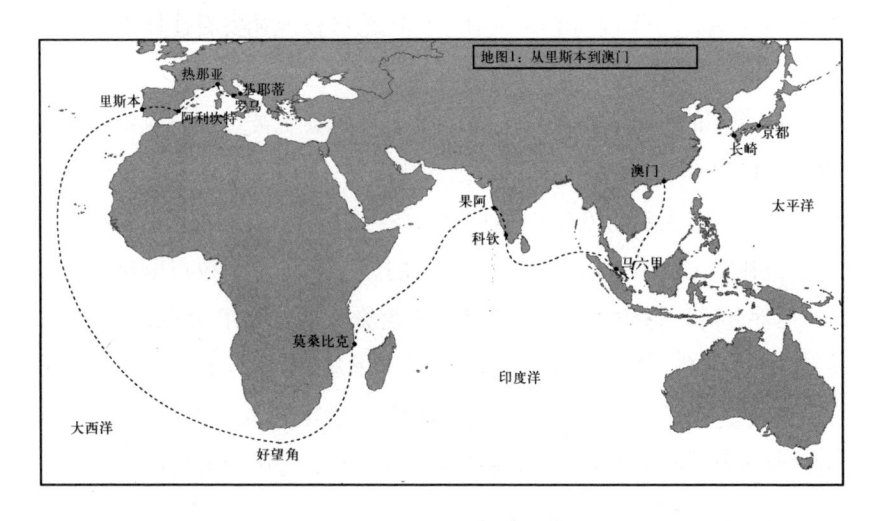

地图1 从里斯本到澳门

踏上中国之行的罗明坚,承载着巨大的期望。1579 年又有一批新传教士抵达印度,其中一位意大利耶稣会士阿尔伯特·拉尔兹奥从果阿发出的信(1581 年 11 月 8 日)中写道:罗明坚已经掌握了这门语言,并正在澳门为葡萄牙商人和其他基督徒布道,甚至还皈化了一些无神论者,"如果上帝我们的主打开那扇丰收之门,他将能进入那个国家,并取得令人惊讶的成果"。[4] 与此同时,拉尔兹奥也进了圣保禄学院,与其他四名意大

---

[1] *DI*, vol. XI, 645–646.
[2] Tacchi-Venturi, *OS* II, 400, 1580 年 11 月 12 日罗明坚自澳门致墨丘里安的信。
[3] 同上。
[4] *DI*, vol. XII, 435.

第二章 葡萄牙海洋

利耶稣会士一道等待主,前去敲开中国的大门,其中的巴范济和利玛窦两人在印度已生活了三年。

故事进行到这里,我们才再一次听到利玛窦的声音;像一个新进同僚,或者如达·席尔瓦所说"还只是个小伙子",利玛窦低调地待在幕后。作为一个不起眼的神学学生,那些级别高得多的耶稣会同道们从印度发出的信里,也没有评价过这位年轻人。利玛窦抵达印度之后很快写了一封信,寄给他以前在罗马学院的拉丁文老师马丁诺·德·佛纳里,可惜信现在亡佚了。第一次听到利玛窦自己的声音,要等到他在科钦写的另外两封信;信寄给了两位旧日老师——科英布拉的葡萄牙人埃曼努尔·德·果伊斯和罗马的佛纳里,日期分别署于1580年1月18日和30日。

第一封给果伊斯的信用的是葡萄牙语,内容都是官样套话。整封信没有任何有关个人的内容,只报告了目前的传教状况,包括来自果阿的最新信息和按照惯例表个信仰决心。整封长信最关注莫卧儿帝国:皇帝阿克巴曾经在孟加拉会见葡萄牙耶稣会士,现在他派了使者到果阿来,要求派遣有学养的基督徒前往他的宫廷。葡萄牙总督对此非常欢迎,认为这是与北方大帝国结成政治联盟的好机会;教区长也在耶稣会学院举办了非常热烈的欢迎仪式。利玛窦报告了为此次激动人心的大事业而选派传教士的情况,并描写了整个果阿的情绪:

> 我们都怀着极大的期望而感到惴惴不安;如果一切顺利的话,那将是整个印度的皈化。然而万事皆有难为处,故此阁下您和其他人切莫以为此事已经完成并疏忽了向我们的主祷告,因为此中困难堪比魔鬼用于阻碍传教工作之摩尔人或其他种种障碍。[1]

不过至少萨尔塞特重获了和平。利玛窦报告说果阿和比加布尔之间达成了新条约,还提到比加布尔流亡苏丹的女儿、现任苏丹的兄弟和实际的合法王子都皈依了基督教,他们现在都在葡萄牙人庇护之下。在简单介绍马六甲和摩鹿加群岛之后,利玛窦报告了日本传来的重大消息:一位封

---

[1] *Lettere*, 11.

建领主、丰后大名(葡萄牙语文献称之为国王)皈依了基督教,为此耶稣会士在马六甲和科钦都组织了庆祝游行。这份传教捷报的结尾提到,罗马天主教甚至在捕鱼海岸也取得了进展,那里的圣托马斯基督教徒同意转皈罗马天主教派。信中有一小段有关莫卧儿帝国地理、方位的简短文字,隐约地透露出利玛窦的个人兴趣。

用意大利文写给德·佛纳里的信比较简短。内容先概括了写给果伊斯的信,并补充了几位在日本的意大利神父的消息。随后谈到了利玛窦本人正在科钦耶稣会学院教拉丁文。在果阿学习了一年的神学,1579年9月利玛窦成为学院一年级人文课的教授,给十多个学生教希腊语法;但正准备开讲德摩斯梯尼的《斥腓力》时生了一场大病。11月11日,维森特决定让利玛窦到科钦,那边的空气有助于他的康复。果阿似乎是个很不健康的地方(到处是沼泽和死水河):维森特向总会长墨丘里安报告说,这一年有七名耶稣会士去世,包括两名只有18和19岁的学生,并且利玛窦也病得极为严重。[1] 在科钦,利玛窦一边调养身体,一边还给人文班的学生上了春季学期的修辞学。1580年7月26日,他受任神父,并讲了他的首场弥撒;此后一直留在科钦教修辞学,直到维森特召他回果阿继续完成神学学习。

9月29日刚刚接到返回果阿学院的任务时,利玛窦收到了昔日罗马学院教授、现任院长卢多维科·马塞利的信,勾起了他对全部罗马学院生活的温馨回忆,并在回信中倾吐了心声:

> 神父啊,我爱您胜过爱我的父亲!我想说,任何事情包括如此感性化的我与父母在肉体上的远隔重洋,都不能如离开您这般让我如此的悲伤。您可以想见,收到您的来信,我是怎样的感激涕零啊。我不知道我有时会产生怎样的想象,也不知道是什么让我如此忧伤,但这些对我似乎都是好事;因为如果没有他们,当我满含泪水回忆您和学院的其他神父、兄弟,却不得不想到我出生和成长的学院、我亲爱

---

[1] *DI*, vol. XI, 638、699.

第二章 葡萄牙海洋

的神父和兄弟都要和我永远地分开的时候,当我在痛苦之中虔诚祈祷的时候,我一定会感到犹豫和退缩。然而,我对我的第二使命感到非常荣幸,也认识到在把我召入修会之后上帝再次赐予我的莫大恩惠,可以在这里和我们的神父、兄弟一道建设伟大的事业。[1]

在利玛窦的这些心灵父亲中,有一位要胜过亲生父亲:吉安·皮特罗·马菲。马菲神父受总会长委派到葡萄牙收集资料,写作耶稣会在东西印度传教的历史。他向利玛窦索要第一手资料,后者非常热情地做了回复,虽然用葡萄牙语写信让人感到利玛窦对母语已经非常陌生。热衷于学术项目,显示出利玛窦对人文和科学知识的极大兴趣。他提醒马菲说,最好的出版物也充满了错误,因此好的历史著作必须依靠第一手的叙述和观察。一方面,利玛窦主动介绍了亲身经历,加上一位佚名的耶稣会兄弟、"一个非常好的朋友"也志愿为马菲核对资料;另一方面,利玛窦建议等候范礼安的到来,后者据说要从日本回印度(但这位巡阅使直到1583年才来到科钦)。在这出展开中的耶稣会传教的英雄戏剧中,范礼安扮演着重要角色;不仅如此,他据说还创作了一部亚洲传教史,这是马菲必不可少的参考资料。利玛窦也给范礼安写过几封信,但信可能丢了,因为他没有收到任何回复。利玛窦所能提供的,"如果您需要的话",是一张本地区主要地名及附注表,"以及地图,和我已观察或将要观察的日食,这些资料要比已印刷出版的那些更加确切"。[2] 据利玛窦报告,最为人期待的两大传教任务,一是日本军阀、耶稣会士的保护人、已经纷扰日本一个世纪的内战的霸主织田信长的皈依;二是莫卧儿皇帝阿克巴的皈依。从天主教扩张的世界舞台转到他的个人经历时,利玛窦略带嘲讽地谈了他的患病和教学:"至于我自己,怎么也甩不掉这一身语法。"就教区长要他返回果阿完成神学学习一事,他写道:"未知此去是结束语法,还是结束性命,因为那个地方最不适宜居住了。"[3] 1580年12月,利玛窦

---

[1] *Lettere*, 19.
[2] *Lettere*, 24.
[3] *Lettere*, 25.

返回果阿,很快又染上了热病。

考虑到利玛窦的健康状况,教区长没有给利玛窦安排学习之外的其他任务。整个1581年,年轻的神父都在勤奋学习神学,到秋天时再次染上热病。马菲又给利玛窦来了两封信,索要更多有关印度的详细信息。不过利玛窦因于病痛,未能及时回复。为了赶上开往葡萄牙的船,利玛窦于12月1日回了信,并推荐了一部沙勿略的传记。作者是科钦耶稣会学院的院长曼努尔·德塞拉,曾经是沙勿略在印度的伙伴,并且书的手稿已经寄往罗马。利玛窦建议马菲转求德塞拉,他对这些事情知道的更多;至于范礼安,还是没有任何消息。利玛窦自己也有些贡献,据说他发现果阿与大陆之间的那些河流实际上不过是咸水溪流;政治史方面,他只知道阿克巴这个名字。要了解更多的印度历史,必须去咨询某个上层的穆斯林,或者受过良好教育的婆罗门。针对阿克巴的传教任务和预期的完全不同:莫卧儿皇帝感兴趣的是西方知识,而非信仰,根本没有皈依的意思;并且教区长已经允许鲁道夫·阿夸维瓦从德里返回了。提到埃塞俄比亚的几位葡萄牙耶稣会士的殉道和印度带给许多人的病痛,利玛窦再次陷入悲伤,并且说马菲的来信带给他无限快乐,希望亲爱的神父能一直与他通信。虽然在果阿并不缺朋友,利玛窦还是渴望罗马的岁月。他这样调侃自己的怀旧之情:"虽然我还年轻,但我就像一个老人,总在赞美过去。我很清楚,这就是我的毛病,总有一天我会真诚地把这一切交到我们的主的手中。"[1]

现在,主安排了利玛窦的"罗马的亲爱的父亲"之一、意大利人克劳迪奥·阿夸维瓦当选耶稣会第五任总会长。1581年11月25日,利玛窦致信新任总会长表示祝贺,同时提醒阿夸维瓦关注印度教区的意大利人(总共100人,其中有5人在学院任职)。他希望在完成最后第三年的神学学习之后,不要再给他安排人文课教学的任务,并随即解释说这一请求乃是上帝和他上司的旨意,对此他感到很宽慰。

---

[1] *Lettere*, 40.

第二章 葡萄牙海洋

利用他和新任总会长的亲密关系,利玛窦擅自提出了一些有关果阿耶稣会士的秘密意见。第一条是有关乔万尼·巴蒂斯塔·德·洛夫雷达的丑闻。这位意大利耶稣会兄弟,也是1574年范礼安招募并带往印度的那批传教士中的一员。虽然洛夫雷达是位受过训练的内科医生,并且似乎技术很好,但他觉得自己的真正使命是去救助灵魂。在向罗马和果阿的院长们递交了多次请愿之后,他终于获任神职。但是他耳朵很聋,葡萄牙语也很差,因此上司对他的神职工作作了严格限制,这让他感到不受重用,并公开对抗当局。同伴的意大利人都认为洛夫雷达的情绪极不稳定,并且是耶稣会的一个尴尬,因为他曾经跑到穆斯林地区,回来时还在诅咒教团。有段时间,洛夫雷达极为焦躁不安,激动而有暴力倾向,以至于巴范济和阿夸维瓦不得不把他锁在医疗室内。洛夫雷达现在已被开除出教团,利玛窦建议阿夸维瓦忽视来自此人的任何请求,因为他总能把伤害别人的事说成是别人伤害了他。利玛窦向新任总会长提出建议的第二件事,几乎就是对自己直接上司的不尊重,并且反映了葡属果阿的恶毒流言。虽然利玛窦称赞路伊·维森特是一位勤谨的教区长,并且全心全意为教团工作;但就最近任命孟三德和戈麦兹·瓦兹分别担任巴塞因和马六甲两地耶稣会学院院长一事,利玛窦对教区长提出了批评。这一决定在印度耶稣会士中间引发了不满和怨言,因为这两个人是"新犹太人基督徒"(利玛窦这里用的是希腊语)。近些年来宗教裁判所把很多"新基督徒"送上了火刑柱,以至于现在高傲的葡萄牙人怀疑和蔑视所有的"新基督徒"。

确实,宗教裁判所是紧跟着葡萄牙人的反犹太主义进入果阿的。[1] 1497年,葡萄牙人效仿西班牙封建领主们在1492年的做法,发动了强制

---

[1] 关于葡萄牙宗教裁判所和主要的受害者——新基督徒,见 A. J. Saraiva, *Inquisição e cristãos novos* (Porto: Inova, 1969); António Borges Coelho 对葡萄牙三所法庭之一进行了详尽而彻底的研究,见其著作 *Inquisição de Évora 1533 – 1668* (Lisbon: Caminho, 2002), pp. 231 – 271 和 598 – 628,特别研究了针对犹太皈依者的迫害。果阿宗教裁判所的早期档案没有保存下来,我们能看到17世纪一位法国受害者的目击报告,见 *La relation de Charles Dellon (1687)*, eds., Charles Amiel and Anne Lima (Paris: Chandeigne, 1997)。有关印度针对皈依者的案例,见 Zupanov, *Missionary Tropics*。

皈依,并导致了一轮对说葡萄牙语的犹太人的迫害。1506年,里斯本大屠杀夺走了数百名犹太人的生命;[1]1536年,在西班牙的压力之下,若奥三世把宗教裁判所引入葡萄牙。由于海外领地容易致富,控制也松,众多"新基督徒"来到东方冒险,成为有所成就的商人、医生,甚至耶稣会传教士。他们还在霍尔木兹发现了"白犹太人",在科钦发现了"黑犹太人",都是早期巴勒斯坦移民的后裔。一直到16世纪中叶开始镇压之前,亚洲的氛围还是很宽松的,其间可能也有一些新基督徒重新改信了犹太教。许多新基督徒从事着非常重要的职业,例如几乎果阿的所有医生都是新基督徒;葡萄牙统治精英们既需要、又憎恨他们,于是幻想着下毒的阴谋,结果便是对新基督徒的谴责和火刑。早在1543年,果阿大主教就以重归异端的罪名烧死了皈化者医生热罗尼莫·迪阿斯。三年后,沙勿略敦促国王若奥在印度设立了宗教裁判所。1557年,因为在科钦一间教堂发现了一篇亵渎神灵的笔记,导致科钦和果阿的一些重要的新基督徒被逮捕,并最终被送回里斯本,烧死于火刑柱上。终于在1560年,国王派两名宗教裁判官来到果阿,着手打击犹太教与穆斯林流毒的渗透,并阻止皈依者的蜕化。直到1812年果阿的宗教裁判所才被解散。

从利玛窦信件的用词,很难看出他有没有葡萄牙人那种普遍的反犹偏见,或许他只是把路伊·维森特的一项他认为有损耶稣会利益的决定告知总会长。确实,利玛窦是这样写的:"我相信神父(指维森特)作这一任命是因为没有其他合适的'候选人'。"接着他希望总会长能很快派合适人选到印度来。考虑到来印度的路上孟三德曾经是利玛窦的上司,将来他们离开葡萄牙价值观与流言的堡垒、到了中国之后,孟三德还要成为他的上司,利玛窦对教区长这项决定的质疑听上去非常刺耳。

还有一件事情,他也向总会长坦诚了观点,显示了他和葡萄牙人的分

---

[1] 关于1506年的犹太人大屠杀,见 Yosef Hayim Yerushalmi, *The Lisbon Massacre of 1506 and the Royal Image in the Shebet Yehudah* (Cincinnati: Hebrew Union College, 1976)。

第二章 葡萄牙海洋

歧。学院在这一年新出了规定:所有本地学生,即土著人的儿子,不得学习哲学或神学;他们的最高等级只能到拉丁文和诡辩术。"他们说他们(印度学生)学习了拉丁文之后就变得傲慢,并拒绝到基层教区服务。""但所有这些,"利玛窦驳斥道,"对于无论是印度或是欧洲各学院的学生来说都是如此:不能因为这一点而放弃对任何人的教育;原因毋宁说,是这些本地人,即使受了良好的教育,也很难获得其他白人的信任"。利玛窦强调,有教无类是教团的传统。新的排斥政策会加剧"教堂神父们的愚昧,而在这些地方知识是非常必要的,因为无论如何他们都会成为神父和灵魂的监护者;在如此众多的各种无神论者之中,只要我们还没有把希望完全寄托在奇迹上,他们就不应当成为如此无知、没有能力应对辩论、也没有能力加固他们自己或别人的信仰的牧师,简单的诡辩术是无法承担这些任务的"。最让利玛窦激动的是种族歧视,到目前为止我们还从未见到他如此动情:

> 第三个、也是最让我触动的原因是,这些人在我们的土地上非常之卑微,除了我们(耶稣会士)之外没有人能帮助他们;由于这一原因,我们向他们付出了极大的爱。如果他们发现,同样的神父们现在开始针对他们,不希望他们抬起头颅,不希望他们通过学习获得与其他人平等的神职或岗位,我非常担心他们会转而仇恨我们,并因此影响教团在印度的主要目的,即皈化不信主的人并使之保持我们的神圣信仰。[1]

利玛窦属于支持招收印度人进入教团的少数派耶稣会士。[2] 但耶稣会的国际主义没有能够超越葡萄牙种族区别与歧视的势力,连范礼安也不得不向葡萄牙殖民主义妥协,并跟罗马解释说印度学生缺少耶

---

[1] *Lettere*, 31. 此处和其他一些引文来自29—32页。
[2] 关于耶稣会史料反映的印度本土神父形成过程中的歧视问题,见 Josef Wicki, S. J., "Der einheimische Klerus in Indien (16. Jahrhundert)," in Johannes Beckmann, ed., *Der Einheimische Klerus in Geschichte und Gegenwart* (= *Neue Zeitschrift für Missionswissenschaft* Supplementa II) (Schöneck-Beckenried: NZM, 1950), pp. 17 - 72;有关伊比利亚天主教中的种族歧视更大的讨论,见 Charles Boxer, *The Church Militant and Iberian Expansion 1440 - 1770* (Baltimore: Johns Hopkins University Press, 1978)。

稣会士所必需的高度的智力资质,即使将他们招入教团队伍中,他们也无法被果阿的世俗统治精英所接受。但范礼安绝没有欧洲优越思想,他曾批评过葡萄牙耶稣会士、日本布道团长弗朗西斯科·加布洛尔,因为后者给日本见习生的待遇很差,并拒绝举行日本人神父的授任礼。一直到18世纪耶稣会遭到镇压,也只有极少数印度人能够突破种族界限。

利玛窦的第一批印度通信让我们看到了他思想与情感的成熟。1581年冬,这位来自马切拉塔的年轻人,在半个地球之外度过了29岁生日。虽然肉体依然遭受着热带黄热病的折磨,但利玛窦已经适应了葡属印度的社会与文化规范,同时对它的不平等保持了批判眼光。对过去、对罗马耶稣会集体的关爱和友情,利玛窦流露出深深的怀念,从中我们可以感受他生命中潜藏的悲伤和忧郁;虽然身在不断扩张的天主教世界的远方,但罗马依旧是他的情感家园。同样,知识上的进步也和他在罗马学院所受的教育紧密相连,包括讲授拉丁文、希腊文,对地理的强烈兴趣和持续的天文观察等等,我们可以有一幅概观了:柔善的灵魂,年轻并富有文学与科学兴趣的思想,感情充沛而又有自制力,顺从而又具批判性。作为伴随葡萄牙殖民统治的这项崇高精神运动之一员,利玛窦还没有在印度人中直接从事传教,却已不得不见证了葡萄牙殖民统治的残酷和暴力。如果一直待在那里,利玛窦或许会走上另一条道路,一条日后的意大利耶稣会士罗伯托·德·诺比利所走的道路:后者放弃了葡属印度的安逸,而置身于危险的婆罗门教徒中间,学习上流印度教徒所用的梵语,并利用这种语言和印度教的仪式,成为印度皈依基督教者的古鲁。然而,等待着利玛窦的是另一种命运。

大约在1582年4月中旬,路伊·维森特收到范礼安来信,让他把巴范济和其他几名耶稣会士派往日本,把利玛窦派往澳门。利玛窦要去协助昔日的圣路易斯号船友罗明坚,准备打开中国的福音之门。1582年4月26日,七名耶稣会士在果阿登上了一条葡萄牙船。这是一次重逢:利玛窦、巴范济和乔万尼·杰拉迪奥曾经一起在四年前从里斯本登船;现在,又加入了一名新的意大利耶稣会士、画家乔万尼·尼古劳·小诺拉。除了利玛窦,其他人都去日本。1582 年 6 月 14 号,船在马六甲停靠;7 月 3 日再次起锚,伴着合适的风向顺利驶入了南中国海。虽然无法和残酷的印度之行相比,但这次航行也还是有些代价,利玛窦就病得很严重,让巴范济非常担心。所幸 8 月 7 日,旅行者们抵达了澳门港。

第三章 澳　　门

　　香山县(今中山市)以南的小半岛,明代称"濠镜澳",其名源于当地淡水、咸水交汇之处出产的一种海鲜。半岛以南更有四个小岛,中间构成一组十字形水道,称为十字门。1552年,葡萄牙人首次获得中国当局批准在濠镜澳"晾晒浸水之货物及修理船只"。当时的澳门只在半岛北部(今天的望厦区)有一个小渔村,另外半岛西南角有座神庙,充当了外海进入天然内港的标志物。此庙所奉乃闽南水手保护神"天妃",一般称为"阿妈庙",得名于女神更常用的亲切称号。不久,因为此地乃进入中国之大门,葡萄牙人遂去掉呼格"阿",再加上汉字"门"的罗马化拼写,将新殖民地命名为"Macao"(地图2)。

　　澳门随即成为葡萄牙商人之天堂。1552年前的数十年内,葡萄牙人在中国东南沿海上下航行,建立了众多基地,范围北起浙江宁波,南经福建漳州,一直到澳门西南方的广东沿海浪白滘、上川岛等地。他们勾结中国走私商人,在中国、日本与东南亚之间开辟了利润极其丰厚的生意。1511年,葡萄牙人占领马六甲,在此首次遭遇中国商人。1513年,在中国帆船带领下,第一艘葡萄牙船出现在中国沿海。1517年,印度总督装备了一支小舰队,在费尔南·佩雷兹·德·安德拉德率领下,护送使臣托梅·皮莱资入华。1520年,葡萄牙使团靠礼品和贿赂打通了中国广州的

第三章 澳 门

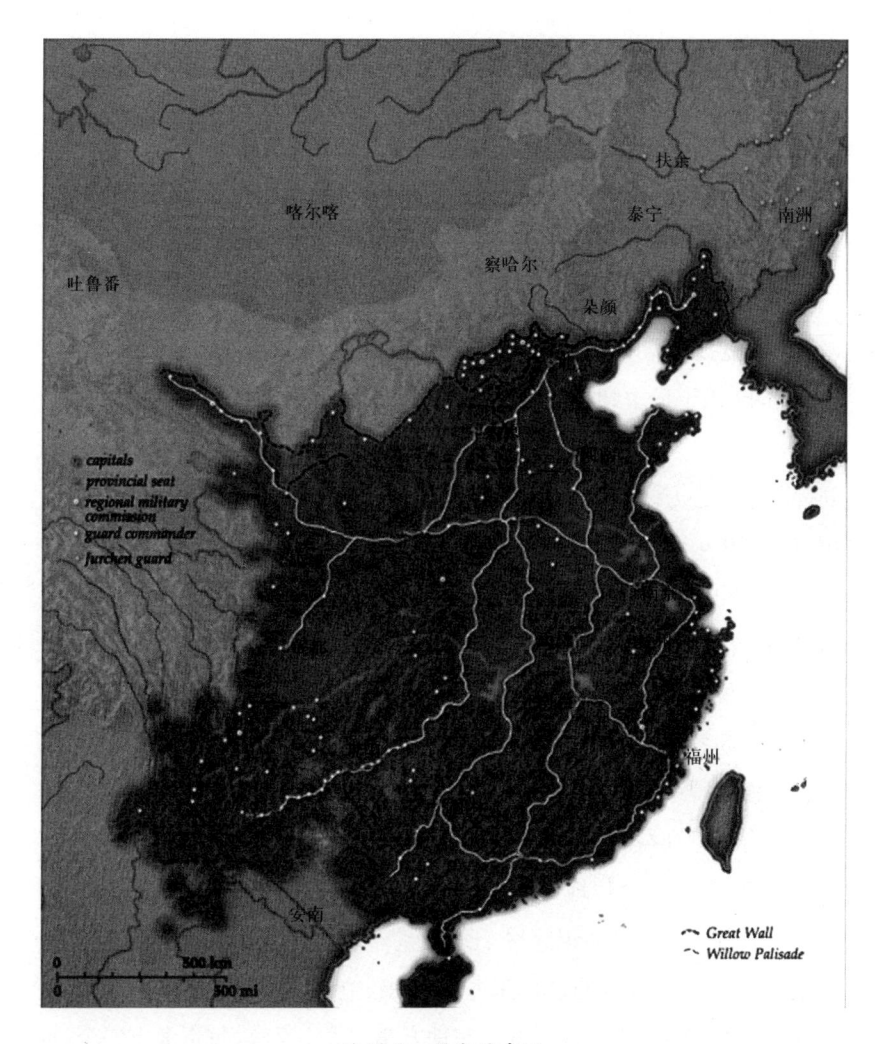

地图2 明代的中国

地方官僚,得以前往北京。1521年初,还是靠了贿赂朝廷高官、正德皇帝(1506—1521在位)之宠臣江彬,葡萄牙人得以入朝面圣。不幸的是,正德皇帝很快驾崩,嘉靖皇帝(1522—1566)继任,立即着手整肃朝政,江彬及其党羽并遭清洗。葡萄牙人丧失了政治后盾,随即又遭到政治指控的打击:马六甲苏丹派使臣上奏,"佛郎机"人占据了他的城市,伪装成朝贡使者霸占他的位子。1518年发生了更恶劣的事:费尔南·佩雷兹的兄弟西蒙·德·安德拉德来到广东沿海,攻击中国船只,洗劫沿岸村庄,掳掠奴隶,就像在非洲沿海一样肆意妄为。可怜的皮莱资被送回广州,广州地方官随即将所有葡萄牙人扣为人质、押入大牢(皮莱资死于狱中),用于交换葡萄牙海盗掳走的中国人。

尽管中葡官方交往之开篇并不太和谐,但葡萄牙人还是和中国船长们携手,在接下来的数十年里干起了暴利的非法海上贸易。1523年,嘉靖皇帝强化了本朝开基以来的海禁政策,禁止大明臣民从事任何海上贸易。同年,由于日本朝贡使团在宁波的暴力行为和葡萄牙海盗的活动,皇帝进一步禁止了中外之间的任何海上交往,无论官私;实质上放弃了中国同邻国之间官方的、也是唯一合法的商业交流渠道——朝贡体系。16世纪20到50年代间,日趋严厉的海禁促使很多中国商人变身海盗。海防成为北京的大臣们的重要议题。经过卓有成效但代价高昂的军事镇压之后,1567年朝廷重新开放海上贸易,但只限于福建漳州附近的月港一处。缴纳海关税之后,中国商人可以合法开船到菲律宾、琉球群岛,以及东南亚的大陆与各群岛;唯有日本仍受限制。在这条有限的合法渠道之外,展开了规模大得多的违禁贸易,并得到了地方高官的庇护,后者也从海上贸易中获得巨额利益。

1552年,正是一位地方高官、广东海道汪柏,与葡萄牙总队长莱昂内尔·德·苏萨达成了协议。[1] 汪柏的完整头衔是巡视海道副使,即管领海上巡逻、视察的副长官。广东海道一职设立于嘉靖朝的海盗之乱中,是仅次于地区司令官——总兵的广东地方第二军事高官,负责海上安全,直接管辖一切涉葡事务,同时负责海关税的征收。和其他高级军事指挥官一样,海道通常由文官担任,因为职业军人在大明帝国的官僚体系中得不到信任,也缺乏威望。在广东,通常由按察司副使即省监察副专员行使海道职权。海道的职位意味着自实腰包的大把机会,因此无论个人对"澳

---

[1] 参见1556年1月15日Leonel de Sousa致亲王D. Luís的信,收入Rui Manuel Loureiro, ed., *Em Busca das Origens de Macau* (*Antologia documental*) (Lisbon: Grupo de Trabalho do Ministéro da Educação para as comemorações dos descobrimentos Portugueses, 1996), pp. 91-99。

第三章 澳　　门

夷"的态度如何,他们在本地官僚体系之内一直支持着葡萄牙人的利益。

1552年汪柏与苏萨达成的协议规定,葡萄牙人享受与朝廷认可的友好朝贡国家暹罗同样的待遇,即每年一次在广州贸易(后来扩展到两个半年期集市),可以把澳门作为永久陆上基地及所有进口商品纳税20%。[1] 1557年,葡萄牙人获准在澳门修建永久性房屋。1564年他们派出三百人协助俞大猷将军平定叛乱,1568年击溃劫掠珠三角的海盗曾一本,1574—1575年葡萄牙军舰又应闽广总督之请协助镇压海盗林道乾;通过帮助明朝绥靖沿海,葡萄牙人获得了更多信任。承认葡人的船坚炮利之后,中国官员开始发现在家门口容留一些葡萄牙人的好处。

还有一件事让中国官僚们很欣赏葡萄牙人:这些夷人接受所有官方礼节,并且不拒绝任何表示臣服的仪式,例如叩头礼——在官员面前屈膝下跪并把头直叩到地上;这是所有中国子民在官员面前都要行的礼节,而后来则遭到西班牙与英国使节的激烈反对。如果说1550年代葡萄牙人态度还算温顺的话,那也不是因为畏惧大明的力量,而是出于贪财之心。多亏了明朝禁止中日直接贸易,葡萄牙人便充当了唯一的中间人:从广州买入丝绸、生丝、瓷器,用大吨位的大帆船输往日本长崎,随即满载白银返航,送入渴求贵金属的中国市场。此外澳门葡萄牙人还从东南亚进口檀木、樟脑和香料,出口丝绸、瓷器和各种手工制品,在整个中—日—马六甲三角贸易中,获利超过一倍。这就难怪澳门舰队总队长会成果阿炙手可热的差事了,葡属印度总督每年将这一特权奖励给一名对王室有杰出贡献之人。总队长管辖所有马六甲以东的葡萄牙臣民,任期三年——这也是完成印度、澳门与日本之间一个航行周期所需的时间。在任期内,总队长是澳门的实际统治者,兼具司令官、船长、商人和外交官等各种身份。直到1576年设立主教教区,1583年设立市议会,总队长的权力才被分割。

1680年,中国学者陆希言前往澳门向耶稣会士求学,并写下了他对

---

[1] 参见1556年1月15日Leonel de Sousa致亲王D. Luís的信,收入Rui Manuel Loureiro, ed., *Em Busca das Origens de Macau* (*Antologia documental*) (Lisbon: Grupo de Trabalho do Ministéro da Educação para as comemorações dos descobrimentos Portugueses, 1996), pp. 91–99。

澳门的第一印象:"遥望如一叶荷葵,横披水面;迫其茎,则有关焉。"[1]在1639年安东尼奥·德·马里兹·卡内罗所绘的澳门详图上,可以清楚地看到所谓"荷葵"的形状;一直到19世纪,澳门的轮廓都没有什么变化,虽然这两幅图上的城墙和许多建筑在利玛窦到来时尚未建成(图6)。图上可以看见位于"葵茎"之处、始建于1574年的"关"(关闸),关内驻有中国士兵,以应对葡萄牙人的威胁。清晨,中国劳工和商贩们纷纷过关涌入澳门,贩卖葡萄牙人需要的淡水、食物和其他各种补给物资,日落之前再返回关内。利玛窦看到的澳门,要比这幅早期地图上的更加简陋。1564年的一份中文材料显示,当时澳门约有1 000座瓦木结构的房屋;到1580年,城市居民共有约1 000名葡萄牙男子,其他就是他们的家属。另有三种不同人群构成澳门下层社会:出身于非洲、印度、马来和帝汶岛,在此充当水手、士兵和家内佣人的数千名奴隶;作为妻子或配偶与葡萄牙男子一道生活的马来、中国和日本女人,以及混血子女;还有受澳门新社

图6 澳门。选自António de Mariz Carneiro 所著 *Descripçam da Fortaleza de Sofala e das mais da India*,里斯本国家图书馆,抄本第149号。

---

[1] 陆希言对澳门的描述,引自方豪:《中国天主教人物卷》三卷本,香港:中华书局,1970年,第二卷,第250—252页。

第三章 澳　　门

区的经济机遇吸引而来的一小批中国商贩和劳工。此外还有日本人基督徒：16世纪后期时人数尚少，自17世纪初德川日本镇压基督教之后人数便迅速增加，他们在此长期居住。虽来源混杂，但澳门人口基本上都是讲葡萄牙语的基督徒；只有中国人不是，这些人主要来自附近广东乡村和惯于航海的闽南；当然难免有极少数人在与葡萄牙人交往的过程中接受了外国的语言和宗教。

从一开始，耶稣会士就作为葡萄牙随船教士来到了澳门，负责提供精神援助，并为桀骜的水手和暴躁的贵族制定文明规范。同时，富商们也从一开始便资助耶稣会士传教：沙勿略与迪奥戈、威廉·佩雷拉兄弟之间的关系，稍后巴莱多与费尔南·门德斯·平托之间的关系，都非常紧密。[1] 在这个只有一条主干道的小殖民地上，耶稣会士扮演着核心角色：他们弥合分歧、平息冲突，并逐渐创造出和平；确保利欲熏心、酗酒暴力的葡萄牙探险者们不会放任自己坠入地狱。耶稣会士的驻所也象征性地设在中心山顶上，紧挨着作为城市制高点的要塞堡垒。

到1582年，除耶稣会士外，又有其他教会组织来到这里，为这个粗糙但迅速成长的商业前哨表面上披上了一层文明面纱。1562年建成了第一所教堂——圣安东尼奥修道院，第二年耶稣会士设立了驻所，1571年开办了耶稣会学院。1569年尼西亚名誉主教、耶稣会士加奈罗创办了一所麻风医院（圣拉匝禄）和一所收容寡妇、孤儿（许多是葡萄牙人非法购买的中国女童）的仁慈堂。1575年教宗额我略十三世将澳门升格为主教教区，并任命加奈罗为首任澳门主教，辖区包括中国、日本和朝鲜。1576年开始兴建主教座堂，1580年开始兴建方济各教堂。

"日本啊，遍地的上等白银；财富啊，就在手中的福音。"[2] 这两句略带讽刺的诗，是1557—1560年间任澳门首席准尉的贾梅士所写；他道出

---

[1] 有关早期澳门耶稣会士与商业巨头联合的情况，见 Luís Filipe Barreto, *Macau: Poder e Saber. Séculos XVI e XVII* (Lisbon: Editorial Presença, 2006), p. 115.

[2] 诗句原文更加优美："He Iapão, onde nace a prata fina, que illustrada será cosa ley divina."

了葡属澳门的核心本质：上帝和财神亲密无间。1552年,首位耶稣会传教士沙勿略死于上川岛。他生前计划向中国传教,并得到极其富有的贵族迪奥戈·佩雷拉的资助,后者又曾于1562年担任澳门总队长。更重要的是,耶稣会日本传教事业的发展必须仰赖澳门—长崎贸易,因为印度不动产的收入和国王赐予的马六甲关税不足以支持全部经费。1578年,澳门商人决定从每年澳门运往日本的1 600担生丝中定额分配50担给神父。〔1〕除去费用,耶稣会每年还可盈余大约1 600克鲁扎多金币,这笔利润对耶稣会的日本传教和日后在中国的活动都是非常重要的。

利玛窦和巴范济目前对这些事情还不甚了解;其他印度来的同伴都已奔赴激动人心的日本布道团,他们则留在了澳门。日本有45到50名耶稣会士、15万信徒,包括一些封建领主(或者叫大名);如果说日本是个大葡萄园,那澳门就像个破败的小花园。〔2〕在利玛窦到来之前,整个澳门只有五名耶稣会士:会长多明戈·阿尔瓦雷斯,三位神父费尔诺·马丁斯、安德雷·品托、罗明坚,以及一位修士安东尼奥·帕埃兹。除罗明坚之外都是葡萄牙人。不难想象罗明坚再次见到意大利同伴、特别是见到利玛窦时的欣喜;1580年底罗明坚曾致信范礼安,点名要求利玛窦作为他赴华传教的同伴。〔3〕在澳门艰苦生活了三年之后,罗明坚用意大利语向同乡倾诉了自己的挫折感:他每天都用好多个小时学习中文,这门语言和任何欧洲语法都不一样,汉字太多,声调让人头晕,并且有口头书面两套完全不同的系统,学习起来极为困难。不过,罗明坚坚持为进入中国做准备;中文学习或许很难,但这仍是整个事业中最容易的部分。"虽然这一事业(皈化中国)是如此的重要,"罗明坚说,"一想到这项任务,我们就全身冰凉"。罗明坚很谨慎地提到了同事的葡萄牙耶稣会士,指出

---

〔1〕 每担约重133磅。
〔2〕 数字来自1581年1月15日日本耶稣会布道团团长 Francisco Cabral 的书信,f. 8,收入 Cartas que os padres e irmãos da Companhia de Iesus escreuerão dos Reynos de Iapão & China aos da mesma Companhia da India, & Europa, des do anno de 1549 atè o de 1580, vol. II, (Evora 1598/Maia 1997)。
〔3〕 转见于11月8日罗明坚致总会长 Everard Mercurian 的信,收入 Tacchi Tacchi-Venturi, OS II, p.398。

第三章 澳　门

"有人跟他说：'为什么一个神父本可以在教团中从事其他工作，却要浪费时间学习中文，并从事这件毫无希望的事情？'"对此，罗明坚说他是这样回答的："神父啊，我是如此可怜的罪人，是如此无用的朽木，本来无德无能，难当如此重任。倘若我还能有所祈求的话，那便是现在，愿上帝仁慈，赐予我美德与智慧吧。愿我能如沙勿略神父那般，燃起心中的激情，沿着沙神父的征途，把中国变为圣土吧。"[1]

显然，罗明坚的热情堵住了反对意见，他被丢在一旁独自去啃汉字。葡萄牙神父则敬中文而远之，在另一边干着他们乐意干的事情。作为早期澳门唯一的文明力量，耶稣会士们要消弭怒火、劝阻斗殴，从八九百名粗犷的葡萄牙商人兼冒险家中间造出和平来。正如品托神父一针见血地指出："因为这些地方离开正义（指果阿的皇家法院）如此之远，这些人又因了自尊心而如此散漫，如此地自以为是，这个（澳门）港完全陷于仇恨报复之中。"[2]据品托报告，1564年一年耶稣会士劝阻了五到六场大的斗殴。例如开往日本的船队队长就曾下令向另一艘葡萄牙船开火，仅仅因为他讨厌对方船长；全靠神父们用天谴来吓唬士兵才得以避免流血。四名葡萄牙耶稣会士中，只有一人尝试过追随罗明坚的拓荒脚步。会长阿尔瓦雷斯(1535—?)曾在印度工作九年(1567—1576)，此时全身心地投入了初创的耶稣会学院，后来返回了马六甲。费尔诺·马丁斯(1545—1603)也在印度工作过，1574年来到澳门并在此度过一生。安德雷·品托神父(1538—1588)的足迹遍及印度、澳门、日本三地；上文也引用过他的话，只有他曾在1581年陪同罗明坚短暂访问过广州。[3]除了日本这个显著的例外，亚洲的绝大多数葡萄牙牧师——包括澳门的耶稣会士，都以服务葡属领地内的同胞作为自己首要的、而且往往是唯一的职

---

[1] Tacchi-Venturi, *OS* II, p. 397.
[2] "Carta do P. André Pinto aos Jesuítas da India," in Rui Manuel Loureiro, ed., *Em Busca das Origens de Macau*, p. 122.
[3] 这位波尔图人于1557年在果阿加入教团，并先在果阿和马六甲工作。1563年夏，品托从马六甲来到澳门，直到1568年返回果阿。稍后再到马六甲和日本服务，1581年再次加入澳门耶稣会，直到去世。参见"Carta do P. André Pinto aos Jesuítas da India," in Rui Manuel Loureiro, ed., *Em Busca das Origens de Macau*, pp. 117–129。

责。只有在学院担任教学任务时,他们才会接触一些在基督教和葡萄牙语环境中长大的土著年轻人。

然而罗明坚认为,如果想完成范礼安交给他的任务,就必须学习中文。他并非第一位有此野心的欧洲传教士。1555年夏,为赎回几名葡萄牙犯人,葡萄牙大帆船的随船牧师巴莱多和斯蒂芬·德·果伊斯从上川岛来到了广州,成为首批踏上中国大陆的耶稣会士。巴莱多分别给果阿教友和依纳爵写了信,简要描述了广州城和中国人的仪表、风俗以及礼节,并且指出中国人对基督教相当冷淡,对教士也不尊重,因此在中国传教极为困难。策略只有两条:一是派使团劝说中国当局容许他们和平而神圣的愿望,并由此获得居留许可;一是用他们自己的语言传播福音。为了施行第二条策略,巴莱多命令德·果伊斯留在广州学习中文,这位倒霉的神父一直待到1555年底,并于1556年6月至1557年初再次来穗暂住。不过他还几乎、或者说完全没有取得任何成绩,就患上重病,返回了果阿。[1]

大概同时在1556年,另一位葡萄牙牧师、多明我会士加斯帕·达·克鲁兹也到访广州,并停留一个月。这位托钵修士不仅对中国社会有广泛而深刻的观察,还敏锐地注意到穆斯林与同性恋的存在。虽然在佛教寺庙看到一尊大型观音菩萨像之后,这位多明我会士也曾猜测:使徒托马斯有无可能从印度来过中国,并留下一些基督教的痕迹;但他依然认为,由于中国的自然哲学的水平甚低,因此他们对于真正的主一无所知。在克鲁兹看来,传播福音有两大障碍,一是中国人不喜欢任何新奇事物、更不要说外国发明,二是法律不允许外国人在中国居留。这位托钵修士的结论与耶稣会士一样:唯一的希望是派出使团。[2]

1563年,果阿总督派吉尔·德·果伊斯为皇家赴华使臣。这次的时

---

[1] 见 *Monumenta Sinica*, vol. I (1546–1562), eds., John W. Witek and Joseph S. Sebes (Rome: IHIS, 2002) (= MHSI, vol. 153),文件46、47、232—257页,特别是246—247页。

[2] 加斯帕·达·克鲁兹报告的英文译本发表于 C. R. Boxer, ed., *South China in the Sixteenth Century* (London: The Hakluyt Society, 1953)。

第三章 澳　　门

机非常好,葡萄牙人为外交官们提供了很有力的支持。1564年,一拨中国军队因为军饷而暴动,并围攻广州城;葡萄牙人赶来协助镇压,叛军的帆船被证明完全不是葡萄牙炮舰的对手。叛乱平定之后,地方官员非常愉快地接见了皇家使团。在耶稣会士培莱思陪同下,果伊斯于1565年11月来到广州,递交了一份关于建立贸易与外交关系的申请书。培莱思本人则代表讲授上帝之法的教师,也递交了一份请愿书,请求允许在中国传教。尽管海道提出反对,但布政、按察等长官和其他高级官僚都表示了善意。他们欢迎培莱思有关西方上帝的法律禁止杀人和盗窃的说法,但一了解到耶稣会士不能说中文(交谈是通过口译进行的),便很遗憾地表示无法授予许可。[1]

与此同时,耶稣会士还作为澳门葡萄牙商人的随船牧师来访广州。1575年,神父克里斯多沃·达·科斯塔(1529—1582)来广州停留了共有三个月,一位年轻的佛教僧人受他的教义吸引,偷渡上了一条葡萄牙船到澳门接受洗礼。和尚的家人向官府抱怨,后者要求葡萄牙人送还逃民,否则立即中止所有贸易,主教加奈罗被迫将中国僧人送回广州。官府立即对僧人施以鞭笞,对主教痛加叱责,并且下令今后中国人不得与耶稣会神父往来,否则处以极刑。

另一方面,西班牙的方济各会士也在努力想要入华传教。1565年,一支西班牙舰队在米格尔·洛佩兹·德·雷格兹比率领下,从墨西哥来到宿务岛。1571年,西班牙人在马尼拉建立首府,殖民统治也逐渐扩展开来。这里距离福建商人在闽南的母港很近,他们早就在吕宋活动,现在又向西班牙人的小社群供应生活必需品和奢侈品。1575年,中西双方联合围剿海上巨盗林凤,林乃是南海一害,并曾经围攻马尼拉;此次合作造就了中西之间短暂的友好关系。1575年6—9月,奥古斯丁会托钵修士马丁·德·拉达和耶罗尼莫·马林前往福建,展开第一次外交行程,并为

---

[1] 见1565年11月22日使团书记João de Escobar致澳门耶稣会会长Manuel Teixeira的信,收入Rui Manuel Loureiro, ed., *Em Busca das Origens de Macau*, pp.179-181。

马尼拉当局带回大量军事、地理和经济信息。据德·拉达判断,中国人武力很差,并且不好战,完全不是西班牙士兵的对手。16世纪这个最强大的世界帝国自信而好战的性格,以及最近轻易便征服美洲的记忆,全部体现在一位托钵修士对军事征服与精神征服的好战立场之中。[1]

不过,也有修士采取了更为和平的方法。1579年7月,四名方济各会托钵修士佩德罗、奥古斯丁、儒安·巴普蒂斯塔和塞巴斯蒂安未经官方允许,便搭乘一艘中国帆船离开马尼拉。抵达广州之后,修士们悄悄进城,希望能得到权力当局接见并获准在此居留传教。他们遇到了一位自称是基督徒并为澳门葡萄牙人工作的中国翻译;在他的带领下,修士们拜访了一个又一个衙门,一路不停地表示希望在此居留并传布真正的宗教。虽然受到了官员礼遇,且得知他们未带盘缠、打算行乞之后,还获赠了一些钱和物资(不过修士被告知不可以行乞),但修士们未能说动官员。他们完全不懂中文,必须依赖一个后来发现极不可靠的翻译;此人与澳门有来往,并受澳门总队长的指示,说西班牙人全是间谍,绝不能让他们留下来。虽然有几名官员对修士的书籍和教义表现出一丝好奇,但官僚们完全没有满足他们愿望的意思。修士们甚至还受两广总督刘尧诲之召,来到了距广州有数天行程的肇庆。最终由于缺乏资金、给养,加上有人患病,气馁的修士们要求送他们回去:其中两位去澳门建立了一所方济各会修女院,另外两位长途跋涉到了漳州,从那里上了一条发往马尼拉的帆船。[2]

1579—1580年方济各会士传教失败的经验教训是:准备工作必须充分。尽管吕宋当地就有华人居民,西班牙修士们却完全不懂中文。他们没有给养,没有资金,对即将与之谈判者的政治、文化制度也完全不了解。罗明坚不会再犯同样的错误。这位那不勒斯的耶稣会士认识到,"想要

---

[1] Martin de Rada 报告的英文译本发表于 C. R. Boxer, ed., *South China in the Sixteenth Century* (London: The Hakluyt Society, 1953)。

[2] 方济各会士的报告发表于 *Sinica Franciscana*, vol. II. *Relationes et Epistolas Fratrum Minorum Saeculi XVI et XVII*, ed., Anastasius van den Wyngaert (Florence: Collegium S. Bonaventurae, 1933)。

第三章 澳　　门

进入中国,想要被中国当局和中国人接受,并且不被视作野蛮、粗俗或不懂汉字的愚笨之人,就必须掌握他们的汉字和语言,并且不是随便某一种语言,而是那种本地人也得从婴孩开始、花费极大精力来学习的优美而精致的语言"。[1] 换句话说,不是随便学一种地方口语就行,必须学习官僚的优美谈吐——官话。澳门耶稣会学院吸引了几位"因为对我们的教义感到好奇"而从大陆过来的中国青年,并形成了第一个华人基督徒群体;罗明坚也借此开始了中文学习。依靠葡萄牙人的施舍,在耶稣会驻所边上建成了一所小屋,既是供罗明坚和他的慕道者们居住,也是为了把中国人和耶稣会学院隔开。罗明坚向这些"天才的年轻人"传授葡萄牙语和教义,后者则充当那不勒斯人的中文导师。这样的安排并非理想,但罗明坚找不到更好的中文老师了。在澳门工作的绝大多数中国工人和很多商贩都不识字;而且他们讲的是粤语,只有极少数人能说一点带着浓重口音的官话。罗明坚实际上完全是在自学。和那些葡萄牙语进步神速的年轻人不同,三十六岁的罗明坚发现"中文比世界上任何其他语言都要难学,难到本地人有时都不能相互理解的地步,因为许多词有相同的发音,而且声调经常难以掌握"。[2] 罗明坚举了个例子,为了学习汉字"马",他先要画一幅图,让他的中文老师写上汉字并示范发音。这位勤奋的学生还补充说,如果不能通过声调做出区分的话,汉字"马"的发音和表示母亲的"妈"几乎完全一样。虽然葡萄牙教友都认为他的努力纯属荒谬,但罗明坚还是坚持着。上帝仁慈! 时间与勤奋终于获得了回报,这位耶稣会语言学家的阅读能力在稳步提高。他对自己的语言才能也相当自豪,并且夸张地宣称,他在六个月内学会了一万个汉字,让他的老师们都大为惊奇。[3] 1581 年 11 月,学习中文两年多之后,罗明坚又向总会长墨丘里安夸耀他已经能认识一万五千个汉字。[4]

---

[1]　ARSI Jap-Sin 101 I, fol. 20.
[2]　ARSI Jap-Sin 101 I, fol. 12v.
[3]　ARSI Jap-Sin 101 I, fol. 96.
[4]　Tacchi-Venturi *OS* II, p.401.

尽管罗明坚在这个新教徒组成的中文小环境里极为勤奋地学习,但这里毕竟不是真实场景;澳门几乎没有讲官话的机会。1580 年 4 月正值广州春季贸易集市,经过九个月高强度的中文学习之后,罗明坚来到了广州。集市将持续一到三个月,期间需要一名牧师照料葡萄牙商人、水手和奴隶等共约 100 名基督徒的精神健康。来自澳门的船驶入了宽阔的珠江口,右舷一侧可以看到拱卫珠江口的虎门炮台,这是中国沿海最坚固的军事要塞;左舷是露出水面的一个个小岛,长长的堤坝围绕着冲积形成的沙地,自 16 世纪开始,当地的强力宗族致力开垦这些沙地并持续了有两百年。一路上,葡萄牙人遇到数以百计、大大小小的中国船。许多船上住着蛋家——一群遭到官员和定居农民鄙视的无家可归的船民。江面收窄之处正对着一大片沙土江岸,停泊有大批帆船,一座佛塔高耸于城墙之内:这就是广东省城、也是大明帝国南方的海上大门——广州。

根据1582 年广州府税收记录,以广州城为中心的地区共有 201 625 户、584 152 口,其中广州一城便占其中一半;但上述总数显然是低估的。[1] 虽然广州的人口比任何一个欧洲城市都多,但只能算小规模的省城,更不能和帝国的南北两都北京和南京相比。广州共有七座城门,其中三座位于城南或朝向珠江,城外连接码头与城墙的堤岸上布满了房屋。葡萄牙人可以自由进城、自由买卖,但夜间城门关闭时,他们必须返回城外船上过夜。省城里官员众多,和葡萄牙人打交道的主要是海道。为了让官僚们"认为我们不仅仅是商人",罗明坚说了几句中文,并表现出类似中国人的举止,马上赢得了好感。他向官员请求说,只有在岸上而非在驳船上,他才能恰当地执行自己的宗教礼仪。作为恩典,海道允许罗明坚和仆人、翻译等在郊外一所房屋居住;这位耶稣会士随即在此设立祭坛,吸引了好奇的官员跑来观看异域外国宗教的礼仪和图像。复活节那天,在为葡萄牙商人及其家属讲完弥撒之后,罗明坚的休息"遭到了魔鬼的

---

[1] 有关明代广州城的状况及其人口数,见黄佐等《嘉靖广东通志》和《[康熙]新修广州府志》卷十六。

第三章 澳　门

打扰"。一个醉醺醺、头上还流着血的中国人冲进礼拜堂,手里抓着块石头,叫嚷说这位外国僧人打伤了他。可怕的群众聚集到房前围观。海道赶来了,把罗明坚带回衙门审问。因为找不到伤者——他大概只是想找罗明坚敲诈一笔,所以官员一来他便逃掉了——海道向群众宣布罗明坚是清白的。这次事件显示出传教士对官员的极度依赖,也显示出广东人在与葡萄牙人接触六年多之后,依然对这些"外国鬼佬"没有任何好感。在广州的三个月中,许多官僚、文人出于好奇来他的小礼拜堂参观,罗明坚也赢得了这些人的信任。他们观看了基督教法规和书籍,向罗明坚询问教义问题,并且按照参观佛教寺庙的做法留下一些钱财。

　　结交了官员、或者按今天的说法是打通了"关系"之后,罗明坚在接下来的两次贸易集市时再次来到广州。1581年10月停留广州期间,一位新任海道允许罗明坚和另一名耶稣会兄弟,在官府接待暹罗代表的馆舍后面的一间小庙中居住。靠着个人魅力,罗明坚又赢得了这位新任官员的好感。觐见时海道问这位外国传教士是否懂中文,罗明坚当即给与肯定回答。海道在一张纸随便写了几个字并交给他,罗明坚大声读道:"我是上帝的仆人、无所畏惧,同时海道从未收过葡萄牙人的钱。"海道对他的表现非常满意,并在葡萄牙人面前表扬了罗明坚;因此他和同伴可以在城内寺庙中下榻,而其他澳门客人依然不得在陆上过夜。罗明坚马上就打碎偶像,把寺庙改装成了基督教礼拜堂。他还委托当地一位技艺高超的工匠,塑了一座圣母与圣子的铜像,并安放在礼拜堂当中,希望给蜂拥而来围观的中国群众留下深刻印象。这是一个好奇中夹杂着敌意的接待。一天夜里,耶稣会士们被石块砸中屋顶的声音惊醒了。不知道谁扔的石头,或许是好动小青年,或许是仇外的群众,总之罗明坚并未太在意,认为这是刚刚被打碎、失去住处的偶像派来的魔鬼。无论如何,捣乱没有再来。

　　海道最初的善意,乃是出于对会说中国话的外国和尚的好奇。现在海道和耶稣会士说,考虑到与外国人的贸易,他不能公开表示他的友谊,因此不再来拜访罗明坚了。直白地说,海道就是不想表现得过于亲近,以免有贿赂之嫌。不过罗明坚靠送出一只手表,又赢得了一位军官的好感。

最近数次、每次数月的广州之行，让罗明坚的文化和语言知识大幅提高，虽然他目前仍需要翻译。他激起了中国人对他个人及他的宗教的兴趣，虽然尚未有任何人皈依。他也还不能长期停留，贸易季节一结束，他就要与葡萄牙人一道返回澳门。然而，1582年夏，事情有了重大突破。

1581年，陈瑞（约1513—?）接替刘尧诲担任两广总督。陈瑞，福建人，1553年进士，历任数省高官，此次是从湖广（大致今天的湖南、湖北）巡抚一职升任个人仕宦生涯的最高峰。作为广东广西两省最有权势的官员，陈瑞一上任就派人到澳门，向总队长若奥·德·阿尔梅达和主教莱昂纳多·德·萨发出传票，命令他们前来总督衙门，解释为何葡萄牙人未经帝国正式允许便在澳门居住。因为葡萄牙人自1555年以来，每年都向省政府缴纳一小笔税，同时送给省府官员们更大笔的礼物；所以葡萄牙人认为陈瑞是在很直白地索要更多贿赂，于是派出澳门管理当局最高官员之一、审计官马特乌斯·本涅拉和罗明坚分别作为世俗与宗教代表，前往处理此次棘手的事务。

1582年4月，罗明坚、本涅拉以及另一名耶稣会士安德雷·品托来到广州。还没有来得及同陈瑞交涉，罗明坚一行就卷入了葡萄牙人与广州知府周启祥的一场纠纷。知府指控有些葡萄牙人购买中国少儿并计划带往澳门，因此传召外国人到河岸边一座庙里接受审问，并威胁要逮捕最富有的那些葡萄牙人。愤怒的葡萄牙人和两名耶稣会士一道面见知府，后者更进一步指控他们涉及七宗谋杀案。面对跪着的葡萄牙人，知府通过翻译发表了长篇大论；他的演讲尚未结束，受了惊吓且刚刚患病康复、身体非常虚弱的品托神父晕倒了。知府大怒，命令手下鞭打昏迷的牧师。就在这时，罗明坚站了起来，所有葡萄牙人都站了起来，并拔出佩剑。知府和卫兵们被这一反抗吓了一跳，慌忙跑出寺庙、逃回城内。葡萄牙人撤回船上，备好了火枪大炮准备迎接进攻；但进攻并没有来。不一会，知府便向罗明坚传达了安抚之意。第二天，葡萄牙人返回了城中，好像一切都没有发生过。

冲突发生时，海道并不在广州。他回来之后，对知府挑起与葡萄牙人的纠纷一事大为光火，对知府周启祥痛加叱责；按照品级，知府也是海道

第三章 澳　　门

的下属。这时候陈瑞的管家来到了广州,他要求责打罗明坚,以代替此前逃掉处罚的品托。罗明坚用中文对管家表示,他愿意为上帝而受此责罚。幸亏海道从旁说了好话,罗明坚被赦免了。在监护之下,罗明坚、本涅拉和随行人员来到了陈瑞衙门所在地肇庆。

在讲述罗明坚觐见总督的经过之前,我们先插叙一次意外的会面:5月2日,罗明坚在广州碰见了一位西班牙耶稣会士阿隆索·桑切斯(1547—1593)。桑切斯是1581年抵达菲律宾的首批耶稣会士之一,受总督唐·贡萨罗·龙奎洛·德·本纳罗委派,来中国执行两项任务:第一,宣布在菲利普二世治下实现了伊比利亚王室的联合,要求澳门的葡萄牙人宣誓效忠;第二,与中国官员谈判,要求在福建沿海某个地方给菲律宾的西班牙人以类似葡萄牙人的贸易待遇。3月,桑切斯搭乘一艘驱逐舰离开马尼拉前往广州;但海上风暴把船卷离了航向,结果在4月6日到了厦门湾。在中国士兵的监护之下,西班牙船又从厦门开到潮州,然后桑切斯率领一个小使团离开了大队,前往东莞,海道正在那里视察。呈上礼物和西班牙总督公函之后,桑切斯使团被护送至广州,在此遇到了葡萄牙人和罗明坚。这个时候,当地的官僚们正忙于应付监察员的巡视——这位来自北京的监察官有权力上报和开除任何不称职的官员。知府忙着取悦这位下来巡视的高官,便安排桑切斯和罗明坚一起住了三天。两位耶稣会士相处得极为愉快,并且桑切斯对罗明坚的学识、虔诚以及他过去作为法律官员在那不勒斯为西班牙国王服务的经历都非常赞赏。[1] 启程前往肇庆时,罗明坚答应帮西班牙人美言几句。

到肇庆要走珠江的支流西江,大船无法通行,因此罗明坚和本涅拉在

---

[1] 有关 Alonso Sanchez 在中国和澳门的外交活动,见 Francisco Colin, *Labor Evangelica. Ministerios Apostolicos de los Obreros de la Compañia de Jesus*, *Fundacion*, *y Progressos de su Provincia en las Islas Filipinas*, ed., Pablo Pastells, 3 vols. (Barcelona: Henrich y Co., 1900/02)所收文献和研究分析。西班牙对华政策的研究,见 Manel Ollé, *La invencion de China: percepciones y estrategias Filipinas respect a China durante el siglo XVI* (Wiesbaden: Harrassowitz, 2000)。澳门与马尼拉之间的贸易,见 Benjamin Videira Pires, *A Viagem de Comérico Macau-Manila nos séculos XVI a XIX* (Macau: Museu Marítimo de Macau, 1994)。关于闽南在中国海上贸易,特别是对菲律宾贸易中的首要地位,见 Chang Pin-tsun, "Chinese Maritime Trade. The Case of 16th Century Fu-chien." Ph. D dissertation, Princeton, 1983。

广州换上了驳船,向西溯江而上。穿过珠江三角洲的大片农田,越过一系列城镇,最后转过一个两岸悬崖耸立的急弯,就到了府治所在的肇庆城。它坐落于西江北岸,规模甚大并有城墙围绕。隔江相望是小得多的高要县城。据奥古斯丁·德·托尔德西亚斯所说,这段水程要走三天;这位西班牙方济各会士早在1578年便走过这段路,他的旅途见闻比罗明坚的记录详细得多。在阅读罗明坚文字之前,我们先看看这位托钵修士笔下的总督衙门:

> 我们被带往总督的办公室,只听得各种乐器一时大作——鼓、喇叭、长笛、双簧管以及其他看上去像号笛和三角竖琴的东西,还不停有滑膛枪和火绳枪的枪声,所有这些都发出震天的喧闹,似乎整个城市就要毁灭了。卫队士兵们慌慌张张地抓起武器、各就各位。大门前是非常宽敞的院子,四周竖着七英尺多高的木桩,染成蓝黑相间,远远望去好像是铁的……(总督衙门)有三座大门一字排开,门后距离总督大堂还有三十步远;但是任何人都不能从这三座门进出。靠近墙壁的椅子上方有一个遮篷,大概是固定在一座非常精致、华丽的宝座上,遮篷后面有一张桌子,桌上点了两根蜡烛……在总督宝座前面的院子当中是一道白色墙壁,墙上绘有一条面目狰狞的恶龙,嘴里、眼睛里、鼻孔里都冒着火焰。这幅图画象征着审判官的严厉,以吓阻任何人从总督面前的那三座门进出或者穿越庭院。大门两侧另有两个边门。有一个人抓着一块写有黑色大字的白板走出门外,并非常大声的喊叫,想要觐见总督的人必须按照这个人的命令进出。所有办事的人从右手边门进入,在越过三座大门、距离总督尚有三十步远的地方,所有人跪下来,把脑袋弯到地面上,双手拿着请愿书,递向前方。他们一直这样都不抬头,直到一个书吏取走请愿书并交给总督。然后又是一声非常大声的叫喊,请愿者们疾步后退,仍然低着头,从左手边门出来。[1]

---

〔1〕 Agustín de Tordesillas, *Relación de el viaje que hezimos en china nuestro hermano fray Pedro de Alpharo con otros tres frailes de la orden de Nuestro seraphico padre san Francisco de la prouincia de san Joseph etc.* 1578. Archivo de la Real Academia de la Historia, Velázques, tomo LXXV. 见网络资源 http://www.upf.es/fhuma/eeao/projectes/che/s16/tordes.htm, 13 页。

第三章 澳　　门

此次因为澳门使者的到来，更额外增设了几百名士兵。如此威严的大场面，吓唬中国老百姓是绰绰有余，但罗明坚毫无惧色。这位耶稣会士身着黑色紧身短外衣，头戴黑色贝雷帽，短发长须，跪在了总督面前。陈瑞愤怒地叱责葡萄牙人未经允许便在澳门修建房屋和教堂。对此，罗明坚跪着、用温和而平静的语气回答道：葡萄牙人永远是大明皇帝的忠实奴仆，并且明白都堂大人（中国人对总督的尊称）乃是他们的老爷，他现在谦卑地恳求老爷的恩典。这一番奉承让陈瑞十分高兴，他叫这位耶稣会士站起来走上前去。罗明坚看到了一位老人，穿着二品大员的光鲜官服：绯红的丝质长袍直到脚踝，脚下一双厚靴子，白漆鞋底，黑色靴筒；带有彩饰的蓝色卷边的袖子又长又大、比胳膊长出了半个手掌；礼袍胸口的"补子"上绣有一对锦鸡，象征着他的二品身份；腹部中间是一条松松的腰带，装点着犀牛角制的扣子；官帽也经喷漆，呈深黑色，两边突出两只长"翅膀"，中间镶着一块玉，让整个的官帽颇有神采（参图7）。[1]

罗明坚回忆说，"我答复他的理由是如此之好，让他平静了下来，并要求这位神父（以第三人称语气讲述自己）走近他。他也走下宝座，向这位神父表示了充分的爱意和亲近。他抚摸着他的大胡子——中国人对此都很羡慕，因为他们长不出来，即使长四十年都只有那么几缕胡须"。[2] 觐见之后，葡萄牙人受到总督赐宴，席间并有音乐戏剧表演。这位传教士的个人魅力——他的中文知识、无所畏惧和大胡子的男子气概打动了陈瑞，让他变得和善起来；当然，外国人赠送的慷慨礼品：面料、水晶和其他各种名贵手工艺品也起了作用。为展现清廉形象，陈瑞下令以现金偿还使者们送来的礼物，同时委婉地暗示本涅拉用这些钱在澳门为他个人买些西洋物品。

使节们还受总督之邀出席了一场带有戏剧表演的奢华晚宴，席间陈瑞向罗明坚询问了基督教教义与礼仪，并允诺这位外国僧人可以在肇庆

---

〔1〕　有关官员袍服冠带的描述，见《明史》卷六十七。
〔2〕　**ARSI Jap-Sin 101 I, f. 26r-v.**

图7　明代官员徐显卿交游图。北京故宫博物院藏。

拥有一间房屋和礼拜堂。抓住这个机会,罗明坚开口恳请总督允许桑切斯和其他西班牙人前往澳门;陈瑞答应了,写了张条子称赞"西班牙人进贡诚意可嘉",同时说他们以后不必再来中国了。在肇庆的短短十五天非常成功,天主教事业第一次找到了高级庇护人。带着总督赠送的丝绸、白银和中文书,罗明坚和本涅拉踏上返程,心满意足地回到了广州。

　　罗明坚不在的这段时间,桑切斯的日子过得并不舒服。罗明坚一去肇庆,知府便把西班牙人下了大狱。让这位西班牙耶稣会士吃惊的是,他

第三章 澳　　门

居然在广州大牢遇到了另一群西班牙犯人：从马尼拉来的七名方济各会士及其随从人员。在耶稣会创始人的亲戚马丁·依纳爵·德·罗耀拉的带领下，这群托钵修士未经官方批准便逃出了马尼拉。他们的小舰船停靠在了福建南部漳州附近的海岸，就在此前桑切斯使团靠岸的地方不远。然而不同的是，桑切斯的代表团携带了礼物和菲律宾总督的公函，而托钵修士们只有十字架和日课经。和此前的西班牙使团一样，他们也在监护之下被带往广州；但桑切斯享受着官方使节的待遇，而修士们则被押入大牢并遭到粗暴对待。那位广州知府周启祥似乎一直对欧洲人存有敌意，对这些修士也未曾有丝毫的怜悯之情。桑切斯写下下面这段话的时候，心中大概就在回想着此人："中国人极度傲慢，自视为世界的精华和花朵；似乎对他们来说，除了他们的智慧之外绝无其他智慧，除了他们之外也无人了解任何法律或者习俗。因此，他们鄙视任何其他民族，把他们看作禽兽。"[1]直到陈瑞的指示传来，周启祥才释放了桑切斯。西班牙人于5月31日抵达澳门，并最终争取到葡萄牙人宣誓效忠菲利普二世。当然，他未能完成另一项建立中西外交关系的任务；所遭的羞辱也很自然地变成对中国的负面印象，下一章我们还会专门介绍他对中国官僚的尖酸评价。西班牙托钵修士们也重获自由，葡萄牙人把他们从牢里赎了出来。

无论私下对卡斯蒂利亚人有多么不信任，澳门的葡萄牙人还是在7月举行了仪式，宣誓效忠菲利普二世。所有显要都参加了仪式，包括总队长若奥·德·阿尔梅达、澳门主教莱昂纳多·德·萨、埃塞俄比亚牧首兼日本主教加奈罗和耶稣会巡阅使范礼安。范礼安是3月9日从长崎抵达澳门的，随行有四名已经皈依基督教的年轻日本武士，是九州岛丰后、有马和大村等藩派往欧洲的使节。这是历史上日本派往西方的首个使团，这群日本年轻人自1582年12月底离开澳门，1584年8月抵达葡萄牙，直到1590年7月才返回故乡；当然个中过程及旅欧的精彩故事已属别一话题了。另一方面，完成任务之后，桑切斯想要返回马尼拉，但中国当局拒

---

[1] Colin, *Labor evangelica*, vol. 1, p. 281.

绝释放他的船只,因为他们不允许有船从广州直航马尼拉。阿尔梅达和范礼安只好安排桑切斯于7月6日登上一艘葡萄牙大帆船前往长崎,再从长崎转船前往马尼拉。不过途中一场台风把这艘船卷上了台湾海岸,包括桑切斯在内的幸存者花了四个月时间一边抵御土著的进攻,一边修理船只,直到1582年11月3日才又回到澳门。桑切斯在澳门过了冬季,终于在1583年3月27日返抵马尼拉。

多亏了这位西班牙耶稣会士,我们才得以对他的意大利同道、中国传教的先驱们有一点感性认识。几年之后,桑切斯详细叙述了他的首次广州、澳门之行,并且高度赞扬罗明坚是一位"具有独特品质,极为率真与纯洁,并为中国人所热爱与尊重"的人。至于利玛窦,桑切斯这样写道:"利玛窦是意大利人,但在各方面与中国人极为相似。他有聪明的才智,有中国人极为注重的性灵、温顺与文雅,尤其有广博的见识和极佳的记忆力,他简直就是一个中国人。作为一位优秀的神学家和天文学家,利玛窦令他们[中国人]非常敬重。不仅如此,他还在短时间内学会了中国的语言和大量汉字,不必通过翻译就可与官僚们交谈,这一点尤其令中国人钦佩和赞赏。"[1]

1582年夏罗明坚回到澳门时,这里的情况已大不相同。三年来,他都是独自学习中文;现在,巴范济和利玛窦这两位同道、同胞且曾同在印度的伙伴来到了澳门,并且得到了巡阅使范礼安和赴任途中的日本布道团团长佩德罗·戈麦兹的大力支持。罗明坚本人很着急要返回肇庆,却发起了高烧,病得非常严重。医生们给他放了血,又害他在床上多躺了几个星期,不得不留在澳门,只由马特乌斯·本涅拉带着陈瑞指定的商品(其实就是给他的贿赂)再次启程去了肇庆。罗明坚给总督写了一封信,提醒总督有关允许居留一事,并承诺给总督送一个西洋钟。陈瑞也正式复信一封,交本涅拉带回澳门,信中允许罗明坚在城内居留,同时要求这位外国僧人下次必须亲自将西洋钟送到肇庆。

---

[1] Colin, *Labor Evangelica* I, pp. 321–322.

第三章 澳　门

正好，利玛窦随身便带有一只非常漂亮的欧洲钟，是耶稣会印度教区长路伊·维森特送给中国布道团的礼物。巡阅使范礼安对此事有些犹豫，但其他耶稣会士劝他要抓住这次机会。1582 年 12 月 18 日，罗明坚和巴范济从澳门启程前往肇庆。虽然自 8 月抵达澳门以来，巴范济一直专心学习日语以准备将来去日本任职，但范礼安认为他是此行最佳人选；而利玛窦现在负责管理新入教的华人信徒。启程前夜，罗明坚匆忙写了一封简短而兴奋的信，问候他在罗马的老友、新任总会长克劳迪奥·阿夸维瓦。巴范济也给总会长写了一封信，但他抱着冷淡和怀疑的立场，把总督的善意归结于他对西洋钟的贪婪，并且表示"常常撒谎、只受自己的利益驱动"〔1〕的中国人不可信任。

12 月 18 日星期四，罗明坚和巴范济从陆路离开澳门，随行还有两个澳门华人基督徒男孩巴撒札尔和贡札罗，以及一位皈依基督教的翻译，我们只知道翻译的葡萄牙语名字是菲利普·孟德斯。周五上午，一行人抵达香山县并向知县报告此行的目的。得知耶稣会士要给总督送西洋钟，这位冯生虞知县特准他们在面见时不必下跪。利用冯签发的路照，耶稣会士们在周一圣诞夜进入广州，并讲了三场弥撒以庆祝圣节。第二天圣诞日，队伍登上两艘小驳船逆西江而上，两天之后顺利抵达肇庆。两位耶稣会士抱着满心希望，想在肇庆设立长期驻所，实现重大突破，但却碰上了官僚政治的墙壁，大约三个月之后被迫返回了澳门。经过细节且待下文详述。

此次行程败相毕露之前，利玛窦正勤奋学习着中文，计划在 1583 年 3 月随同葡萄牙商人前往广州贸易集市，然后转往肇庆与传教伙伴会合。从他在澳门写给马丁诺·德·佛纳里和总会长阿夸维瓦的两封信中，可以看出利玛窦的思想兴趣和深刻的洞察力。1583 年 2 月 13 日，抵达澳门只有五个月的利玛窦，像一位人文学家一样，展现出惊人的敏锐和成熟。

---

〔1〕罗明坚信的日期署于 1582 年 12 月 14 日，巴范济信署于 12 月 15 日。见 Tacchi-Venturi, *OS*, II, pp. 407–410。

他向阿夸维瓦解释了中国语言的难度和差异性,"它既不像希腊语,也不像德语。在口语方面它极为含糊,许多词除了四种高低不同的声调之外,在发音上毫无区别,以至于有多达上千种含义。因此交谈之时,他们需要通过书面来帮助理解,因为汉字总是不一样的。关于汉字,对于我这样从未见过、从未写过的人来说,简直就不可思议。汉字的数量和词汇与事物的数量一样多,总数超过 7 万个……所有词语都是单音节……其好处在于所有掌握这些汉字的民族,都可以通过书写和书籍相互理解,即使他们的方言是多种多样的"。接着讨论语法时,利玛窦指出中文词法既没有格、数、性、时态,也没有语气,所有这些全靠副词来实现。认识的汉字越多,就被认为越有学养。利玛窦总结说,"这就是为什么科学未能在中国人中间充分成长的原因"。[1] 不过利玛窦注意到了耶稣会驻所有中文的草药书籍,在医药方面中国人要更加先进。他还称赞了中国人的印刷术和这个国家的富饶,同时感到世界地图在日后与中国人打交道时会很有用,所以请阿夸维瓦寄送一幅。利玛窦还给出了澳门的方位:纬度 22.5 度、经度 125 度(实际上是北纬 22.1 度、东经 113.33 度),显示了他个人的地理兴趣。

除了语言和科学外,信中还有两点可以帮助我们理解利玛窦日后的行为。首先,他非常坦诚地向阿夸维瓦表达了他对葡萄牙耶稣会士同事的不满:[2]

> 总的来说,在中国[澳门]这个小小的驻所中,没有道德高尚的神父。我恳请会长您对我的言辞保密,切勿告知他人,因为信中皆为我亲眼所见,而未能亲见之人必定无法理解。此地学院之院长及各位神父俱无精神可言,对于传教之事,非但毫无热爱,且有所厌恶……三年之中,罗明坚神父在此地可谓近似殉道,因为此地各位神父虽甚圣洁,却于基督教精神及其所从事之事业一无所知。

---

[1] *Lettere*, pp. 45 - 49, 52.
[2] *Lettere*, p. 53. 其他批评葡萄牙耶稣会士的引文也来自该封 1583 年 2 月 13 日致阿夸维瓦的信。

第三章 澳　门

事实上范礼安也很不满意，因此解除了多明戈·阿尔瓦雷斯的澳门学院院长职位，临时任命佩德罗·戈麦兹代管，后者对中国传教要积极得多。卸任的阿尔瓦雷斯于1582年12月随同范礼安返回了印度，正是此人不止一次地和利玛窦说过：如果他还能留任院长，便会薅除所有在此地学习的年轻人。利玛窦认为：他这么说并非因为无法与我们相处——实际上他对我们非常友好；而是因为他太习惯于固守在学院之内，以至不知道该如何去爱基督徒。考虑到所谓"年轻人"大多是中国人，而"基督徒"指的是新皈依的教徒，利玛窦实质上是在批评葡萄牙殖民主义内敛、排外的思想；以前在印度他就曾批评过果阿耶稣会学院把印度学生排斥于神学学习之外的做法。利玛窦向总会长保证，他的"出发点完全是为了极大地增进本项事业，我认为此乃是今日基督教世界对上帝最重要、最伟大的服务之一，且应考虑到该项事业将给生活于世界另一端的众多中国灵魂带来的巨大福利"。

第二点是关于利玛窦对中国文明的态度。他对大明帝国的文学、政治和物质文化充满敬意，在致德·佛纳里的信中他说："可以肯定的是，世界上绝无可以与中国之伟大相提并论者。"[1]但利玛窦对中国宗教表示了轻蔑，并叙述了中国人如何"崇拜各种偶像，但是当偶像未能满足其愿望时，中国人会痛打偶像，继而又与之和解。他们就是以这种方式崇拜或尊重魔鬼，以免遭受魔鬼的伤害，因此他们几乎完全没有宗教祭仪，对他们的牧师也缺少尊重"。[2]

谈及中国的伟大，让初次接触的利玛窦印象最为深刻的是大明帝国的政治文化；或者说，他对中国官僚的威严、尊贵和权力敬佩不已。利玛窦并不是第一个对此感到敬畏的西方人，许多在他前后来到中华帝国的外国访客，包括修士马丁·德·拉达和奥古斯丁·德·托尔德西亚斯都惊讶于中国官僚的权力。利玛窦的眼光独到之处，在于他多次把中华帝

---

[1] *Lettere*, p.46.
[2] 引自1583年2月13日利玛窦致德·佛纳里的信；*Lettere*, pp.46-49。

国的官僚体系和罗马天主教神职系统进行对比;这一点也反映出他的个性所在。中国不存在封建领主,全由这些官僚进行统治,"他们就像是地上的神灵"。在官员的衙门,"除公开场合如大堂或走道之外,他们不与任何外人交谈。这些衙门之大,堪比教堂,老爷……端坐于房间尽头,恰如教堂礼拜间,前面横放一条长凳,正像一座祭坛,他端坐于座椅之上,身穿极为特殊之礼服,帽子上的布制耳朵大过马耳朵——这是老爷尊贵之象征,正如枢机主教的红色帽子。'大堂'中间是由许多道门所构成的宽阔道路,除老爷之外,他人均不得从这条道上来往。房间两边另有两扇边门,其他人由此进出。众多武装卫兵列队两旁,按照等级,或者靠近老爷,或者列于门外。倘若有人要与老爷交谈,必于超过一石远的地方下跪……官僚们往往因琐细之事痛打百姓,以致许多人就此丧命;而且官员们的责罚命令如此轻率,正如我们的导师责打学生一般"。[1]

  利玛窦在澳门见到的唯一一名官员大概是香山知县,澳门属于他的辖区,有时会直接干预一些事务。虽然知县只是级别很低的地方官,在整个九级官品中只居第七品(下一章会对中国官僚体系有详细介绍),但县衙的场面和权力还是让利玛窦印象深刻。香山知县对神父们格外恩典,准许他们站着回答有关西方宗教的询问。官员在街上行走时,有侍卫手持武器、举着告示牌在前开道,并大声叫嚷平民百姓回避。百姓或者迅速跑回室内,或者赶紧关上窗户;官员坐着人力抬的轿子"恰如教宗一般"经过时,所有人都要下跪并保持肃静。最让利玛窦印象深刻的是,"这些老爷都是农民和工匠的儿子,他们靠学习文化而获得如此的地位"。除了残酷的刑罚之外,中华帝国的官僚体系让利玛窦想起天主教的等级制度:学术是通往荣誉、尊贵和权力的道路,依靠更高的学识和礼仪、演讲以及象征独特身份的服装,塑造出高于普通群众的文化精英层。

  利玛窦在澳门抒写个人感想的时候,罗明坚和巴范济正在谱写耶稣会历史的一段新篇章。两位意大利人于1582年12月27日抵达肇庆,两

---

[1] *Lettere*, pp. 46–47.

第三章 澳　门

天之后获得陈瑞接见。完成常规礼节之后，陈瑞示意意大利人走上前来，并关心罗明坚瘦了不少（刚刚从一场大病中恢复）。总督又从座位上起身，并询问起耶稣会士们的年龄，还说他已经通知海道和香山知县要善待葡萄牙人，总之对耶稣会士极为亲睦。然后他询问神父们是否怕鬼，对此罗明坚和巴范济回答说，他们所追求的正是打败魔鬼的力量。耶稣会士给总督带来了日本纸、威尼斯棱镜和其他一些小工艺品，总督非常满意，允许他们在陆上停留，因为他们还要为展示那只钟做些准备，包括制作一只漂亮的盒子。陈瑞在肇庆最大的佛寺天宁寺为耶稣会士安排了几间房间，又送来一袋大米、一瓶酒、一些猪肉、鸡和两只鸭子。罗明坚和巴范济在其中一间设了祭坛，在元旦讲了他们在中国的首场开年弥撒。

接下来的几天，耶稣会士一直在和总督秘书打交道。让这位秘书恼火的是，少了这些外国和尚，他们就不会使用和维护那只欧洲钟。巴范济指出，文人们在机械方面相当无能，加上不能理解欧洲计时系统，因此对中国人来说，这架欧洲钟只是一个漂亮的、发出声音的小玩物。当耶稣会士请秘书向陈瑞转达他们的居留申请时，秘书便百般推托。不过陈瑞收到钟之后，心情很好，1月5日他指示秘书给耶稣会士送来一些白银，但罗明坚回复说钟是送给总督的礼物，同时向总督递上了一份书面申请。申请书陈述道，耶稣会士们不远万里、漂洋过海，才来到中国这片文化和知识的土地，他们谦卑地恳请允许其在中国居留，并学习这一伟大文明的语言、风俗和生活方式，他们将遵守中国的法律，并且绝不再返回故土。文化奉承非常有效，中国人一直把澳门的葡萄牙人看成好斗的、对中国文明知之甚少或者说全无兴趣的野蛮人；但很显然，这几位外国僧人不太一样。于是出乎意料地，陈瑞批准了申请；但同时他要求外国牧师们穿着中国僧人的服装。因此，按照罗明坚所说，"为了把基督之光带给中国人"，两位耶稣会士脱下了黑色短褂，穿上了棕褐色或者蓝灰色的中国僧袍。[1]

---

〔1〕 罗明坚致阿夸维瓦的信，1583年2月7日，Tacchi-Venturi, *OS* II, p. 416。

利玛窦：紫禁城里的耶稣会士

1月8日，陈瑞再次接见耶稣会士，并允诺为他们提供一间舒适的房屋，但事情要到农历新年之后才能办，因为年前总督要忙于接待来自全省各级官员的拜访。当然在此期间，耶稣会士还将得到他的保护，继续有食物会送到天宁寺来。在不多的几次觐见中，陈瑞曾问过罗明坚会不会驱邪，因为总督在广州一处房子闹鬼，他本人就曾在那里见过鬼怪。罗明坚答复说驱邪也属他的职责之一，这让总督很高兴，并说他曾经请过广州一位穆斯林教士驱鬼，但毫无效果。罗明坚大概并未真的去那座鬼屋驱过邪，但很显然邪魔离开了陈瑞的广州府邸，接着便有传言说鬼魂惧怕这位外国僧人的力量。

传教士还获得陈瑞允许，让利玛窦从澳门过来。他们把利玛窦叫做"兄弟"，利用翻译上的误会耍了一点文字花样。沾沾自喜的罗明坚向阿夸维瓦夸耀说，他们正生活在魔幻般的梦里，靠了上帝的无限仁慈，在沙勿略之后四十年，进入中国这一不可能完成的任务终于实现了。更令阿夸维瓦和整个修会高兴的是，罗明坚预言罗马学院的三位亲密神父即将在地球另一端的肇庆再次相聚。

2月12日他又赶写了一封信，把好消息通知澳门的耶稣会士，利玛窦因此非常期待能在3月份随葡萄牙商人前往广州贸易集市。在肇庆这一边，罗明坚和巴范济继续接待不断来访的中国官僚，表现出极高的热情和虔诚的宗教信念。官僚们对圣母和圣子的塑像极为敬重，这让耶稣会士非常高兴，信心倍增。2月18日，巴范济给澳门耶稣会学院院长戈麦兹写信，请他再派送一些人和东西过来。除了利玛窦之外，巴范济还需要礼拜仪式上的法衣以供驱魔之用，还有兄弟尼古劳绘制的耶稣像，以及意大利耶稣会士乔万尼·尼古劳·小诺拉和"孟加拉人"阿隆索，后者能说一口流利的官话。[1]

虽然罗明坚非常乐观，但他是否真的"把基督之光带给了中国人"却

---

〔1〕 巴范济致戈麦兹的信，1583年2月18日，收入 Colin, *Labor Evangelica*, vol. I, p. 320。

第三章 澳　　门

是十分可疑的。兴高采烈之中，他似乎没有注意到，中国人根本无法分清佛教和基督教的区别。陈瑞和罗明坚之间的一次对话便是一个显例：罗明坚在阐述基督教的真神时，听到陈瑞表示同意他的话，并说"天"确实是无所不能且非常公正的。在相互交谈之时，耶稣会士和总督之间甚至都没有一套共同词汇，能够在基督教、佛教和儒教概念之间作出区分。未来几年中，这一问题带来的挑战将日益明显。很快，"魔幻般的梦想"便如朝阳之下的朝露一般消散了。

2 月末，罢免陈瑞的命令从北京传来。一手遮天的大学士张居正（1525—1582）的去世，引发了一连串政治地震，陈瑞的解职也是其中之一。1573 年，还是小孩的万历皇帝朱翊钧登基即位，辅政大臣便是张居正——一位铁腕改革家和极有手段的政客。在 1582 年去世之前，他是整个帝国最有权势之人：作为首辅，他打击政敌毫不手软；作为小皇帝的老师，他对学生严格要求，并灌输大量的儒家道德。虽然张居正生前确属尽职奉公，但在宫廷与官僚政治的残酷斗争中结下了太多仇家，并且他的家属们也利用政治影响力以获取贿赂。19 岁的万历皇帝对这位大学士的严密监护早就心怀怨愤，张居正一死，皇帝便要行使自己的意志了。一嗅到政治空气变味，指控张居正的奏章立即如雪片般飞到皇帝面前。1583 年 1 月初，御史张应诏上章弹劾陈瑞和另一名高官，指其贪污，且是靠贿赂张居正和太监冯保才得到现在的官位；又说陈瑞此前在湖广总督任上为张家谋取了不少非法利益。万历皇帝当即作出批复，革了这两个人的职。[1]

皇帝的敕令一到肇庆，陈瑞马上送走了两位耶稣会门客；他担心免官之后，庇护外国人成为政敌攻击他的又一项罪状。作为最后的善意，下台总督为神父们修书一封给广州海道，并盖了陈瑞印章，信中希望能拨出一块广州官地供耶稣会士修建寺庙。然而广州根本不允许罗明坚和巴范济离船登岸，他们只好于 3 月份返回澳门。中国再次关上了她的大门。

----

〔1〕　关于万历帝与张居正之间的关系，见樊树志：《万历传》，北京：人民出版社，1993 年，第二、四章。关于弹劾陈瑞的奏章和万历罢免总督的敕令，见《明神宗实录》卷一三二，转引自樊树志《万历传》，第 182 页。

第四章 肇　　庆

正当澳门耶稣会住所里陷入极度沮丧时,一些中国官员到来了。他们要求耶稣会士们交出盖有陈瑞章子的公文。新的总督郭应聘在从广西巡抚的职位提升为总督后,一丝不苟地检查失势的陈瑞留下的所有文件。这是前大学士张居正为了让紊乱的官僚机器顺利运行而设立的制度。来自北京的诏令到达地方官手中,常常在被察看后就静静地被束之高阁。明王朝已经变成了纸上政府,无数诏令、报告都成为死信,大堆写着具体策略的皇家敕令都无法施行。1573 年,张制定了一项新程序,要求官员记载自己对所有官方文件的回应,以此记录为依据来判断官员的负责程度。因此,当郭的下属发现没有任何报告记载陈瑞拨政府的土地给耶稣会士时,他不得不进行调查。郭把自己的命令发给了广州的海道,但是后者并不明白整件事情,而是把这个调查令传给了香山的知县冯生虞,冯又派遣官员去了澳门。

在进行了咨询后,神父们拒绝交出文件,但是保证将亲自交给海道。在护送下,罗明坚和利玛窦到了香山。在与冯会见时,耶稣会士们再次拒绝交出文件,这让冯极度恼怒,以至于他把这份文件扔到地上,并喊叫道:"你们认为一位被撤职的官员签名的文件能起多大作用呢!"他拒绝给耶稣会士们旅行许可证,并要他们回澳门去。回到旅店后,罗明坚和利玛

第四章 肇　庆

窦尝试了一个绝望的办法。他们在没有旅行许可的情况下上了一艘开往广州的渡轮。看到他们中间有"番鬼",船上的中国旅客们如此骚动,以至于船长强迫这两个耶稣会士下了船。然而,他们很快就转运了。冯的父亲去世的消息传来;明朝法律规定,所有的官员在父母去世后都要辞职回家丁忧三年。县丞邓思启对耶稣会士们要友好一些,他把这两个人送到了广州。在广州,罗明坚和利玛窦向海道提交了一份请愿书,希望被允许留在中国,学习这个国家的语言和风俗,并在这里传播他们的教义。当海道回答说只有总督有权力发这样的准许时,神父们询问他们在向郭应聘请求期间是否可以居住在"暹罗馆"。这个请求也被海道拒绝了,理由为当时不是贸易季节;在没有葡萄牙商人的情况下,外国和尚的出现只会引起人们的怀疑。这两个沮丧的耶稣会士便回到了香山,在这里他们的情绪变得更加黯然,因为他们看到了在总督命令下贴出的一篇公告,谴责澳门通事的"诡计",因为这些通事教外国和尚们说汉语,还怂恿他们为了能在内地居住而四处活动。郭威胁说如果这些恼人的事不尽快结束,他将严厉惩罚。这些垂头丧气的耶稣会士们大概于8月10日回到了澳门,这之前的一个月都白白浪费了。

他们离开期间,巴范济也离开了澳门。1583年7月14日,巴范济航行到了日本,在这里他最终干出了一番杰出的事业,成为了副省会长和定期巡视员,当耶稣会于1611年将日本教区提升为省级时,他又被提名为首位省会长。他仅在1612年返回澳门,并于当年七月中旬在这里因病去世,距离他离开澳门刚好二十七年。

罗明坚和利玛窦悲哀了不到一个星期,一个士兵到来了。此人是肇庆东门的一个守卫,他曾是罗明坚的新信徒。神父们离开以后,他以神父翻译的身份向郭应聘提交了一份请愿书,请求这位新官员允许这两个外国教士在此居住。郭的下属把这份请愿书传递给了知府王泮,后者答应了这个请求。"时刻终于到来了,"利玛窦如此写道,"仁慈的主把他的目光转向了这个可怜的王国,用他威武的手打开了曾向神圣的福音传播者们紧闭的大门。"[1]利玛窦不久将会发现神的慈悲是如何通过人类的手展现出来。与此同时,传教士们在进行准备,试图靠捐赠积攒足够的钱,实现经济自足;由于去年一艘前往日本长崎的大船沉没,桑切斯也在这次事故中漂流至台湾,澳门的传教士囊中羞涩且境况日趋艰难。9月1日,在这个中国士兵的带领下,他们离开了。这一行人包括罗明坚、利玛窦、一个中国通事,以及他们的仆人们。十天以后,他们抵达肇庆。利玛窦看到了肇庆,这是他下一个五年的家。

有着一万六千六百多户居民、四万七千人口的肇庆是一个安静和宜人的河边城市。[2]肇庆没有广州那么喧嚣,却因有美丽的自然景观而闻名,比如七星岩,这是一系列由石灰岩形成的山脊和洞穴,位于靠近北部城墙的一个湖泊周围。虽然肇庆不像广州那样是个商业中心,但肇庆的工匠生产的砚和墨在整个中国都很有名。总体上,肇庆是一个行政中心,这里坐落着两广总督辖区的各级衙门,包括肇庆府的、高要县的,以及地方驻军的。一幅1633年的肇庆地图上显示的城市面貌与1583年的几乎一致:不成矩形的细长城墙与西江平行着向南延伸,北部有七星岩,远处有更高的山峰。城市中心的一群建筑物是府级和县级政府所在地。总督的衙门坐落在城市的东边,靠近关帝庙和巨大的东门,后者通往天宁寺和府学(地图3)。只有这幅地图的东边部分,即崇禧塔在当时还没有完成,当利玛窦于1583年9月到达时,只有第一层建好了。总之,尽管肇庆有它吸引人的地方,比如最大的佛教寺院天宁寺,但这个城市仍然只是一个地方小城,即使按照广东省的标准来说,它在规模上也只是一般;肇庆没有重要的道家寺院或者私人儒家书院。对于耶稣会士们来说,城市内的池塘和安静的西江让肇庆显得死气沉沉,这与繁华的广州、宽广的珠江三角洲以及那之外的世界大相径庭。似乎罗明坚和利玛窦在经过了中国的

---

[1] FR I, N230, p.177.
[2] 《[崇祯]肇庆府志》第十二卷。万历十年(1582),税务使在肇庆府登记了52 901户,213 714口人。高要县登记了16 629户,47 332口人,这与被城墙包围的肇庆市相比几乎同样拥挤。

第四章 肇　庆

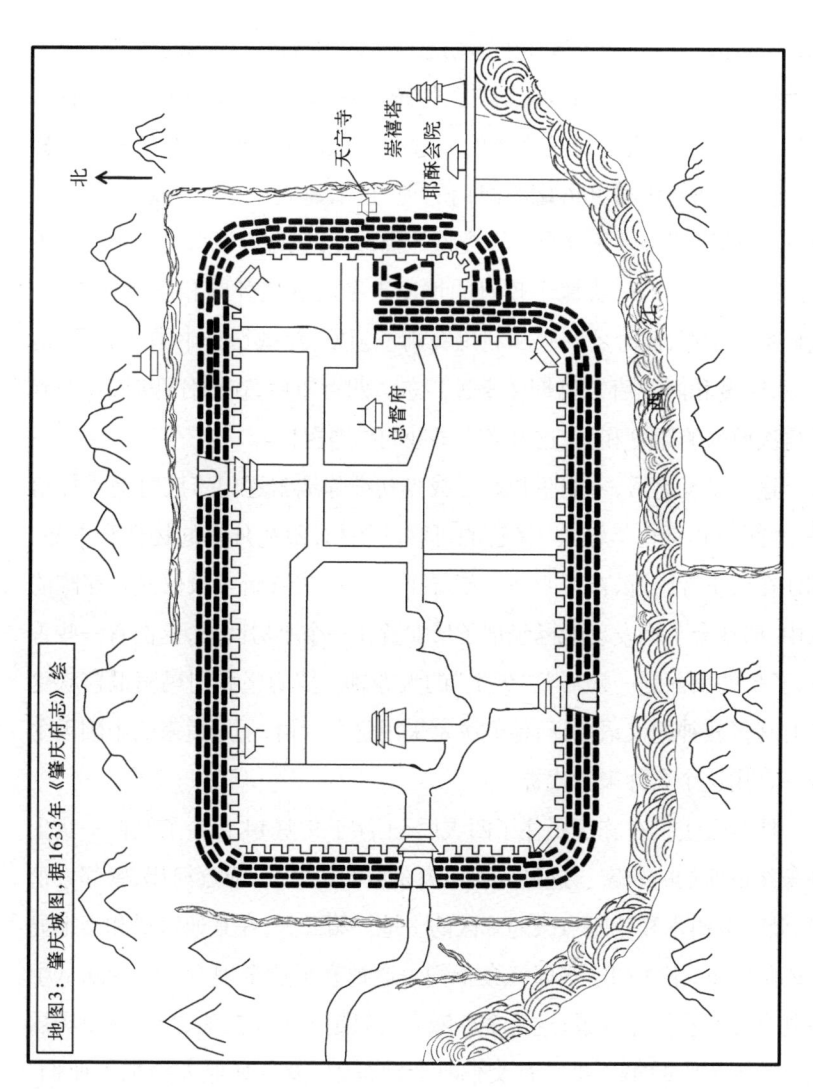

地图3：肇庆城图，据1633年《肇庆府志》绘

图中标注：北、天宁寺、崇禧塔、耶稣会院、总督府

地图 3　肇庆

宏伟大门后,来到了小而美的被城墙包围的花园。

他们与王泮的第一次会见进行得很友好。通过他们的通事,这些耶稣会士们介绍自己为"天竺国僧"。天竺是中国人对印度的称呼,罗明坚想让中国人相信他们来自那个曾经把神圣的佛教传入中国的地方。罗明坚继续通过通事说,他们效忠于"天的统治者",由于被大明的盛治吸引,他们从最遥远的西方经过三年的旅程而到此。他们只希望有一个安静的、远离太商业化和世俗化的澳门的地方,以建立一个隐居之所和礼拜堂,一生侍奉真神。王泮是一个虔诚的佛教徒,他答应说自己一定会给予宽厚的支持,并给一块属于政府的地皮来帮助这些外国和尚实现愿望。我们不要忘记,此时罗明坚和利玛窦剃了须发,穿戴得与中国和尚一样。毕竟,印度和尚在唐宋时期曾来过广东。四百年后,在他任职时,竟遇到了再次前来的印度和尚,这是多么奇妙的相遇啊!

这次会见之后,罗明坚开始寻找当初被陈瑞驱逐出肇庆时他委托给一个姓陈的"正直年轻人"保管的可移动圣坛,做礼拜用的物件和书籍。陈住在天宁寺附近,在罗明坚的指导下一直在实践新宗教仪式。在陈的家中,耶稣会士们发现他已经把圣坛安置在一个小房间里,上面有一些香炉,圣坛的后面是一幅写着"天主"的大卷轴。罗明坚和利玛窦很喜欢这个对基督教神的汉语翻译,他们决定采用这个术语,于是后来的中国天主教一直用这个名称来指代神。

耶稣会士们在陈那里住了四天后,王泮于9月14日给了他们一块土地来建设他们的新家。这是一块距离东城约一公里,靠近河岸,紧邻崇禧塔,处在被树木和花园点缀的郊区的土地。第二天,在其他官员和当地显贵的陪同下,王泮和这些耶稣会士们一道视察了这个地方。王的随从中有几个人有些担心地说,这几个耶稣会士只是来自澳门的、想要在肇庆居住的外国人中的第一批。神父们赶紧保证说,没有其他人会加入他们。王泮把崇禧塔边的一块土地给了神父们,神父们通过通事说这块土地也许太小了不够用。王回答说这块土地只是让他们住,之后会选一块更大的土地让他们建寺庙。当神父们的通事说这些耶稣会士不敬偶像,只拜

第四章 肇　　庆

天主时，王泮明显地感到迷惑了。他与他的随从们商量了以后回答说，这没有关系，一旦寺庙建好以后，神父们可以随意敬拜他们想要拜的神。

住在附近临时住所的耶稣会士们立即请了工人们来为新居奠基。他们的住所是典型的独层中国式院落，中间有一个大厅，两边各有一套包括两个房间的厢房。崇禧塔（图8）最终被建到了第九层，高耸在西江之上，控制着西江激流的气，保护着肇庆的好运。耶稣会士们认为这是中国迷信的一个例子，但是对肇庆的居民来说，这是王泮任期内最重要的公共建设项目。一个由文人和当地显贵组成的委员会监督着崇禧塔的建造。一些成员看到外国人的出现感到不高兴。经过几次会面后，罗明坚通过返还部分土地给王泮缓和了紧张局势。

在他们的临时住所，罗明坚和利玛窦设置了圣坛来进行弥撒仪式，挂了一幅圣母玛利亚的画像，这是罗马圣母大教堂中玛利亚画像的复制品，还放置了一面威尼斯水晶棱镜、西方书籍和其他新奇的物品。每天都有大批人盯着这些新奇的物品和这些外来和尚看，只在官员到来时才让开。

图8　肇庆西江边的崇禧塔。

王泮被圣母玛利亚的画像和棱镜深深吸引,他甚至把它们搬回家让家眷看。然而,他拒绝接受耶稣会士们赠送的欧洲花边手帕,表现得像一位正直廉洁的官员。

一旦安定下来,罗明坚和利玛窦便去向总督表示敬意,因为后者同意了王赠送土地的提议。但是郭应聘拒绝接待他们。耶稣会士们后来在肇庆居住期间从来没有见过郭。在接下来的几年中,他们的保护人和赞助者是王泮和他的下属、同知郑一麟。刚刚落脚的神父们很快便遇到了麻烦:他们花光了所有的钱。他们不得不解雇翻译和中国仆人,新居的建造也因为同样的原因停了下来。12月罗明坚去澳门筹款,利玛窦和其他的人则靠中国官员的贷款度日。有好几个月,罗明坚乞求人们慷慨相助,但因为澳门—长崎贸易线上的沉船事故,捐赠仍然供不应求。罗明坚以三十两白银的价格卖了威尼斯棱镜,他也从其他渠道获得了一些帮助。他的耶稣会士熟人桑切斯再次来到了澳门。1583年12月,菲律宾总督派王室代表胡安·鲍蒂斯塔·罗曼和桑切斯作为大使带着给中国皇帝的礼物前来。他们的任务是前往北京,把礼物以菲力普二世的名义送给中国皇帝,并请求与中国建立外交和商业联系。一抵达澳门,桑切斯便写信给身在肇庆的老朋友罗明坚,声称西班牙全力支持天主教事业,并希望后者代表西班牙外交使团与中国官员进行交涉。因此,罗明坚的澳门之行并不全是为了筹款,还为了与桑切斯见面商讨传教策略。起初,罗明坚和利玛窦警告桑切斯不要指望有好结果:中国人对外国人心存疑虑,尤其认为西班牙人好战有侵略性。让他们吃惊的是,当罗明坚和利玛窦告诉王泮后,后者欢迎西班牙人的这项提议。他们以王泮秘书的名义写了一份禀帖送给广州的海道。然而,罗明坚于1584年2月回到肇庆以后,这些意大利神父们收到了一封来自澳门耶稣会学院院长卡布拉尔的信,这封信代表葡萄牙舰长和其他葡萄牙人,表达了对西班牙外交使命的强烈反对。葡萄牙人认为,如果中国和西班牙之间建立联系,澳门的独特地位将会因为在中国南部海岸给西班牙的类似地盘而削弱。一旦西班牙人可以把美洲白银直接运往中国,葡萄牙人往中国进口日本白银的利润将会

第四章 肇　庆

暴跌,而这项贸易所得是与耶稣会士们分享的。罗明坚和利玛窦的直接上司卡布拉尔建议他们不要帮忙,让西班牙人的这项事业无疾而终。这几个意大利神父非常高兴地答应了,因为罗明坚特别担心中国人怀疑他们与马尼拉的紧密联系而危害到他们的新事业。

我们注意到罗明坚的谨慎焦虑与桑切斯有些自大的信心形成鲜明的对比。在1584年3月30日从澳门回到肇庆后写给阿夸维瓦的一封信中,罗明坚把中国教务描述为:"一棵新的娇嫩的植物,微风便可以杀死;因此,在初期有必要细心照料,将来终有一天会召集庄稼人来种植或者根除。"他担心"我们以及其他修会的神父们的炽热让他们都想来培育这棵幼苗,但是这棵幼苗却还没有诞生"。他心里装着的是吕宋的西班牙耶稣会士们,这个原因促使他要求阿夸维瓦命令各地的耶稣会,在聘请中国教务总领导之前不要往中国派遣传教士。[1]

沮丧地等待了六个多月后,桑切斯于7月5日给耶稣会日本副省会长科埃略写了一封信。他再次保证在菲律宾的西班牙人有让中国皈依的强烈愿望,但是他怀疑罗明坚和利玛窦的方式:与中国官员的友谊与和平传教。桑切斯宣称:"我在中国过了好几个月,在吕宋与中国人打交道也已经好几年了,我可以肯定地说靠和平传教让中国人皈依是不可能的。(有的人也许会说)'为了上帝没有什么事情是不可能的',但是我更愿意相信那些(在菲律宾)已经工作了二十年和在这里(澳门)工作了接近三十年的人们,每个人都说同样的话,上帝将会以在新西班牙和秘鲁的方式成就这项事业(传教)。"[2]

即使马尼拉的西班牙政府认为对中国的军事征服是一个更实际的选择,桑切斯这个教士却比在菲律宾的西班牙王室官员罗曼显得更好战,这就有些奇怪。在一封写于6月24日、配有写于同月27日的后记的给菲利普二世的信中,罗曼很有信心地认为他们将被允许前往北京。此时仍

---

[1] Tacchi-Venturi, *OS* II, pp. 422–423.
[2] Tacchi-Venturi, *OS* II, pp. 425–426.

然没有意识到葡萄牙人的诡计,仍然对熟识汉语和中国办事方法的罗明坚和利玛窦充满信心的罗曼向西班牙国王建议说,获得外交联系的唯一手段是通过这几个神父们,虽然他自己没有"对这个修会其他人的特别的热爱"。罗曼还建议说,鉴于中国的富足,只有奇特的礼物能够给中国皇帝留下深刻印象:新西班牙的马匹、丝绒、金色的锦缎和织物,弗兰德斯的挂毯、威尼斯玻璃、钟、镜子、镀金的盔甲、涂漆的长矛、利剑、异常美丽的羽毛、米兰的袍子和酒;这所有的东西需要至少六万到七万达克特金币才能买到。他也传达了桑切斯的强硬立场:如果没有奇迹发生,说着难懂的语言的中国人是不会皈依基督教的,因为他们一向很骄傲,对外国的事物很鄙视。"除非让小部分殿下的权威进入这块领土,并有必要强迫他们学习我们的语言,这比我们学习他们的语言要容易,否则我们一辈子都不可能与他们相互了解"。罗曼继续引用桑切斯的原话进行报告说,这是一项为了增进教会的荣耀和殿下的名声而进行的事业。[1]

到了10月,还没有令人鼓舞的消息传来,桑切斯和罗曼便回到了马尼拉。作为西班牙在菲律宾政府的大使,这位西班牙耶稣会士带着第一份对菲力普的新殖民地状况报告于1587年经由墨西哥回了西班牙。这份报告的附件中有一份由桑切斯写的备忘录,建议菲力普派遣一只舰队来征服中国。在备忘录中,桑切斯列举了进行一场"正义战争"的原因,包括为了基督福音的传播和西班牙帝国的壮大。这份不寻常的文件招致了与桑切斯同会的西班牙籍耶稣会士阿科斯塔的激烈批判。菲力普于1588年春委托一个委员会来研究这个备忘录,同时为了征服异教的英格兰而准备一支舰队的事实,让我们正在讲述的耶稣会在中国传播福音的故事更具有讽刺性。

如果菲力普必须面对毁掉了他的无敌舰队的北海强风,足以毁灭"中国的福音传播幼苗"的强风也真是一个威胁。在罗明坚外出的

---

[1] Archivo General de Indias, Patronato 25, 22, available in www.upf.es/fhuma/eeao/projectes/che/s16/roman.htm.

第四章 肇　庆

1583—1584 年的冬天,利玛窦感受到了排外情绪。耶稣会士们的一些邻居从来没有接受"洋鬼子"的出现。官员们对传教士的支持只让普通民众的仇恨增加:官员和这些外国和尚都只说官话,而不懂得当地方言和广东人的风俗。导致敌视的最直接原因是一个来自澳门的印度人的到达。这位肤色黝黑的钟表制造匠原籍果阿,此行的目的是给王泮制造一个钟,后者曾向耶稣会士们表达了想要一个钟的愿望。由于从欧洲运来的话会很昂贵,他们决定在肇庆制造一个,采用外国的技术,但是用当地的材料。很多年来,广东人都控告葡萄牙人买卖小孩,这在广东虽是一项合法的买卖,但却禁止葡萄牙人从事这项生意。这个果阿人的到来,以及孟加拉人阿隆索在耶稣会住所的出现,使这个担忧强化了,因为广东人对"黑鬼"的鄙视比对"白鬼"更加强烈。绑架孩子的流言开始传播;认为这些黑色的"鬼佬"是来把中国小孩卖去澳门的。邻里的一些男孩从崇禧塔的高楼上往耶稣会住宅的房顶和院子里扔石头,以此取乐。耶稣会士的仆人们当场抓住了一个男孩并把他拉到了院子里。当一些邻居前来说情时,他们在把这个男孩狠狠地教训了一顿后才放了他。

两个对耶稣会士们充满敌视的邻居认为这是个干掉这些外国人的好机会。他们向王泮交了一份请愿书,控告这些外国人扣留了这个男孩三天,并安排了人前去作伪证。利玛窦在看守的带领下被传到了县衙。由于无法用汉语辩解,他焦急地祈求上帝的帮助。幸运的是,孟加拉人阿隆索的汉语说得好一些,他把石头作为证据带了来。好几个邻居也证明说这个男孩只被拘留在耶稣会院子里几分钟,绑架是一个捏造的控告。当王泮命令鞭打这个作伪证的罪魁祸首时,利玛窦请求开恩。这件事情就这么解决了,为了避免更多的麻烦,王泮立即把这个钟表制造匠打发回了澳门。回到肇庆后,鉴于以上这件事,罗明坚告诉阿夸维瓦说虽然官员们"喜欢他们,对于他们的出现很高兴……普通人却对我们没有表现出多少喜爱,因为他们不理解我们的生活方式"。[1]

---

[1] Tacchi-Venturi, *OS* II, pp. 423 - 424.

然而，并不是一切都这么黯淡。其中一件好事是，在肇庆的第一个月里，罗明坚完成了他的汉语教理问答，这是用汉语写作的第一本基督教教义，他在澳门开始的这项写作，至此已经花费了四年时间。1584 年 1 月 25 日，罗明坚在澳门告诉阿夸维瓦，称他将向耶稣会的其他神父们提交一份拉丁文摘要以获得出版许可。最终，这本著作在 11 月下旬出版。我们将很快在下文回到这个话题上。

对于利玛窦来说，除了每日的汉语课外，他还集中学习科学知识，为测量星体而制造日冕和设计象限。他最大的成就是在地理学上。在他们的住所，神父们在墙上悬挂了一幅亚伯拉罕·奥特琉斯的世界地图。这幅世界地图是展示欧洲先进制图学的绝佳样本，它总是引起来访的中国人强烈的反应，要么是震撼和不相信，要么是惊讶和钦佩。对于那些有兴趣的访客，利玛窦会耐心地讲解经度、纬度、赤道、北回归线和南回归线，这迅速为利玛窦赢得了博学的名声。王泮建议为这幅世界地图出版中文版。利玛窦把所有的拉丁文注解翻译成了汉语，并解释各个地理区域的风俗和历史，利用这个机会介绍基督教的欧洲，并巧妙地把中国放在新地图的中心位置。1584 年 11 月底，刚好在罗明坚的教理问答问世前，利玛窦的地图也准备好出版了。最终，王泮承包了这次印刷，并把印刷后的成品分发给他的朋友、熟人和同事。

事情绝对在向好的方向发展。1584 年 10 月，罗明坚再次前往澳门。最近一艘船刚从日本抵达了澳门，这个葡萄牙的港口再次财源滚滚。罗明坚带着足够偿还他们所有债务的钱回来了。他们的新住所也快竣工了。这是一座用砖和石灰建成的两层房子，是西式和中式混合的建筑，进门处有一个可以看到美丽河景的阳台。这几个耶稣会士聘请了一个新的老师，一个在儒家经典方面的饱学之士。最重要的是，他们的支持者王泮被提升成了岭西道，且仍然在肇庆任职；接替他任肇庆知府的是郑一麟，另一个耶稣会士的支持者。不仅如此，王泮也得到了好运：除了一个女儿的诞生外，他的夫人又怀了孕，后来生了一个儿子。人们说这些外国和尚给这个官员带来了好运。

第四章 肇　庆

王泮是保护耶稣会士们的关键角色,这在罗明坚和利玛窦的作品中可以很明显看出。然而,当传教史把利玛窦描绘成英雄,把罗明坚描绘成一个忠实的同伴时,王只是一个影子般的人物。现在是时候让我们来核查汉语资料,用批判的眼光阅读第一批耶稣会传教士们留下的记录,并以此来看一下被利玛窦的歌颂遮盖了的全貌。

1583年夏,当罗明坚和利玛窦获得允许来到肇庆的时候,士兵、新信徒和王泮的角色,被利玛窦详细地记载下来,但是利玛窦却把这个奇迹归功于上帝之手。利玛窦没有提到为什么王泮对这些外国和尚感兴趣。据罗明坚称,王泮允许这些神父住在肇庆是因为他希望神父们帮他获得一个儿子。王虽然同一个妻子和两个小妾结婚了三十年,却没有得到一个男性继承人。罗明坚和利玛窦到达的一年内,王泮就得到了一个珍贵的儿子。王把他带到耶稣会士们的礼拜堂里,为圣母玛利亚和圣子像进贡,把他的继承人委托给圣母保护。后来,第二个儿子出生后,王使他受了洗。[1]

给人带来儿子的基督教神:这是在耶稣会住宅中放置的、用来制作礼物的圣母和圣子像被中国人理解成了送子观音的例子。利玛窦在其回忆录中称,所有来拜访的官员们都在圣母和圣子像前鞠躬下跪。过了一阵子,耶稣会士们用耶稣像取代了圣母像,免得让中国人以为基督教的神是一个女的。很明显,肇庆的拜访者们把圣母玛利亚当成了送子观音。谨慎的利玛窦在这点上保持沉默,没有在他后来写的回忆录中提及。但是在写于1586年的一封信中他记载了这个成功。他写道,他们的保护人王泮非常想要一个男孩,他要耶稣会士们为自己祈祷,于是神父们给了他一幅圣母像。随着这次成功,"我们的神给他带来一个儿子的谣言在城里四处流传"。[2] 圣母玛利亚与送子观音之间的相似性甚至让欧洲传教士们都感到迷惑,我们已经看到,达克鲁斯以为广州的观音像显示了圣托

---

[1] ARSI Jap-Sin 101 I, fols. 28v – 31.
[2] Ricci, *Lettere*, p. 123.

马斯使徒曾到过中国,我们将在下文看到,年轻的葡萄牙耶稣会士麦安东在1585年冬陪伴罗明坚去肇庆以外时也同样这么认为。

但是我们的故事已经讲得超前了。让我们来认识一下王泮,耶稣会士们的这个影子般但是有权势的支持者。他是浙江省绍兴府山阴人,1573年中进士,1581年被任命为肇庆知府。他来自中国一个有着浓烈的佛教寺院传统,且在晚明时期当地精英阶层对这些寺院经常支持的地区。[1] 明朝时期浙东(宁波和绍兴府)的精英们——在职官员、退休官员、文人,这些统称为士绅的人的生活总是与佛教连在一起:抄写宗教文本、放生、在和尚们的指导下在寺院里念经。少数士绅在当地著名的方丈,比如紫柏真可(1543—1603年)的名下发世俗誓言。也有很多与佛教寺院相连的世俗活动:文人们搬到寺院来学习,在寺院里聚会写诗,与僧人建立私下友谊和分享文化追求。文学社团总是在寺院里相聚,在寺院的墙上写诗当作留念是文人们常做的事。在寺院里,士绅也与和尚们进行知识性的对话,一些领头士绅家族的好几代人都在这样的活动中活跃。[2] 佛教僧人也反过来积极参与士绅的社会和文化活动。很多当地住持作诗,且熟悉儒学。士绅给寺院捐钱,通过邀请住持、与政府官员调解、提供资助、编纂寺院志、为修建工程筹钱的方式帮助他们解决问题。县级士绅中最有地位的人大都是政府官员,他们在对寺院的文学支持上非常有力。王泮对罗明坚和利玛窦的支持明显符合这个模式。耶稣会士们最有力的两个支持者均来自绍兴府:后来被提拔为按察司副使和岭西道的肇庆知府王泮,以及继任他担任肇庆府官员的郑一麟。

罗明坚和利玛窦到来时正赶上晚明中国佛教复兴的时期,伴随着名僧活动和士绅支持,寺院开始复兴。帝国首都北京以外,复兴最浓厚的地方当属江南:浙江和南直隶。其中最显赫的人物是那些居士:世俗信

---

〔1〕 Timothy Brook, *Praying for Power. Buddhism and the Formation of Gentry Society in Late-Ming China* (Cambridge, MA: Harvard University Press, 1993), pp. 249-277.

〔2〕 Brook, pp. 268-269.

第四章 肇　　庆

徒,主要为男性,他们通常有很高的社会地位,虽然生活在寺庙以外,但吃素、禁欲且严格遵守仪式。在彭际清（1740—1796）于十八世纪编纂的《居士传》中有一百零七位明朝居士的传记,除四位以外其他全部处在万历朝和明末(1573—1644)期间。[1] 其中绝大部分为士绅;他们对佛教、道教与儒学的融合有兴趣。很多居士把儒学当作为"公"而学的现世学问,而把佛教当作为"私"而学的关于另一个世界的学问。

在罗明坚和利玛窦的记忆中有很多基督教与佛教相似的例子。第一个例子:他们的新居落成后,王泮赠给了他们两块上面雕刻着自己的书法的匾额以挂在新居的前门和接待厅的进门处。第一块上面写着"仙花寺",意思为莲花寺,佛教的仙花;第二块匾额写着"西来净土"（来自西方的净土）,指代佛教净土宗中菩萨的神圣居所。

在汉语文献中有更多证明王泮是虔诚佛教徒的证据。现存最早的当地地方志《肇庆府志》（崇祯六年,1633 年编纂）中在"名宦"的部分有一条关于王泮的条目。在列举了他为肇庆人民做的很多公共事务后,这部地方志列举了王的建筑工程,包括他在丽水和高明县修建的宝塔,最重要的工程是在肇庆修建的崇禧塔,此塔坐落在耶稣会住所旁,紧邻肇庆人民在他离开后为了纪念他而建造的生祠。对于他的性格,此地方志写道:"王泮性恬淡,自奉如寒士。然端悫有执,虽门生故吏,无所私。居官廉洁,焚香静坐若禅室。"[2] 崇祯版的地方志还收藏了王泮的几份文学作品,其中一首诗题为《梅庵》（梅花尼姑庵）,即西城墙附近的建于宋代的尼姑庵,因为被禅宗南宗的创始人六祖惠能拜访过而闻名。该诗如此写道:[3]

　　官懒簿书稀,
　　寻僧入翠微。

---

[1] 释圣严:《明末佛教研究》,台北市:东初出版社,1987 年,第 239 页。
[2] 《[崇祯]肇庆府志》第二十卷, 第 777—779 页;引文, 第 779 页。
[3] 《[崇祯]肇庆府志》第四十六卷, 第 296 页。1673 年康熙版的府志用了官懈,而不是官懒,请参见《[康熙]肇庆府志》第三十卷。

>　　白云依塌静，
>
>　　红叶近人飞。
>
>　　爱尔能分供，
>
>　　怜余未拂衣。
>
>　　禅心共明月，
>
>　　相对欲望归。

在另外两首诗，《致七星岩》和《登崇禧塔》中，王泮用了晚明很多文人都常用的道教和佛教形象，在前一首中，王泮写下了以下诗句：[1]

>　　深寻有丹穴，
>
>　　乞药驻丹颜。
>
>　　兴来招鹤驾，
>
>　　直欲提飞仙。

在诗《登崇禧塔》中，我们可以读到这样的句子"日射金轮散宝光"，[2]"金轮"象征着推动佛教真理传播的"法轮"。

王泮也许是一个儒雅之士，他的宗教情感和表述对于当时处在他那个社会阶层和官职的人来说是很寻常的。利玛窦写道，王和郑一麟，与其他充满兴趣的官员常常来拜访他们，享受这个美丽的地方，这里有坐落在西江岸边的树丛中的耶稣会住所和崇禧塔，离城市中狭窄的街道仅是短行的距离。在耶稣会住所，在奇特的西方珍宝和他们关于天主的新奇谈话中，这些官员们于1585年在郑一麟前往北京接受三年一次的审查前为他举行了欢送宴会；正是在这次宴会上，郑一麟被罗明坚赠送的一幅圣母玛利亚和圣子的像深深感动，他答应把这个传教士带到北京，这个诺言后来改为邀请罗明坚拜访王、郑二人的故乡——浙江绍兴。

所有这些都符合中国晚明时期官员和士绅支持佛教僧侣的惯例。总的来说，我们应该记住，当时的文人精英们认为僧侣的社会地位和知识素

---

[1]《[崇祯]肇庆府志》第四十六卷，第270—271页。
[2]《[崇祯]肇庆府志》第四十九卷，第493页。

第四章 肇　庆

养比自己低下,这个事实不仅证实了佛教僧侣的社会来源,还证实了有学问的高僧寥寥可数。正因此,那些抛弃了科举之路,在儒学上获得了一些认可的和尚便成了明末的高僧。对于王泮和郑一麟这两个进士(或者耶稣会士们所称的博士)来说,在肇庆没有和尚能引起他们的兴趣。相比起来,罗明坚和利玛窦不仅有内在的异国情调,更多的是在知识涵养上与这些官员等同,虽然他们的社会地位要低一些。卡布拉尔在1584年11至12月拜访肇庆时,观察到了王泮和罗明坚之间的友谊。[1]一首仅存于罗明坚的拉丁文译著中的写给罗明坚的诗歌也许出自郑一麟之手,它充满诗意地描述了这个耶稣会士前往中国的漫长旅行,沿途战胜了汹涌波涛和怪物,诗中表达了他的虔诚,并询问这个外国和尚在神圣的沉寂中变老时是否仍记得他的故土。[2]

罗明坚和利玛窦在中国最初几年的传教中,吸收了中国宗教的表述方法,不管他们如何强调基督教的独特真理。他们的外表形象、教义和仪式都被中国人以佛教的眼光来看。罗明坚和利玛窦自称是来自天竺国(菩萨的故乡)的和尚;他们教授如何在来世的天堂进行自我救赎;他们展示圣母和圣子像,但是很多中国人无法把它们与送子观音区别开;他们烧香,捻着佛珠念经,保持礼仪和斋戒;他们有用难以理解的外国文字写成的圣书,就像以前从梵语大量翻译成汉语的佛经一样。耶稣会士们的确坚持他们的信仰不同,但是以前佛教在中国的各个分支以及外籍佛教大师也宣称他们是不同的。简而言之,在肇庆的那些年中,罗明坚和利玛窦都被认为是属于从印度带着最新的教义来介绍佛教的一个新门派。我们在前文已经看到,王泮与罗明坚的友谊是如何完美地符合当时士绅阶层对佛教寺院的支持范式的。还有更多的证据证明耶稣会教务与中国佛教的相似性。首先,我们来看一下罗明坚所著的教理问答,然后,我们将分析基督教在中国传教的最初几年中的收获。

---

[1] 卡布拉尔写给范礼安的信,1584年12月5日,澳门,Tacchi-Venturi *OS* II, p.429。
[2] Tacchi-Venturi *OS* II, p.424.

以"天主实录"为标题出版的罗明坚的教理问答是一部只有四十三对折页的薄书。[1] 罗明坚花了四年时间来写作这本书,其原因在于他发现自己请的翻译没能够向自己遇到的中国官员清楚解释基督教教义;文本也弥补了传教士们不能流利说汉语的不足。据罗明坚称,他们把此书展示给王泮后,王如此高兴,便捐钱付印了三千多份。[2] 罗明坚在此书中用自己的汉语名字署名,并称自己为"天竺国僧"。此书采用了一个僧人与一个中国人对话的形式。在引言部分,罗明坚称爱天主是孝顺的自然结果,他也说明写此小册子是为了向给了自己极大热情的中国人表示感激,由于他不能给中国人金银珠宝,便向他们介绍"真理"。罗明坚告诉读者,天主的教义起源于天竺,后来往四方远播。他要介绍的是很容易遵循的宗教,不要求日日斋戒,不需要禅坐,信仰此教不需要抛弃世俗生活,用真诚的心崇拜主就足够获得保佑。此书的正文包括十六个短篇。开头四篇讲述天主的本质;第五篇描述亚当的堕落;第六和第七篇讲述灵魂的不朽和人死后灵魂的四个居所;在第八、九和十部分,他简单介绍了从上帝创造灵魂到道成肉身的灵魂救赎史;第十一部分介绍了信条;第十二部分为十诫;第十三部分介绍了特别的教士誓言;第十四部分介绍受洗。最后两个部分包括十诫和圣母经。

虽然这本书署名是为了此书的出版工作了四年的罗明坚,但是《天主实录》却是合作的产物。罗明坚的老师和利玛窦两人参加了编撰和翻译的工作,前者是来自福建的一位秀才,耶稣会士们聘请于1584年初夏,并成了最早受洗成为基督徒的人之一,他在来中国短期拜访的卡布拉尔手中以保禄(Paul)的圣名受洗。虽然卡布拉尔曾经提到说保禄是这本教理问答的"翻译",更精确地说他应该是罗明坚的这本汉语著作的编辑和翻译顾问。这一合作解释了这本书中文言文与白话文的奇怪混合,也许甚至影响到了对于代表基督教概念的词汇的选择。《天主实录》充满了

---

[1] 再版于钟鸣旦、杜鼎克编《耶稣会罗马档案馆明清天主教文献》(十二卷本),台北:利氏学社,2002年,第一卷,第1—86页。
[2] ARSI, Jap-Sin 101 I, fols. 33v—35.

第四章 肇　庆

矛盾：此书包括了反佛教的论调，但是又采用了佛教术语。第三部分批评中国人不认识天主，又把中国的很多观点指为"异端邪说"，罗明坚写道，那些崇拜传统儒家概念中的"天"，却不崇敬基督教中的新概念"天主"的人是荒诞的，就像有的人向皇宫下跪，但是却不向皇帝下跪一样。魔鬼居住在中国众多的偶像和神祇中，其中佛教是最邪恶的，所有的佛经都是假的。罗明坚引用佛教净土宗的《妙法莲华经》来嘲笑佛教对诵经的倡导。罗明坚论证说，如果只要诵经就可以使人在天堂转世，那么只有富人才可以进入天堂，因为只有他们买得起佛经。在其他地方，当他在讨论人的灵魂的不朽时，罗明坚再次批判佛教关于灵魂轮回，尤其是人类在动物身上获得再生的理论。然而，除了在书中称自己为天竺国僧——一个对中国人来说显而易见是佛教和尚的身份，罗明坚还在书中明确运用了佛教术语。在叙述道成肉身时，罗明坚用了"化"，一个在佛经中用来表示佛和菩萨转变成各种形式的过程。[1] 接下来的句子描述了耶稣基督降到人间来教授他的教义。在这里，罗明坚用了"降"这个动词，让中国读者联想到熟悉的天人相通，神可以下凡到人间来教导、惩罚凡人，并与凡人恋爱甚至结婚，反过来，道德高尚的凡人则可成仙升到天上去。圣母玛利亚处女生子被描述的方式与中国历史上著名人物的神奇诞生故事相似。[2] 罗明坚用"出家"来表示接受基督教的宗教生活，这个表述在中国读者看来意味着离开自己的家庭，成为一个佛教和尚。[3] 在书中，罗明坚一直用"僧"指代自己，用"寺"指代基督教堂。

罗明坚的教理问答用非常简洁的方式传达了基督教的主要教义：一个无所不能和无所不知的神，天地的创造者，无形但真实，完美而公正，人死后奖励高尚但惩罚罪恶；宇宙的创造是在五千五百五十年以前的七天之内完成；欧洲关于九重天的宇宙论；天使的九个等级和魔鬼撒旦的叛乱；亚当的堕落和上帝首先通过摩西十诫，然后通过耶稣基督转世传达的

---

[1]《天主实录》，第53、58页，"天主化为男子"。
[2]《天主实录》，第59页。
[3]《天主实录》，第77页。

启示;诺亚和大洪水的故事,罗得和罪恶之城的毁灭;植物、动物和人类灵魂之间的区别;人类灵魂的不朽,以及人死后灵魂在地狱、地狱的外缘、炼狱和天堂的不同住所;圣母玛利亚的处女生子;耶稣基督的死亡和复活;列举并解释了十诫,描述了洗礼和洗去罪孽。

所有这些都是在天主教欧洲的教理问答中常见的。此书的创新之处在于罗明坚把这些知识用中国读者熟悉的术语表述出来。罗明坚写道,天主统治着天庭就跟皇帝统治着北京一样。虽然他至今只到过广东省,但根据这些帝国官员的等级就知道北京有一个皇帝,与此一样,从宇宙和教义的自然等级来看,一定存在着一个万能的神。在驳斥新儒学时,罗明坚称"天地不是自生的"。在解释第一诫时,罗明坚攻击在中国明代普遍存在的一些做法,比如算命、自然崇拜以及对梦和预言的信仰。在解释第四诫时,他强调儒学中关于孝顺和社会秩序的观点与基督教中阐述的是一致的。解释第五诫时,罗明坚赞美中国是一个和平的国家,人们不携带武器,因此避免了杀戮带来的罪孽。解释第六诫时,罗明坚谴责在传统中国上层社会的男性中普遍存在的一夫多妻制。

据罗明坚和利玛窦称,王泮对这部作品很喜欢,并赞助付梓,但是他拒绝为此书作序。虽然如此,两个耶稣会士都对此教理问答吸引人入教寄予厚望,而这些新教徒被这些外国和尚的宗教吸引并不是因为他们在《天主实录》中对佛教的批驳,而是被基督教与佛教之间的相似性吸引。现在我们来分析他们传教的过程,因为吸引人入教毕竟是传教事业的唯一目的。

在肇庆受洗的第一人是一个快死的男人。神父们在街上发现了一个贫民,并照顾了这个末期病患者数日,在他离开这个悲惨的世界以前神父们授洗了这个充满感激的可怜灵魂。第二个受洗者是经过正规的教理指导后进行的,这发生在卡布拉尔拜访期间:这个新信徒便是年轻的陈,他早在1582或1583年就认识了罗明坚,我们在上文已经看到,"天主"这个术语便是他发明的。第三个是耶稣会士们的中文老师,罗明坚写作汉语教理问答的合作者。他来自福建省,因而跟这些意大利人一样,在肇庆

第四章 肇　庆

也是一个外地人,他受洗后不久便启程前往北京参加科举考试。除三人,罗明坚和利玛窦到 1586 年 10 月时已经施洗了十二个人,利玛窦如此写道:"至今我们有不超过十二个基督徒,他们中大多数为忏悔者,这在中国意味着那些不吃肉和鱼的人。"[1]坚持这种严格斋戒的习俗被称为守长斋,这个习俗把那些最虔诚的佛教世俗弟子与普通信徒区别开,因为普通信徒只在每月的第一、第十五天,以及特别的佛教节日不吃肉和鱼。总的来说,罗明坚和利玛窦最早受洗的教徒都是虔诚的佛教徒;他们向基督教的皈依并不是像这些耶稣会士们看到的那样为了"真宗教"而放弃"迷信",确切地说是在仪式和教义上换了一种方式。对于这些新教徒来说,这个替换在情感和心理方面,在结构上都有着深刻的连续性。不仅如此,正是耶稣会士们的"天竺僧"化身促成了这个替代。为了理解这个过程,我们接下来会集中描写耶稣会中国教务的元老、汉语学习的先驱,以及把利玛窦带入中国传教的罗明坚的生涯。

---

[1] 利玛窦写给阿夸维瓦的信,1585 年 10 月 20 日,*Lettere*, p. 98。

第五章 罗 明 坚

　　人们很容易忘记一个事实：罗明坚才是耶稣会中国传教的奠基者、学习汉语的先驱和第一本汉语基督教著作的作者。在天主教史的文献中，用知识渊博的、《利玛窦全集》的编辑者德礼贤的话说，罗明坚仅被记载成一个"为后来的利玛窦做了铺垫，介绍其进入中国，然后从视野中静静地消失的人"。[1] 像中国戏曲中那些把机会让给更有天赋的年轻演员的老演员一样，罗明坚最终从耶稣会教务的舞台上退休，他的面具和角色被新的戏剧明星取代。在对利玛窦的雷鸣般的掌声中，是时候回忆这个老人的成就了。

　　与后来采用了中国士大夫的形象的利玛窦（我们将在后面的第六章讲述）不一样，罗明坚忠实于他赋予自己的"外国和尚"的身份。我们已经看到他以自己的汉语名字罗明坚出版的第一本教理问答，其中自称为"天竺国僧"（来自印度的和尚）。罗明坚高僧的身份在他的诗歌中也有所体现。为了效仿佛教的精英僧侣（这些僧侣则仿效他们的儒家士大夫赞助者），罗明坚创作了古诗。罗明坚的三十四首诗歌最近曝光，其中十首运用了佛教术语，罗明坚在诗歌中自我标榜为僧，还有佛教中常用的莲叶、月亮和天竺。让我们听听一个外国和尚诗人的不寻常的心声，以下是

---

〔1〕 *FR* I, N. 205, p.147, n. 2.

第五章 罗 明 坚

两首他住在天竺寺时为几个绅士写的诗歌：[1]

> 一叶扁舟泛海涯，
> 三年水路到中华。
> 心如秋水常涵月，
> 身若菩提那有花。

> 贵省肯容吾着步，
> 贫僧至此便为家。
> 诸君若问西天事，
> 非是如来佛释迦。

然而，罗明坚不是一个普通的和尚。他是一个博学又充满新奇的和尚，他的陪伴让中国官员们感到愉快。在一次宴会上，当王泮、郑一麟和他们的同事们拜访耶稣会士们位于河边的迷人的住所，借此机会为郑前往北京进行三年一次的政绩审查送行时，罗明坚向郑展示了一幅圣母玛利亚和圣子的画像。如此喜欢这幅画的郑立即答应把罗明坚作为自己的随从带到北京。后来，更谨慎的建议占了上风——一个官员主动带一个外国人到京城是不合时宜的，郑改为向罗明坚担保说，他可以前往自己和上司王泮的家乡绍兴。这个建议被罗明坚接受了。

让急于开拓一个新住所的罗明坚接受这个提议的还有另一个原因。被聘为印度教区领导的范礼安派遣了两名葡萄牙籍耶稣会士孟三德和二十八岁的麦安东前往中国传教区服务，其中孟三德为中国传教区的新领导。他们于1585年7月31日到达澳门。罗明坚和利玛窦为他们的新领导弄到了前往肇庆的通行证，后来又申请了居留证。为了减轻当地人对更多来自澳门的外国人来本城居住的担心，又考虑到他们目前住所的狭小，这些耶稣会士们听说这个扩大经营的机会时只会觉得很高兴。11月初罗明坚去了广州。在那里，罗明坚见了王泮的一个兄弟，是浙江丝绸商人，并帮

---

[1] Chan, pp.158-159.

助他以好价钱把自己的商品卖给了葡萄牙商人。罗明坚还与麦安东会合，因为他已经为后者申请了通行证，让其作为自己的弟子随行。麦安东于11月12日从澳门抵达广州，他充满了传教的热情，但是几乎一个汉字都不认识。

11月20日，这一行人离开了广州。随行人员带着他们在广州购买的商品乘坐几艘驳船在广东北部内陆的主要交通枢纽北江上航行。虽然其中一艘船着了火，导致王泮失去了一些私人物品，但没有人受伤。他们在北江上经过了十七天悠闲的旅程，期间罗明坚还在一个雨天写了一首汉语诗歌，得到了他们的中国同伴们的钦佩，之后这一行人到达了广东的北部边界，他们在这里上岸，并开始穿越梅岭，梅岭是隔开广东和江西、联系内地和南方亚热带的主要陆上通道。在这里，仆人们把货物装载到骡子背上，苦力们则用轿子抬着王商人和他的和尚似的同伴们在铺建得很好但是陡峭的梅岭大道上往上攀登。在穿过山脊最高处时，健壮的罗明坚需要四个人而不是通常的两个来抬他。下到江西省内的山谷后，他们登上了三艘船沿着赣江前行。在两周内穿过了很多被城墙包围的城市后，他们于12月17日抵达了南昌。他们从江西省的省城继续航行至著名的中国瓷器中心景德镇，这里的产品在葡萄牙和西班牙帝国都非常有名。王商人在这里购买了他要的产品后，这一行人继续往东前往浙江省，行走两个月后到达绍兴。

这次旅行让罗明坚印象深刻。他对此的记忆成为他离开中国后撰写的日志中最生动的部分。罗明坚为旅行感到兴奋，因为这让他发掘了这个庞大帝国其他地方的新奇，他也为旅程中遇到的人感到惊喜。罗明坚写道，广东以外的人似乎不那么讨厌外国人，与在肇庆时相比，这些人对耶稣会士们更尊敬，对待他们就像对任何其他人一样，这样的感觉在麦安东那里得到了证实，后者评价说"一旦我们出了广东省，（我们曾经感受到的）惊人的焦虑似乎消失了，尤其是因为每个人都对待我们甚为恭敬"。[1]

---

〔1〕麦安东写给孟三德的信，1586年2月10日，绍兴。ARSI Jap-Sin 10, II, fols. 150v－151。

第五章 罗明坚

这种尊敬和友善也延伸到他们与和尚们的一次相遇。在江西省的最后一段旅途中,刚好在进入浙江省之前,罗明坚一行于1586年1月5日在高岭停留了三天。罗明坚记得:"很多人来看我们,他们是从一个偶像的保护者那里得知我们的到来的,这个保护者当时正在他的寺庙里举行一些仪式。"这个"偶像崇拜者",毫无疑问是一个和尚,他要耶稣会士们跟他去,到达目的地后罗明坚和麦安东看到很多被法衣装扮着的祭坛,很多和尚戴着帽子、穿着丝绸法衣在诵经和进行他们的仪式。"他们(和尚们)以极大的爱接待了他们(罗明坚一行)并同他们一起在宴会上用餐,向神父们显示了特别的爱护和尊敬。我们的神父们(即罗明坚和麦安东)给了他们一些教理问答的抄本,此抄本用他们的语言写成,并驳斥了偶像的虚伪;对他们所有人来说,这似乎是最好的教义。因此我们的神父们看到了魔鬼是如何模仿神圣的天主教会的仪式的,罗明坚神父的同伴麦安东神父差点被迷惑,认为画像中站在月亮之上,踩着龙的女人是天堂的女皇,幸好罗明坚神父及时告诉了他这个女人是中国的妙善公主。寺庙内悬挂的很多画都是关于奇迹的,有着金色和银色的眼睛和脚,就如同在我们欧洲可以见到的献给圣母的著名教堂一样"。[1]

到达绍兴后,罗明坚和麦安东见到了郑一麟的父亲和王泮的父亲,他们分别为八十和七十岁。罗明坚认为自己能得到这么热情的招待是因为他们为王商人的一名生病的仆人祈祷,这个仆人在旅途中很快就康复了,此事为耶稣会士们赢得了名声。老王族长招待了这些外国和尚们,把他们安置在家族大厅里,这是个宽敞的建筑,里面放置着所有祖先的牌位,是整个大家族的公共空间。罗明坚和麦安东被安排在两间房中,房间后面可通向运河,并有前门通向大街。

绍兴被一些河流包围,这些河流通过一个运河网络流经城区,这让罗

---

[1] ARSI, Jap-Sin 101 I, fol. 44. 这幅观音像似乎结合了"水月观音"和"送子观音"两者的肖像主题,常被描绘成骑在惊人的野兽上。罗明坚给麦安东的解释指代的是后来成为了"千手千眼观音"的妙善公主。请参见 Chün-fang Yü, *Kuan-yin. The Chinese Transformation of Avalokitesvara* (New York: Columbia University Press, 2001), pp. 252, 295 – 299, 442。

明坚想起了威尼斯。作为古代越国的都城,绍兴是一个商业和文化中心,在 1586 年有超过十万人口。与肇庆一样,绍兴也是一个行政管理中心,同时是绍兴府(知府)、山阴县和会稽县(知县)衙门所在地。与肇庆不同的是,佛教寺院点缀着绍兴的城市和郊区;其中一个便是以禅坐而闻名的小能仁寺,此寺为那些前往普陀山的朝圣者提供招待,是一个纯粹的观音寺,是全中国最著名的朝圣地之一。

两个奇特和尚的到来立即由当家住持向知府作了报告。绍兴知府萧良干召见了罗明坚和麦安东;被罗明坚的风度吸引的知府邀请这两人参加了一个宴会,并向罗明坚吐露说自己想要一个儿子,萧还同妻子一道在一幅圣母玛利亚的画像前祈祷。事实证明这是有效的,萧夫人几个月后就怀孕了。这个成功以外,耶稣会士们还享受到了盛情款待和入侵式的好奇心:络绎不绝的拜访者让这两个教士几乎没有时间进行弥撒和每日的祈祷。似乎每个人都因为外国和尚的到来而高兴,包括一个因为三年丁忧而留在家乡的高级官员,此人邀请耶稣会士们参加了一个宴会并要罗明坚为自己去世的母亲代祷。这个退休的官员对罗明坚如此满意以至于他保证丁忧结束后带罗去北京。这个人很可能是孙矿,当时他因为母亲于 1584 年去世而从北京太常寺少卿的职位上辞职。孙家因为四代均有朝廷官员而成为绍兴最有名望的家族之一。孙矿的祖父曾是南昌的一名御史,因为 1519 年抵制一位明朝藩王的叛乱而牺牲(请参见第七章);他的父亲曾出任南京礼部尚书;他的弟弟和两个同父异母弟弟均做了高官。由于孙矿和王泮在同年成为进士,这两个当地精英家族因此形成了紧密的纽带;孙矿为王父的七十大寿作了一首诗。毫无疑问,王泮的父亲自豪地向孙矿炫耀了来自西方的和尚们。尽管孙从来没有把罗明坚带到北京,但十年后他将在利玛窦的提升上起关键作用。[1]

耶稣会士们的社交成功并没有为他们带来教徒的皈依。其中一个原

---

〔1〕 见拙著《利玛窦〈中国札记〉Scielou 人名考》,载《中研院历史语言研究所集刊》,2013 年,第 84 本,待刊。

第五章 罗明坚

因是罗明坚的汉语说得不够好。虽然罗明坚可以顺利地阅读汉语并写作古诗,但他的口语从来没有达到流利的程度;不管是因为音盲还是天性沉默寡言,他是学习汉语的外国人中第一个读写比口语强的人。在旅居此地的六个月中,这两个神父只授洗了一个教徒:年逾古稀的王族长、王泮的父亲,一个虔诚的佛教徒,尽管他的家人坚决反对,他依然受了洗。难怪麦安东这么写道:"想让中国皈依的话,一次生命是不够的,要一万次生命!"[1]正是这个老人把一个十五岁的亲戚带到了耶稣会士们面前。据说这个少年中了邪,变得无精打采,还有紧张性精神分裂症。罗明坚则有不同的诊断:"过度的学习让他的智慧减少了一半,且变得毫无生气。"[2]王少年只是那些被为了进入"考试地狱"而进行的艰苦准备弄得沮丧和抑郁的年轻人中的一个,这个考试是传统中国社会里一个人成败的决定因素。年轻的王与神父们住在了一起。罗明坚教授了一些基督教教义给这个年轻人后,便让麦安东来照顾他,后者"用极大的爱来指导他,并教他协助弥撒仪式,终于治好了他所有的疯狂……"[3]在其他的场合,当罗明坚被请去拯救其他中了邪的人时,他总是拒绝,为了"不丧失信用","因为这些人是真的疯了,而不是被鬼附身"。[4]

1586年春天,罗明坚收到了来自王泮的信,要耶稣会士们回肇庆去。对这封信,罗明坚和利玛窦的回忆录中有不同的记载。不清楚王泮召回罗明坚和麦安东是因为他的族人抱怨了(他们曾反对王族长的受洗),还是王觉得新上任的上司会因为自己给了这些外国人太多的准证而弹劾他。在绍兴,罗明坚和麦安东等待郑一麟从北京返回,之后他们一道返回肇庆,并于1586年8月抵达。多年后罗明坚回忆自己的浙江之旅时,他对那段时光充满怀恋,详细地记载他受到的恩情和款待。与此不同,利玛窦在自己人生的最后几年却否定这段插曲,认为他同行的神父们有限的

---

[1] 麦安东写给孟三德的信,1586年2月10日,绍兴。ARSI, Jap-Sin 10 II, fol. 152v。
[2] ARSI, Jap-Sin 101 I, fols. 48r-48v.
[3] ARSI, Jap-Sin 101 I, fol. 90v.
[4] ARSI, Jap-Sin 101, I, fols. 91r-92r.

语言能力使其成为失败的旅程。这两个描述的出入显示出这两个人之间的关系越来越紧张,也许是受到肇庆变化了的氛围的影响。罗明坚回来以后,王泮总是与耶稣会士们保持着距离。他要神父们不要像以往那样每个农历月份的第一天来拜访他,并要求他们取下挂在耶稣会住所进门处的镶有他的书法作品的匾额。在一个有其他官员的场合,王泮有意冷落这些外国和尚。我们不确定是什么导致了这个态度的变化。也许与罗明坚对绍兴的拜访有关,或者是王担心在广东极度仇外的时节(后面会有更多关于此的叙述),与外国和尚们的过分联系会给自己带来麻烦。不管是因为什么,在罗明坚自己回忆的一个场景中,已经有了关系疏远的表现:一次,当利玛窦告诉他们的保护者王泮故乡的精确经度和纬度时,他惊讶地发现王"非常恼怒,责怪(利玛窦)知道这样的事情"。罗明坚总结说,传教士们不能让中国人看到他们研究或者描述他们的国家或者省份,因为他们会怀疑传教士们有想要征服这些地方的邪恶企图。[1]

当罗明坚回到热情减少了的肇庆时,麦安东回到了澳门。这期间,利玛窦在新的上司孟三德的指导下继续工作。孟三德是两个犹太皈依者之一,已经被提名为印度耶稣会学校的校长,利玛窦曾向总会长谴责这个提名。如果说利玛窦怀有尴尬的感情,他的谨慎却不允许自己把此感情留在纸上。文件上没有表现出他们关系不和谐的层面。一旦回来,罗明坚就再次变得不安。在一个朋友的建议下,罗明坚获得准许以朝圣者的名义前往湖广省的武当山,这是道家最神圣的地点之一。在一个基督徒仆人和汉语老师的陪同下,罗明坚启程先前往广西。在以美丽的石灰岩景观著称的广西首府桂林,他被巡抚吴善泼了冷水。他接着转向桂王,一个拥有皇室血统,被分封到广西的亲王,罗明坚送上礼物,希望可以得到支持。当吴善得知后,命令这个外国和尚立即离开桂林。桂王的首席太监对罗明坚的遭遇感到同情,便安排罗明坚前往白水村,这是桂王的封地,位于离广西不远的湖广境内。在那里,罗明坚被冷落了一段时间,直到被

---

[1] ARSI, Jap-Sin 101 I, fol. 110v.

第五章 罗 明 坚

孟三德召回。这次旅行持续了两个月,没有任何成果。

这时,王泮听说了广西官员对罗明坚的态度。更让他感到沉重的是广州官员不停地抱怨在肇庆的神父们与澳门葡萄牙人之间的联系。当广东巡抚吴文华被提拔到南京时,广西的吴善被命令前来继任他的职位,这便是把罗明坚驱逐出桂林的那位官员。为自己的官职担忧的王泮于 1587 年 11 月要求耶稣会士们回到澳门去,并答应他们以后会召他们回来。这个晴天霹雳让这三个耶稣会士含着泪水恳求他们的赞助者,这感动了王,让王提出了以下解决办法:孟三德神父回到澳门去;罗明坚和利玛窦留在肇庆;王发布了一份公告,宣称这些外国和尚们是用自己的钱建的耶稣会住所,他们并没有为崇禧塔的修建作出任何贡献,为了抵消谣言,还称他们在肇庆生活得很和平,没有带来任何麻烦,也保证不再带其他外国和尚来。

如同中国人说的那样,"一波未平,一波又起",这次,麻烦来自基督徒社区内部。一名叫蔡一龙的来自广州的基督徒在肇庆认识了两个基督徒,这两人是父子,被耶稣会士们的冶金术名声吸引而加入了基督教,当时他们为神父们担任翻译。当时恰好谣传四起,称这些外国和尚从来不缺钱,这个谣传一部分来自葡萄牙人在广州购买水银和进口日本丝绸带来的想象。由于听说蔡一龙同罗明坚非常熟悉,这两人中的父亲陆于充便询问蔡耶稣会士们是不是真的有把金属变成银的秘诀。蔡向陆保证说罗明坚答应过会把这个秘密传下来的,以此骗贪婪的陆宴请自己,给自己买衣服穿,陆甚至给蔡买了一个妻子。这个情形持续了三到四个月,陆对蔡越来越没有耐心。知道游戏很快就要结束的蔡到罗明坚那里,以向亲戚展示的理由借走了威尼斯棱镜,然后逃到广州,希望把奇特的棱镜卖个好价钱。这场诡计的受害者们到罗明坚那里讲述了整个故事,哀叹说他们把自己的存款借给了蔡。罗明坚两次前往广州,但是蔡都躲了起来。事情只有在王泮和其他官员来访时才有了头绪,由于这些官员要求看棱镜,神父们不得不告知被盗的事实。王派遣了他的手下到广州,找到了蔡的藏身之地,并把这个骗子押回了肇庆的监狱。

急于挽救自己的蔡找来几个同伴,在城中散发传单,指责罗明坚引诱一个有夫之妇。他向罗洪行贿,让后者向罗明坚发出正式的控告。一次外出回家后,罗洪怀疑妻子通奸,在丈夫的打骂下她承认了此项罪行。这个案件由郑一麟亲自审理,他很快就宣称罗明坚是无辜的。罗洪的控告(是被蔡操纵的)完全缺乏可信度:在所谓的通奸的那一天,罗明坚正在广西旅行。不仅如此,在郑知府的判决书中(这份判决书被耶稣会士们复制了一份作为附录保存在他们的汉语—葡萄牙语字典中),知府如此宣称:

> 由于罗洪从来没有与罗明坚打交道,为什么他玷污自己的妻子来控告这个外国和尚呢?况且,南门(罗居住的地方)离修道院很远。一个穿着外国服装,有着外国口音的和尚如何能走到那儿去私通而不被路边的人看见呢?即使他偷偷摸摸地到了那儿,他有可能避免被邻居听见么?这样的罪犯想要逃脱是很难的,他应该早就被抓住并被送到了衙门或者被要挟,而不会等到被一个远行的丈夫来谴责……现在由于罗洪不来衙门与被告人对峙,很明显蔡一龙是为了报私仇而控告的,因此他有罪。[1]

郑知府判了蔡鞭刑和入狱。蔡后来死于监狱。这样,耶稣会的中国教务再一次恢复了平静。

经过这些审判和磨难后,罗明坚在他的信件和后来的回忆录中显示出持续的乐观情绪。然而,一种不同的情绪似乎侵袭了利玛窦,就像中国南方沉重和湿热的空气一样。他写于1585和1586年的信件反映了他的孤单、忧郁和悲伤的情绪。这并不是因为利玛窦孤身一人,除了孟三德,耶稣会士们的房子里还住着另外十二个人——靠耶稣会的预算生活的仆人们和一位汉语老师。也不是因为他不能交流,因为在1585年他已经能

---

〔1〕 如欲查阅这次审判的汉语记录,请见 ARSI, Jap-Sin I 198, fols. 183, 187r-187v。这份作为附录编订在罗明坚和利玛窦编纂的汉—葡字典中的文本并没有收集在 John Witek 著的 *Dicionário Português-Chinês = Pu Han ci dian = Portuguese Chinese Dictionary* (San Francisco: Ricci Institute, 2001)中。如欲查阅知府的裁决文书,请见附录。

第五章 罗 明 坚

流利地说汉语,不再聘请翻译,还"可以很好地读和写汉语书"。[1] 在告诉他在罗马学院时的同伴朱利奥·福利嘉蒂自己是如何适应当地的生活时,利玛窦称"我已经变成中国人了……在穿戴上、外表上、礼仪上,在所有外在形式上我们都变成了中国人"。[2] 正因为这个原因,正如利玛窦向阿夸维瓦解释的那样,"很多人说他们(耶稣会士们)跟他们(中国人)几乎一样,这在这个封闭和骄傲的国度不是微不足道的"。[3] 并不是因为他们神圣的工作没有给他们带来任何安慰,事实上这些年耶稣会士们在拯救灵魂上获得了不错的收获。利玛窦记录了一个七十多岁的叫做尼古拉的热切教徒,他说服整个大家庭受了洗,让这个传教士流下了喜悦的眼泪;[4] 另一个叫做保禄(Paul)的"忏悔的人,他为了忏悔而很多年不吃肉、鱼、蛋、奶,还读了教理问答(罗明坚的《天主实录》),把他的偶像和书籍带来烧掉,在我们面前跪下并叩头,请求我们使他成为基督徒"。[5] 这个基督徒社区也许有些小,总共才约二十人,但这是个开始,用罗明坚的比喻来说这是幼苗。但是,在这些寄给利玛窦往昔在罗马的同伴们的对传教活动的报告中,一直有一种悲伤的情绪。

利玛窦虽然只有三十三岁,但在寄给自己在罗马学院时的一位教授马赛利的信中已经听起来像一位老人了。在对教务中的主要事件和奇特事物作了报告后,利玛窦以向马赛利抱怨的方式为这封信作了总结:

> 虽然我在这个地方很快乐,且这里的人们对我比较顺从,但每次想起尊贵的您以及我与您一起度过的黄金时光,我都无法控制自己的眼泪。很容易理解我现在生活在这些对上帝充满敌意的人中与过去生活在对我最亲切的您和其他神父以及修士们的爱抚中有多少不同。我希望上帝不会让我掉入任何悬崖,或者在把我从母巢中带走,使我飞得如此遥远后,他会把自己的肩膀借给我依靠,我就是这样安慰自

---

[1] 利玛窦写给阿夸维瓦的信,1585 年 10 月 20 日,肇庆,*Lettere*, p. 103。
[2] 利玛窦写给福利嘉蒂的信,1585 年 11 月 24 日,肇庆,*Lettere*, p. 116。
[3] 利玛窦写给阿夸维瓦的信,1585 年 10 月 20 日,肇庆,*Lettere*, p. 100。
[4] *Lettere*, p. 107.
[5] *Lettere*, p. 115.

己的。似乎我会在上帝将给予我的不多的时间里,不断让自己适应这里,在尽力爱这块土地的过程中来走完自己在尘世的日子。[1]

在给自己以前的教授的信中,利玛窦也许把自己塑造成一个勇敢者的形象("我在这个地方很快乐,且这里的人们对我比较顺从");这次,利玛窦则表达了自己的真实感觉:在承认最近收到了来自福利嘉蒂的信后,利玛窦表示了感谢,因为这唤醒了他对在罗马的挚爱的同伴们的记忆,"这些记忆在如此贫瘠之时给了我极大的帮助,让我再次想起之前在他们中间诞生的一些美好的炽热"。[2]他请求对方原谅自己把葡萄牙语和其他语言混用,以及忘记了优雅的意大利语,利玛窦解释说他已经习惯把语言混合起来用,现在当他用意大利语写作时,"我不知道这是德语还是其他的语言。所有人都会为此原谅自己,因为我为了爱上帝已经变成了一个野蛮人"。[3]最后,利玛窦要他的朋友为自己祈祷,"因为我发现在这个需要极大热情的地方,我自己却如此的缺乏激情,正因为我毫无价值,至今我毫无所获"。[4]现存的利玛窦写于肇庆的最后一封信,写于1586年10月29日,寄给马赛利,利玛窦以这样的话来结尾:"我赞美上帝,身体健康,但并不为自己感到高兴,因为这是一项宏伟的工程,我希望尊贵的您向主推荐我。"[5]

1587年的磨难只会增加利玛窦的困乏。虽然通奸案以罗明坚的胜诉结束,然而被蔡一龙利用了的陆于充父子并没有收回他们的钱,最终对他们的雇主耶稣会士们充满了仇恨。当罗明坚于1587年底回到澳门给孟三德又一次机会使之返回肇庆时(因为每一次只允许两位神父进入内陆),没有从神父们那里得到满意的钱财的陆家父子在邻里张贴广告谴责孟三德的非法居住。更加严重的是对耶稣会住所的攻击。冬天的洪水破坏了西江的堤防,在修理的过程中,一伙工人以寻找木材和其他材料为

---

[1] *Lettere*, pp. 108–109.
[2] *Lettere*, p. 112.
[3] *Lettere*, p. 111.
[4] *Lettere*, p. 116.
[5] *Lettere*, p. 123.

第五章 罗明坚

借口,故意破坏附近的花园和果园。当他们试图进入耶稣会住所的花园时,这些歹徒惊讶地看到神父们的一个又高又壮的非洲仆人挡着他们的路,好几个印度裔仆人冲过来支援。这一伙人被这些黑色皮肤的陌生人恐吓住了,没有造成任何伤害就撤退了。当发现耶稣会住所里的人并没有追上来时,这一伙人胆子又大了,他们朝耶稣会住所扔来雨点般的石头,打坏了窗户、砖瓦,损坏了墙。孟三德和一个翻译匆忙从后门出去通告了知县。由于害怕遭到攻击,利玛窦告诉这些暴民说他们可以进入耶稣会的庭院带走他们想要的任何东西。奇怪的是,暴力停止了。这些人收集了木材和其他材料,没有造成进一步破坏就离开了。当士兵们到来时,这个住所已经受到了严重的破坏。第二天,利玛窦要郑一麟在他们的住所外贴一张公告,禁止再次袭击。这不是利玛窦在广东居住期间遭受的最后一次人身危险。由于为当地居民潜在的和公开的敌意感到焦虑,利玛窦从来没能够克服自己对中国群众的不信任和不舒服。与后来的耶稣会士和托钵修士不同,利玛窦从来没有成为一个针对群众的福音传教士,而是满足于被像自己一样受过高等教育的精英陪伴,我们将在下面几章中更加详细地看到。

然而,耶稣会士们再次依靠着官员们的照顾而生存。孟三德回到了澳门,在那里继续履行身为耶稣会中国教区领导的职责。他仅在 1591 年的夏天再次到中国内陆短暂拜访,后于 1596 年 11 月 4 日在澳门去世。

在 1588 年 7 月底,范礼安与他的日本少年武士一起从欧洲和印度回到了澳门。在过去的几年中了解到肇庆教务的艰难后,范礼安认为让天主教在中国获得稳固根基的最好办法是派遣教宗大使去北京。只有通过最高级别的外交努力才有可能战胜中国文人对外国的鄙视和中国群众的排外。

尽管已经出版了一本中文书,罗明坚还是无法摆脱没有语言天赋的名声。当范礼安采纳罗明坚于 1581 年首次提出的建议,[1]于 1588 年秋

---

[1] 这个建议最初由罗明坚在 1581 年 11 月 12 日从澳门写给总会长的信中提出,他在 1586 年 11 月 8 日写给阿夸维瓦的信中再次提及。OS II, 403, p.449.

决定请求教宗向北京派遣大使时,他选择了罗明坚,用利玛窦的话说,是因为"罗明坚神父已经老了,不能再学好汉语,我(指范礼安)利用这个好机会把他送回欧洲"。[1]但是四十五岁的罗明坚几乎看不出老。然而不知为什么,他似乎已经失去了他的传教士同伴们那样的信心。在一封于1588年11月23日写给领导阿夸维瓦的信中,范礼安也重复了把罗明坚调走的同样的原因:

> 罗明坚神父已经为中国传教工作了很多年,现在他回到罗马是因为这是让他休息的机会,尤其是现在他已经老了,且负担很重,这么沉重的工作量会让他更加劳累。他现在离开这里是因为他不能很好地说这里的语言,正因为这个原因,您应该原谅他的返回,中国传教不是靠那些年老又劳累的人来完成的。[2]

由于范礼安不会说汉语,这一定是在利玛窦提供的信息基础上作出的决定。很明显,罗明坚在他的同事中并没有得到很高的评价。早在1584年初,范礼安就选定了葡萄牙人孟三德作为中国传教的领导,这是一个比罗明坚更谨慎的人。同样,澳门耶稣会学院院长卡布拉尔也认为罗明坚不适合担任中国教区的领导,并写信给阿夸维瓦说,罗明坚虽然是一个道德高尚的人,但他"有些不必要的单纯,甚至有点懦弱"。[3]与给人留下了良好的第一印象的利玛窦相比,罗明坚给人的印象并不好。

在澳门,当罗明坚正准备前往欧洲时,在肇庆,由于孟三德的离开,利玛窦成为了当地唯一的西方人。在半年多时间里,他独自支撑着一切。耶稣会士们的住所仍然是一个有奇特吸引力的目的地,一个大的机械钟,它的扶手和编钟现在又增加了其魅力,吸引着访客。8月份,范礼安把麦安东派去协助利玛窦。那之后不久,新的麻烦就来了。9月3日,一份起源于广州的请愿书到达了肇庆官员的手中。明律规定地方官每年举行宴

---

[1] *FR* I, N. 303, p. 250.
[2] ARSI Jap-Sin 11, fol. 29v. Cited in *FR* I, N. 303, p. 250, n. 2. 这个句子的结构不清楚,但是根据背景可明显看出指代的是"我",即范礼安。
[3] ARSI Jap-Sin 9, II, fol. 186r–186v. Cited in *FR* I, N. 276, p. 222, n. 1.

第五章 罗明坚

会宴请当地所有道德高尚的老人。今年,这些年老的领奖人向按察使蔡梦说提交了一份请愿书,表明他们对澳门的外国野蛮人的害怕:已经在中国土地上建立了根据地,这些外国和尚又在肇庆安了家,还声称已经建了一个宝塔,更多的外国人叫嚣要进入中国,并要派遣朝贡使团来。请愿者唯恐外国人的渗透会引起社会不安。请愿者很显然对西班牙修士们企图在中国定居的尝试强烈反感。1586 年 8 月,已经失败过一次的方济会士伊格纳西奥·德·罗耀拉同另外两个修士一道又旅行到了广州,他们于 1587 年再次被驱逐。同样在 1586 和 1587 年,西班牙奥斯定会和多名我会在澳门新开了教堂,并妄图进入中国内陆。通过传递,这份请愿书到达了肇庆府的衙门。耶稣会士们的朋友知府郑一麟,此时正在北京进行三年一次的政绩审查;他的同事,同知方应时,对耶稣会士们充满了同情,他告诉利玛窦说自己的管辖地与广州没有业务往来,并建议利玛窦写一份辩驳书。传教士们在这之前一直都很幸运。但是如果一个充满了敌意的知县上台,将会怎么样呢?更高级的中西外交显得更加迫切。

1588 年 11 月 20 日,罗明坚乘坐一艘中国帆船离开澳门前往马六甲。他带了一封信到欧洲,任务是请求教宗派遣使节前往明王朝。却没有想到他的上司范礼安已经决定如果罗马批准了这项请求,也不让罗明坚随同教宗使团回来。这份用汉语写成的外交照会由利玛窦和一个肇庆的中国学者写成,由教宗致函给万历皇帝,题为"天竺国教化皇致大明皇帝书"。这封信从来没有寄出,因为这项要万历皇帝允许教宗僧侣在明朝传教的使命并没有成功。但是这份文稿用佛教术语来表示教宗和天主教士们,因此给人教宗住在印度的印象。[1] 这份奇特的外交照会最终到达了巴黎,在这里它被发现和出版,最近用现代汉语再次出版,并去除了所有的佛教术语,用现代天主教术语代替。

经过二十天的航行,罗明坚抵达了马六甲。一个月后,他登上了一艘

---

[1] 法国国家图书馆,Chinois 1320 和 9186;由台北(光启出版社,1986)出版的利玛窦作品的现代汉语版把这份文本转为白话文,并把所有的佛教术语换成了当代天主教术语,这一新的文本对于历史分析无用。

又挤又脏的葡萄牙大帆船。船上的蠕虫、疾病和旅途中的坏天气,唤醒了那些熟悉又不愉快的记忆。他乘坐的船最终抵达了圣海伦娜,在这里此船与其他的葡萄牙大帆船会合。罗明坚很高兴自己遇到了一个曾在泰米尔人中传教的意大利籍耶稣会士莫奈拉托·蓬奈提。在圣海伦娜会合的六艘葡萄牙船来自巴西和印度,但是一支英国舰队一路跟踪。葡萄牙人很害怕这些异教徒,最终,葡萄牙人决定进行一场突围。这支船队逆风行驶了十七天,直到粮食耗尽。一些人打算返回去增加粮食储备,但是由于担心遇到英国船而打消了这个念头。随后,在一阵顺风(对英国舰队来说是逆风)的帮助下,葡萄牙人的船队于1589年9月13日抵达了里斯本港口。

罗明坚在里斯本休息了三个月后身体恢复了。他是菲利普的大臣、奥地利红衣主教的客人,后者向他询问关于中国的信息。布拉干扎公爵夫人卡特里娜(Catarina, the duchess of Braganca)也会见了他,还给了这位曾在中国的传教士以很高的荣誉。到达马德里后,罗明坚会见了国王的大臣们,之后被允许同国王菲利普二世会见两个小时,这是一项极大的荣誉。菲利普表达了自己对中国的好奇,并对罗明坚带着的印度仆人感到惊异。虽然菲利普想让罗明坚在他的宫殿里多逗留几日,但他为了整个教务考虑,允许罗明坚去罗马。经过了瓦伦西亚、热那亚和那不勒斯后,罗明坚最终于1589年夏天抵达了炎热的罗马。在这里,罗明坚得到了所有人的热情接待,包括教宗西克斯图斯五世和好几个重要的红衣主教,所有人都表达了让中国皈依的兴趣,尤其是枢机主教的侄子堂·维尔吉利奥,他说如果叔叔允许,自己希望前往中国成为传教士。

计划中的教宗外交没有任何下文。在任何实质性行动出台之前,教宗西斯五世于1590年8月去世了。新的教宗乌尔班七世在当选后只出任了十天又驾崩了。在选出继任教宗额我略十四世之前漫长的间隔期间,罗明坚回到了位于那不勒斯的耶稣会学院。虽然新的教宗后来召罗明坚去罗马,但是额我略同样地被欧洲的宗教和政治危机分散了注意力。在法国,宗教内战正在酝酿中,教宗被迫对付一个合法但是在宗教信仰上

第五章 罗 明 坚

为异端的皇位竞争者纳瓦拉的亨利(Henri of Navarre),后者最终同意变为天主教徒并成为亨利四世。菲利普二世的支持与天主教在中国的外交是密不可分的,他还因为英国的新教徒和荷兰的反叛者而深感懊恼。每一次,战争的呼声都淹没了关于教宗外交的演讲;在基督徒用花言巧语进行说服以前,天主教徒先用刀剑进行了征服。很快,六年过去了,中国依然只是一个遥远的记忆,仅在罗明坚写的回忆录中显得生动,该回忆录是奉阿夸维瓦之命撰写的。所有关于罗明坚的冒险、个性和经验的记载,都在耶稣会巨大的档案馆中随着岁月退色,为后世忘记。

半个世界以外,基督教正以蜗牛的步伐前进着。利玛窦上一年在肇庆授洗了十八个人。新教徒中包括第一个女教徒、几个弃婴,以及一个夜晚走路经过山上一座坟场时吓得魂飞魄散的年轻人。在道士没能够为他成功驱魔后,他的父母把这个年轻人带到了利玛窦面前。利玛窦认为这个年轻人并没有被鬼附身,并把圣物擦在这个"着魔的人"身上;当这个年轻人恢复后,他的整个家庭都受了洗。一个更加明显的成功信号是耶稣会住所的受欢迎。它发展成了一个对中国人来说类似博物馆的地方,跟早期欧洲的奇幻阁楼和珍藏室相似。络绎不绝的人群来这里看他们巨大的钟表、有着奇特的透视技术的西方油画、雕刻和版画、天文学和数学仪器,以及用皮革包裹起来的有着金色字母标记的西方书籍;更加有修养的参观者则被宇宙学和建筑学的书籍吸引,为墙上挂着的世界地图对地理的新奇描述感到惊叹,他们甚至就这些书籍的内容向利玛窦提问:西方的国家、政治、风俗和宗教。耶稣会士们,尤其是利玛窦,成为了这些迷人的珍品收藏的博物馆馆长;他们的住所是对拜访肇庆的有识之士们最有吸引力的地方之一。

很多有修养的拜访者都是官员。他们来到肇庆对两广总督进行礼节性的拜访。来自这两个省的官员们络绎不绝地从西江航行至肇庆,在离耶稣会士们的住所步行不远的口岸登陆。来肇庆的机会是很多的。每一次提升和调遣,每一次农历新年,总督每年的生日,其他节日和重要的官方事件都使得官员们乘船前来肇庆,这些兴奋的官员们会乘轿来参观耶稣会士们的住所。耶稣会士们对来访的重要客人均作了记录。随着这些官员迁移到其他省份和更高的职位,耶稣会便结识了未来的赞助者和朋友。一点一点地,耶稣会士们在中国建立起了他们的人际网络,这在当时和现代的中国,对于获得成功都是很关键的。在他的回忆录中,利玛窦列出了其中一些最突出的人。我们将在时机到来的时候认识这些人。其中一个将成为利玛窦的亲密朋友,他便是一位著名的尚书的儿子瞿汝夔,他将在利玛窦人生的下一个篇章中扮演重要的角色。

正如来来往往的官员们塑造了这些传教士们的生活一样,帝国官僚的升迁也宣告了中国第一个耶稣会住所的终结。我们在前文已经看到,罗明坚和利玛窦在他们居住的头三年依赖于知府王泮的支持。我们也看到在王泮被提升为岭西道后,他就刻意跟他的外国受惠者之间保持了距离。1588 年 1 月,王泮彻底从耶稣会的历史舞台中消失了。被提升到湖广省的一个更高的位置后,王泮从肇庆以"好官"的形象离开了;当地人民建造了一座祠堂来纪念他们的"父母官"做的诸多好事——府学的改造、水务、崇禧塔的修建。王泮的生祠被建在崇禧塔的旁边,毗邻耶稣会的住所。

另一项人事升迁将广西巡抚刘节斋调来接任吴善,后者在任职短短几个月后就死在公署里。这个新的两广总督享有一定的名声,《明实录》记载他为"仅次于海瑞的清官"。海瑞曾是南京的御史,他刚于 1587 年 11 月离世。这个行为古怪、正直和严格的官员因为他的直率、美德和坚持原则而有名,他去世后,其家庭陷入极度贫困中。其他的官员也许钦佩海瑞的廉洁,但是他们不愿意学习这个不名一文的榜样。刘也许获得了"海瑞第二"的称号,但是利玛窦却用尖刻的语句形容他,把这个新官员描绘成"一个残忍、有野心且只认钱为朋友的人"。[1] 弄清楚了发生在这两个人之间的事后,利玛窦的这个评价就不会让人感到惊讶了。

不管他是一个伪君子还是正直的人,刘节斋怕鬼是一个事实。他拒

---

[1] *FR* I, p. 263.

第五章　罗明坚

绝搬入他的官邸，理由是其前任死在了衙门里。在邻近的梧州居住等待新居建成时，刘节斋听说了王泮生祠和耶稣会住所的美丽。他也想给自己建立一个生祠，就在王泮生祠的旁边。1589 年 4 月，刘节斋命令岭西道黄时雨调查这些在肇庆的外国和尚与澳门的广泛联系以及他们用其新奇的教义对人们的吸引；如果这些控告是准确的，他们将被遣送到澳门或者广东最大的佛寺南华寺。让外国人与总督居住在同一个城市是不可能的。

当同情他们的同知方应时向他们告知了这个情况后，利玛窦写信给身在澳门的范礼安，建议遵守这些规定。但是性情暴躁又有强烈控制欲的范礼安要利玛窦和麦安东抵制这个驱逐令。然而，当地的官员们都明白，不管他们对这些耶稣会士多么同情，与总督对抗都是徒劳的。在一次去澳门的旅行后，利玛窦得到了范礼安的准许：把住所搬到中国的另一个地点要比完全失去立足之地好。但是仍然有一个关于赔偿的问题。耶稣会士们建造他们的住所时花了约六百两银子，但是刘却只给他们五十到六十两银子作为补偿。利玛窦拒绝接受，然而刘拒绝接见外国和尚。在这个僵局中，神父们出乎意料地见到了刘节斋，当时刘正为一位来自北京的御史送行。在离开前的最后时刻，这位拜访的官员表达了想要参观欧洲珍品的愿望。这次参观像往常一样在友好的氛围中结束，但是这并不意味着刘收回了自己的决定，这让利玛窦的希望落空。8 月，刘节斋训斥了方应时，因为后者迟迟没有驱逐受其保护的耶稣会士。这时，总督命令把这些外国人送回澳门，不允许在中国居住。六十两银子的补偿是不可以讨价还价的。

这些耶稣会士们除了把其羊群召集起来做一次告别以外，没有别的选择。大约七十位哭泣着的基督徒来到了他们的住所。利玛窦和麦安东留下了一些图画和教会瞻礼单给这个社区的领导人，告诫他们要定期聚集进行祈祷，并向他们保证自己会回来的。对那些贫穷的基督徒，神父们则把家具和其他由于太笨重而不便带走的物件送给了他们。心情沉重的利玛窦到方应时的衙门去送耶稣会住所的钥匙。方再次要利玛窦接受六十两银子的补偿。利玛窦再次拒绝并在方的请求下写了一张纸条表明自己的态度，同知也相应地写了一张纸条给耶稣会士们承认其善行。这两个传教士和他们的仆人一道上了一艘驳船驶向广州。

利玛窦和麦安东必须在广州停留，因为要等海道回来给他们发前往澳门的通行证。第二天他们惊讶地发现了来自肇庆的一艘快船，和招他们返回的信息。这个意外的变化使他们的情绪受到极大的鼓舞，这些耶稣会士听说了让刘改变决定的一些传言。有的人说他的妻子梦见了外国的神，另一些人悄声说这个高官害怕葡萄牙人的报复。真实的原因很简单，当方应时向刘汇报了与利玛窦的谈判，并向刘展示了利玛窦拒绝接受赔偿的纸条后，刘节斋害怕自己的名声会受到损害。身为"海瑞第二"，刘绝对不会允许因为充公了耶稣会士的住所但是没有任何补偿，而让自己的名声受到玷污。这才是快船和召回信息的由来。利玛窦再次向方应时解释了他不屈服的理由，称上帝的房子不是用来买卖的。方要利玛窦去见刘。

在这次会见中，利玛窦带了一个翻译，并不是因为他需要，而是为了排场。在叩头以后，刘节斋要利玛窦走到自己的桌边来。刘仁慈地问利玛窦为什么拒绝接受帮助其回家的钱。利玛窦回答说自己的钱足够用，朋友们和其他的会友会一路招待自己。"即使是这样，"刘反驳说，"拒绝接受我给你的钱是不礼貌的。"利玛窦冷静地说，"由于我在这里和平地居住了这么多年，尊贵的您把我以坏人的身份从这片土地上驱逐，我没有任何理由接受您的礼物。"听言，刘大怒。他站起来喊叫道："你怎么如此大胆，敢与总督对抗！"刘指着颤抖的翻译喊叫说："造成这一切的原因就是这个混蛋！"他命令自己的卫兵把翻译捆了起来。受惊的翻译跪下来叫喊说自己与此事完全没有关系。毫不畏惧的利玛窦仍然冷静地说："这个翻译没有任何责任，是我自己不想接受。尊贵的您没有必要动怒，因为您没有必要通过给我钱来表示您的好意，因为我并不需要钱，您可以让我免受我已经历过一次的危险海上航行来表达您的好意。即使您不希望我留在肇庆，我请求您给我中国的另一个地方让我居住，我希望在那里

第五章 罗明坚

结束我为数不久的余生。"仍然处在恼怒中的刘刚开始没有明白利玛窦说的一切。一个卫兵跪下来重复了利玛窦的话。刘的态度变得柔和了一些。他的愤怒得到了一些安抚,他告诉利玛窦说把他驱逐到澳门并不是自己的本意。他答应把利玛窦送到自己辖区的另一个地方,肇庆和广州除外。利玛窦提出了广东北部,处在与江西交界处的南雄。刘建议利玛窦首先考虑居住在南华寺或者附近的韶州城的可能性。至此,多亏了利玛窦出色的外交手段,这次会见在友好中结束了。双方都挽救了自己的面子。在捍卫自己的尊严时,利玛窦通过指出刘的仁慈,以及自己的悲惨境遇(危险的海上旅行、他人生剩下的不多的时间)而安抚了这个有着极大权力的官员,并以卑微的代价为刘提供了挽回颜面的机会。"几乎成了一个中国人"的利玛窦当然知道在中国办事的方法,正面顶撞只能得到很小的成果或者什么都得不到,尤其是在与那些有着极大权力的人打交道时,奉承和灵活则会带来谈判的成功。如果利玛窦去当官的话,他一定会成功的。

利玛窦走出衙门时,看到了一脸惊愕的方应时,后者已经听到了之前谈话中的叫喊。他们对此结局的宽慰被后来与吕良佐的会见加强了,后者是来自韶州的同知,他在一次官方拜访中会见刘节斋,刘对这些外国和尚非常称赞。见到利玛窦,听到了方的介绍后,吕目瞪口呆了一会儿。然后他告诉这两个人,自己的妻子头天晚上在梦中见到了奇怪的神,与她的祭坛上通常放着的像不一样。那实际上是将见到这个奇怪的外国和尚的前兆。吕同知邀请利玛窦同自己一道旅行,但是利玛窦还有最后几件事情要处理。他再次会见并安慰了当地的基督徒们。他还最后一次对肇庆所有的官员进行拜访以表示自己的感激,包括刘节斋。1589 年 8 月 15 日,圣母升天节那天,利玛窦和麦安东带着高昂的情绪离开了肇庆,与几天前离开的情形极大不同。他们回头看着矗立在河边的崇禧塔,就在他们在中国的第一个家的不远处,随着他们的船驶出这个城市的视野,过去的画面像水中肇庆的倒影一样逐渐消失。

第六章　韶　　州

经过八天的水上航行,利玛窦和麦安东抵达了南华寺附近的河岸。南华寺坐落在一条水声如窃窃私语的小溪边,处于青翠的低山丘中,此寺建于公元 502 年,因禅宗六祖惠能(638—713)在此弘法,又成为六祖道场。惠能出生于广东,没有受过学校教育,他是禅宗五祖的一个徒弟,在接受佛法衣钵后从北方回到广东创办了禅宗"顿悟"学派。在经历了唐宋时期的鼎盛发展后,南华寺开始了漫长的衰落。虽然住持的继承从没有断过,南华寺从十五世纪晚期到十六世纪晚期,衰落到了极点。从一部十七世纪早期由改革派住持憨山德清编纂的南华寺历史来看,导致此衰落的原因在于十五世纪晚期开始,大量俗人——农民、小商店主和其他寻找财富的人的涌入。随着时间的流逝,南华寺渐渐丧失以前属于寺庙的土地:一些被卖给了缺少土地的农民,另一些被当地的强势家族占有。在寺庙大门旁边的整条街道被开发成了商业区,各色商店中包括冒犯清规的肉铺和赌场。晚明最伟大的佛教改革者之一憨山德清于 1596 年拜访了南华寺。他描绘了一副破损和失修的情景,整个寺庙大院显得大而空洞,大部分和尚都看不出与俗人的区别,他们住在村外,自在地与俗人杂居着,一些和尚甚至有妻儿。只有少数僧侣与住持仍然住在寺内,保护着六祖内厅,正是在内厅,惠能那不朽的躯体绽放着佛教最后的神圣光环。

第六章 韶 州

然而,南华寺(图9)仍然充满了吸引力,它仍然是中国南部最有名的寺庙。在河岸边,耶稣会士们发现好几个南华寺的和尚正在等着他们。事先被总督刘节斋提醒了的和尚们担心这些外国和尚是被委托来改革他们的,于是尽量装出讨人喜欢的样子。利玛窦让麦安东与仆人和行李一道在船上等着,自己则跟随他的和尚招待者向寺庙走过去。他已经决定了不留在南华。从成立之时起,耶稣会就是个活跃的宗教组织,在城市和宫廷活动着,但总是避免成为寂静的修道会。急于向利玛窦介绍南华寺的宝物,和尚带领他穿过凯旋门到达了院落,参观了于1580年被翻新了的陈列着四大天王的罗汉室,然后到达了露天庭院,站在三宝厅前,据说由惠能亲自栽下的两棵柏树掩盖着八月的阳光。寺庙最大的建筑是有着绿瓦顶、红梁和金色大字的三宝厅。后面是南华寺的内部密室,惠能的不朽真身与他的私人物品钵、铁拐杖、红宝石佛珠、象征衣钵的玉石戒指,一道保存在这里。其他寺庙宝物包括两份分别来自唐朝和元朝的给予寺庙

图9 南华寺大门。作者摄影。

恩惠的圣旨,和高官赠送的三部字体为金色的佛经。这里还有其他的大厅和建筑,有的供着观音、五祖和其他的神,有的用来教学、禅坐和读经。建立于唐代,在明代被翻新的佛塔,耸立在周边景观之上,从其最顶层可以看到钟楼和鼓楼,还可以看到更远处的水井、桥梁、亭子、奇形怪状的岩石、洞穴。总之,南华寺是一个最宜人的景点和美丽的寺庙。

利玛窦却心不在焉,他只想赶紧离开。他并没有留心听向导的解说,而是像急于赶往下一个目的地的游客一样走马观花似地穿过各个景点。和尚们对他的行为感到迷惑不解,当利玛窦在惠能的真身前没显示出任何敬意时,他们被冒犯了。这是个什么样的和尚啊!他们也许这么自问。当利玛窦拒绝和尚们的留宿,坚持继续前往韶州时,和尚们感到如释重负。被肇庆驱逐带来的苦楚一定增添了他对佛教的厌烦。他并不知道自己的克星,总督刘节斋是南华寺的一个赞助者,他曾同意了南华寺翻新的请求,并于1590—1591年的冬天执行。为了纪念这次翻修,刘写了篇文章《重修南华寺碑记》,刘在文中称赞道:

> 余因为禅教与吾儒未始不相发明。吾儒曰:性善。又曰:人性上不加一物。彼则曰:明心见性,惠能顿悟。自性偈曰:本来无一物,何处惹尘埃?因此遂得信。具卓为南宗。揆厥本旨实默与吾儒合。且骜桀之徒,顽嚚之妇,语以圣谟王法,彼皆悍然不顾。而一语之以禅家之因果,则靡不降心而揖志焉。唯恐不克于佛氏之收,以庶几于善之什一。则禅教又自阴助吾儒者也。[1]

急切地想要离开的利玛窦甚至先于麦安东到达了韶州。想象着将会有一个吉祥的新开端的利玛窦迫切地收集着相关的信息:这个城市有肇庆的两倍大(事实并不是这样),居民的官话说得更好(很显然的确是)。事实上这只是另一个没有显赫名声的城市。韶州,今日被称为韶关,坐落在广东北部的一个要塞之地。处在京广铁路线的韶州是从广东前往湖南

---

[1] 刘节斋:《重修南华寺碑记》,马元编《曹溪通志》卷四,见《四库禁毁书丛刊补编》,卷二十七,北京:北京出版社,2005年,第90—91页。

第六章 韶　　州

和华中的出入口。另一条更古老的道路则是通往东北面,穿越低矮的岭南山脊,把南方与江西省和华东连接起来。挤压在两个河湾之间的狭长的陆地上,在三条河流的交汇处的这座城市,处在蜿蜒的牛轭湖的潮湿低地,被锯齿状的低矮山丘包围着。周边的景观很美,瀑布、柱状或动物形态的石灰岩和红砂岩,以及薄雾让其增光不少。这里是冬冷夏热的高湿度气候,城市的空气被困在山间,所以并不利于健康(地图4)。

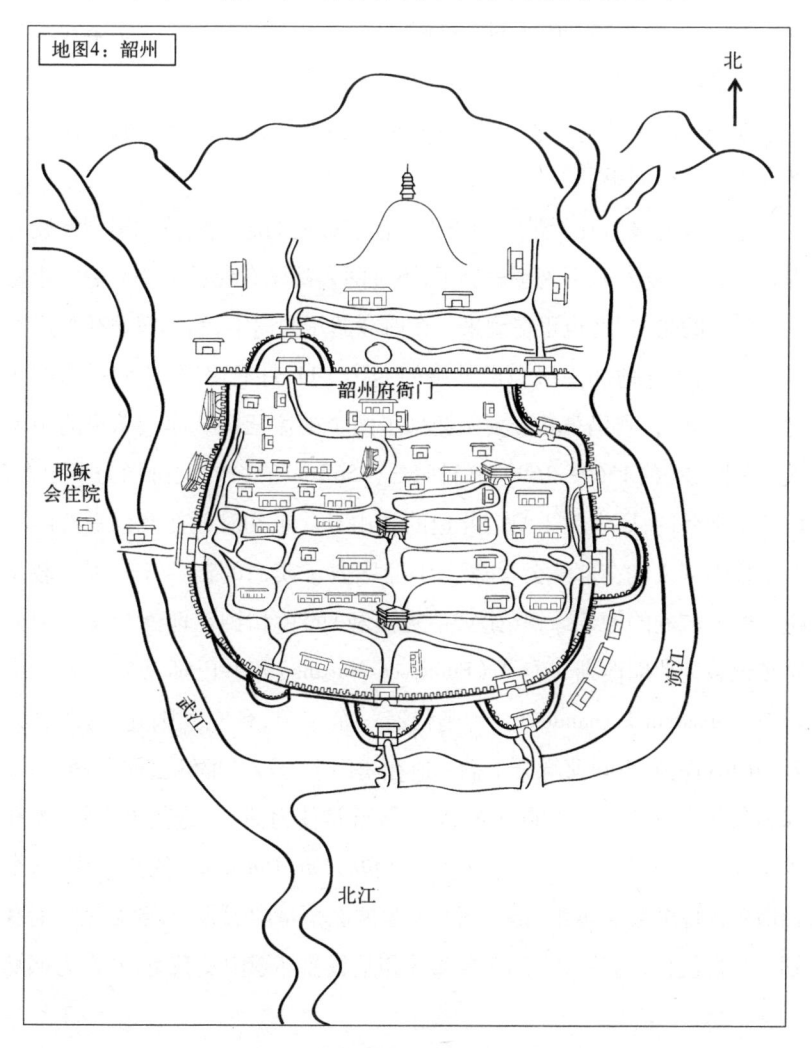

地图4　韶州

利玛窦：紫禁城里的耶稣会士

1589年，被城墙包围的韶州城是韶州府的行政首都和曲江的县衙所在。在十六世纪晚期，约七千五百户、四万五千个居民生活在这个城市，整个府的人口不超过十万。[1]

在韶州，利玛窦向同知吕良佐解释了自己拒绝住在南华寺的原因：作为受过教育的西方僧人，他们喜欢城市生活和同文人们交往；不仅如此，他们信的教同佛教不同，这一点在陪伴耶稣会士的南华寺和尚们那得到了印证，证实这些外国人对和尚的教派一点兴趣都没有，且拒绝对六祖的遗迹表示任何尊敬。吕同意给利玛窦和麦安东一块处在武江边的属于光孝寺的土地来建造住所。这期间，耶稣会士和他们的仆人们暂住在光孝寺的一套房间里。

在肇庆的最后几天带来的压力和他们最近的旅行使他们感到精疲力竭，利玛窦和麦安东两人都病倒了，不过两人都没有经过大的诊治就康复了。幸运的是，帮助也正在到来。在前往韶州的途中，利玛窦曾往澳门寄了一封信，通知他的上级自己处境的变化。11月下旬，在他们抵达韶州的三个月之后，利玛窦和麦安东迎来了两个被孟三德从澳门派来的中国人。黄明沙（约1569—1606）和钟鸣仁（1562—1621）的父母均为中国人，前者生于澳门，后者生于澳门北边的香山县。年幼时便在澳门受洗的两个年轻中国人均在耶稣会学院学习，且吸收了澳门的葡萄牙—天主教文化。能说流利的葡萄牙语（比官话更流利）的黄和钟在耶稣会文献中分别被记载为弗朗西斯·马丁（Francisco Martins）和塞巴斯蒂安·费尔南德斯（Sebastian Fernandes）。钟鸣仁有一个弟弟，名叫钟鸣礼，受洗名为若望（João），他也同耶稣会士们一道在澳门学习过。耶稣会的非洲、印度和马来仆人是葡萄牙人的下人，负责做日常体力活，与这些人不同，黄和钟是灵魂工作者，代表着"澳门之子"（*filhos de Macau*）中的第一代，这个称谓用在耶稣会文献中，指代那些父母要么全是中国教徒，要么是中葡联姻的基督徒们，这些人全部在葡萄牙和基督教环境中受教育，并作为耶稣

---

[1] 马元编纂：《[康熙]韶州府志》卷四，第1767—1768页。

第六章 韶　　州

会的会员在中国传教区服务。在第一年中，利玛窦向黄明沙和钟鸣仁教授文言文和拉丁文，为之后的传教工作做准备。1591年1月1日，他接受他俩为耶稣会的初学修士。身为中国人，黄和钟不管是在中国内地和澳门之间的重要跑腿工作上，还是在传教活动的隐蔽性上都发挥了巨大的作用，因为没有任何外部特征把他们与广东人——"他们肉体上的兄弟"分开。除了这些初学修士，澳门还派遣了一名意大利教士石方西来增援，他于1591年圣诞节前夕抵达韶州。我们将在后文见到更多关于他的内容。现在，让我们认识对利玛窦后来的成功起了关键作用，且成为这个西方传教士的终生朋友的瞿汝夔。

瞿汝夔（1549—1612）是在肇庆遇到利玛窦的。他在1599年为利玛窦的《交友论》作的序中回忆了他们第一次见面的情景：

> 万历己丑（1589），不佞南游罗浮（广州附近），因访司马节斋刘公，与利公遇于端州，目击之顷，已洒然异之矣。及司马公徙公于韶，予适过曹溪，又与公遇。于是，从公讲象数之学，凡两年而别。

这是一次巧遇，但不是故事的全部。

瞿汝夔出生于苏州附近的常熟，此地几乎处在上海和南京的中点，他字太素，来自一个著名的士大夫家庭。其父瞿景淳（1507—1569）在1544年的会试中获得第一名，并在殿试中获得第二名。瞿景淳被任命为南京礼部左侍郎，并在好几个重大的皇家修书中担任总编，包括《永乐大典》的编纂。作为一名翰林院学士，一个正直和举止优雅的人，瞿景淳在他同时代的官员中享有很高的声誉。他的三位夫人为他生了四个儿子：一个幼年夭折；另外两个，汝稷（1548—1610）和汝说（1565—1623）跟随了他们父亲的步伐，从科举中获得成功，虽然他们的官职从来没有上升到与父亲相等的级别；长子汝稷还作为佛教的支持者和主要的世俗知识分子获得了杰出的声誉；只有汝夔不是声名的追逐者。实际上，利玛窦的崇拜者瞿汝夔被家族驱逐；他的名字甚至没有在明朝的官修史书里其父的传记条目中被提及。

瞿汝夔是这个家族的不肖子，他后来讲述了自己的故事，这个故事在利玛窦的回忆录中做了如此概述：

> （瞿景淳的）这个儿子比他的兄弟们更聪慧，如果他坚持学习，他可以轻易获得高官和荣誉。但是在他青年时代的早期（曾管束他的父亲此时已去世），他被引入了歧途。在他的不良嗜好中，他尤爱学炼丹术，在这个过程中他失去了数千两银子，包括其继承来的财富。陷入贫困中的他带着妻子和仆人们离家，在中国四处游荡，到任何有他的或他父亲的官员朋友的地方生活。靠着这些官员朋友，或者想要他在官员面前说句好话的人赠送的礼物，他的日子过得足够舒适，这是绅士的一种生活方式。[1]

换句话说，瞿汝夔靠着其父的名声和在官员圈子里的关系网来生活。他在肇庆对刘节斋（其父的朋友）和岭西道黄时雨（他的老乡）的拜访正是这样的场合，瞿希望从他们那里得到支持和赞助。除了利玛窦杰出的名声，瞿汝夔毫无疑问还被传说中耶稣会士们的炼金术吸引，由于善于制造银器，这个可疑的名声曾导致了通奸的错误指控，这在上一章罗明坚的案子中已述。然而，想要挽回教务的狂热，加上行程的准备，使得利玛窦没有什么时间用来发展友谊。利玛窦离开后，瞿汝夔仍住在肇庆，但是并没有得到总督的热情招待，于是他也决定离开。在韶州，利玛窦很快驳斥了汝夔的炼金术观。然而，瞿被利玛窦的魅力吸引，也为西方的数学和天文学着迷。他也在传教士们暂时居住的寺庙里弄了一个房间住下来，恳求利玛窦正式接受他为弟子。从一开始，瞿汝夔就是个学习欧洲科学的杰出学生，并逐渐对欧洲宗教产生了兴趣。

以上就是利玛窦对自己与瞿汝夔之间的早期交往的记述。但是这也不是故事的全部。关于瞿汝夔的少年时期的真实故事，不见于家族记录，汝夔也没有向任何人透露过，甚至对他的老师利玛窦和自己的朋友们都守口如瓶，直到在最近的研究中才被发掘。在十六世纪七十年代早期，当时正值二十多岁的潇洒年轻人汝夔曾勾引了自己的嫂子。由于此事发生

---

[1] *FR I*, pp. 295–296.

第六章 韶　　州

在其父去世后的三年丁忧期,这个丑闻变得更加可恶。他通奸的对象是其同父异母的大哥汝稷的妻子,已致仕的南京工部尚书徐栻的女儿,此尚书是其父生前的同事和朋友。作为友好又有名望的文人家族之间包办婚姻的牺牲品,年轻的徐氏注定会不幸福。她的丈夫汝稷被同时代的人描绘成"身材矮得像个侏儒",身高在四英尺四寸至四英尺八寸之间。一幅当时的画像把他画成一个面目清瘦、貌不惊人的男人。除了一副不吸引人的外表外,瞿汝稷还是个虔诚的佛教徒,与激情相比更喜欢独身。儒家的孝道增强了他的佛教信仰,汝稷办事比较极端,在三年的丁忧期一直没有与妻子同房。在良好的家庭关系比任何其他东西都珍贵的儒家社会,这个通奸特别令人憎恶。这个关系曝光以后,瞿汝稷休了他的妻子。岳父徐栻派了刺客去追杀勾引自己女儿的人,当汝夔在这个愤怒的父亲面前认罪后徐栻才心软了下来。在瞿家,汝夔的名字则被从家谱中删除,于是他羞愧地离开了常熟。

在韶州,瞿汝夔全心投入到了新的学习中。在上了西方算术的简单入门课后,汝夔是首位学习欧洲宇宙学和希腊几何学的中国人。在第一门课程上,利玛窦采用的教材是由他的罗马教授克拉维乌斯所著的,一直到十七世纪都是被最广泛阅读的宇宙学著作《赛科诺伯斯克天球论评释》(Commentary on the Spheres of Bosco)。在这本教材中,克拉维乌斯详细解说和评论了十三世纪中期巴黎天文学家和教授约翰尼斯·德·赛科诺伯斯克的简短论文,后者认为宇宙以地球为中心,星体沿着固定的轨道围绕地球运转,这是希腊天文学与基督教教义的综合学说。在几何学上,利玛窦采用欧几里德的《几何原本》来教授汝夔三维几何。不久,汝夔就开始制造日晷,测量高度和距离,懂得了关于球体、星盘、象限、钟表和其他欧洲工具的所有知识。

其时,分别为37岁和40岁的利玛窦和瞿汝夔不仅是师徒关系,还是互相在对方身上发现了智慧和独立精神的中年朋友。他们之间的共鸣从数学和科学发展到伦理和宗教。在宇宙学和几何学的课程之间,利玛窦老师一点一点地讲授基督教教义:万能的神的存在,宇宙的诞生,人类的创造，罪与救赎，以及基督教的道德戒律。弟子离开了三四天后，带着一篇罗列着所有他在基督教教义中遇到的问题的短文返回。这些问题让利玛窦感到震惊，这个学生似乎在期待着基督教神学的核心主题。利玛窦写了一份如此合理并有说服力的回复，以至于瞿汝夔准备接受这个西方信仰。然而，瞿的受洗却面临着一个障碍。他去世不久的妻子只为他生下了一个女儿。他已经纳了一妾，希望可以得到一个儿子；但是由于她的卑微出身，他不愿娶她。1591年，他的长子瞿式榖诞生。我们将看到，不久父子均受洗。

在韶州，传教士的日常生活与在肇庆时一样，努力让官员们的态度变得友善，面对普通人的敌意，传福音和服侍一个小基督徒羊群。收了瞿汝夔为徒使利玛窦的名声在当地精英中大增。他与统治阶级中的精英过从甚密：谢台卿（韶州知府）、刘文芳（曲江知县）、黄门（与瞿汝夔一样为常熟人，是瞿早年的塾师）、王应麟（邻近南雄知县和同知）和苏大用（英德县令）。之后的几年中，这些人中的好几个将在利玛窦的事业上起很大的作用。随着这些人官职的提升，他们不断宣传利玛窦的名声、博学和著作。

苏大用邀请利玛窦去拜访英德。这个官员每次到达韶州时都会礼貌地拜访利玛窦并恳求他去从北江往南航行三四天即可到达的英德做客。利玛窦开始有些犹豫，因为不知道刘总督会如何反应，后来他渐渐被说服。苏大用那七十二岁的父亲当时正在看望自己的儿子，他热切地想要见这个外国和尚。还在孩提时，算命先生就这么告诉了老苏：六十岁时他会再婚，七十岁时他将见到一个预示着好运的卓越的外国人。苏老有很多年都不相信这个预言，觉得一个妻子对他来说就足够了。呜呼，六十岁时他失去了妻子并再婚。因此，当他听说了这个外国和尚利玛窦的名声时，他要县令儿子安排一次会见。

瞿汝夔陪伴利玛窦进行了这次旅行，不仅因为他是苏大用的朋友，还因为他不想错过任何利玛窦的课程。一行人在英德住了三四天，享受了苏县令的热情招待。苏老很高兴见到利玛窦和听他讲述基督教教义。这个老人要求立即受洗，但是利玛窦认为先给予一些指导会更好。利玛窦

132

第六章 韶 州

答应会继续在老人的家乡江西赣州附近的宁都进行教理指导，并给了他一个基督的圣牌戴在脖子上。在苏县令的招待下，一行人参观了坐落在这个城市南边不远处的一个景点，处在石灰岩林中间的地下钟乳石湖碧落洞。在这里，他们遇到了南雄的同知王应麟，当时他正在向来自北京的一位御史介绍当地的著名景点。苏县令为郊游安排了宴会和音乐欣赏。瞿汝夔作了一首七言长诗《碧落吟》来纪念这个场合。诗中有两处提到利玛窦，第一处是在形容山色时，他写道："桃花流水浓津头，百叠青峦转更幽。忽然石壁中天起，翠节金支紫气浮。冥搜果得神迁宅，折简曹溪招幽客。节杖凌虚势若龙，西僧亦自能飞锡。"第二处是在谈论佛法的时候，瞿汝夔写道："子晋飘飘意欲迁，瞿昙说法老龙前。胡僧直视嘿无语，大令当筵气自偏。"这个汉语文本中第一次对利玛窦的描写使得汝夔庆祝宴会的诗句更加引人入胜。酒坛在梯流的湖水、凉风、摇曳的灯光和浮云中设立起来了，汝夔在"老龙"前详细地讲述"法"，这个外国和尚则一言不发地专注地看着。我们不清楚瞿汝夔所称的"法"是指佛教教义还是基督教，"老龙"可能指代的是苏老。这个"外国和尚"利玛窦则莫名其妙又紧张地沉默着。[1]

他也许只是成为利玛窦的一个门徒，但瞿汝夔常在重要场合代表利玛窦同官员们沟通。在韶州定居一年多一点后，麦安东生了重病，他的健康被肉体上的极度苦行禁欲和寒冷潮湿的冬天摧残了。1590年底，利玛窦派遣了澳门籍耶稣会士兄弟中的一个带麦安东去澳门治病。在中国农历春节期间，利玛窦在教堂的祭坛上摆上了一幅圣母玛利亚和圣婴的画像，以及来自墨西哥的使徒约翰画像。这个新奇的举动吸引了很多好奇的拜访者来到耶稣会士的住所，但也引发了一场夜间攻击。一天夜里，一伙人向耶稣会士们的房子的瓦上扔石头。当住所的仆人们出去察看时，却被袭击和殴打，最后带着被撕破的衣服和轻伤返回。当瞿汝夔得知此事后，想立即通知知府谢台卿。利玛窦却犹豫了，理由是他希望从知府那

---

[1] 瞿汝夔的诗见马元等编纂，《[康熙]韶州府志》卷十五，第2004页。

里得到许可让石方西从澳门来这里替代麦安东，他不想让对方觉得自己要求太多。瞿汝夔却坚持，如果利玛窦不通知官府，这些罪魁祸首会胆子更大。他自己把这次袭击告诉了知府。愤怒的谢召见了两个里甲，即知府在社区里安排的负责维护安全的头目，鞭打了其中一人，并命令他们逮捕罪犯。里甲并不是份值得羡慕的差事。这两个里甲知道罪犯的身份，这些恶棍都是附近邻里的青少年，有的甚至来自重要的家庭。不想与邻居对抗的这两个里甲便撒手不管。直到利玛窦的两个仆人碰巧遇到了其中一个年轻人并强行把他带到了里甲的面前。由于害怕自己被交给知府，这个年轻人的家人向利玛窦求情，利玛窦于是决定通过原谅这个罪犯来显示基督教的仁慈。因此，这两个里甲向谢知府报告说他们无法确认这些罪犯的身份。谢对这个报告深感愤怒，命令毒打其中一人，把另一人扔进了监狱。与邻居的讨厌相比，这两个里甲更害怕知府的愤怒，于是他们招供了罪犯的名字。此时，为首的罪犯已经逃走。利玛窦求谢，希望对罪犯开恩。瞿汝夔则成功获取了通行证，让一名澳门的耶稣会士来韶州。

带着安全通行证于 7 月份从澳门来到韶州的是孟三德而不是石方西。身为中国教区的上司，他想要亲自视察一下传教的条件，但是作为耶稣会学院的院长，他只能离开三个月。仍在康复中的麦安东渴望回到他的工作岗位。回来不久，仍然虚弱的麦安东便发起了高烧。由于钟鸣仁同样因为发烧而卧床不起，照顾这个病中的神父的任务便落到了中国籍修士黄明沙身上。利玛窦时不时来替换黄明沙修士，让他稍微休息一下，也让这个葡萄牙籍传教士因为自己将死在修会内部和传教的战场上而感到宽慰，这对他的灵魂无疑是好的。七天后，麦安东于 10 月 17 日去世，时年 34 岁。黄明沙被麦安东最后的日子里显示出的伟大献身精神而感动，他给孟三德写了一封长信汇报了这个圣洁的死亡。在麦安东留下的物品中，利玛窦发现了七本小书，这些是记载这个年轻的耶稣会士的灵修经历的灵修日记。利玛窦把其中两本给了黄明沙进行启发性的阅读。麦安东去世的消息传出后，好几个中国官员同这个城市的和尚一样前来表示慰问。中国人认为耶稣会士们的房子仅佩戴白色丧服短短几天是不合

第六章 韶　　州

适的,更不认同基督徒的解释:一个人离开了这个世界,从烦恼的人世间已得到了永恒的奖赏。由于中国习俗禁止在教堂内安葬,因此麦安东不能被埋葬在教堂旁。但是利玛窦不希望看到他的耶稣会同事按照中国的习俗被埋葬在城外的山坡上,于是安置在棺木里的麦安东的遗体,在耶稣会士们的住宅里放置了两年,才被运送回澳门埋葬。至少在这点上,这个耶稣会士使他们的死亡仪式与中国的习俗一致。

1591年12月8日,石方西从澳门出发前来支援。利玛窦再次开始在语言、风俗和中国学问上训练一个年轻的同事。1592年春天,刘节斋在前往北方的途中经过韶州。他已经被提升为南京的户部侍郎。〔1〕利玛窦带石方西去做礼节性拜访,刘与利玛窦一起回忆在肇庆的时光。礼貌只是表象,在内心里利玛窦并没有把基督徒的原谅给予这位总督。这年晚些时候,刘被解职。据1622年出版的一本传记丛书,刘后来在家中平静地去世,然而根据利玛窦记载的传闻称刘死得相当痛苦,称这个老人徒劳无功地想要水喝,可是他的儿子和侄子们却在为瓜分其财产而争执。〔2〕"似乎上帝想显示,即使在现世他也可以惩罚在肇庆带给神父们冤屈的人。"利玛窦这么评论道。刘节斋亵渎了耶稣会士们的住所,已经将其变成了自己的生祠,一个充满了"偶像"的神庙。同中国人一样,利玛窦也知道如何把痛苦埋藏在心里,只展现愉快和温文尔雅的外表。

多亏了与瞿汝夔之间的友谊,利玛窦的痛苦记忆随着后来的成功逐渐消失。在韶州往东六十英里,即三天的行程便到达了与江西接壤的南雄,一个繁华的商业城市,这里有很多北方人来广东经商。在那里,瞿汝夔把外国和尚利玛窦的所有教义告诉了一个他认识的六十岁的老郭。郭是位成功的商人,并聘有约四十位工人,其成年后的大部分时光都是一个虔诚的佛教徒。守长斋的郭商人习惯进行坐禅和所有佛教仪式。然而心

---

〔1〕 请参见《明神宗实录》卷二三三和二三五中的记载;李国祥、杨昶主编《明实录类纂》(职官任免卷),武汉:武汉出版社,1995年,第234页。
〔2〕 请参见过庭训撰《本朝分省人物考》(共一一五卷),卷十七,台北:成文出版社1971年再版,第五册,第1448—1449页; *FR* I, pp. 312–313。

135

灵的慰藉似乎使他感到困惑。因此,郭老板去韶州拜访了利玛窦。他想要学习关于来世和灵魂的强烈愿望极大地启发了利玛窦。经过几天集中的教理指导后,利玛窦授洗了郭,给了他若瑟(Giuseppe)这个教名。作为前禅宗信徒,郭是第一个在利玛窦的指导下习依纳爵的《神操》(Spiritual Exercises)的中国教徒。郭同耶稣会士们一同住了一个月,直到因生意的需要而返回南雄。

住在耶稣会所的一天,老郭流着眼泪来到利玛窦面前声称自己就要死了。利玛窦吃惊地询问道:"你还没有老,身体也很好。你怎么知道你大限将至呢?"郭解释说:"在五十五岁时,我遇到了一个算命大师,他为我预测了未来五年的命运。虽然他预测的所有好事都没有发生,但他预测的坏事却全部发生了。他告诉我,我将在六十岁那年的四月以前去世。这个月我做了一个梦,梦中看见了各种不好的预兆。难道这个预兆还没有被证实么?哎!我到了六十岁才得子,谁来照顾这个哭泣的婴儿呢?我好悲痛!"

利玛窦也叹气。他沮丧地直跺脚,并试图安慰这个可怜的老人:"这个世界上没有什么比占星家的预言和我们在梦里看到的东西更虚无、更错误的了。"

郭反驳说:"你已经看到了迹象,你怎么能不信呢?"

利玛窦解释说虽然也许存在着巧合,但预言是错误的。他继续说,好运和霉运是由对与错的行为导致的,而这些行为是我们能够控制的。人类的意志比星星的意志强大。为了避免邪恶,一个人必须抛弃邪恶,转向美德。对于那些拒绝忏悔,仍然希望免受惩罚的人来说,即使占星家预测到全是好运,但天主是不会同意的!然后利玛窦用儒学的道德学说来强化他的观点:忠诚的官员和孝子们在服务于危机中的国家和家庭时,会不会因为怕死亡和危险而先去咨询一下占星家呢?把算命先生和占星家归为诈骗的利玛窦问道,如果这些人可以预见未来,为什么他们不让自己先变富裕,而是骗那些无知和焦虑的人。同样的,梦是荒诞的,即使少数梦境看起来像真的,它们并不是事实。

仍然心存疑虑的郭说道:"过去我从来没有相信过占星家,但是这个

第六章 韶　　州

大师预测的过去五年会发生的事全部发生了。这怎么可能是巧合呢？"

利玛窦叹气道："你知道过去几年中的这些霉运是怎么发生的么？他告诉了你，你就接受了它。如果他没有对你说任何事情，你就不会相信，这样便不会有任何霉运发生。因此，你要求他为你算命这个事实导致了你的霉运。"

惊讶的郭老板问："为什么？"

利玛窦说，自从他来到中国，他就对大众轻信占星术、算命和风水感到震惊。如果郭愿意听他的，他可以挽救郭的生命。利玛窦向充满期待的郭解释说，人类的心脏是身体的中央器官，对心脏来说，最糟糕的痛苦是恐惧本身。如果一个人相信预测到的好运，他将很快乐，即使快乐不能创造生活中的好东西。但是，如果一个人相信对不幸的预测，他便会忧虑；忧虑会导致疾病，因此让预测变成现实。然后利玛窦用一个在狭长的木头上行走的人作为比喻。如果这块木头被放置在平地上，将不会发生任何事情，但是如果这块木头被放置在高处，行走者肯定会跌倒。为了加强他的心理分析，利玛窦加上了一个关于医生的故事，此人告诉一个并没有流血的罪犯说他在流血，这个罪犯因为相信自己在流血而没有承受任何伤口带来的痛苦便死去了。最后，利玛窦调用儒家经典的权威，引用来自《春秋》、《易经》和《诗经》的句子说明，占卦在古代被作为最后的手段，在治国方略的两个选择中作出决定，它与算命没有任何关系。

这次对话证明了利玛窦强大的说服能力。在经过聪明的推理而陈述了他的观点后，利玛窦引用中国古代经典，并举来自西方的生动有趣的例子。这些例子来自他记忆中的从古代希腊一罗马到古代基督教的大量人文著作。在之后的几年中，利玛窦将把这种论调发展到极致。在他人生的最后几年，当利玛窦把这段往事记载到他的著作《畸人十篇》中时，他回忆说郭老板不仅在六十四岁时得了第二个儿子，而且依然健在，虽然年近八十，但是身体很好。[1]

----

[1] 这次对话构成了《畸人十篇》的第九章。

利玛窦：紫禁城里的耶稣会士

在1592年与中国农历新年（约为2月12—14日）刚好同时的斋日，利玛窦带着黄明沙前往南雄去施洗郭的独子。这个耶稣会士同瞿汝夔住在一起，并且拜访了当时正在知县外出时负责管理南雄的知府王应麟。当王知府第二天来回访时，给了利玛窦极大的礼遇，也给了南雄所有的权贵们一个赶紧来见这个尊贵客人的信号。瞿汝夔房子前面的马路挤满了轿子和马车。在中国，一旦与一些权贵者建立了关系，与其他权贵的关系就会随即而至，宏伟大厦的大门一旦打开，通向内部庭院、花园、走廊和内室的所有门将会敞开。如此甜蜜的成功模式在之后的年月中随着利玛窦在明朝的社会阶梯上的晋升而重复着。

同样让利玛窦感到宽慰的是对郭老板的拜访，正是在那里，很多被利玛窦称作"在尊严上更卑微但是道德更高尚"的人来听他讲述教义。利玛窦花了几天时间来讲道，有时候直到午夜，几乎没有时间吃饭或者祈祷。经过一个星期的集中讲道后，利玛窦施洗了对基督教教义理解最深刻的六个新教徒，包括郭老板的一个兄弟。他也授洗了这些新教徒的四个年幼的儿子。在一封11月15日写给阿夸维瓦的信中，利玛窦声称，如果不是人们错误地认为受洗意味着放弃家和家人，要成为和尚一样的宗教隐士，受洗的人数将会更多。然而，这代表了基督教的一次主要胜利，因为自从耶稣会士们到达韶州后他们只授洗了六七个人，这些人中的一些还从远方来，包括中国耶稣会士钟鸣仁的一个表亲。至1592年的圣诞节，教会已有了二十二个教徒，其中十人是在南雄受洗的。利玛窦注意到郭老板圈子里的大部分人都来自其他省份。他总结说："确实，他们说在中国的其他省份有更多的人相信灵魂的不朽，并且试图获得拯救。"利玛窦对上司称，一旦他出了广东，到了其他的省份，一定会让更多人成为教徒。[1]

由于不想让没有经验的石方西独自待太久，利玛窦回到了韶州。在利玛窦的教导下，石方西的汉语水平疾速进步。他通知上司阿夸维瓦，到11月中旬时，石方西已经可以说和读汉语，并且可以独自接待拜访者。

---

〔1〕 利玛窦写给阿夸维瓦的信，1592年11月15日，韶州，*Lettere*，pp. 169-180。

第六章 韶　　州

石方西是一个敏锐的观察者，经过仔细地分析后他认为在中国传教的主要阻碍为一夫多妻制的普遍存在。说服知名人士入教是不可能的，因为几乎所有精英人物都有妾。石方西询问上司是否可以为那些过着斋戒生活、不与他们的妻子或者妾生活在一起的人洗礼。基督教道德与中国社会习俗之间的矛盾将成为基督教传教史上长久存在的问题。

7月的一个午夜，耶稣会住宅里的人们在嘈杂声中醒来。神父和他们的仆人在花园中的阴暗角落里，吃惊地发现约二十个手持菜刀、火棒和其他武器的入侵者，在混战中，两个仆人身受重伤。入侵者还用菜刀砍伤了石方西的头。由于没有任何武器，且寡不敌众，利玛窦命令他的人退到走廊后面，试图锁上进入内室的门。可是手被划伤的利玛窦和他的人不能抓住门。他们逃到自己的房间并抵住房门。一个年轻的学生跑上楼，并向下面的入侵者扔桌子。试图从窗户爬出去寻求帮助的利玛窦跌了下去，伤了脚。不能动弹的他大声喊叫试图惊醒邻居，可是没有人来救援。对自己带来的骚乱和暴力突然感到惊慌的入侵者迅速朝着光孝寺方向逃去。

第二天早晨，耶稣会士们向官府报告了这次袭击。知县怀疑是邻居所为，因为没有任何人前来救援耶稣会士们。他逮捕了几个人，并对其中一人施刑，他得到了一份供词：这些入侵者是邻里的不良少年，因为在赌博中输了钱，以为可以抢劫耶稣会住宅获得钱财；其中的一些人还是前一年扔石头事件中的罪魁祸首。知县进一步逮捕了十几个少年。不顾这些人的亲戚和利玛窦的求情，知县把犯罪头目判了死刑，判处其他成员和里甲去监狱服刑或受笞刑。在必须亲自参加的多次庭审之间，利玛窦由于脚受伤而常常卧床。此时，南雄的王知县送来了草药，一名军官派遣了士兵来保护耶稣会士们的住宅。利玛窦相信袭击不会再发生，他的敌人们现在已经被吓住了，但他担心刑判得太重了，一人死了仇恨就没法解了。

压力是巨大的，这在利玛窦写于11月中旬，即审判期间的一连串信件中可以看出。在收到一封来自他很久没有联系过的修道期间的老师法比奥·德·法比耶的信后，利玛窦表达了自己的极大喜悦，因为法比耶"在世界的中心忙于如此多重要的事情，但是仍然生动地记得在世界的尽头什么都没做的可怜的我"。这封来自罗马的信给了"身在如此远离他的灵魂导师们的这片沙漠中的"利玛窦极大的安慰。在总结从罗马出发后经历的所有冒险时,利玛窦声称"因为这些人(中国人),我们在这里的六七年中遭受的苦难将会比一封信的长度更长"。然后利玛窦再次叙述了对他的一些指控,有人控告他绑架儿童,一些人认为他是间谍,广州的老人们常常指责他,有人袭击他们的住所,以及每日肇庆大街上对他的侮辱;更严重的是针对罗明坚的,具体是什么罪名就不说了。最大的苦难是在肇庆被驱逐;虽然韶州人民看起来更仁慈,但是利玛窦已经在这里失去了陪伴了自己三年的同伴麦安东,他和新来的同伴石方西都在最近的一次攻击中受伤。利玛窦是多么希望"如果这让神圣的主高兴,就让所有这一切在恰当的死亡中结束吧,如同鲁道夫·阿夸维瓦一样……"[1]但是如同许多传教士一样,利玛窦的命运是承受背井离乡的"白色殉道"和艰苦劳动,而不是光荣地流血。

　　实际上,利玛窦曾想过死亡。当他在马切拉塔的儿时玩伴、耶稣会士科斯塔写信告诉他一些关于家人的消息,包括其祖母拉里娅最近离世,他想到了死亡和流放。他是在最近这次袭击后收到这封信的,当时他仍然因为脚严重扭伤而卧床,且很多天没有主持过弥撒。但是现在,利玛窦在给父亲乔万尼·巴蒂斯塔的信中写道:"(我)温馨地想起我还是小男孩时她给我的爱,以及她像第二个母亲一样养育我的那段时光。"利玛窦强迫自己起床,为她的灵魂主持了三次亡魂弥撒。在这封信中,利玛窦为自己没能每年都写信道歉。他离家后曾寄了一封长信回去,但是在中国的这些年从来没有收到过来自家人的信。虽然他的朋友科斯塔一直写信通知他家里的情况,但是他从来没有收到任何来自父亲乔万尼·巴蒂斯塔或弟弟安东尼奥·玛利亚的信。

　　来自家里的信应该能让试图"引导这些如此远离正道的人们回到他们

---

〔1〕 利玛窦写给法比奥·德·法比耶的信,1592 年 11 月 12 日,韶州,in *Lettere*, pp. 157-163。

第六章 韶　　州

的创造者那里去"的利玛窦感到安慰。中国人"资质甚优,但是对于救赎只有很小的兴趣"。至于他自己,利玛窦请求父亲和弟弟们为自己祈祷。对他们,利玛窦"向上帝祈祷,望他们年复一年工作顺利,将享受永恒的幸福",并补充说:"虽然我们离彼此如此遥远,但愿我们值得死后在永恒的世界相聚,因为毕竟痛苦的现世是如此短暂,我们在一起还是分离都无所谓。"利玛窦告诉父亲说希望母亲多光顾耶稣会教堂,在信的结尾他提醒父亲要为进入永恒做准备。"如果有一件事我渴望在告别的时候说,那就是这件事了。"利玛窦在这封信上的签名是"在主内的你最亲爱的儿子"。[1]

韶州知县于12月初把利玛窦送到了肇庆,在这里按察使要对判刑进行确认。利玛窦利用这个机会来给他的基督徒们予忠告,并施洗了他离开以后教徒生下的五个孩子。在肇庆时,利玛窦收到了一封来自刚从日本长崎抵达澳门的范礼安的信,召集他参加一个关于传教现状的会议。

在澳门的约一个月时间里,利玛窦向范礼安详细汇报了中国传教的现状并养伤。利玛窦也很高兴看到同样来自马切拉塔的耶稣会修士奥利维埃罗·托斯卡内里,后者是范礼安的旅行同伴和助手。然而,葡萄牙籍医生对他的脚伤却只能做有限的治疗。一直对利玛窦有好感的范礼安认为他是一个"有极大的天赋,判断力和审慎力,良好的文学鉴赏力,有美德的优秀员工,一个正在为主服务,很有希望将来会完成更多事业的人。"尽管利玛窦没有管理经验,范礼安却认为他有能力管理一所学院或者传教驻地。[2]

1593年2月,利玛窦回到了韶州。罪犯们仍然在监狱里承受煎熬,他们的家人也备受折磨。他们的唯一希望是获得缓刑。明朝的法律规定全国所有的死刑判决都要得到北京刑部的确认。秋天是执行死刑的时间。死囚的亲戚们焦急地等待着拥有最终决定权的察院的到来。10月3日,他们中的五十几人发誓反对这些裁决。他们联名向察院递交了一份

---

〔1〕 利玛窦致父亲乔万尼·巴蒂斯塔·利奇的信,1592年11月12日,韶州,*Lettere*, pp. 165–168。

〔2〕 引用于 *FR* I, p. 323, note 7。

请愿书，抱怨说这些来自澳门的外国人的出现是当地不安的直接原因，驱逐外国人将恢复和平。在被好几个官员拒绝后，他们终于找到一个官员愿意将这份请愿书转交给察院：同知管谷不喜欢耶稣会士们，显然是那些对利玛窦友善的官员们的政敌。

当利玛窦得知此事后，他向他的敌人们传递了这个信息：由于袭击是不可争辩的事实，他们这样做只会让事情变得更糟，而为罪犯在官员面前请求宽恕的人正是利玛窦本人。收到这个信息后，这些人撤销了请愿。利玛窦忠实于自己的基督教仁慈心。多亏了他的求情，察院把死刑和蹲监狱改判为每个罪犯二十下笞刑。然而，耶稣会士的敌人们并没有被利玛窦的容忍所感动，就在囚犯们被释放的第二天，两百多人前去见察院。在管同知的陪同下，他们要求提交驱逐耶稣会士的请愿书。已经准备离开韶州的察院拒绝接见这群人。这么重要的事情不能在他即将离开的时候处理，而必须在审查开始的时候就提交，察院为此骂了请愿者一顿。他于10月28日离开了韶州。邻居们无情的敌视，用利玛窦的话说，"他们的忘恩负义"是利玛窦人生中最不愉快的经历之一。

这是不幸的一年。11月5日，石方西去世了，非常突然。石方西仅三十一岁，身体非常强壮。他来时发着高烧。对于别人来说，这似乎是很平常的疾病。但是石方西却感觉到了死亡。在向利玛窦告解后，石方西从床上起来，双手寻找着利玛窦的脖子，用哽咽的声音要利玛窦同他多待一会儿。对此感到无比震惊的利玛窦一时不知说什么。然后他安慰这个年轻的同伴说这个病不致命，他不用害怕。但是石方西回答说："我知道自己的状况，这是不可避免的。"由于麦安东的灵柩还放置在教堂里，这个悲伤的情景显得更加凝重；过去的两年，利玛窦一直在等待澳门带来埋葬麦安东的办法。石方西向利玛窦道歉说，他的死会带来更多的麻烦，因为利玛窦将要处理两具尸体。这次告解几天后，石方西便去世了。

两年内的双重打击加重了利玛窦的忧郁。他是真诚地喜爱这个年轻的同胞。石方西出生在罗马城外的法尔法（Farfa）村，年幼时入罗马学院就读。他的人生在很多方面都跟利玛窦相似。石方西于1583年以21岁

第六章 韶　　州

年轻学生的身份加入耶稣会。1585年,他和其他意大利耶稣会士护送四个日本基督徒武士返回日本。在印度住了很长时间后,这一行人于1588年7月28日抵达澳门。期望加入耶稣会日本教务的石方西在旅程中已经学了一些日语。但是在澳门,范礼安却选他为中国教务服务。当日本人启程前往长崎时,他仍留在澳门学习汉语。最终,当麦安东1591年去世时,他被派去韶州陪伴利玛窦。同麦安东一样,石方西跟随利玛窦学习汉语,从第一个字和句子到学习儒学经典四书(《大学》、《中庸》、《论语》、《孟子》)和五经。所有这些努力如今却白费了。同体质被过度的禁欲主义削弱了的麦安东不一样,石方西很强壮。利玛窦认为石方西很有天赋,称赞他的谨慎,虔诚又谦逊,称"房子里的每个人都喜欢他"。在韶州的这几年是利玛窦人生中最艰难的日子。

一名同伴的离世再次提醒了利玛窦家的存在。他于12月10日写信给父亲:"至今有多年我没有收到来自家里的信件和消息了。要么你们没有写过,要么这些信在传送中丢失了,但是在为主牺牲的时候我从来没有忘记你们。如果不是太麻烦,得知你们的状况和每个人是否还在世将使我高兴。"利玛窦告诉父亲,自己四年中的第二个同伴石方西刚去世了,他写道:"如果以世俗的眼光看我,毫无疑问我是一个被抛弃的人;但是,考虑到上帝是我们的帮助所在,我觉得我从来没有像现在这么高兴过。"对利玛窦忧郁情绪的一个安慰是他的汉语水平更好了,可以让其更轻松地社交。利玛窦最大的遗憾是他没能离开广东去开辟新的住所,他曾希望这样可以为麦安东和石方西的单独传教工作做准备。

结束意味着新的开始。澳门的耶稣会上司们终于做好了把麦安东和石方西的棺材运回去埋葬在基督教的土地上的准备。他们答应为利玛窦派遣一名新的同伴来。虽然中国教务种下的是"眼泪的种子",当我们阅读利玛窦的书信时,报告的苦难比教化多,但实际上正是在这充满困难的几年,他们为未来埋下了丰收的种子。教授麦安东和石方西说和读写汉语,意味着利玛窦要常常与儒学经典打交道。在1592—1593年的冬天住在澳门时,范礼安与利玛窦一致同意建立第二个耶稣会住所,并将在澳门学汉语的两个葡萄牙籍耶稣会士苏若望和罗儒望派去为中国教务服务。利玛窦还面临另一个重要的任务：准备一部新的汉语教理问答来代替罗明坚写的"没有达到预期成效的"《天主实录》。虽然到1592年11月，石方西仍然希望罗明坚很快带着教宗大使抵达中国，但是很显然耶稣会的传教工作需要一个新的途径。在肇庆的七年时间只获得了不超过八十名教徒；在韶州的五年只施洗了不到三十名教徒。慢慢地，利玛窦撰写了一部新的以受洗文人和官员精英为目的的教理问答书。整个1593年，他刻苦学习儒学经典，用利玛窦自己的话说，他"请了一个老师，这么大岁数的自己变成了一个小学生"。根据范礼安的命令，利玛窦开始把儒家的"四书"翻译成拉丁文，到12月时，他已经完成了四部中的三部。[1]

新的策略是完全摈弃佛教。所有这些年，在中国的耶稣会士们都打扮成佛教和尚的样子：秃头，剃须，长袍，自称为"天竺国僧"。这是似乎对这种打扮感到相当舒适的罗明坚发明的，但是这个在很大程度上为了满足中国人的期望而设定的佛教身份，却从来没让利玛窦觉得妥当过。沮丧的利玛窦抱怨道："要说服中国人我们不是和尚是不可能的，因为我们不结婚，我们在教堂里祷告，做和尚做的每件事情。"[2]与和尚身份破裂的第一个信号是利玛窦于1589年夏天对南华寺的拜访，他拒绝住在那里，即使只是过夜，他对佛教舍利和仪式没有表示出任何兴趣和尊敬。定居韶州后，利玛窦不仅没有努力与光孝寺的和尚们搞好关系，他似乎还与他们作对，因为这些和尚间接参与了1593年7月对耶稣会住所的夜间袭击，成为耶稣会士们的敌人之一。这个摈弃佛教、利用儒学帮助基督教福音传播的新方法是随着利玛窦获得的经验而日益发展起来的。但是我们可以看到发展中的一个关键时刻是利玛窦于1592年2月对南雄的拜访。他向阿夸维瓦描述了自己对王知县的拜访，宏大的礼仪，隆重的仪式和排场，宴会和荣誉，利玛窦再次叙述了他是如何不用步行而是坐轿子，被人

---

[1] 利玛窦写给阿夸维瓦的信，1593年12月10日，韶州，*Lettere*, pp. 183–185.
[2] *FR* I, p. 336.

第六章 韶　　州

用肩抬着,"就像他们的重要人物,那些我们在这个地方依赖其权力的人,因为如果不依赖他们的权力,我们在这些异教徒中的工作将不会有任何成就。外国人和神职人员的名称在中国是如此卑鄙,以至于我们需要依靠这个关系和其他类似的方式来显示我们不是跟他们的神职人员一样卑鄙的人。"不仅如此,利玛窦还运用一点诡辩术来为自己的这些荣誉辩解,因为街道上挤满了如此多的人,如果他不坐轿子的话,他就没有办法穿过这些呆子一样盯着他的人群。[1] 利玛窦还回忆起自己在南雄是与瞿汝夔住在一起的。这是他的朋友,著名官员和书香世家的后裔。正是他建议利玛窦放弃和尚的身份,因为和尚在中国的社会地位很低下。随着时间的流逝,在韶州的利玛窦不再自称为"西僧"或者西方的和尚,而是自称为"道人",或"异人"(即非凡的人),换句话说,是神秘教义的不可预测的大师,一个有修养又神秘的人,这个术语被中国人用来指代那些拥有独特的能力,但又不能被归类到和尚、道士或者儒家学者里的人。因其在数学和天文上的专长,以及他的西方书籍和西方科技仪器的收藏,利玛窦这个"道人"引起儒家文人的注意。不久,他的"道人"和"异人"新形象为他打开了更多通向高级场所的大门,因为中国精英们被这些"异人"的魔术和奇妙的能力吸引,当地地方志中的很多条目证实了晚明社会对他们的巨大好奇心。

这个来自西方的"道人"在晚春和初夏时节迎来了他的新同伴。与利玛窦一样,托斯卡纳人郭居静早年加入了罗马圣安德烈的初学院,与利玛窦一道,"(他们)把罗马的娱乐方式带到"了韶州。这对在中国的十二年间失去了四个同伴的利玛窦实际上是个安慰,他之前的同伴中两人去世,罗明坚回到了罗马,而孟三德返回了澳门。同郭居静一起,利玛窦可以分享自己对罗马的珍贵回忆,谈论自己在那里度过的人生成长期,就像他在1594年11月15日写给法比耶的信中吐露的一样:

因此我在耶稣会的最初几年发生的事尤其让我记忆深刻,在我心

---

〔1〕 利玛窦写给阿夸维瓦的信,1592年11月15日,韶州,*Lettere*, pp.171-172。

中根深蒂固……让我告诉你实情吧：回想这些年里生活在我周围的人，发生在我身上的事，如果没有这些记忆，当上帝把我从家里带出，指引了宗教之路，我可能会生活在比我经历过的危险更大的灾难中。[1]

郭居静实际上认识石方西，因为他们两人都曾从罗马陪伴日本基督徒武士前往印度。当石方西继续前往澳门时，郭居静留在了印度，在1593年被派往澳门和中国以前一直担任印度南部捕鱼海岸的耶稣会领导。由于有良好的音乐素养和一双好耳朵，在经过一段时间的刻苦学习后，郭居静很快学会了良好的汉语发音，并设计了一套标志汉语的不同发音的西方音标系统。到1594年10月，利玛窦自信可以用文言文写作了。他的儒家经典知识已远远超过了罗明坚的水平。聘请一名儒学老师是一个很明智的决定。在1593年恢复集中工作前，利玛窦已有七八年没有汉语老师。跟随这个新老师，利玛窦每天听两次课并练习写作。他开始写"一本新的关于我们的信仰的书，会包括很多自然理性知识，一旦出版将在中国广泛传播"。[2]此书的成功也许超越了利玛窦最美好的希望，这个故事我们将在后文的恰当之处进行叙述。他的文学进步也许弥补了灵魂上的微薄收获：1594年他只施洗了五六个人，虽然其中一人是他的中文老师。利玛窦认为他撒下的种子只会让别人来收获，他向朋友科斯塔吐露道："如果一个人看到别人的劳动果实，就会对自己的缺陷感到安慰。"[3]至少，"人类的敌人"魔鬼还一直不能扑灭韶州基督教的小炉膛。利玛窦为对手管谷同知的死感到安慰；知府谢台卿上京进行三年一次的述职时，曾让利玛窦的朋友黄四府（华秀）出任韶州的高级官员。

利玛窦一旦逃离了中国人对和尚的期待，他可以考虑采用西方儒家学者的身份，即西儒，或者西方士大夫，西士。1594年11月，利玛窦去澳门拜访了范礼安，获得正式许可来改变耶稣会士在中国的身份，很明显这个决定在他心中已经搁置一段时间了。带着祝福，利玛窦和郭居静把他

---

〔1〕利玛窦写给法比奥·德·法比耶的信，1594年11月15日，韶州，*Lettere*, p. 191。
〔2〕利玛窦写给利斯塔的信，1594年10月12日，韶州，*Lettere*, p. 189。
〔3〕利玛窦写给利斯塔的信，1594年10月2日，韶州，*Lettere*, p. 187。

第六章 韶　州

们的和尚袈裟换成了长丝绸袍子和儒家学者的四方高帽。他们也开始蓄发，因为"在中国剃须发是偶像崇拜者（佛教）的标志，没有一个剃度了的人不崇拜偶像"，因此这为利玛窦的决定进行了辩解。[1] 到 1595 年的夏天，这两个意大利人已经有很长的头发和胡须。[2] 穿着丝绸袍子，戴着四方帽的利玛窦和郭居静去拜访中国官员时开始行儒生秀才的礼仪，他们也为自己被这么接待感到高兴。

在这些改变中出现了一个可喜的迹象。1594 年中，南京礼部尚书王忠铭在返回家乡海南岛定安城的途中在韶州停留。由于获悉了利玛窦的名声，王拜访了这个耶稣会士。对利玛窦，尤其是其数学知识印象深刻的王向利玛窦允诺，在自己返回南京的途中将赞助耶稣会士。钦天监的天文台坐落在南京的山上；礼部尚书管辖着天文的领导权，利玛窦是修订历法的最合适人选。

但是王从海南返回时，利玛窦已经不在韶州了。另一个有权势的官员已经把这个耶稣会士保护在了自己的羽翼下。王与利玛窦的道路在未来将再次交会，下一次，此礼部尚书将在利玛窦进一步成功时再次帮助他。这期间，利玛窦找到了另一个有权势的赞助者，很可能罗明坚曾在绍兴（请参见第五章）见过此人。1595 年 4 月，孙矿和他的家人经过韶州。[3] 被提拔为兵部侍郎的孙被紧急招往北京去处理 1592 年日本侵略朝鲜后导致的一团糟的外交风波。孙矿有一个 22 岁的儿子，他刚刚在选拔秀才的考试中失利。这个父亲担心陷入极度忧郁的独子，似乎没有任何药物可以治疗他的忧郁。罗明坚在 1586 年治疗忧郁和"着了魔"的学生方面的名声显然没有被忘记。一抵达韶州，孙便派一名官员带着礼物和邀请信去了耶稣会住所。利玛窦和郭居静急忙赶到了孙的船上。在那里，进行了礼貌的关于西方的谈话后，这个父亲开始讨论他儿子的事情。

---

〔1〕　*FR* I, p. 337.
〔2〕　*FR* I, p. 337 及注 I.
〔3〕　请参见拙著《利玛窦〈中国札记〉Scielou 人名考》，载《中研院历史语言所集刊》，2013 年，第 84 本，待刊。

利玛窦回答说自己不能在一两天内治疗好这个年轻人的精神痛苦，但是如果侍郎允许他同自己的儿子一道旅行至江西省，他可以在途中进行有效的精神治疗。孙矿立即同意了这个建议，并命令韶州知县为利玛窦发旅行许可。由于很快就要启程，利玛窦只有一天半的时间来准备。他带着两个年少的中国天主教徒巴若翰和费尔南迪斯以及两个可靠的中国仆人，前两者是从澳门派来即将加入耶稣会的见习生。中国籍耶稣会修士黄明沙和钟鸣仁留在韶州，因为黄卧病在床，钟则忙于帮助还在刻苦学习汉语的郭居静。1595 年 4 月 18 日，利玛窦一行人启程前往南雄。在那里，他们上岸，通过陆路穿过北江和赣江的分水岭梅岭，以及隔开广东和江西的山脊。一行人向高地前进，有的坐轿子，有的骑驴，有的步行，十年前利玛窦的前同伴罗明坚进行了同样的旅行。在前往山顶的半途中有一条两边排列着树木和客栈的路，路上有一段用石头铺建的阶梯大道。建于公元 716 年的唐朝的梅岭古道（图 10、图 11）可让旅行者、士兵和商人

图 10　珠玑巷。罗明坚和利玛窦从南雄到梅岭的通道。作者摄影。

第六章 韶 州

图 11　梅岭古道。作者摄影。

带着他们装满商品和行李的驴和单轮推车畅快地来回通行。利玛窦羡慕这条道路的美丽,思绪把他的记忆带回了 1577 年,当时他和他的同伴们正在弗拉米尼亚大道(Via Flaminia)上挣扎,与这条引导自己走向未来的梅岭大道相比,那条道路的铺设和维护都相当糟糕,但都是自己旅途上的光明大道。

第七章　南　　昌

　　利玛窦在江西的省会度过的三年是其事业的转折点。一方面，这占据了他在中国生活时光的中间部分：1595 年 4 月，当他在匆忙中离开韶州时，他从此结束了在广东的 12 年充满痛苦和挫折的传教生涯；当他于 1598 年夏天为了更好的发展而离开南昌时，即将到来的是充满胜利的 12 年。他的信札讲述了整个故事。在现存的利玛窦写的 54 封信中，有 11 封寄自南昌。在短短三年中，利玛窦给他的上级、朋友和家人寄出了 11 封信，包括他写过的最长的一封信。把这个书信数量与他在广东的 12 年间写的 16 封信和在北京的九年间写的 18 封信相比，我们可以感到他在南昌面临新开端的兴奋。的确，在南昌，利玛窦深入到了明朝社会的权力走廊和内室。在江西，利玛窦体验了晚明思想复兴的中心，会见了顶尖的儒家学者，参加了私人书院的讲学，并由于第一本汉语著作的出版而获得了学术名声。在南昌，利玛窦进一步渗透到了权力中心，与明朝的王公和高官们建立了联系，第一次见证了传统中国社会精英的形成机制——科举考试。最终，他在南昌的成功使他后来在明朝的两个都城取得了更大的荣耀。

　　甚至在他生命的最后时刻，他仍然对江西有着最生动的记忆。他怎么能忘怀呢？在那里，他曾走近了死亡。

第七章 南　昌

离开水上航行后，利玛窦一行开始爬梅岭。站在矗立着一座佛教寺院的山顶，利玛窦眼前是一直延伸到地平线的平原和丘陵，在山麓坐落着南安这座城市，正是从这里，利玛窦一行开启了新的航程。深谙中国办事方法的利玛窦与孙矿的管家建立了良好关系，允诺给这位官员一份厚礼。通过这个关系，利玛窦被孙矿邀请到自己的船上用餐，并满足了其对西方风俗、宗教和知识的好奇心。至于利玛窦的愿望，这个尚书打消了耶稣会士们去北京或南京的念头：没有国家的许可外国人是不能定居的。孙矿建议他们去自己的故乡浙江，但是利玛窦担心沿海省份的中国人会对外国人更加敌视。甚至去南昌的建议都没有打动利玛窦。在江西的旅途中，如此多的地方官员欢迎路过此地的尚书，以至于利玛窦根本没有时间对孙矿那处于困境中的儿子进行精神辅导。这个传教士很高兴地观看到当地巡抚为兵部尚书的到来而组织的欢迎仪式，河的两岸分别站列着数千个士兵，为了向尚书表示敬意而同时鸣射火枪。经过赣州以后，驳船进入了一段危险的河段：有激流、礁石和曲折河道的十八滩。让利玛窦感到困惑的是，与所有旅行者一样，大官孙矿也在一个佛教寺庙里上香祈祷平安通过。在经过叫做天柱滩的第二个险滩时，一艘载有孙矿的妻子和小妾的驳船撞上了礁石。船没有沉没，但是行李却被涌进船内的河水弄坏。利玛窦和他的随从们把受到惊吓的女人和孩子们转移到了他的驳船上。在等待从赣州来的接替船只时，利玛窦和来自澳门的一个男孩巴若翰登上了另一艘船。突然，一阵强风袭来。在水手们还没来得及调整航行时，驳船的一侧就翻倒在水中。利玛窦和其他人被扔进了河里。不会游泳的利玛窦在抓住系在驳船上的一根绳子时就已经开始向上帝托付自己的灵魂了。利玛窦和所有其他人挣扎着趴在沉了一半的驳船上，努力把头伸出水面呼吸。但是巴若翰却失踪了。水手们到处搜寻，但是没有找到这个男孩，不知其死活。利玛窦很喜欢这个每周都忏悔，且很可能成为神职人员的优秀男孩，对于他的失踪，利玛窦陷入极度沮丧中，甚至怀疑继续这段旅程是否明智。只有在想到年轻的巴若翰已经在享受永恒的奖赏时利玛窦才得到些许安慰。

驳船到达吉安时起了风暴。之前的水上事故让孙矿感到忐忑不安，于是决定改由陆路前往北京。由于这个决定意味着更大的花费，他想把利玛窦送回韶州。意识到此意图的利玛窦找到他在旅途中已经熟识的孙的管家，以一面棱镜为条件，称如果尚书把他带到北京他将把此棱镜作为礼物相送。此管家以为棱镜是份珍宝，于是按照原来的计划安排利玛窦与护送孙矿的沉重行李的仆人们一起继续乘船前往南京。孙矿与他的随从乘坐了十三辆马车，跟随着的还有更多装载行李的车辆以及几百个骑马的仆人和士兵，而利玛窦和他的仆人们则在孙矿家的两个人的护送下继续从水路前行。

他们的下一站是临江。又经过一天的航行后，利玛窦停靠在了一个叫做樟树镇（今日的清江）的小城，这里因为是四个御史的故乡而闻名，相比之下广东整个省只出了一个御史。[1] 在这里，利玛窦拜访了耶稣会士们的朋友、曲江知县刘文芳。刘当时刚结束在北京举行的三年一次的审查，正在返家的途中。利玛窦穿上他最好的丝绸袍子去拜访了刘，他很高兴自己在这里得到了比在韶州时更好的招待。在向刘大人解释自己的头发、胡须和文人袍子时，利玛窦说道："我们的职业是关于知识的，我们是教授关于神和其他事情的律法的人。由于我们刚到肇庆时不会说汉语，也不懂中国的风俗，我们愚蠢地穿成了和尚的样子，其实我们跟他们完全不一样，因为我们宣讲不同的教义。"[2] 利玛窦很高兴自己的解释被坦然接受了，没有被小题大做，他开始感到丝绸袍子的舒适。

4月29日，在离开韶州11天，经过似乎没有尽头的舢板和驳船后，利玛窦到达了省城南昌。与部分其他旅行者一起，利玛窦进入了城门，拜访了著名的铁柱宫，这个称呼的来历据说是因为一个道家真人曾用此击败了一条河龙而挽救了这个城市。在他与道士的第一次接触中，利玛窦注意到他们蓄长发和长胡须。从船靠岸直到寺庙，利玛窦被一大群人跟

---

[1] *Lettere*, p.216.
[2] *Lettere*, p.218.

第七章 南　　昌

随着。来自澳门的少年费尔南迪斯告诉众人利玛窦是来自西方的饱学之士。在一座巨大的道士许真君的雕像前，众人要利玛窦下跪表示尊敬。利玛窦回答说自己不认识这个雕像。围观的中国人说所有的官员都尊敬此道士。当利玛窦拒绝后，众人仍然试图说服他，担心被冒犯了的神会惩罚这个外国人。一些人甚至想为了利玛窦而强行让其下跪，只有当其船上的一名水手说这个外国人不拜任何偶像时众人才停止。这时众人才散开。被这次经历干扰了的利玛窦决定从此不再参观中国的寺庙。当利玛窦回到驳船上时，孙矿的仆人们已经召来了他们主子的朋友们，为首的是一位名医黄继楼，他认识江西巡抚和其他高级官员。他后来与利玛窦建立了良好的关系。

从南昌出发，一个旅行者有两个选择：往东向浙江前进，这是罗明坚在1586年采取的路线，但是仅带来小小的成功；或者驶进鄱阳湖，这是利玛窦采取的方向，他从这里顺着长江而下，经过九江和安庆，继续其追求认知的旅程。利玛窦注意到长江两岸有很多城市，并记录了一些主要城市的经纬度，还有多种鱼和谷物，观察到"不可思议的大量船只，要是没有亲眼看见，是不可能相信的，还有大量顺流漂下的木头，其数量多到连河道看起来都似乎被堵塞了"。[1] 正因如此，这个来自西方的拜访者也看到了树木被砍伐后的景观，除了竹子所有的树木都被砍伐了，所有这些木料被人们制造成了众多的三、四桅船只，在长江上下航行。

5月31日，在离开韶州六个星期后，利玛窦在帝国的南部都城、古老的南京上了岸。利玛窦几乎没机会来了解这个曾是帝国权力中心，现在仍然是这个国家的文化中心的蓬勃发展的大都市，因为他的停留时间被缩短成了两个星期。

住在城墙外的利玛窦在到达后的头几天在城市里一边转悠一边思考他的下一步打算，此时他被自己在广州结识的一个熟人认出。此人是刘节斋的第五子，同其父亲不同，他对利玛窦颇有好感，曾在韶州拜访过利

---

[1] *Lettere*, pp. 223–224.

玛窦两次。正是刘公子邀请利玛窦参加宴会,并介绍与其他人认识。急于建立良好关系的利玛窦甚至把自己的名刺放在朱家,朱家的儿子朱之蕃在当年的殿试中得了第一名,获得状元的头衔。此时利玛窦听说另一个之前认识的人在南京已经很有名,这便是徐大任。利玛窦把这看成上帝给的信号。出生于安徽省宣城的徐除了短暂出任过广西兵备道外,出任的大部分官职都在南京,正是广西的这个职位使他去过肇庆多次。同很多官员一样,他会见了利玛窦,并从这个西方和尚那获得了礼物——一个地球仪和一只钟表。1592 年,徐大任在前往南京出任新职位的途中在韶州拜访了利玛窦。当利玛窦于 1595 年到达这个南部都城时,徐正出任工部侍郎。[1]

受此消息的鼓舞,利玛窦穿上他最好的袍子,带着一份贵重的礼物前去拜访这个侍郎。大吃一惊的徐大任半天才认出利玛窦来,他已经不是从前的和尚打扮了,而是穿着丝绸面料的士大夫袍子,蓄长胡须,戴四方帽。迅速恢复镇静的徐大任给微笑着充满期待的利玛窦上了茶,并给予了通常的礼节。然后,利玛窦向徐大任展示了孙矿给予的通行证,并告诉徐大任他见到一个老朋友是多么高兴,因为徐也许可以帮利玛窦获得居住许可。谈到此,徐大任发出一声响亮的叹息,并告诫说,在中国军队与进攻朝鲜的日本侵略者作战的当下,到南京来是不明智的,尤其是来拜访自己。徐提高了嗓音警告说,利玛窦必须回到广东。在南都允许外国人居住是不可能的。徐向利玛窦说教了半个小时,不时还有些粗鲁。他下令自己的下属召见利玛窦的房东,并建议利玛窦离开这个南部都城。由徐护送出门的利玛窦明显觉得徐对被外国人拜访深感焦虑。被激怒的利玛窦总结道:"从我们与这个官员之间的伟大友谊上,我们可以看出中国人的话语和承诺多么不值得信任,因为如果这个在中国被认为善良和睿智的有影响力的官员,因为害怕其他的官员们而这么对待我,我们可以想

---

〔1〕 北京的各部均有一位尚书和两位侍郎(左侍郎和右侍郎),与此不同,南京各部只有一位尚书和一位右侍郎。请参见《明史》卷七十五,第 1833 页。

第七章 南　昌

象那些影响力小但是对我们更加敌视的人对我的态度。"[1]失望的他回到住处时发现房东一家害怕得直哆嗦，因为徐的手下们已经召见了房东。

在会见时，徐侍郎责怪了这个可怜的人，并威胁要惩罚他非法私通外国人，房东必须立即赶走利玛窦。一些熟人建议利玛窦忽略这个威胁，但是利玛窦反对这么做，认为这是"上帝认为我这次不应该留在南京"的信号。[2]徐的拒绝让利玛窦深感羞辱，因为他已经告诉南京的所有熟人自己与这个有权力的官员之间的友谊，他只能以离开来挽救面子。徐的意图到底是什么呢？一本同时代人的传记描写徐是一个正直又简朴的官员，对于花政府的钱非常吝啬，而且避免任何以权谋私的行为。[3]很明显，徐认为与利玛窦交往会败坏自己的名声。利玛窦也许已经披上了士大夫的袍子，但是在帝国官僚的权力场上他仍然只是个无名小卒。

带着沉重的心，利玛窦于1595年6月16日在南京乘船溯江而上。前往南昌的12天航程使这个意大利传教士陷入了沉思。他在南京仅待了两个星期，但似乎与他在中国已经生活了的13年一样漫长。最近的经历使他原本满怀着的希望全部泡汤，利玛窦变得更加沮丧。

航行十天后，当船穿越鄱阳湖靠近南昌时，利玛窦睡着了，经过这次意想不到的命运逆转，年复一年繁重的劳动已使他感到精疲力竭。利玛窦梦到：

> 接近江西大都市时，他整天都在思考将要做的事，梦中一个不认识的人出现在他面前，在路上告诉他："你是不是在着手消灭这个王国的古老宗教，而用一个新的来代替？"这个一直小心翼翼不向任何人泄露自己传播圣律意图的神父回答道："哦，你知道这个，那你一定是上帝或者魔鬼。"这个陌生人回答说："我不是魔鬼，而是上帝。"神父立即拜倒在他脚下，因为他已经遇到了他一直想见并希望在其

---

[1] 写给孟三德的信，南昌，1595年8月29日，*Lettere*，p. 240。
[2] *FR* I, p. 355.
[3] 过庭训撰《本朝分省人物考》卷三十八，台北，1971年再版，第十册，第3084—3086页。

利玛窦：紫禁城里的耶稣会士

面前诉苦的人，他说："主啊，既然你知道我的意图，为什么你不帮我呢？"他开始在主膝下哭泣。这时主开始安慰他，说在朝廷上主将使他获利。（这个梦的另一个版本称上帝指着北京，然后利玛窦成功进入了京城。）〔1〕

水路还是陆路？利玛窦真真切切处在了人生的十字路口。十多年的劳动会随着长江水流走么，如同苏轼在《念奴娇·赤壁怀古》中哀叹的那样："大江东去，浪淘尽，千古风流人物！"一个冒险经过九个月的海上波澜从里斯本航行到澳门的意志坚定的意大利传教士，就因为中国官场政治的沉浮而被遗弃在落后的乡下么？当他从睡梦中醒来时，利玛窦已经知道了答案。因为利玛窦在南昌的梦是预言性和启示性的梦：它预言上帝将在南京和北京赐予利玛窦成功，这个梦在中国教务和耶稣会教务的建立者之间画了条平行线。

大概在六十年前（1537），当依纳爵和他的两个同伴决定放弃在圣地传教的梦想而留在罗马服务时，这个未来的耶稣会创立者在离罗马几英里外的一个教堂热切祈祷时，在幻觉中看到了圣父和耶稣基督。这个在依纳爵的自传中有简短记录，在意大利 La Storta 的幻觉后来被他的同伴雷奈斯，即后来的依纳爵继任者和耶稣会第二任总会长做了详细回忆：

> 由于我们的神父有很多宗教情操，尤其是每日都要领圣体，这个总由彼得罗·法布罗大师或者我来主持，所以我们每日都要主持弥撒，而神父不用。在我们经过锡耶纳前往罗马的某一天，我们的神父突然对我说，似乎圣父在他心中不停地重复这些词："我会在罗马给予你吉利。"由于不明白这是什么意思，他说："我不知道我们会怎么样，也许我们在罗马会被送上十字架。"另一次他说自己似乎看见耶稣基督扛着十字架，不朽的圣父对耶稣说："我想要你向你的仆人要

---

〔1〕 利玛窦写给利斯塔的信中对这次梦境的记录与在他自己的日记中记载的大体一样，只是结局有些不同。请参见 Lettere, p. 290。

第七章 南　昌

求这个。"因此耶稣基督对他（依纳爵）说："我想要你用这种方式服务于我。"于是，为了表达对这个最神圣的名字的敬爱，他把这个会众命名为耶稣会。[1]

上帝确实在罗马给予了依纳爵吉利，自他1538年到达罗马后，上帝在"激烈的迫害"中支持他，并以1540年教宗对耶稣会的正式批准而加冕了他的成就。利玛窦的话，"主安慰他说在朝廷上主会让他获利"仅把上帝对依纳爵说的话"我会在罗马给予你吉利"变成了非第一人称的形式。以第一位耶稣会士为榜样，利玛窦在自己的著作中模仿这个耶稣会起源的情景：雷奈斯称依纳爵为"神父"（il Padre），相应的利玛窦在自己的回忆录《基督教远征中国史》中用第三者称"神父"（il Padre）指代自己。甚至依纳爵于1538年在罗马受到的所谓的迫害也是利玛窦于1600年受到的短暂迫害的先兆，当时他终于被允许以西方使臣的身份前往北京，在旅程中宦官马堂因为看到利玛窦行李中的十字架而控告他行巫术（请参见第九章）。

用弗洛伊德的术语来说，这是经典的"愿望的满足"。利玛窦在南昌的梦包括了多层意义：漫长的水上旅程使他感到平静，利玛窦的潜意识（他的意图没有向中国的任何一个人透露）因为一个神圣的承诺和预言而感到肯定，而这个信息的传达方式与耶稣会创立时经历的幻觉类似。正如依纳爵建立耶稣会并成为宗教改革后重振天主教的支柱一样，利玛窦以耶稣会的虔诚儿子的身份在上帝那里得到允诺，成为中国基督教会的建立者。从所有这些方面看，1595年的梦是非凡的，它几乎发生在利玛窦在中国漫长旅途（1582—1600）的中期，并预示了他在南京和北京的上升，他的胜利、荣耀，以及在中国和耶稣会历史上都被记录的事迹。利玛窦的梦在另一个意义上也很特别：这是利玛窦的漫长记忆中唯一被他记载的梦，这也是约两百年里在中国的耶稣会士中唯一一个描写关于自

---

[1] *Didaci Lainez Adhortationes*, 1559, in *Fontes Narrativi de S. Ignatio de Loyola et de Societatis Iesu initiis*, vol. II, *Monumenta Historica Societatis Iesu* (Rome: IHSI, 1951), pp. 133 – 134.

己的梦。[1]

6月28日,利玛窦再次到达南昌。他很可能在光润门外上岸,这个门的后面便是一个月前他来拜访过的铁柱宫。明代的南昌是一个被城墙包围的大城市,几乎成矩形,只有左下角的光润门处赣江流入城内,在南昌的东部形成三个大湖泊。被赣江环抱的南昌面对着水,它的七个门中的三个正对着赣江。宫殿、官府、寺庙和房屋紧密地被围在城墙内。1587年的地方志记载了76 705户和167 098口,这是肇庆的四倍。据利玛窦记载,这是"佛罗伦萨的两倍"。[2] 南昌不仅是江西的首府,通常布局还包括一个贡院的省级衙门,它也是下面两级地方政府所在,同时是南昌府以及南昌县和新建县的政府所在。省的下级官员们管理着大片地域。不止此,南昌还是好几个军区的总部所在。更有甚者,三座宫殿占据了城墙内的大片土地:这些属于明朝的世袭亲王们,被分封到省的前皇帝们的小儿子们和他们的后代;至16世纪晚期,这些南昌的宫殿属于建安王、乐安王和益阳王(地图5)。

利玛窦发现了江西与广东的不同,他嘲讽地说广东是"一个野蛮、没有文明的地方"。[3] 他观察到,南昌的商业活动要少很多,"当地人的本性要谦虚得多,他们很容易感到满足……他们倾向于虔诚,他们中的很多人一辈子都生活在斋戒中"。然而,在这个耶稣会士的眼中南昌的一切与广东相比看起来都更好:"这里的人们更好,他们长得更好看,他们更加高贵,更加有文化,更加礼貌和周到;房子更好,街道更宽更直……这里的官员们立了更多牌楼,与广州相比这里的数量要多得多,建造得也好得多……"[4] 利玛窦也注意到私塾的存在,文人们聚集在此讨论"体现美德的事"。[5] 实际上,江西省是晚明的知识分子生活和官员权力中心之

---

[1] 请见拙作"Dreams and Conversions: A Comparative Analysis of Catholic and Buddhist Dreams in Ming and Qing China: Part I," *Journal of Religious History* 29: 3 (October 2006), pp. 223 – 240.
[2] 范涞修《[万历]新修南昌府志》(1588)卷七,第122页;*Lettere*, p. 282.
[3] *Lettere*, p. 283.
[4] *Lettere*, p. 242.
[5] *FR* I, p. 357. *Lettere*, p. 220.

第七章 南　昌

地图5：南昌城市规划，据1588年《南昌府志》

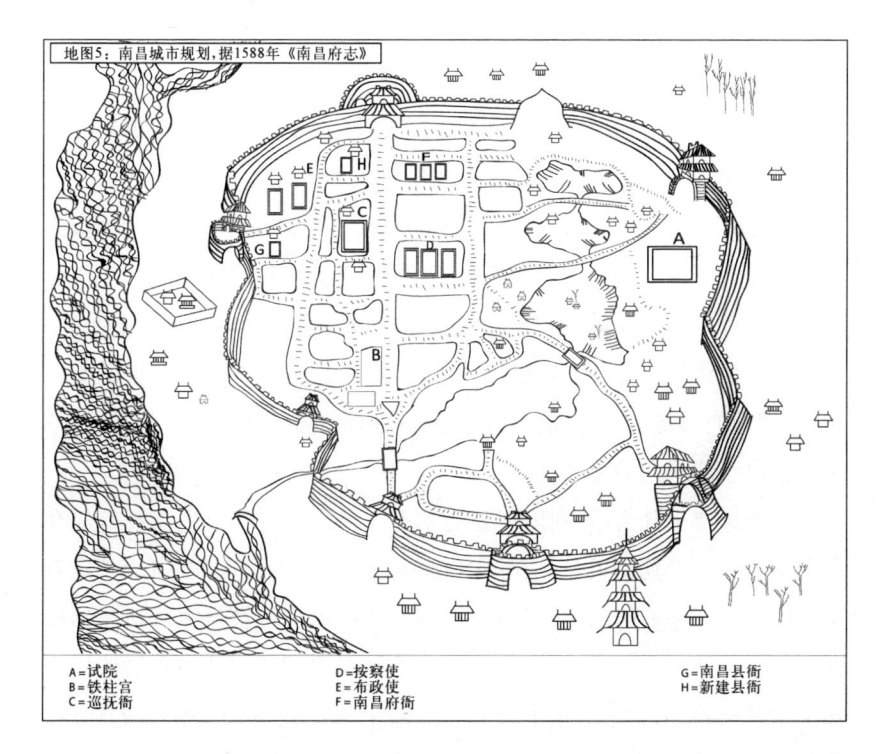

A=试院　　　　D=按察使　　　　G=南昌县衙
B=铁柱宫　　　E=布政使　　　　H=新建县衙
C=巡抚衙　　　F=南昌府衙

地图 5　南昌

一：它的书院比任何其他省的都多，整个明朝的1 946所书院有294所在这里；这里是中进士数量最多的省份之一。"如果葡萄牙人把中国的缺乏礼仪描写得很负面，"利玛窦告诉罗马总会长阿夸维瓦，"您应该知道这并不是说整个中国，而仅限于广东省和其他类似广东的地方。"[1]在1595年举行的殿试期间，利玛窦给他的澳门上司孟三德又写了封信，称在最后的三百名考生中南昌一个地方就中了七到八个进士，而广东全省只中了五到六个；[2]于1591至1598年间担任大学士的张位（1538—1605）是南昌人。[3]这个城市还与晚明学术运动的领头人物、官员和哲

---

[1]　利玛窦写给阿夸维瓦的信，南昌，1595年11月4日，*Lettere*, p.311。
[2]　*Lettere*, p.245。
[3]　《明史》，卷一〇七，第十九册，第5777页。

学家王阳明（1472—1529）联系紧密。[1]

  王是浙江余姚（今绍兴）人，与孙矿同乡。1519年升职为江西巡抚时，他平定了亲王朱宸豪的叛乱，正是这次叛乱中，孙矿的祖父、御史孙燧便是南昌仅有的两个坚决不屈服于叛军而被杀害的官员之一。在江西任期中，王阳明还兴建学校，复兴已废止的私人书院，并提倡儒学。然而，由于王反对在明朝早期被认为是儒学正统的宋代学者朱熹的学说，他在很长时间内都受到其他官员和学者的排斥。多亏了他众多弟子的影响力，王的学说最终被接受并开始盛行。1584年，万历帝允许在孔庙里供奉王阳明，把他的雕像同孔子、孟子、朱熹和其他儒学圣人的放在一起，这是一个学者可以获得的最高荣誉。

  低调地待了几天后，利玛窦要费尔南迪斯出去打探这里有没有他在广东结识的人。其结果是毫无所获，利玛窦责怪这个年轻的下属"没有丁点能力办理必要的事情"。[2] 几天后，利玛窦决定亲自去拜访黄继楼医生。急于留下良好第一印象的利玛窦仿照宋代著名诗人苏东坡的样子穿上了丝绸袍子，戴上一顶士大夫的高帽子，乘轿子前往黄医生的住所。得知孙矿随从中那个了不起的外国人到来后，黄继楼礼貌地接待了他。黄是一个急于展开新奇对话的人，他既被西方事物、利玛窦赠送的礼物和他的话语所吸引，又为这个外国人对中国著作的了解而着迷。身为南昌权贵者的医生，黄医生为利玛窦提供了极其宝贵的关系网。他邀请利玛窦参加一个宴会，参加者还有明朝的亲王和他们的亲戚。"在医生的友谊的帮助下，"利玛窦承认，"我的名声开始在城中流传并增长，他们不仅认为我是一个学了全部六部儒家经典，可以获得进士的大学者……他们说我还知道他们在中国不知道的其他伟大科学。这个名声的由来是因为

---

  [1] 江西在明朝各省的书院数量中名列第一，接下来为广东(234)，浙江和福建(各174)，安徽(141)和江苏(117)。见 Tai-loi, Ma, "Private Academies in Ming China (1368 - 1644). Historical Development, Organization and Social Impact." Ph. D dissertation, University of Chicago, 1987, p. 153. 各省的进士数量，请见 He Bingdi, *The Ladder of Success in Imperial China: Aspects of Social Mobility 1368 - 1911* (New York: Columbia University Press, 1962).

  [2] *Lettere*, p. 246.

第七章 南　昌

我们的朋友(瞿汝夔)一直在向别人宣传我们而给了我巨大的帮助。"[1]利玛窦希望他可以通过让瞿成为基督徒来报答他的恩情,但这必须以能够服务于上帝为前提。很快,利玛窦开始接待身份显赫的客人的来访,他向这些人介绍西方数学和天文学,并在白纸上根据记忆写下客人事先按照杂乱顺序展示给他的汉字,他照相机似的记忆力让人更加惊叹。

利玛窦惊人的记忆力带出了很多事。我们已经看到他通过复述事先按照杂乱顺序展示给他的汉字而让其中国拜访者印象深刻。南昌的文人也对这个外国人整段背诵儒学经典的能力感到佩服,为利玛窦可以倒着背诵任何提出的段落的壮举所震撼。理所当然,人们认为这惊人的记忆力一定是来自一个神奇的方法。于是几乎每天都有文人来请求利玛窦收自己为徒,一些人甚至开出了诱人的价格来获得他的记忆秘诀。利玛窦辩解说自己要先在南昌安顿下来,答应很快满足他们的恳求。可以想象,利玛窦的记忆术可以成为科举考试的捷径,让数千文人从记忆一卷又一卷古书的痛苦中解脱出来。对受到如此巨大的关注深感受宠若惊,利玛窦在巡抚陆万垓的请求下写作了第二本汉语著作《西国记法》,在书中总结了西方的记忆术,我们将在后文对此详述。

这部由六小章组成的简短著作介绍了一种空间记忆法,即所谓的"记忆之宫"。实际上,《西国记法》是一本让人失望的书,因为对于很多急切的读者来说此书根本无用。从根本上讲,这本关于西方记忆术的著作采用空间想象来对汉字进行分类,这个方法只对母语非汉语的人有意义。这个方法是利玛窦自己记忆汉字的漫长经验的总结:怎样根据部首、读音和意思把汉字分解以方便理解。他的方法只对那些对汉字的非语音特性不熟悉的学生有意义,这些人需要视觉帮助来把汉字的复杂形状分解和分类。利玛窦的汉语著作的读者们由于自小便学习汉字,因而可以毫无困难地识字,因此利玛窦的方法对他们是没有用的。拿利玛窦在第二章"如何运用此方法"中的解释来说:

---

[1] *Lettere*, p. 247.

凡学记法,须以本物之象及本事之象,次第安顿于各处所,故谓之象记法也。假如记"武"、"要"、"利"、"好"四字,乃默置一室,室有四隅,为安顿之所,欲以东南隅为第一所,东北隅为第二所,西北隅为第三所,西南隅为第四所。即以"武"字,取勇士戎服,执戈欲斗,而一人扼腕以止之之象,合为"武"字,安顿于东南隅。以"要"字,取西夏回回女子之象,合为"要"字,安顿于东北隅。以"利"字,取一农夫执镰刀,向田间割禾之象,合为"利"字,安顿西北隅。以"好"字,取一丫鬟女子,抱一婴儿戏耍之象,合为"好"字,安顿西南隅。四字既安顿四所,后欲记忆,则默念其室,及各隅而寻之,自得其象,因象而忆其字矣。[1]

这只是最基本的步骤。在第四和第五章,利玛窦介绍了更加复杂和缜密的空间布局法以帮助记忆整句和整段。

如同一个中国学生观察到的那样,利玛窦记忆法的问题在于:"这些箴言是记忆的真实规则,但光是为了采用这个方法,一个人就必须有良好的记忆力。"[2]不仅如此,利玛窦把汉字从语言学上升到词源学的转变让读者觉得要么幼稚要么荒谬,只对学习汉语的外国学生有用,对于沉浸在悠久的历史语音学和词源学传统里的中国文人是无用的。《西国记法》没有被广泛接纳,只印刷了一版,分发了几本出去。

如同他记得的汉字一样,他过去认识的人物也无特定顺序地出现了。在南昌,利玛窦遇到了曾于1589年在韶州出任了一年同知的李春和。李是南昌人,当时正在前往另一个职位的途中回家探亲,他答应为利玛窦获取居住许可,并把他介绍给自己的一位秀才表兄。此时,早在广西任职时就听闻这个耶稣会士的名声的巡抚陆万垓派遣了一位下属去打探自己管辖区内的这个外国人是否就是同一个人。不知道该期盼什么的利玛窦穿着自己最好的袍子前去拜见,当陆万垓要他从跪拜中起身时,他才大舒了

---

〔1〕朱维铮主编:《利玛窦中文著译集》,上海:复旦大学出版社,2001年,第146页。
〔2〕这是利玛窦本人在1596年10月13日于南昌写给阿夸维瓦的信中报告的,见 *Lettere*, p. 336。

第七章 南　昌

口气。陆大人告诉这个传教士自己对他的学识和美德早有所闻。在一个多小时的会见中，利玛窦再次讲述了自己作为兵部尚书的随行人员从韶州开始的旅程，以及他在南京对徐大任的拜访，他省略了不愉快的插曲，恰当地以自己与达官贵人之间的交情给陆留下了深刻的印象。他们谈论天文学和数学，利玛窦还向陆展示了一面威尼斯棱镜，这让陆极其高兴，还把此棱镜送到内室让家里的女眷们欣赏。当被问到未来的计划时，利玛窦回答说自己打算回广东去，对此陆建议他应该待在南昌这个更高贵的地方，利玛窦对此次会面感到愉快。他的朋友黄医生，由于收到了利玛窦赠送的贵重礼物而心存感激，也利用自己给陆大人的儿子治病的机会，在陆大人面前说利玛窦的好话，称利玛窦能够制作日晷，有极强的记忆力，收集有各种奇特的棱镜、西方书籍和世界地图。于是，陆巡抚要利玛窦给自己制作了一个日晷，并为他的三个正在准备科举考试的儿子用汉语写了一部记忆术指南。多亏了这个良好的开端，利玛窦在南昌转了一圈，拜访了所有其他官员。在短短的两个月内，他已经成功地使自己成为这个城市精英阶层的一分子。

精英中最重要的精英（如果没有实权也有地位）是明朝的建安王和乐安王。把次子分封到各省的制度由明朝建立者朱元璋设立。15世纪早期以后，这些皇室亲王由于不允许担任军事将领，也不能担任官职而不再有实权。他们居住在自己的小宫殿里，除非有皇帝的命令不得前往首都，通常被限制在自己的分封领地，最终以富有地主的身份消失于历史舞台。这些分封领主的次子们被授予的头衔级别更低。随着时间的流逝，有些宗族消失殆尽，其他的被废除：所有人都由朝廷发给俸禄。至明末，皇室宗族已增长到极大的比例，据1624年的一项调查，有皇室血统的男女不少于627 424个，消费了政府年收入中最大的份额。[1] 由于被剥夺了任何社会功能，一些省的亲王累积财富，沉迷于声色犬马之中，成为目

---

[1]《明史》，卷一〇〇，第2503页。参见陈宝良：《明代社会生活史》，北京：中国社会科学出版社，2004年，第68—70页。

无法纪的小霸王;另一些人则培育艺术,赞助诗人、僧侣和神秘的"上道之人";少数人,如我们已经提及的亲王朱宸豪,自认颇具雄才大略而不能忍受分封的束缚,感到极度痛恨而策划叛乱。亲王朱宸豪是被朱元璋分封为"宁献王"的第十七子的第五代后人。在叛变流产后,朱宸豪被逼自杀,他的封号也被废除。南昌的皇室血统中也有其他的级别较低的害群之马,这些人犯了一些轻罪:1583年,瑞昌(这个封号在叛变后于1591年被废除)家族的三名庶子骗取津贴;1591年,已去世的靖江王的几个庶子给整个城市带来恐怖,殴打百姓甚至一位官员,最后有的被剥夺一切头衔,成为普通人,有的被软禁在家;1592年,在一场针对普通百姓的仇杀中,瑞昌家族的几个庶子被控告抢劫、暴力和强奸,被以普通人的身份判了监禁。〔1〕

乐安王和建安王与其他目无法纪的族人不同,他们俩均是宁献王主族的庶子们的后代。遇到利玛窦时已经是位老人的乐安王朱多㷂于1561年继承此封号。勤于治学的他于1584年请求皇帝为他赞助的一所书院赐赠了名字和一套《四书》《五经》。〔2〕与利玛窦交情甚好的建安王朱多𤊹(去世于1602年)于1573年继承此封号。他也是一个很有修养的人。

良好的关系网可以打开任何一扇大门,在中国自古就是这样。黄医生介绍利玛窦与这些亲王认识,而其中一个亲王的儿媳妇便是利玛窦的好朋友瞿汝夔的女儿。通常,友谊会在宴会和交换礼物的过程中得到认可。乐安王送了利玛窦几匹昂贵的丝绸、一双丝绸鞋和一本画有他们的宴会场景的书;作为回报,利玛窦向乐安王赠送了一本画有基督教圣徒的欧洲出版的书。利玛窦给建安王赠送了既贵重又新奇的礼物:一个用黑色大理石雕刻出的日晷,上面标明了中国日历中的二十四个节气以及日出和日落的时刻,一个地球仪、一张世界地图、图画和玻璃,两本用日本纸

---

〔1〕 李琼英和张颖超编:《明实录类纂》(宗藩贵戚卷),武汉:武汉出版社,1995年,第1488、1497页。

〔2〕 关于朱多㷂,见《明史》,卷一〇二,第2732页;关于皇帝赐儒家经典,见李琼英和张颖超编:《明实录类纂》(宗藩贵戚卷),武汉:武汉出版社,1995年,第1238页。

第七章 南　昌

张印刷的书，一本名为《世界描绘》，另一本是利玛窦的第一本汉语著作《交友论》。[1] 由于这个亲王显示了"对来世的向往"，他的受洗"将代表一个伟大的开端，很多人将跟随他这个榜样的步伐，这样我们神圣的信仰将在中国迅速发展"。利玛窦还送给建安王一幅名为《祈祷中的圣士提》的画。[2] 建安王非常喜欢这幅画，他把它精致地装裱起来，并请求利玛窦成为他家的永久客人和自己的宗教导师，此邀请被礼貌地拒绝了，因为他的目光盯上了更宏伟的目标。

《交友论》最多只是"用汉语著书的练习"，利玛窦在给阿夸维瓦的一封信中如此写道。建安王对交到利玛窦这个有美德又有学识的西方朋友深感愉快，他询问利玛窦友谊在西方社会是什么状况，于是利玛窦在1595年12月初的短短几天内写了这篇短文来回答此问题。此文包含了主要由希腊和罗马作者写的一百句关于友谊的格言或警句，最主要的来自普鲁塔克、亚里士多德、第欧根尼·拉尔修、西塞罗和塞内加。利玛窦采用的大部分格言很可能来自由葡萄牙人文主义者和多明我会士赉桑代氏（1498—1573）编纂的《值得肯定的作家的格言和范例汇编》（*Sententiae et Exempla ex probatissimis quibusque scriptoribus collecta*）一文，此文在耶稣会学院的图书馆中均有收藏。其他的部分则是利玛窦凭借记忆书写。

第一句格言就对友谊做了定义："虽然我的朋友和我有两个身体，但是我们有同样的头脑。"然而友谊不仅仅是有另一个自我的陪伴而带来的快乐，他满足了我们对物质和灵魂互助的深深需要，这是人性的喜悦。友谊必须建立在真诚、忠心和不追求物质利益的基础上。利玛窦采用了很多格言来阐释真正的友谊是如何超越了贫富以及幸运和不幸之分。总之友谊的基石在于美德，利玛窦选择了很多格言来阐述这点：

> 只有当美德和意志相似时，友谊才会深厚。交朋友就像治病，因为医生真正关爱病人、痛恨疾病，为了治好病人，他弄伤病体，喂他苦

---

[1] Timothy Billings 最近把它翻译成了英文，见 *On Friendship: One Hundred Maxims for A Chinese Prince*（New York: Columbia University Press, 2009）。
[2] *Lettere*, p.262.

药。如果医生不能忍受病人的疾病,一个人怎么能忍受朋友的邪恶面呢?告诫他,告诫他!不要担心他不乐于听,不要害怕他头脑的执拗。如果在友谊里享乐多于美德,那么它不会持久。如果一个人的朋友有如森林里的树木一样多,你就知道他一定有伟大的美德。如果一个人的朋友如晨星一样稀疏,你就知道他没有什么美德。如果友谊在遇到利益冲突时转变成敌意,那是因为这段友谊中缺乏正义。如果友谊是正义的,那么顺境和逆境都能分享。

对于中国人来说,这些格言中的很多都是熟悉的,因为他们也有自己的关于友谊的格言。但是利玛窦的著作中包含了六首来自希腊历史的格言(其中三首是关于亚历山大大帝的),这让他的汉语著作有了异域风格。《交友论》由于从构思上呼应了儒家关于友谊的观点(我们很快就会对此分析)而立即获得了成功。在形式上,它类似于最重要的儒家经典、被孔子的弟子们编纂的记载孔子言论的书《论语》。这个伟大的圣人的教条大部分也是用短小的格言和警句表达的,这些是适合反复阅读和反思的精华。利玛窦保留了一份手稿的副本,他把它翻译成意大利语,并用意大利音标记载汉字的读音。熟人们借这本书,很多人进行了抄录,其中一个朋友,也许是曾在广东英德出任同知的赣州官员苏大用,于1596年在利玛窦不知情的情况下花钱做了一次私人印刷。利玛窦的这本汉语著作被印刷了至少五次,随着利玛窦的朋友圈的逐渐扩大,这本著作被知名学者和官员作了序。1599年出版的那版就是由他的朋友瞿汝夔作序的,在序中瞿写道,自古以来,当不同民族的人被中国的辉煌和文明所吸引而来到中国时,中国人一直用适当仪式来接待来自外国的拜访者。如同汉代对漠北,以及唐朝对海上诸邻的拜访一样。瞿继续写道:

> 洪惟我大明中天,冠绝百代,神圣继起,德覆无疆,以致遐方硕德如利公者,慕化来款,匪希闻达,愿列编氓,诵圣谟,遵王度,受冠带,祠春秋,躬守身之行,以践真修,申敬事天之旨,以神正学。[1]

---

[1] 朱维铮主编:《利玛窦中文著译集》,上海:复旦大学出版社,2001年,第117页。

第七章 南　昌

有趣的是利玛窦在这本著作上签名为"大西域山人"。他采用"山人"这个词汇,暗示自己是居住在山里,远离城市喧嚣的文人,引申为隐士。在明朝,这个头衔通常被文人艺术家采用,他们要么没有取得高官身份,没有官职或者已经从不重要的官职上退休,但是与官员的关系不错,常受他们的邀请为对方的文学项目服务,或者受到官员的赞助推销自己的作品,或者被官员介绍给别的赞助者。很明显,利玛窦已经大概明白了自己在精英阶层中新的脆弱地位。

通过把西方描绘成正面形象,利玛窦也奉承了中国人,因为人与人之间,以及文化之间的友谊都包括了"我"与镜中的另一个自我,虽是两个身体,确是同一个头脑。在儒家经典《中庸》里,友谊被定义为五个基本的人类关系的一种,其他的关系为君臣、父子、兄弟和夫妻。与利玛窦对西方友谊的描述类似,儒家学者同样认为美德是真正友谊的基础。他们可以背诵《论语》中孔子关于美德和友谊的格言:"子贡问友。子曰:'忠告而善道之'。"不仅如此,还有"益者三友,损者三友:友直,友谅,友多闻,益矣。友便辟,友善柔,友便佞,损矣"。实际上,这些格言将构成利玛窦与一位杰出的儒家学者之间的友谊基础。

章潢(1527—1608)是当时南昌最著名的学者,当他遇到这个西方学者时已经是一位可敬的七十岁老人。身为利玛窦的好友瞿汝夔的老师,章潢已经听说了很多关于这个充满美德的西方学者的好话。通过黄医生的介绍,章潢表示了自己想见利玛窦的愿望。这个年轻人去拜访了这个年老的学者,两人一见如故。在见了几次、进行了几次长时间交谈后,章潢发现利玛窦是一个与自己志趣如此相投的人,于是他与利玛窦称兄道弟。利玛窦的风度和学识让章潢印象深刻,不仅是因为他的欧洲学问,还因为他懂儒学经典。利玛窦挖苦地写道,章潢"习惯傲慢地对待每个人,但是却谦逊和礼貌地对待这个神父"。[1] 尽管他对此有些讽刺,利玛窦

---

[1] *FR* I, p.372.

却喜欢书院的文人们,当他们在场时他最高兴。[1]而利玛窦也钦佩这个老学者的博学和美德,尤其是他对佛教的敌视。尽管"他不是个官员,"利玛窦评价道,"用更合适的话来说,他的职业就是不想当官,但是每个人都以极大的荣耀和礼节对待他。"[2]有众多弟子且被所有官员尊敬着的章潢有一份优厚的朝廷俸禄。章潢这个超越了权力和财富的俗气的在世圣人为利玛窦提供了一个可以模仿的榜样,这就是利玛窦希望在这个异国他乡实现的巅峰。

在南昌境内的东湖岸边,章潢建有一座供他主持学术聚会的"此洗堂"。这些研讨会除了讨论一些在儒家经典中很普遍的标准主题——仁义和道德的本质,人类意识和自然知识外,利玛窦介绍了基督教这个主题,以理性的论据和西方书籍为权威。他关于西方天文学和数学的讲座尤其吸引这些学者们。"可以说对于他们来说我是另一个托勒密,"利玛窦嘲讽地观察着,"因为他们什么都不知道。"[3]在给阿夸维瓦的信中,利玛窦称:"如果说中国是整个世界,毫无疑问我应该是最伟大的数学家和自然哲学家,因为他们说的事情是可笑的,真奇怪为什么他们知道的这么少,因为每个人只关心道德哲学和言谈写作的优雅。"[4]利玛窦鄙视文人们对天文学的无知,他们技术知识的缺乏(他们只会制作倾斜的赤道日晷)以及他们对宇宙的荒诞观点(天是圆的和流动的,地是方的和固体的)。虽然利玛窦和章潢在很多事情上都意见不一致——宇宙的起源,一个万能的神的存在,通过进地狱而受惩罚和通过升天堂来获奖赏——但他们都相信一个基本信条,即道德对社会的规范作用和受过教育的精英阶层在道德上的领导角色。毫无疑问,在"此洗堂"的座谈会提醒了章潢《论语》中的两个格言:"学而时习之,不亦说乎?有朋自远方来,不亦乐乎?"

---

[1] *Lettere*, p. 317.
[2] *Lettere*, p. 255.
[3] *Lettere*, p. 282.
[4] *Lettere*, p. 316.

第七章 南　昌

尽管利玛窦在这点上没有多作评价,他与章潢之间的对话是基督教同儒学寻求和谐过程中的关键。过去的好几年,利玛窦一直在集中学习儒家经典。至此,他的目标已经从完善对语言的掌握提高到了从内部理解儒家思想和从中找到与基督教教义对应的观点。天主教的教义可以用儒学来包装,就像利玛窦这个耶稣会士为了迎合中国人的口味而穿上士大夫的袍子一样。仔细阅读利玛窦在南昌时写作的著名对话文本《天主实义》,可以发现书的主要观点与章潢的看法相呼应。利玛窦本人这么描述他们之间的交谈:

> 我已经与章潢争论过好几次了,结果他对于我能够用他们的经典中的理论和论证进行辩论的事实感到惊叹。一天,章老师找到我并总结说,对于我讲述的关于天堂和地狱的教义(他否定这个教义),他没有什么可说的了,因为不是基于现世的道德观,没有任何价值,他只有一句话,引用过去的一位伟大学者写的:"如果有天堂,好人会去;如果有地狱,邪恶的人将罪有应得。"这句话结束了我们的争论。[1]

这句让利玛窦和章达成共识的话来自活跃于约 1240 年的宋代学者俞文豹的《吹剑录》。实际上在这点上他们坚持不同的看法。章潢强调假设:如果天堂和地狱真的存在,他将同意利玛窦的观点,即好人和坏人将去相应的地方。但这绝不意味着章承认了这些基督教地点的存在。然而,在利玛窦关于这次交谈的记忆和记载中,章第一次说的假设性逐渐在他的信中演变成了默认,最终在《畸人十篇》中变成了承认这个基督教教义。[2] 不过,这个引文以及很多类似的观点出现在《天主实义》中,这反映出这些谈话在利玛窦观点的形成中的重要性。

正因此,我们将回到章潢的理论以及他在晚明思想史上的地位,我们将强调他的观点中与利玛窦的思想相对应之处。这些观点为:一、试图

---

[1] *Lettere*, p. 257.
[2] 更加详细的分析,请见拙著《利玛窦与章潢》,载于《为了文化与历史:余英时教授八秩寿庆论文集》,台北:联经出版社,2009 年,第 727—749 页。

回到儒学的古代经典中去重建没有被后来的注解以及佛教和道教的观点玷污的儒学正统；二、在自然学习和自我修养中寻找和谐，提倡一个将自我反省、自我约束、经典和自然学习统一起来的方式；最后，以学术团体和座谈会为榜样，在日常生活中实践道德知识。

与为了在科举考试中获得成功而研读儒学经典，其对权力和财富的向往无论如何都不会被书中的道德戒律所干扰的大多数学者不同，章潢从来没有参加科举考试，也从未担任官职，他是一个纯粹的学者。章潢去世后其弟子万尚烈于1611年为其写的传记中描述了这个儒家圣人出生时的迹象征兆。他那急切想要个儿子的父亲做了两个梦：在第一个梦中，银河中的一个老人知道了他的愿望后，训诫他要积德；在第二个梦中，他看见一个婴儿尊贵地坐在月亮中。实际上，小时候的章潢就有尊贵的气质。他从来不说庸俗的词；他是个模范学生，画了孔子、孟子和其他圣人的像；他为别人的痛苦感动，尤其是一个被捆绑了三天，没吃任何东西的负债者。年轻时失去父亲和一个心爱的弟弟后，章潢决心放弃名誉和财富，毕生致力于学习和反省。

在追寻人生的意义时，章潢集中在对《易经》的学习上，这是一本在周朝（公元前1122—前256年）早期编纂的由图标和文字组成的深奥的占卦书，但是古代中国相信其由公元前三千年、中国最早的统治者之一伏羲所著。从《易经》中，儒家学者发展了关于宇宙的理论：即宇宙是从原始物质中结合了阴阳而自生的，阴阳象征了地和天的本质，以及世界上所有的生物和非生物；它那不断消长、互相抵制又互相补充的力量控制着人类生活；宇宙中的所有物体，包括人类，有着同样的宇宙物质。关于统一宇宙的想象意味着所有事物都有统一和正义的方式：世界秩序的建造，良好的政治，合理的家庭关系的维持，以及自我的道德修养。对于章潢来说，观星、制药和培养道德哲学之间没有本质的不同，因为所有的知识都是统一的。正因此，章潢尤其被利玛窦的天文知识所吸引。他在其对重要著作的汇编《图书编》中摘录了利玛窦的作品，并写道："近接瞿太素，谓曾游广南，见一僧，自称胡洛巴（即欧罗巴）人，最精历数，行大海中，惟

第七章 南　昌

观其日轨(晷),不特知时、知方,且知距东西南北远近几何。"[1]让章潢更为惊讶的是这个了不起的天文学家还是个道德高尚的人。有一次利玛窦向章潢抱怨拜访的人太多,以至于自己没有时间用来学习和修身养性。这个著名的儒家学者建议这个耶稣会士在自己不想被打扰时让仆人宣称主子不在家。利玛窦回答说这是撒谎,章潢反对说这不算撒谎。但是利玛窦说,作为一个致力于为上帝服务的人,他必须总是说实话,不管在什么场合。这些自我宣传的话语在章潢的圈子里迅速传开,利玛窦从此被尊为一个从来不撒谎的人。

从章潢于1592年为白鹿洞书院撰写的"为学次第八条"中,可以看出他的主要观点。包括他对自律和道德反省的强调,他的观点集中于古代儒家经典,反对晚明儒学与佛教的综合,这些都是利玛窦的《天主实义》的主题。

白鹿洞书院坐落在南昌北部风景优美的庐山,建立于宋代,由王阳明任江西巡抚时恢复,由于其与新儒学的两大栋梁朱熹和王阳明的历史联系,而成为明朝最著名的私人书院之一。1592年,章潢被聘为书院的主讲。他写了"为学次第八条",可能作为对学生的就职演讲,我们将在下面进行概述。

第一、志乃人之根源也……惟志有不立,则此心便为富贵、功利、声色所染诱……苟不能为天地立心,为往圣继绝学不已也。

第二、学以会友,辅仁为主意。志仁在己,辅助在友……不以科名得失易念,不以人言毁誉动情否乎?……今日相聚一堂,正会友辅仁,共学入圣之日,须各从自家身中沉思默识,或摅所得以求证,或质所疑以求明,或举平时所玩经书及先儒格言未能慊心者相与论辩。

第三、学以致知格物为入路。……盖天下、国家、身心、意知,一物也。……虽云万物咸备,其实天则秩然。……天地万物浑然一体。……

---

[1] 黄一农:《两头蛇:明末清初的第一代天主教徒》,新竹:清华大学出版社,2005年,第34—35页。

乃近之谈良知者,又止认现在之智识,以为良知之妙用,且云只此便是顿悟用功,反加束缚。不思金杂砂砾,淘之方可以求真。曾谓格致知不在格物也耶？

第四、学以戒慎恐惧为持循。古人畏天命,尊德性,亦临亦保,不敢懈怠荒宁,岂能于性上加毫末哉。……真志学者,既能格物以致其知矣,即于此小心翼翼,夙夜匪懈,顾諟天之明命……信乎,能戒慎,则精神敛于隐微独觉之内,惟精唯一,俨然上帝之汝临。

第五、学以孝悌谨信为实地。凡今之人,孰不为人子,亦孰不为人弟也。观孔子天纵至圣,犹云君子道四,丘未能一。而言行相顾,一归诸慥慥之君子。吾侪愿学孔子,不思致力于此,可乎哉？

第六、学以惩忿窒欲、迁善改过为检察。善无穷尽,人多过差,忿心难除,欲念易动。……是故惧爝火不熄,终至燎原,而惩之于微；惧涓流不塞,终成江河,而窒之必预。

第七、学以尽性至命为极则。《易》曰："穷理尽性,以至于命。"……格致、戒惧、谨信、惩窒、迁改,孰非尽性至命之功哉。

第八、学以稽古穷经为征信。……凡《六经》、《四书》,孰非古先圣贤之遗训乎？但近之谈学者,弃往圣之典坟,鄙宋儒之成宪,一切师心自用,游谈无根,自任顿悟顿修,标立宗门,谓能使不识一字之凡夫,立跻圣位。……则曰《六经》乃吾心之注脚耳。此所以人人得为异说、侮圣言、悖圣道,殆莫可救药矣。……至若世之所称聪明俊杰,留神心学,又每每遗弃人伦,结侣方外……若混三教而一之,其实视吾圣门典籍,不啻糟粕而土苴矣。[1]

作为王阳明的第三代弟子,章潢的观点带有王的印记。王的哲学中的核心概念是"良知",即天生的道德知识；而这个"良知"则可印证于天地万物。阳明曰："人心之所有者不过明觉,而理为天地万物之所公共,

---

[1]（明）李应升编：《白鹿书院志》,见《白鹿洞书院古志五种》,北京：中华书局,1995年,第845—848页。

第七章 南　昌

故必穷尽天地万物之理,然后吾心之明觉与之浑合而无间。"又曰:"致吾心良知之天理于事'物',则事'物'皆是其理。"[1]同样,章潢呼应了王对于统一宇宙的观点:"人性本善,至动而神,至感而寂,虚融恢廓,本无外内显微之间,而一有方所,非至善也。虽至善,乃天理之浑融,不可名状,而性善随人伦以散见,不待安排,随其万感万应,各当天则,而一真凝然,无聚散无隐显,自尔安所止也。"[2]不仅如此,王阳明的弟子们相信凡人也可以成为圣贤,人性与所有事物的统一意味着人有道德责任去治愈世界上的病体,去减轻痛苦,去帮助其他人。

在晚明学者黄宗羲(1609—1695)《明儒学案》中对明代学术的标准分类上,王的弟子们可以被分为三个地域群。章潢属于江西派,即所谓的"江右学派"(长江右岸的学派)。其核心人物与吉安的复古书院联系在一起。这也是利玛窦在1595年4月的旅程中的一个停靠点。吉安出的进士人数比明朝的任何其他县都要多。这个派别的领导人物邹守益、欧阳德、聂豹和罗洪先把他们的学说目标锁定为精英人士和皇帝。他们相信道德良知的维持需要一生的努力,需要实际的外部行动加上内部修养。他们中的一些人对王阳明的另外两派弟子持批评态度,即浙江学派和泰州学派,理由是这两派把道教和佛教冥想看得太重,以及太迎合大众。因此,章潢对会通学说的攻击刚好属于江西派的传统。章潢在白鹿洞书院的演讲中嘲笑的是泰州学派的两个当代领导:倡导没受过教育的大众成为圣人的何心隐(1517—1579);为了追求启示而抛弃妻子成为和尚,通过收未婚女性为徒来讥讽社会规范的李贽(1527—1602)。这两人对正统儒家社会规范的挑战都带来了骚动,两人都死于狱中。利玛窦将有机会见到有才气有怪癖的李贽。

1595年12月24日,利玛窦迎接了苏如望(1566—1607)和黄明沙的到来。葡萄牙人苏如望于1584年加入了耶稣会,并在日本基督徒武士的

---

[1] 黄宗羲:《明儒学案》,北京:中华书局,上册,卷十,第181—182页。
[2] 黄宗羲:《明儒学案》,上册,卷二十四,第573—574页。

陪伴下离开欧洲前往亚洲。在莫桑比克和果阿工作一段时间后，他被派到了澳门。黄明沙修士陪伴他从韶州前去增援利玛窦。随着这几个新人的到来，利玛窦的想法转向在南昌获得更稳定的根基。他再次去拜访陆万垓，这次他带着这位官员之前要求的日晷和关于记忆术的书。关于住宅的问题，陆让利玛窦去找知府王佐。不认识利玛窦的王佐刚开始对利玛窦的请求反应很冷淡，想把他安排到城墙外的一座寺庙去住。急切地想要避免回到和尚地位的利玛窦带着更多礼物去恳求陆。事实证明，陆万垓的一句推荐比什么都强。官员们对外国人利玛窦的口头保护要比书面文件有用得多；非正式的支持可以在出问题的时候通过否认来推卸责任，这样就为自己设了一面保护伞。因此，在6月下旬，正好在利玛窦从南京回到南昌一年之际，他用从澳门发来的一小笔钱在知府的衙门附近购买了一所简朴的房子，尽管遭到了这个社区的领导们的反对。这并不是一个太突然的决定，因为利玛窦有责任为两个耶稣会士以及八至十个仆人和弟子提供住所，这些人中包括在父亲的坚决反对下于韶州受洗，一得知利玛窦在南昌定居便跑来跟随老师的教徒依纳爵（Ignacio）。

在1596年定居下来的同时，利玛窦再次开始了其在韶州动笔、但被江西之旅打断的教理问答手册的写作。至10月，利玛窦估计已经完成了第一稿，并给其中国朋友们看，以寻求文体和文本的修改建议。毫无疑问，如同我们已经看到的那样，利玛窦对章潢的道场的参与使他的思维更敏捷。但是利玛窦是自己的成功的受害者。他几乎没有时间休息，更不用说写作了。他整天都在接待来访者。也几乎没有时间吃饭。每周他都会收到两到三份晚宴邀请，有时候同一天就有两个。他为所有这些名誉付出了代价，尤其是在基督教的斋日，当利玛窦守了整天的斋后，还要带着空空的胃去参加宴会，参与几个小时的谈话，常常只在很晚的时候吃些蔬菜（他不吃鱼，因为中国人认为吃鱼不是真正的斋戒）。他的著作最终在他搬到北京后出版，书名为《天主实义》。当时，此书意在取代罗明坚所著的教理问答《天主实录》，罗的著作由于引用了佛教用语而被范礼安和孟三德认为不可接受，此书的木版被下令毁掉。

第七章 南　昌

利玛窦作为伟大学者的名声一天天地增长。很多人来到他门前：大多数想学习他的记忆术，一些人请求给予数学指导，另一些人希望得到炼金术（但是这些人的数量随着时间的流逝越来越少），还有少数人来请求给予宗教指导，所有人都称呼他为老师。拒绝了炼金术士后，利玛窦同意指导其他人，但是拒绝他们给的钱和老师的称号。因为在利玛窦看来，收获的时机还不成熟。在一封给朱利奥·弗里加蒂的信中，利玛窦吐露："我们不想强迫他们成为基督徒，为了神圣的主在将来能够开辟道路，我们为此奠定基础已经感到满足了。"[1]对于利玛窦来说，教育就是讲道和学术拯救，因为他的谈话"即使不能解释我们圣教的所有秘密，它们也传播了基本的原理，即上帝是天地的创造者，灵魂是不朽的，好人会受到奖赏，坏人会受到惩罚，所有这些到目前为止他们都不懂也不信；他们听得是如此满足，还带着眼泪，以至于他们常常脱口而出一些赞美之词"。[2]

两件事是明显的，利玛窦在给阿夸维瓦的信中写道：如果传教得到官方的允许，我们可以在短时间内让数百万人归宗；没有官方的许可，我们可以突然失去已经实现的小成果。仍然希望进入北京的利玛窦想起了之前的同伴罗明坚，等待着教宗大使的到来。如果罗明坚没能够争取到教宗大使的到来，利玛窦希望可以通过自己的高端人际关系来实现：亲王或者大学士张位的三个儿子，他们都是利玛窦的朋友。

在南昌的三年，利玛窦对未来充满了信心，对过去的怀旧情绪也减轻了。唯一的不和谐发生在1595年秋天，他收到朋友科斯塔的来信，称利玛窦的父母去世了（这并不是事实）。伤心的利玛窦写信给弟弟安东尼奥·玛利亚：自从他上次收到来自家里的消息以来，很多年已经过去了，虽然他的朋友常常告诉他家里发生的事情，他仍希望安东尼奥·玛利亚可以"写信详细告诉我关于我们的兄弟、表亲和姐妹的事，告诉我每个人

---

[1] 利玛窦写给朱利奥·弗里加蒂的信，南昌，1596年10月12日，见 *Lettere*, p. 325。

[2] 利玛窦写给阿夸维瓦的信，南昌，1596年10月13日，见 *Lettere*, p. 336。

在做什么,过得怎么样,谁过得好,谁过得不好,这样可以安慰我,让我在可怜的祷告中帮助他们"。利玛窦恭喜其弟弟在他们的家乡教堂中获得有俸圣职,但是警告他如果舒适和财富给灵魂带来伤害,那么最好像托钵修道会士般生活。现在他们的父亲已经走了,利玛窦叮嘱其弟看护他们的弟弟妹妹,引导他们走上正道,对他们行使父亲的责任。对于他自己来说,"我已经老了,在中国这个地方我很忙。我已经在这生活了很多年,而且我觉得我会在这里走完自己的人生"。利玛窦要他的弟弟不要以为他"为了天堂和天使而爱上帝,在远离我们的祖国的地方生活在痛苦和野蛮人中,我们的天堂国度的人民一直与我们在一起,在每个地方都陪伴着我们。在这个世界我们已有了善良的押金,我们即将开始享受"。[1]

利玛窦本人在中国和西方都获得了很高的名声。他的成功故事开始在天主教世界的各个角落流传,从日本、印度到欧洲。他已经成为关于中国的领头专家。1596 年 10 月,利玛窦寄了份《中国描述》给罗马,这份文本很可能是他以后《基督教远征中国史》第一部分的基础。

身为一位敏锐又尖刻的观察家,利玛窦提供了晚明中国的生动画面。对他在罗马学院时的朋友和耶稣会士同伴莱利奥·帕西欧内,利玛窦详细地描述了他在南昌亲眼见的科举考试的场景。虽然中国被一位皇帝统治,"实际上她更像共和国而不像帝制,因为没有皇帝的亲戚……在王国担任任何官职……王国的政府完全掌握在文人的手中"。[2] 在描写了对军事的鄙视和军官的低下地位后,利玛窦解释说所有的官员都是通过科举考试来选拔。"秀才"由在不同城市审查考生的提督学道每年选出。"举人"在各省的考试中选出,每三年一次在农历八月九日(1597 年在南昌是西历 9 月 19 日)举行。江西省,初考之后,从 30 000 名秀才中选出 4 000 个考生有权参加考试。数千个焦急的年轻学者(一些人不那么年轻)在仆人和家人的陪伴下来到省城。在考试的那天,他们挤满了贡院,

---

〔1〕 利玛窦写给安东尼奥·玛利亚·利奇的信,南昌,1596 年 10 月 13 日,见 Lettere,pp. 329 – 331。

〔2〕 Lettere, pp. 347 – 348。

第七章 南　　昌

四周被包围的贡院被分成 4 000 个小隔间,每个隔间都有一张桌子和一把椅子,考生只有在进行了防止作弊的彻底搜身后才能进入。由士兵保卫,被从其他省调来的官员们监督着的考生汗流浃背地根据既定题目写文章。一旦完成,代笔人便复制他们的原文,这样阅卷的官员便既不能看到考生的名字也无法识别字迹。经过四轮阅卷程序,从 4 000 份考卷中选出 190 份,这是江西的举人份额的两倍。阅卷者官员们再选出 95 名幸运的考生,每份考卷都按照优异程度从 1 至 95 排名。然后这些文章与原文对应,新举人的名单在绝望和喜悦交织的情景中被张贴在一张大的板报上。来年,所有举人都有资格去北京参加选拔进士的殿试。在数千个充满希望的人中,只有三百人在每次选拔中获胜,他们的名字将排列在第一份帝国官职的等级中。

敏锐地意识到等级不同的利玛窦发现在南昌他交往甚密的是侍郎、知府以及布政使司和按察使司这一级,这些是三品和四品官(参图12),与他在广东时交往的七品和八品官知县和同知不同。[1] 他对等级和身份的痴迷显示出利玛窦已经像中国精英那样思考。他的表现当然也像精英。在南昌的一次宴会中,利玛窦遇到了一位官员,他曾是管理澳门的香山县同知,后来成为海南岛的知府,他曾经对别的官员说"这个耶稣会士除了一张脸外,与中国人没有什么不同",这话其实是对利玛窦极大的称赞。

利玛窦越像中国精英们那样为人,他就越成功。他的名声增长得越大,他对西方优越感的自信就越大。在发自南昌的好几封信中,利玛窦分析了自己成功的原因,认为最主要的是他对儒家经典的知识,惊人的记忆力使他更加让人印象深刻,因为文人们没有预料到一个外国人会有如此好的记忆力。同样重要的是他先进的数学和天文知识。1596 年 9 月发生了一次日食。利玛窦在数月前就预测到了此次事件。他的中国朋友们

---

[1] 明朝的官员被分为九品,第一品级别最高。每一品又进一步有正副之分。四品及以上的官员穿深红色官服,级别低于此的穿蓝色官服。

图 12　徐显卿《宦迹图》。北京故宫博物院藏。

对钦天监的不准确预测感到不安。利玛窦对他们解释说日食的程度取决于观察的具体地点，在不同地点看到的日食现象是不一样的。我们之前已经看到了利玛窦对中国天文学的尖刻和轻蔑的评价。现在利玛窦的文化优越感延伸到了其他的领域："……很明显在很多方面我们比他们（中国人）优越，如我们的绘画、织锦、书籍、演讲、科学和数学工具，武器、乐器，昂贵的祭衣如天鹅绒、锦缎、羊毛布料，以及无数的东西。因为这些原因，他们似乎应该顺从我们，更加谦虚。我想我们也可以在法理上教他们一些。"[1]对刚给自己寄来关于星盘的新书的老师克拉维乌斯，利玛窦回

---

[1] 利玛窦写给利斯塔的信，南昌，1596 年 10 月 15 日，见 *Lettere*，p. 343。

第七章 南　昌

答说自己已经把此展示给中国学者们看了，"他们对多样化的插图感到吃惊"。[1]

也许所有这些优越感，加上成功和胜利，让利玛窦发泄了过去的辛酸。1595年8月利玛窦如此向孟三德解释传教策略的变化：

> 追逐荣耀并不是我们的目的，但是在这片土地上，人们从来不知道我们的圣主的律法、我们圣教的传播者的声誉和信用，在某种程度上，上主的律法本身的名声取决于调适的行动，使自己的外在行为像中国人一样。现在我们知道这是多么重要，因为直到最近我们一直表现得很谦卑，被人们当作和尚，我们一直被当作卑微的无名小卒，从来不能在官员和其他重要人物中间建立关系。现在，作了改变后，我们已经与他们建立了联系，并被他们以礼相待。为了保护我们，远离我们开始受到的邪恶，我们的主已让我们在肇庆和韶州度过了十二年，承受了这么多的侮辱、羞贱、辱骂，以及如此多的迫害，我们被当作败类，但这些磨难也为我们建立了根基，现在赢来了荣耀。我们的主给了我们力量去战胜如此多的磨难，但愿他赋予我们同样的恩惠，让我们不被这些荣耀毁灭。[2]

---

〔1〕 利玛窦写给克拉维乌斯的信，南昌，1597年12月25日，见 *Lettere*, p.353。
〔2〕 *Lettere*, pp.264-265.

第八章 南　　京

　　在与王公、官员和文人们的笃密交往中,整个人包裹在柔滑的丝绸袍子里,"除了相貌,他的任何其他方面都不像是外来的",我们也许很容易忘记利玛窦是个耶稣会士。实际上,在当地的友谊网络之外,在他南昌的朋友们的视野不及之外,还有一个他更忠心的由传教士们构成的国际组织。1596 年 1 月 1 日,利玛窦进行了第四誓言的宣誓:除了绝财、绝色和绝意这三个所有天主教团体都会宣誓的以外,耶稣会珍视一个关于对教宗的特别顺从的第四誓言,发誓会遵从教宗下达的任何传教任务。宣誓者,即所有宣誓过的神父们,成了这个教会的精英,因为只有这些人才有资格胜任领导。这个职责很快就找上了利玛窦。1597 年 8 月,范礼安聘请利玛窦担任中国教区的总领导,理论上属于澳门耶稣会学院校长的管辖,但实际上由于利玛窦是年长者且是中国教区的领头专家而享有很大的自主权。在南昌,利玛窦管辖着一所十几个人居住的房子,还同时监督韶州耶稣会所。这与利玛窦还是罗明坚的早期同伴时相比,大不相同。1597 年,他是三个传教士的领导,还有两个中国修士和超过十二个中国仆人。很快,他领导的范围便会极度扩大。

　　回忆一下罗明坚于 1588 年返回罗马的旅程。尽管罗明坚没有争取到让教宗大使来会见中国皇帝,范礼安被罗明坚提出的"为脆弱的中国

第八章 南　　京

教务取得最高政治保护"的建议而吸引。毫无疑问这是受到日本教务的启发,在日本的耶稣会教务由于受到皈依天主教的封建领主的保护和支持而取得了巨大的成功。范礼安从澳门为利玛窦寄去的礼物正是为了这样的使命。但是对于利玛窦来说,尽管他有不少关系,这仍然是项艰巨的任务。利玛窦接洽的建安王断然拒绝给予帮助,明律禁止所有宗室王公在没有许可的情况下到北京,任何被看作政治干预的行为只会带来朝廷的怀疑和谴责。

好运再次在几乎绝望的时候来临。他过去的一个熟人,南京礼部尚书王忠铭曾经在1594年返回家乡海南岛的途中于韶州停留,并答应利玛窦会采用利氏的数学方法来校正皇家日历。丁忧期结束后,王忠铭被召回原职,途中经过韶州。根据利玛窦留下来的指示,郭居静拜访了这位大人,提醒他之前的承诺,并告知利玛窦已去了南昌。快速赶路的郭居静和一个新的葡萄牙籍传教士罗儒望比王早两天到了南昌。意识到这个新机会的利玛窦做了些准备。王忠铭到达后,利玛窦去拜访了他。利玛窦告诉此官员他想要给皇帝进贡的强烈愿望,并把他从澳门收到的珍贵礼物展示给了王:两只欧洲钟表,一幅救世主的画像,一面威尼斯棱镜。最后一件物品利玛窦为了说服王大人而作为礼物送给了他,在此基础上利玛窦还加了钟来坚定王的意念。

乐观的王忠铭答应利玛窦,不仅把他带到南京,还把他带到北京,因为他自己正前往北京,准备在农历八月十七日万历皇帝的生日给皇帝送礼。他们快速做了个决定,利玛窦留下两个葡萄牙籍神父苏若望和罗儒望在南昌,带上了两个老同伴郭居静和中国籍修士钟鸣仁,以及年轻的生于澳门的教徒游文辉(1575—1633)。游文辉曾跟随利玛窦于1582年从果阿到澳门的途中的同伴之一、耶稣会画家若望尼古拉学习绘画,他后来加入了耶稣会,并成为利玛窦人生最后几年的同伴,正是游的画笔留下了这个著名的传教士的真实画像。

在短暂的旅途后,王的团队于1598年6月25日乘船到达了南京。当然,对于利玛窦来说,这段路线再熟悉不过了。不幸的是,与他的第一次拜访一样,这次他到的也不是时候。1595年,日本对朝鲜的侵略使得利玛窦对南京的第一次拜访黯然失色;此时,和平条约的破裂,以及丰臣秀吉对朝鲜的第二次侵略使得中国对所有外国人更加怀疑。南京充满了畏惧,日本间谍已被逮捕,官员告诫所有的旅店不要接待可疑的人。无法在岸上找到旅店的利玛窦一行只能在驳船上忍受着酷暑。利玛窦找了一位有名的文人为他的贡品写了份优雅的奏折,为此他付了一笔高昂的费用。但是负责把所有来自南京的奏折送达北京的通政使却拒绝接受此奏折。由于王忠铭正要去北京作为南京所有部门的代表向皇帝呈上生日礼物,加上他是这个外国人的赞助者,通政使拒绝负任何责任,生怕为自己惹上麻烦。这些不利的事甚至影响到了乐观的王。他想把利玛窦送回南昌。但是由于获赠了昂贵礼物,他感到欠了利玛窦的人情,王设法消除了自己的疑虑。他自己从快捷的陆路出发前往北京,而安排利玛窦及其随从作为自己的家眷乘船跟来。

一份邀请使利玛窦的启程晚了些。在他不知情的情况下,利玛窦在韶州时的熟人,南雄县的县令王应麟私下出版了利玛窦的《坤舆万国全图》。1598年,王应麟升官为镇江的知府,镇江是长江上的一个重要港口和防御关口,在南京下游不远处。王把《坤舆万国全图》的再版作为礼物送给他的上级和同事们,尽管没有署利玛窦的名字。其中一本传到了王的直接上司,南京巡抚赵可怀的手中。被此地图吸引的赵为其作了序且再版,然后作为自己的礼物分发,也送了一本给王忠铭,以恭喜这位老朋友再次被聘为南京礼部尚书。由于曾在利玛窦那看到过类似的地图,王忠铭便向这位耶稣会士咨询,结果很自豪地发现原来自己是著名的世界地图的作者的保护人。王忠铭立即写信通知赵,后者马上邀请利玛窦去他在句容的府上拜访,此地为南京东南方向约二十五英里的一个小城。赵的邀请函刚好在耶稣会士们预计启程的前一天到达。利玛窦让郭居静负责前往北京的团队,自己则前往句容,在这里他住了八到十天,每天都与赵可怀激烈又愉快地谈论数学、欧洲和基督教,赵对一幅基督画像显示出无比的尊敬,并把它安置在一张桌子上上香和跪拜。由于无法让利玛

第八章 南　京

窦在此长住,赵派了一队人马护送此西方人到达长江,在此乘坐快船沿大运河北上。

旅行让利玛窦大增见识。离开南昌后,利玛窦意识到了城市之间的距离和不同城市的地理位置。在大运河上,利玛窦见识到了这条路线上人们的生活细节,观察到了京城的主要供给线附近的生活画面,数百条慢船把大米、蔬菜、水果、丝绸、瓷器和其他物品从肥沃的江南运到贫瘠的北方,快船则运送紧急信件和储存在大冰堆中的易腐食品,舒适的游艇在威风霸道的太监和重要官员的指挥下前进,在威武的喊叫声和招摇的旗帜下越过在闸口排队等待的其他船只。在每个闸口,数百个纤夫在河的两岸随时待命用裹在破烂的衣服和突出的肩膀上的粗绳拉沉重的船只。在每个城镇都有旅店、餐馆和商店招待旅行者、士兵和工人们。1598年夏天,利玛窦还看见了好几艘装满木料的驳船,这些木料是从遥远的四川省的山林中砍来,全部用于京城中被近年的大火破坏了的建筑的重修。在大运河的某处,利玛窦赶上了他的大部队。在此途中,耶稣会士们第一次感受了京城宦官们权力的专横和贪婪,这些宦官被万历帝授权和派遣为税务官,用他们的残忍和腐败恐吓着整个国家。

9月8日,即圣母玛利亚诞辰节,耶稣会士们到达了北京。他们在大运河的尽头通州上了岸,从这里通过小段陆路前往首都。在这里,飞扬的褐色尘土笼罩着这座庄严的城市。北京是名副其实的堡垒,坚不可摧的外城墙比欧洲的任何城墙都要高,二十多尺宽的城墙包围着矩形的京城。第二道城墙保护着紫禁城,所有的护栏、瞭望塔和城门都有士兵守卫。利玛窦不喜欢北京,因为这里到处都有灰尘,街道没有铺砌,没有足够的水,北风从蒙古大草原呼呼刮来时,会像无数个缠绕机一样掀起尘土,吹打到人们的衣服上、房间里和床上,人们只好出门时用黑头巾蒙在脸上保护眼睛不受沙子之害。遇到下雨天,街道便满是泥土。与南方的城市不同,北京没有河流、小溪或者运河用来航行,没有轿子在林荫小道上蜿蜒前行。穷人步行,富人可以租马匹。这种交通工具虽然贵但是容易找到,然而有带来污染的缺点,马会排便,就像中亚的大篷车用到的骆驼和农民用来把农作物拖到城市卖的驴子,因此一股臭味笼罩着北京。在冬季,大风会搅起令人厌恶的混合着的沙子、脱水粪便和煤。煤是中国北方独特的加热材料,从地表挖掘出。木材很早就消失了,北京北边和西边的山在利玛窦到来之前的一个世纪已经被砍伐光。自从首都于1421年从南京迁到北京后,这个边境城市的人口在半个世纪内翻了两番,对燃料的巨大需求很快使北京周围的山丘变成了光头。

在这个干旱、寒冷和肮脏的城市,一个强大帝国的庄严首都和边防堡垒,利玛窦住了两个月。利玛窦总结道,这里实际上是威尼斯旅行者马可波罗笔下伟大蒙古帝国的首都汗八里。他的厌恶与明代文人的情感是一致的,这些人更喜欢气候温和、水路发达、到处是绿色的南方城市。第一个月,利玛窦和郭居静跟王忠铭同住,但是王想让利玛窦与宫中太监建立联系的尝试却失败了。尽管他们看起来喜欢耶稣会士们的礼物,太监们认为在战乱的危险时机介绍外国人进宫是不明智的。一个月后,王忠铭根据律法规定离开了京城。用从澳门寄来专门为此任务服务的费用,利玛窦租了一处私宅。但是他没有建立起任何联系。他相识的官员们都回避他。太监们一味谈论着贿赂,而从澳门寄来的钱用来贿赂是远远不够的,他们也对耶稣会士们的炼金术很感兴趣,然而利玛窦只能辜负他们。

利玛窦受够了。他总结说,北京的问题是:"皇帝对宫中的太监太残忍了,即使是最轻微的冒犯也会被处死。如果没有机会获得钱财,没有人愿意因为外界事务被打扰。同样,官员们也怀有这样的意图,即从外来进京想在宫中办事的人中获得钱财,这就使得来自外省的、已经彻底抢劫了各省和城市的官员们耗费了大量金钱。所以这座城市看起来是名副其实的迷乱的巴比伦,有各种各样的罪恶,没有人对正义、虔诚或者自我救赎感兴趣。"

在一艘返回南方的空驳船上谈了个好价钱后,耶稣会士们于11月初离开了北京。此船花了一个月才到达了临清这个山东边境小城。此时,大运河的水已经结冰了。他们被迫在临清过冬。急于返回南方的利玛窦让郭居静照管礼物、行李和其他随行者,自己则跟一个仆人先赶回南方。

第八章 南　　京

他下定了决心去寻找自己在广东时的弟子兼好朋友瞿汝夔。

在韶州离开利玛窦后,瞿回到了苏州。瞿从自己的家乡给在韶州和南昌的利玛窦写过几封信,建议他的老师在苏州安家。在苏州,利玛窦加快了脚步。这个"东方的威尼斯"有运河、桥梁和园林,因其城市化和柔美而闻名。利玛窦得知自己的朋友住在附近丹阳的一个佛教寺院里。1598 年底,这两个老朋友又见面了。瞿汝夔把自己的床让给了利玛窦,自己则睡地上,两人回忆着过去,讨论着未来。由于旅途的劳累和最近的压力,利玛窦病倒了。但是一个月之内,在瞿的照顾下,利玛窦恢复了健康。他俩总结后认为苏州将是安身之地,这是个如此美丽的城市,一个商业和文化中心,瞿家在这里也是权贵之家。他俩打算去南京,从王忠铭那里谋求一封给苏州官员的推荐信。但是首先,这两个朋友在浙江与另一个旧相识,即地方官王应麟一起庆祝了 1599 年 1 月 27 日的农历新年,王还特意为利玛窦和瞿安排了官方护送。2 月 6 日,这两个朋友到达了南京。他们下榻在建于 15 世纪 50 年代的承恩寺。该寺坐落在秦淮河边的南门(今天的中华门)附近,正在南京以酒馆、茶馆、餐厅和妓院闻名的娱乐中心地带。

他俩拜访了王忠铭。也许因为自己没能为利玛窦在北京获取更好的待遇而感到愧疚,王热情地款待了他们,邀请这个西方人去他的官邸过元宵节,即农历新年之后的第十五天,在这里他们欣赏被烟花照亮了的南京的上空。

正如中国谚语中说的那样,为了成功,必须同时拥有天时、地利、人和。利玛窦当时三样俱全,时机正好。朝鲜战争终于结束了,日本霸主丰臣秀吉于 1598 年 9 月 18 日去世,厌战的入侵军在被中朝海军最后击溃前退回了日本。南京,甚至整个中国,都处在热情洋溢的情绪中。在"人和"上,利玛窦有王忠铭的友谊,王把这个西方人介绍给了他在南京其他部门的同事们;利玛窦还有瞿汝夔这个同伴,瞿的父亲曾是南京非常有影响力的人物,且认识几乎每个举足轻重的人物。日复一日,人们络绎不绝地来到他们位于寺庙中的房间礼貌拜访。与其他地方相比,南京因此获得的优势是无与伦比的。

政治权力可能随着1421年首都的北迁而转移到了北方,但是南京仍然是大明王朝的文化和社会中心。三道城墙保护着壮丽的南方首都:一道宽广的外墙,此墙从地表开始建造,中间夹杂着砖砌的堡垒;中墙有很大的空间和十六道门,此城墙于1365年至1386年之间由明朝建立者朱元璋建造;最后一道城墙有二十多英里长,比北京的还长。与北部首都的矩形布局不同,南京的城墙环抱着城市,把河流和山丘也包括在其防御的范围内。在西部和北部,城墙均从长江岸边开始,环抱着玄武湖和东北的山(紫金山和钟山),之后转向南部,利用长江一个支流的优势在南城墙固定。有不下十三道城门,有的城门可以容纳数千个士兵,守卫着有七十八万人口的都城。来自一个有巨大城墙的小城的利玛窦,可能对南京的城墙印象深刻,他之后详细描述了南京的城墙。

同样让利玛窦印象深刻的是城市空间的功能划分。被单独的城墙围绕着的皇城坐落在东北的山下,与各部和其他政府机关的衙门一起占据了南京的东部。面对着长江的城市北部有一些高地,这里是军事据点,驻扎着军队。如我们已经知道的,根据流经市区街道的秦淮河而命名的南部地区是娱乐中心。拥挤在城市中的有天地的祭坛,钟楼和鼓楼,皇子和王爷的宫殿,当地治安官的衙门,国子监和书院。众多佛教和道教寺庙点缀在城市中。这里或那里矗立着的古老纪念碑提醒拜访者,在不同的名称下,这座城市曾是中国过去六个朝代和好几个地方王国的首都。尤其让利玛窦感兴趣的是北部的鸡鸣山,这里坐落着钦天监的天文台;明朝从元朝的蒙古人那里继承来的机构回回司天监坐落在南门(聚宝门,今日的中华门)外,其天文台在雨花台后面的山上(地图6)。

朝廷北迁后,此权力中心便不复存在。无人居住的宫殿失去了昔日的荣耀,且日益失修。官僚的残余还在,所谓的六部仅仅是有名望的冗员,是北京实权在握的六部的苍白的陪衬。然而,南京仍然是文化和消费中心:所有江南的物产和财富流向这个城市,所有人才都聚集在此,从江南省的腹地,以及其隔壁的、出了很多科举名人和著名文人的浙江和江西

第八章 南 京

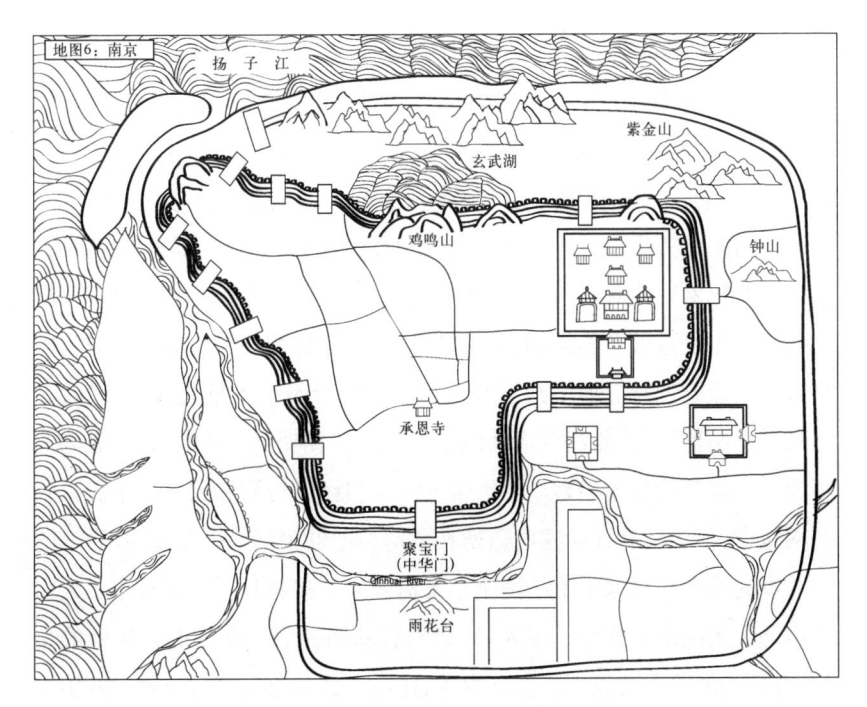

地图 6　明代的南京城

省，吸引了很多人才。从政治上说，南京可能是第二都市，但是与自然气候恶劣和政治气候不定的北京相比，南京提供了更加愉快的生活。

王忠铭敦促利玛窦定居南京，很多拜访者也这么说，有的还推荐了住房。取得意料外的成功后，利玛窦暂时放弃了苏州，他的朋友瞿汝夔也不再谈论此事，高兴地向利玛窦承认南京可能更有前途。不久，利玛窦搬出了寺院，在最终买下一所大房子之前先租了个宽敞的房子。尽管利玛窦只在南京生活了十五个月（1599 年 2 月 6 日至 1600 年 5 月 18 日），但比任何阶段所做的事情都多。就像石头扔进了池塘，利玛窦的名声像波浪一样一波又一波得到肯定。在南昌出版了《坤舆万国全图》和两本汉语论著，刚从北京的朝贡之旅返回的利玛窦的名声比以往任何时候都更加响亮，他发现南京是他在中国逗留期间见过的最大的蓄水池、一个可载舟亦可覆舟的社会关系的汪洋。

在回忆录中，利玛窦记录下众多人的名字，其中有贵族，有官员，有文人，有科学家，还有皈依者。在级别最高的人当中，有魏王徐弘基（与朱元璋一起打天下的大将徐达的后人）、丰城王和南京最高军事指挥官李环。利玛窦与太监冯保之间也有一场会面。冯保是南京太监的头子，在1582年被撤职之前，他曾是这个国家最有权势的人之一。作为年轻的皇太子即后来的万历皇帝的随从，冯保具有巨大的影响力。即使在登基后，少年皇帝仍然对冯保敬畏交加，称呼他为"大伴"。与大部分太监不同，冯保是一个受过教育的人，他欣赏音乐和文学，任职司礼监的冯保成为内宫数千太监的领导。他得到了万历帝敬畏的母亲慈圣皇太后的支持，又与张居正结盟，司礼监冯保成功地控制了内宫和朝廷之间的通信，成为万历朝头十年中的权力掮客。万历帝经历了自己的母后和大学士张居正的严格教育，但成年后开始摆脱道德教育对自己的束缚。一个夜晚，酒醉的十八岁的皇帝与冯保手下的两个小太监发生了扭打且弄伤了对方。太监头目冯保把此事汇报给了皇太后，皇太后威胁要剥夺蛮横的万历帝的皇位，直到她的儿子哭着下跪保证悔改，还以正式诏书向朝廷道歉。万历深感受辱，从此不原谅冯保。张居正去世后，他削了冯保的官职。仅念在冯保曾陪伴自己度过快乐童年时光的情分上，皇帝才饶了冯保的命。尽管一些御史强烈要求万历帝处死冯保，皇帝却没有这么做，而是把冯宝下放到南京，并充公了这个有影响力的太监在当权期间积累起来的所有财富，但给了可让其安度晚年的优厚俸禄。

　　1599年，已经离职多年的年老的冯保对利玛窦很好奇，想见见他。利玛窦同其他中国官员一样对冯保有些蔑视，所以不愿意见他；尤其是冯的仆人坚持要这个西方人在冯面前阿谀奉承，利玛窦拒绝了。最后，他用晋见普通官员的态度拜访了冯，但是由于冯几乎失聪，不得不靠仆人传话，他的一个仆人重复了利玛窦的话，并加上了想象的赞美之词。冯保想要一面棱镜作为礼物，利玛窦回答说这是留给皇帝的，冯太监回答说皇帝有很多大的棱镜，利玛窦与冯保不欢而散，从此没有再见。尽管已经不在官场多年，冯保仍然没有忘记当初在官场的荣耀。对于这个耶稣会传教士来说，这次会面更加坚定了他对太监们的负面印象，这些太监被万历帝

第八章 南　京

用来征收矿税和其他特别税务,已经成为这个国家的瘟疫。

一些人从权位上跌下来,另一些人则注定会升得更高。在王忠铭介绍给利玛窦的朋友中,有当时的礼部右侍郎叶向高(1559—1627)。1607年,叶升为北京的礼部尚书兼大学士,1608年到1614年及1620年到1624年,他两度任职为首辅。在他退休回到家乡福州后,他成为福建省新一代耶稣会传教士的赞助者和保护人。[1] 利玛窦遇到的另一位后来被提拔到北京高位的南京官员是当时的翰林院士杨道宾,他后来成为礼部右侍郎。

在文人和科学家(在中国传统上这两个类别并不互相排斥)中,利玛窦遇到了明朝晚期的一些顶尖知识分子。从政治职位上看,一些人在帝国官僚体系中任职,又因为幻想的破灭而离开,另一些人仍然在职。还有一些人并无官位,是纯文人。从知识的角度看,我们也许可以将他们分为三个类别:第一类人遇到利玛窦是由于他的文学名声和他与瞿汝夔的友谊;另一类人被利玛窦吸引来是由于他们对数学和天文学的兴趣;最后一类人是对佛教有强烈感情的儒家文人,这些人与利玛窦展开了多次哲学和宗教方面的讨论。

利玛窦徜徉在这个名副其实的文化沙龙里,"穿戴的完全像文人一样,这种装束很让人尊敬,戴着一顶方形的扁圆软帽,跟我们神父戴的软帽很相似"。就这样,利玛窦与佛教和道教进行争论,而赞美儒家的伦理,"他们对于来世的事情毫无所知,仅有如何过好现世以及如何统治和维护王国和共和国的和平之教义"。[2]

尽管所有的文人都在同样的儒家经典下受教育,但并不是每个人都与佛教或道教为敌,正如叶向高的学生、南京人顾起元在其1617年编纂的关于这个南部都城的生活札记《客座赘语》中评价的一样,明朝的文人

---

[1] 见冷东:《叶向高与明末政坛》,汕头:汕头大学出版社,1996年,第220—229页; Erik Zürcher, "Giulio Aleni's Chinese Biography" and Adrian Dudink, "Giulio Aleni and Li Jiubiao", in "*Scholar from the West*". *Giulio Aleni S. J. (1582–1649) and the Dialogue between Christianity and China*, eds., Tiziana Lippiello and Roman Malek (Nettetal: Steyeler, 1997), 85–200。

[2] *FR* II, p.72.

们如同他们的时尚一样多样化。在一则关于男人的头和鞋袜的轶事中，顾如此写道：

> 南都服饰,在庆、历前尤为朴谨,官戴忠静冠,士戴方巾而已。近年以来,殊形诡制,日异月新。于是士大夫所戴,其名甚夥,有汉巾、晋巾、唐巾、诸葛巾、纯阳巾、东坡巾(这指利玛窦戴的帽子)、阳明巾、九华巾、玉台巾、逍遥巾、纱帽巾、华阳巾、四开巾、勇巾。巾之上或缀以玉结子、玉花瓶,侧缀以二大玉环。而纯阳、九华、逍遥、华阳等巾,前后益两版,风至则飞扬。齐缝皆缘以皮金,其质或以帽罗、纬罗、漆纱,纱之外又有马尾纱、龙鳞纱,其色间有用天青、天蓝者。至以马尾织为巾,又有瓦楞单丝、双丝之异。于是首服之侈汰,至今日极矣。[1]

与这些花花公子相比,利玛窦毫无疑问是谦虚又朴实的。

让我们看看利玛窦通过与瞿汝夔的友谊而遇到的第一类文人。这些人因为他们的文学成就而著名,其中最有名的是李心斋。他也靠精美的书法和优雅的文章谋生。起初,因为担心瞿只是利用利玛窦,李对瞿很警惕。为了防止敌意,瞿汝夔直接介绍李心斋和利玛窦认识。事实上李对利玛窦更加热心,瞿告诉李自己在南京只是为了帮助利玛窦找房子,很快便会离开南京,这使李心斋心定下来,并很快成了耶稣会士的支持者。同样,瞿把利玛窦介绍给了自己的朋友、著名的诗人和书法家祝世禄,他当时任职礼科给事中。祝由于《交友论》一书而崇拜利玛窦,他来自江西,利玛窦正是在那里度过了三年并出版了关于友谊的赞美诗。

另一类对数学和天文感兴趣的文人被利玛窦吸引是因为这个西方人自称是"另一个托勒密"。利玛窦的评价"中国人根本不懂(天文)"以及明代文人们"仅致力于道德哲学以及谈吐和写作的艺术",虽然有些夸张(请参见第七章),却包含了真理。实际上,明代的数学和天文知识已经落后于宋元时期的成就。明代文人们对自然哲学兴趣的缺乏是有社会和政治原因的。数学不是科举考试中的科目,因此与社会进阶无关。另一

---

〔1〕 (明) 顾起元:《客座赘语》,南京:凤凰出版社,2005年,第22页。

第八章 南　京

方面,天文学则被政治特权覆盖:关于星星的知识揭示的是关于天空的秘密,属于治国之道中最神秘和最受保护的领域,常人是看不见的。然而16世纪的中国逐渐想要恢复过去的对天文和数学的兴趣,这在某种程度上解释了为什么利玛窦在文人中这么有名。

他在南京收的最早的学生包括李心斋的两个弟子,其中一个尤其擅长数学。但是利玛窦最优秀的学生是王肯堂的弟子张养默。翰林王肯堂是著名官员王樵的儿子。肯堂辞职后对自然哲学很感兴趣,尤其精通医学,他敏锐地意识到当时天文学的不足。由于自己的年龄和住在镇江的不便,肯堂不能亲自来南京,而是派自己的学生张养默前来受学。利玛窦的朋友兼第一个弟子瞿汝夔做着助教的工作,还在韶州时两人就合作翻译了欧几里得的《几何原本》的第一章。

在利玛窦介绍的诸多天文学观点中,有一些很新颖,代表着对星图的更精确的认识,但另一些也反映了欧洲十六世纪晚期流行的托勒密—亚里士多德宇宙学说的局限。托—亚学说与伽利略发明望远镜并挑战传统的地心说宇宙观之间,仅仅隔了十年。在科学进步方面,欧几里得学说或者立体几何的引进代表了一个重大突破,利玛窦可以教授他的中国学生们推算日食发生的过程,并对太阳是个比月亮更大的星体这一原理进行证明和推算。在他的学生的帮助下,擅长技巧的利玛窦制作了一些天文学仪器——不仅为了教学,还为了宣传。星盘(为了测量角度),四分仪(为了测量监测高度),以地球为中心的天体仪(显示赤道、春分、夏至、黄道、北极圈、子午圈)和日晷。日晷有水平模型的,也有标志着天象和中国的二十四个节气的可以安装在墙上的。很多都制作成礼物,这些礼物加快了利玛窦作为天文学家的名声的传播。

利玛窦的专业技能也引起了焦虑。负责夜晚观测并记录恒星位置的钦天监的官员们,害怕这个外国人会威胁到他们本来就微薄的工资及工作的稳定性。出于谨慎,他们联络了利玛窦的学生,这些学生曾经鼓吹自己的老师是如此重要的人物,钦天监的任何人都比不上他的能力。为了保住饭碗,这些官员试探性地拜访了利玛窦。他们对科学好奇心的缺乏给利玛窦留下了不好的印象,利氏很快打发了他们,并认为他们是"不长进和无知的人"。然而,我们的耶稣会士天文学家对他们的仪器却很感兴趣,回访时,利玛窦参观了位于鸡鸣山顶的皇家天文台,此地在北部城墙内的玄武湖边(图13)。此次拜访让利玛窦大开眼界,他看见了精美

图13 南京明代城墙,可以看到远处的鸡鸣寺。

第八章 南　京

的、青铜铸造的天文仪器,比他在欧洲见过的所有的都要宏伟。有四件仪器尤其吸引了他:一个三人都不能环抱的天球,球体上标明了子午线和纬度,有扇门可以敞开,允许一个天文学家进入到内部,很明显这个装置还没有完成,因为没有标明任何星座;一个直径有两只手臂那么长的赤道浑仪,显示着极点和365度的地平线圈,在中间没有放上地球,而是插入一个可以移动、用来观察天空每个部分的瞄准管;一个有四到五只手臂那么高的、安置在石板上的指时钟,用来测量夏至、冬至、春分和秋分;最大的仪器是一台简仪,包括三到四个显示春分和秋分的环线,以及在黑暗的夜空可以通过触摸来感知的垂直环线。这些仪器有力地证明了元朝伟大的天文学家郭守敬(1231—1316)的才能。但此时,郭的从未被超越的天文知识和他的星表,已经保存得不完整了。

利玛窦对中国的天文学只有片面的认识,这并不是他的错,中国没有成功积累天文知识,以至阻碍了科学的进步。当利玛窦可以更加精确地预测日食,并用更加系统化的方法从理论上解释天文现象时,他没有意识到欧洲和中国天文系统的根本区别。欧洲的天文学继承了希腊的天文学理论,观察和研究集中在黄道上,即通过太阳的轨道(比如地球绕太阳的黄道路径)测量天空和时间的推移,并用十二个星座代表一年中的不同时间;中国的天文学家们则集中于对北极星的观察,通过把天空划分为二十四宿来测量时间,一切都根据其他恒星围绕着北极星的运动来决定。

利玛窦在南京的两部著作恰恰证明了他的科学教育的矛盾性:它把先进的观点和方法介绍给中国,但却没有改变以前错误的知识基础。第一部著作是对初版于肇庆的世界地图的更新和扩展版,另一部著作是本小册子《四元行论》。

第二版世界地图(彩版5)与1584年在肇庆出版的版本相比增加了很多地理知识。除了提供更清晰、更准确的大陆轮廓外,利玛窦还对世界各地区和国家提供了详细的讯息。最大的创新在于把西方天文学知识纳入制图学。在新版世界地图的四个角落,利玛窦画上了四个圆圈:两个分别代表从北极和南极看地球的视野;第三个代表托勒密的宇宙观,宇宙有九重天,地球是中心,它位于九个旋转的同心晶莹球壳中间;第四个是浑天仪,显示极地、赤道、黄道以及春分和秋分的分界线。最后,两个小图表解释了春分、秋分、日食和月蚀。这个新版《坤舆万国全图》不仅被印刷在一张大平板纸上,还被安装在地球仪上。它影响深远,在利玛窦生前和身后被再版了多次。

第二部著作《四元行论》是为了反驳中国人的五行论,后来作为一个章节收录在更大的著作《乾坤体义》中,在利玛窦搬到北京后于1601年出版。此书以他本人与一个中国学者对话的形式写成,总结了他的天文课上的问答与讨论。中国理论认为所有的自然现象都是金、木、水、火、土五行之间的互动。利玛窦批评这个理论是荒谬的,并用希腊的四元素理论进行反驳,认为所有物质都是由气、水、土和火构成。

这篇短文的有趣之处不在于他用希腊—文艺复兴时期的物质理论代替中国的五行说,而在于利玛窦利用比喻修辞的方法,这在他后来于北京出版的关于神学和哲学的名著《天主实义》中也体现出来。为了论证自己的观点,利玛窦同时利用亚里士多德理论和中国古代经典,通过把"行"定义为出于纯粹本质的行动,质疑中国的理论:虽然水、火和土代表了纯粹的本质,但金和木本身就是不同元素的综合体,因而不能算做基本元素。用亚里士多德的话来说,中国人混淆了本质和偶然,只有气、水、火和土代表了本质,而金和木是物质行动的偶然形态,是火和土(提供金)以及水和土(提供木)互动的结果。为了减轻批评的程度,给中国人留些面子,利玛窦宣称:

> 吾观古唐虞开物,大禹陈谟,特以与谷列之为六府,只云其切于民生者,未尝谓水、火、金、木、土为元行,质万物之本也。后儒言水而木,木而火,火而土,土而金。夫乃曰木由水生,火由木生,土由火生,金由土生,水由金生耳。此说诚难顺之。[1]

换句话说,科学也好,宗教也好,古代中国人有着正确的理解,所有的错误

---

[1] 朱维铮主编:《利玛窦中文著译集》,上海:复旦大学出版社,2001年,第525页。

第八章 南　京

都是后来的中国学者们造成的，利玛窦只是在向明朝的学者们展示他们古代的正确观点而已。在解释了这四个元素如何控制天体的性质、四季以及人体中的四种体液（来自希腊医学理论）之后，利玛窦利用这个机会攻击佛教关于自然的理论。被大师的言语说服的中国对话者自言自语道："我古唐虞谓五行、六府，是乃四体之用焉。世儒欲混之，而不分体用，真不可矣。"[1]

然而，这个中国学生对利玛窦关于四个元素的位置的说法感到迷惑："先生谓火聚在天九重下，此乃新说，吾中国前未闻焉。愿闻贵邦据何理而言之？"[2]利玛窦的回答反映了正确与谬误的交织，与前面那场中、欧天文学的相遇一样。讲解了太阳是比地球更大的天体后（中国传统天文学是不知道此事实的），利玛窦继续重复托勒密宇宙观的一个错误。在他讲解"火聚在天九重下"的理由时，利玛窦解释道："夜间数见空中火似星陨，横直飞流，其诚非星，乃烟气从地冲腾，而至火处着点耳。盖天星自古迄今原有定数，而成数宿象，不能减亏焉。如夜夜果落几星，何以计其数乎？何像之成乎？天星不几于尽亡乎？况天上事不克坏，岂落之有乎？"[3]

利玛窦没有意识到古代中国的天文学家们已经观察到了超新星、变星和彗星，在哈雷于1682年观察到彗星之前，中国人已经于公元前87年和公元1066年之间多次观察到了哈雷彗星。利玛窦坚信是西方正统观点的托勒密学说，摒弃了古代中国的天文学成就，忽略了中国人关于宇宙是个无限空间的理论以及他们对流星的细致记录。

一成不变的天体包含着创世的理论，把人和地球放置于被创造的世界的中心，上帝这个原动力则变成同心球行星。为了制定日历来区分白昼和黑夜、暖季和冬季，所有的天文学体系致力于通过观测来辨别天体规律，他们同样被具体的文化必要性牵绊。利玛窦向中国人介绍的基督教

---

[1]　朱维铮主编：《利玛窦中文著译集》，第529页。
[2]　朱维铮主编：《利玛窦中文著译集》，第530页。
[3]　朱维铮主编：《利玛窦中文著译集》，第532页。

宇宙观是从托勒密和亚里士多德的逻辑学演化来的,目的在于永久性地、明显地展示神权的合法性。反之,中国的天文学注重观察和记录,还为了占卜而关注天象的变化。

与被天主教会谴责的希腊和文艺复兴时期的做法一样,中国人几乎没有把天文学和占星术区别开来。在与利玛窦同时代的顾起元著的《客座赘语》中,记录了几则轶事,说明了这种心态:

> 偶友人言:北斗第四星不明,主天下官无权。此与古占异。北斗七星,一至四为魁,五至七为杓。第一星曰天枢,二曰璇,三曰机,四曰权,五曰玉衡,六曰闿阳,七曰摇光。枢为天,璇为地,机为人,权为时,玉衡为音,闿阳为律,摇光为星。石氏之第一曰正星,主阳德,天子之象。二曰法星,主阴刑,女主之位。三曰公星,主祸害。四曰伐星,主天理,伐无道。五曰杀星,住中央,助四旁,杀有罪。六曰危星,主天仓五谷。七曰部星,亦曰应星,主兵。又云:一主天,二主地,三主火,四主水,五主土,六主木,七主金。又曰:一主秦,二主楚,三主梁,四主吴,五主赵,六主燕,七主齐。张衡云:若天子不恭宗庙,不敬鬼神,则第一星不明或变色;若广营宫室,妄凿山陵,则第二星不明或变色;若不爱百姓,骤兴征役,则第三星不明或变色;若发号施令,不顺四时,不明天道,则第四星不明或变色;若废正乐、务淫声,则第五星不明或变色;若不动农桑,不务稼穑,峻法滥刑,退贤伤政,则第六星不明或变色;若不抚四方、不安夷夏,则第七星不明或变色。……七政星明,则国昌;不明,国殃。[1]

由于中国传统认为天象与人类事务之间有确切的对应关系,因而一个优秀的天文学家应该也懂得占卜未来。顾记录了三个这个隐藏的艺术领域中的渊博学者的故事。第一个是王奇,他于成化年间(1465—1487)来到南京,预测官员们的命运和灾难。[2] 第二个是天文学家周公显,他

---

[1] (明)顾起元:《客座赘语》,南京:凤凰出版社,2005年,第128—129页。
[2] (明)顾起元:《客座赘语》,第267页。

第八章 南　京

在嘉靖年间(1522—1566)成为钦天监的领导,他因为可以凭自己的观察而判断恒星的具体位置和亮度而闻名。但是到顾起元时期周所著的数学和日历书籍已经失传。[1] 第三个人是著名的学者焦竑的亲戚崔自均,他擅长数字占卜,曾预测焦竑将在1589年的科举考试中名列前茅。[2]

利玛窦谴责占星术和预言,认为这是中国人的迷信活动,他们相信命运并试图控制自己的运气。与此相比,他教授的欧洲天文学,虽然由于相信托勒密的地心说而存在缺点,却代表了不同的方法,采用几何方法来展示天体的大小、距离和角度,以及用来解释日食。尽管由于只有欧几里得《原本》(Elêments)的几何部分被翻译成了汉语(全书在1608年才被翻译好)而让利玛窦感到遗憾,他最得意的门生张养默从这个西方老师身上学了他能学会的所有知识。不久,他把自己学习到的新知识传授给了自己的老师翰林王肯堂,正是王当初送他去向利玛窦学习的。后来,在自己的著作中,王概括说明了利玛窦用几何展示太阳比地球大的方法,并评价说:"西方人利玛窦说,太阳比地球大。虽然这让很多仍然充满怀疑的人吃惊,却是不容质疑的事实。"[3]

如果说中国天文学的文化必要性是为了预测人类事务,那么利玛窦的天文学课程则致力于宣扬基督教信仰:掌握天空的正确知识的最终目的是为了了解世界真正的创造者,并证明敌对宗教关于创世和宇宙的理论是错误的。我们已经谈到了利玛窦在他的著作《四元行论》中对佛教宇宙理论的批判。对此,利玛窦并不是秘密进行的。知道了利玛窦想要破除佛教的意图后,他的学生张养默告诉自己的老师说:"没有必要反驳偶像崇拜者的教义,集中精力教授数学吧。""一旦中国人了解了天地的真理,他们会自己发现偶像崇拜者们的书籍的谬误,"利玛窦带着鄙视评价道:"实际上,很多学习了我们数学知识的人反对偶像崇拜者们的教义,认识现世和自然事物方面有这么多错误,没有理由相信他们对于超自

---

[1]　(明)顾起元:《客座赘语》,第266页。
[2]　(明)顾起元:《客座赘语》,第240页。
[3]　转引自 *FR* II, p.50, n.1。

然事物和来世的说法是正确的。"[1]

对于自然和超自然,利玛窦有很多话要说,因为明朝有一大堆人是佛教的忠实信徒。他们包括一些最渊博的学者和晚明的新式思想家,史学家兼语言学家焦竑和哲学家李贽便属于这群人。要把这些人从佛教争取过来,是利玛窦遇到的最有挑战性的事情之一。现在我们将把注意力转到利玛窦在南京居住时与这第三类文人之间的互动。

焦竑(1539—1620)是南京辉煌的文学领域中最耀眼的明星。他出身南京的一个军户家庭,身为中级军官的父亲是个虔诚的佛教徒。早年在科举考试中失利后,焦竑在1589年的殿试中以第一名的成绩获得状元的头衔。被聘为翰林院士的焦竑由于出任皇长子朱常洛的老师而有名。但是万历帝迟迟不立常洛为太子,而是偏爱宠妃郑贵妃的儿子朱常洵,此举违背了宫廷传统。有很多年皇帝与他的大臣们都处于对立中:官员们不停地上奏希望皇帝立长子为太子,同时向皇帝训诫祖制;通常万历会忽略这些官员,但是偶尔也以解职、降级和处以杖刑的方式处理。皇位继承的僵局造成16世纪90年代朝廷几乎瘫痪,直到1601年万历才屈服于大众意见,宣布常洛为太子。由于大臣们反对自己的圣旨,万历帝感到极大的挫败,他拒绝每日上朝会见文武大臣,隐居在紫禁城中,性格变得越来越孤僻,身体肥胖,健康欠佳。这就是当时利玛窦还不了解的北京宫廷政治的背景。

由于对皇长子的支持,焦竑受到极大钦慕,同时他还是多产的作者和编者,在历史、儒学、道教、佛教、诗歌、音韵学和语源学方面均有著述。他直白的个性加上他在常洛皇子身边的高位,使他在同事中间引起了嫉妒和憎恨。1598年,两个同事批评身为副考官的焦竑没有查出北京地区乡试中九名上榜考卷中的歪门邪说。当时已经不喜欢焦竑的皇帝把他降级到福建的一个低级职位。1599年,焦竑辞职回到了家乡南京,与利玛窦在同一年到达。

---

[1] *FR* II, p.54.

第八章 南　　京

利玛窦已经放弃了自己的佛教身份，但是他没法逃避佛教徒。他怎么能够呢？南京的佛教机构比任何其他城市都要多：这里有 8 个大的、38 个中型的和 130 个小的寺庙，在普通人和士大夫文人中都有很多虔诚的佛教徒。[1]

与利玛窦在南昌的朋友、著名的儒生章潢一样，焦竑也是明朝伟大的哲学家王阳明的第三代门生。与章潢不同，焦竑属于泰州学派，此学派提倡道教、佛教与儒学的综合，这些学说受到章潢的严厉批评（请参见第七章）。

在焦竑的很多著作中都体现了对求同存异以及注重真理的相关性的敦促。他批评正统儒家的道德谴责，哀痛孟子不能容忍杨朱和墨子。同样，焦竑精辟地指出宋代伟大的理学大师朱熹批评禅宗正是因为他觉得儒学受到后者的威胁。作为一个折中的作者，焦竑写作的课题包括道家经典《庄子》、佛经，以及广泛的"正统"儒学主题。下面一段话代表了焦竑的思想，而且有趣的是它与一部佛经的出版有关，而这部佛经与利玛窦也有点关系。其事关于《华严经》的雕刻，这是一部中古早期的、部分内容译自梵语《华严经》的汉语佛经。此事的提倡者是佛教徒瞿汝稷，利玛窦的第一个弟子瞿汝夔（请参见第六章）的同父异母兄弟。焦竑用自己特有的方式为这版《华严经》作了序言：

> 记曰：率性之谓道，修道之谓教。圣人之教不同也，至于修道以复性，则一而已。古之博大真人，澹然独与神明俱与。圣人洗心，退藏于密，而吉凶与民同患者，固不同也。况大慈氏梦幻其身，尘垢其心，倜然高举于天人之表，独示万事以妙湛元明。真如自性与中国圣人之教岂必其尽合哉？晚而读《华严》，乃知古圣人殊途同归，而向者之疑可涣然冰释已。何者？《华严》圆教性，无自性，无性而非法，法无异法，无法而非性。非吐弃世故栖心无寄之谓也。故于有为界

---

〔1〕 何孝荣：《明代南京寺院研究》，北京：中国社会科学出版社，2000 年，第 142—145 页。

见示无为，示无为法不坏有为。此与夫洗心退藏而与民同患者岂有异乎哉？[1]

之后，焦竑评价说《华严经》的最后一章"入法界品"列举了成佛的53人，这些人中只有少数是和尚。因此，每个人都可以立地成佛，每件事情都能够引向顿悟。焦竑继续写道：

> 尝观法界品五十有三人，为比丘者仅数人耳。中如大光之净修，明智之福德，胜热之刻苦，大天之怪异，主夜之幽阴，童子之嬉戏，靡人不证，靡法不修，举足而入道场，低头而成佛事。洒扫应对得君子之传，日用饮食知中庸之味。孰儒孰释，奚异奚同？然则心佛众生一法也，理智行门一心也。[2]

运用《庄子》中的一个比喻，焦竑把真理描绘成没有源头和终点的海洋。他总结道："余以谓能读此经，然后知《六经》、《语》、《孟》无非禅，尧舜周孔即为佛。"[3]

焦竑的观点在晚明的知识分子中并不稀奇，他的好朋友李贽与他持有同样的观点。李贽从激进的儒家哲学家转化为禅宗佛教徒，在有些人眼中他是个天才，在另一些人眼中他是个少年和妇女的诱惑者、异端的和颠覆性的思想家。

李贽（1527—1602）出生在福建省泉州港。作为中世纪中国海上贸易的中心，泉州商人最远航行到了波斯湾，其中一个便是娶了个穆斯林妇女的李贽的祖上。很明显伊斯兰教传统在这个家庭中一直延续着，直到李贽这一代。在1552年的当地科举考试考中举人后，家庭的贫困使得李贽放弃了继续求学和获得成功的希望。之后的二十多年，他挣扎着用自己身为低级官员的微薄工资养家，在河南、北京和南京他都担任过各种教官职务。他的生活很艰辛，四个儿子和三个女儿中，只有长女活到了成

---

[1] 焦竑：《刻大方广佛华严经序》，《焦氏澹园集》，第二册，卷十六，台北：伟文图书出版社，1971年。
[2] 焦竑：《刻大方广佛华严经序》。
[3] 焦竑：《刻大方广佛华严经序》。

第八章 南　京

年。与此同时,李贽的父亲和祖父相继去世。当李贽得到人生中的第一次突破——于1577年被升迁为云南姚安的知府,有了一份可以过上舒适生活的薪水时,他在这个世界上所有的抱负却消失殆尽了。在最初的三年任期结束后,李贽辞了官。

远不止于此,李贽没有把大部分人放在眼里,认为自己很高尚。他在"自我赞美"中写到他是这样一个人:"其性褊急,其色矜高,其词鄙俗,其心狂痴,其行率易,其交寡而面见亲热。其与人也,好求其过,而不悦其所长;其恶人也,既绝其人,又终身欲害其人。"[1]最重要的是,李贽鄙视官吏们的虚伪和无能,这是他辞官的主要原因。当一个官员问他是否与臭名昭著的海盗林道乾(请参见第三章)相熟时(因两者均来自福建省),李贽反驳说海盗才是真正的领导者,官吏和文人们得到的只有蔑视:

  嗟乎!平居无事,只解打恭作揖,终日匡坐,同于泥塑,以为杂念不起,便是真实大圣大贤人矣。其稍学奸诈者,又挤入良知讲席,在阴博高官,一旦有警,则面面相觑,绝无人色,甚至互相推诿,以为能明哲。[2]

他最尖刻的评价是针对儒家文人的。李贽蔑视他们的虚伪,他们并不理解对于生命和死亡的终极关注;他们无知、空洞、可恶,最高可以取得的成就是一个中空的名声。一个儒生为名誉而死是最高的成就,"以是知学儒之可畏也"。[3] 在李贽看来,大部分官吏都是卑鄙的,因为:"以诸子虽学,夫尝以闻道为心也。则亦不免仕大夫之家为富贵所移尔矣,况继此而为汉儒之附会、宋儒之穿凿乎?又况继此而以宋儒为标的,穿凿为指归乎?人益鄙而风益下矣!无怪其流弊于今日,阳为道学,阴为富贵,被服儒雅,行若狗彘然也。夫世之不讲道学而致荣华富贵者不少也,何必讲道学而后为富贵之资也?此无他,不待讲道学而自富贵者,其人盖有学有

---

[1]　李贽:《李贽文集:焚书·续焚书》,北京:燕山出版社,1998年,第162页。
[2]　李贽:《李贽文集:焚书·续焚书》,第192页。
[3]　李贽:《李贽文集:焚书·续焚书》,第370页。

才,有为有守,虽欲不与之富贵,不可得也。夫唯无才无学,若不以讲圣人道学之名要之,则终身贫且贱焉,耻矣,此所以必讲道学以为取富贵之资也。然则今之无才无学,无为无识,而欲致大富贵者,断断乎不可以不讲道学矣。今之欲真实讲道学以求儒、道、释出世之旨,免富贵之苦者,断断乎不可以不剃头做和尚矣。"〔1〕

李贽说到做到,他把老婆和女儿送到泉州后,便剃了头,穿上了和尚袍子,宣称自己是法师。即便是选择这另一条人生道路,李贽仍带来了很多矛盾。作为士大夫的尖刻批评者的李贽,客居在湖北的耿氏家中,与耿定向、耿定理兄弟交游,这是一个强大的士绅家族。然而李贽不停地和耿定向争吵,他对自己道德习惯的炫耀也让对方感到震惊:他去妓院,在年轻女人的闺房里谈论哲学。年轻学者们崇拜这个老头的大胆和独创性,但他对年轻人也有不良影响。李贽的言行最终激怒了统治阶级的精英们。被耿家下逐客令后,李贽很容易便找到了其他有影响力的支持者,这些人帮助他建立了一座寺院,他在这里成为无牌住持。四处旅行寻求捐赠和会见朋友的李贽于1599年在南京拜访了他最好的朋友焦竑,正是在这里他遇到了利玛窦——少数让他觉得印象深刻的人之一。

事实上,正是李贽给了我们关于利玛窦最尖锐、最有趣的描述。在向一个朋友描述这个耶稣会士时,李贽这么写道:

> 承公问及利西泰,西泰大西域人也。到中国十万余里,初航海至南天竺始知有佛,已走四万余里矣。及抵广州南海,然后知我大明国土先有尧、舜,后有周、孔。住南海、肇庆几二十载,凡我国书籍无不读,请先辈与订音释……今尽能言我此间之言,作此间之文字,行此间之仪礼,是一极标致人也。中极玲珑,外极朴实。数十人群聚喧杂,雠对各得,旁不得以其间斗之使乱。我所见人未有其比,非过亢则过谄,非露聪明则太闷闷聩聩者,皆让(让即逊之意)之矣。但不知到此何为,我已经三度相会,毕竟不知到此何干也。意其欲以所学

---

〔1〕 李贽:《李贽文集:焚书·续焚书》,第426页。

第八章 南　　京

易吾周、孔之学,则又太愚,恐非是尔。[1]

李贽对利玛窦的独特眼光不仅反映出他本人的聪明,还体现出这个西方人对他和他的朋友焦竑有如此吸引力的原因:这是个极度有智慧和鉴赏力、有独特见解、对非现世的事务非常有兴趣的不妥协主义者。有趣的是李贽用来形容利玛窦的性格的形容词为"玲珑",这与南京天文台的环形玲珑仪相应。这个词语表明人有技巧、智慧,微妙和复杂。的确,这些体现了这个在自己的著作中很少显示自己的耶稣会士的性格。

在利玛窦身上,李贽看到了与自己相似的性格:有独到的见解,走着孤独的路。告别时,李贽为利玛窦作了首诗:

逍遥下北溟,迤逦向南征。

刹利标名姓,仙山纪水程。

回头十万里,举目九重城。

观国之光未? 中天日正明。[2]

李贽离开了南京前往他在湖北的寺院。想想李贽对利玛窦的描述:"听几十人吵闹着辩论,他可以从容应对。"这指代一个真实发生过的事件,一场宴会,一个让利玛窦感到光荣的时刻。也许李贽也在场。

这场宴会的主办者是李汝祯,一个有德名且拥有众多弟子的七十岁的致仕官员。身为虔诚佛教徒的李汝祯通过其共同的朋友瞿汝夔邀请了利玛窦来会面。在李汝祯面前,利玛窦坦率地批评佛教,把佛教比喻成腐烂一半的苹果。李汝祯认为这个耶稣会士对佛教教义了解太少。不久之后,在一次座谈会上,李汝祯讲述佛教的优越性,工部员外郎刘冠南愤怒地叫喊道:"你怎么能贬低我们的圣人孔子的教义而称佛教的这些外来教义更优越呢!"刘冠南进一步发泄他的愤怒,说甚至连西方人如利玛窦这个他仅识其名的人都称赞孔子的美德而批评佛教的谬误。李汝祯回答

---

[1] 李贽:《李贽文集:焚书·续焚书》,第378页。
[2] 李贽:《李贽文集:焚书·续焚书》,第301—302页。

说实际上他已经见过这个西方人了，此人看起来了解的并不多，他（李）可以更好地教授他（利）佛教教义。座谈会到此结束，刘冠南怒气冲冲地离开。

几天后，李汝祯邀请利玛窦参加一个宴会。利玛窦猜到了李的意图，耶稣会士不想卷入对抗；不仅如此，当时正值封斋期的大斋期间，利玛窦礼貌地拒绝了。然而，李汝祯再次邀请，同样被邀请的瞿汝夔说服利玛窦改变了他的想法，因为拒绝同一个人接二连三发出的邀请是不礼貌的。

当利玛窦和瞿到来时，他们发现李汝祯的家里有20—30个客人。荣誉嘉宾是南京最有名的佛教僧侣雪浪洪恩。出生于南京的洪恩俗姓黄，他后来根据浙江一座山峰的名字为自己取了雪浪这个佛名，因为正是在这座山上他开始了自己的僧侣生涯。在他13岁的时候，洪恩陪伴其父亲拜访了报恩寺，在这里他们聆听了一场关于《妙法莲华经》的布道。当讲道人把人世的痛苦比喻为生活在一栋充满火焰的房子里时，这个少年的心为之一振。他秘密地削了发。离开时，洪恩给了父亲一绺头发，以转送给母亲作为留念。他父亲眼泪奔涌了出来，但是这个男孩仅仅平静地看着这个男人，从此他斩断了与父亲的一切联系。传说这个学徒期的和尚从一开始就展现了极大的天赋，他的口才和良知让每个人印象深刻。被报恩寺主持招致麾下的洪恩成长为南京最著名的佛教大师，不仅因为他渊博的佛教经卷知识，还因为他对儒家经典和文学知识很熟悉。不久，洪恩就继承了寺院主持的衣钵。

当洪恩于1599年3、4月间遇到利玛窦时，他正值名声的顶峰。这个有才华的演说家已经讲解了30年的佛经。抛开了枯燥的注疏，洪恩回到佛经本身，用一杯茶和一个香炉，洪恩坐着滔滔不绝地讲述；或者，他会在听众中间走动，运用他身边的自然景观作为比喻来解释佛教教义的细节问题。身为《华严经》专家的洪恩，以一位伟大的佛教智者的身份而享有盛名，他了解华严派的核心观念，即所有现象的内部因果参差。1598年，报恩寺的宝塔顶崩塌，这座用水晶建造、顶部用铜铸成的宝塔是南京最有名的佛教建筑。洪恩率领几百个和尚在城内四处寻求资金支持，这场运

第八章 南　　京

动取得圆满成功。[1] 很显然,李汝祯邀请了洪恩住持来向利玛窦教授佛教教义。

双方都做好了舌战的准备。利玛窦知道洪恩"与其他的佛教僧侣有很大不同,因为他是个伟大的诗人,聪明,且懂得所有其他教派的教义"。[2] 在介绍客人们互相认识后,李汝祯安排洪恩在利玛窦身边落座,利玛窦立即感到了"裹在破烂又肮脏的袍子中的洪恩的巨大傲慢"。洪恩有着高额头,明亮的眼睛,方形脸,一张大嘴,有着咄咄逼人的气势,他要求同利玛窦谈谈宗教。利玛窦回答道:"在我们讨论任何事情之前,我希望您告诉我,您是怎么看待基本原则的,即天地万物的创造者和主人,也就是我们所称的天主。"洪恩解释说:"是,确实有天地的创造者,但是他不是个伟大的角色,因为所有的人跟他是平等的。"这里,洪恩指的是华严派的一个中心教义,即菩萨早已以人性的方式存在,人人都有成为菩萨的潜力。对洪恩的自满感到恼怒的利玛窦挑衅道:"您可以同这个天地的创造者做同样的事么? 如果不能,就只是空谈!"确信所有自然现象都是因为人的意识而存在的,洪恩自信地回答说:"行,我可以创造天地。"利玛窦插话道:"我不想劳烦您创造另一个天地。我只求您创造一个跟这里这个一样的火炉。"洪恩嚷道:"你这个请求真荒谬!"利玛窦更大声地嚷道:"你不能答应自己根本办不到的事!"在嚷嚷声中,其他的客人到来了。据利玛窦说,所有其他客人记载了这场对话的每一个字,并一致认为利玛窦是对的。

精神舒缓下来的洪恩开始向利玛窦解释佛教的基本教义。

"我已经听说您是位伟大的天文学家。您懂数学么?"

"是,我懂一些,"利玛窦回答道。

洪恩继续进行着他的攻击:"当您谈论太阳和月亮时,您是上到行星所在的天的上面,还是这些行星下到您的心里?"

---

[1] （明）顾起元:《客座赘语》,2005 年,第 257—258 页;喻昧菴辑:《新续高僧传四集》(共六十五卷),卷五,台北:琉璃经房,1967 年,第 306—307 页。
[2] *FR* II, p. 75.

利玛窦解释说:"我既不上天,星星也不下地。当我们看见某物时,我们对所看到的事物形成一个关于形状和物种的印象。之后,当我们想要思考和谈论此物时,我们在自己的脑中查寻我们之前形成的印象。"

"哦!"洪恩站起来喊叫道:"正如你自己已经创造了一个新的太阳和月亮,因此你能够创造所有的其他事物。"

"脑中的印象不是真的太阳和月亮,"利玛窦反驳说,"它们只是印象而已,与太阳和月亮有很大不同。如果一个人根本没有见过太阳和月亮,他不可能有这些印象,更不用说创造太阳和月亮了。"

利玛窦把脑海比喻为镜子,解释说没有人会把影子与太阳和月亮的实物混淆。依据托马斯·阿奎纳关于感性知识的原则,利玛窦主张一种哲学,即认为物理现象是真实存在的:所有被创造出来的事物都是可见的,感官对可见事物的感知创造出了秩序,智力则可以理解看不见的创造者——神。

有趣的是利玛窦采用了镜子作为比喻,这同样也是华严宗的一个比喻。华严宗解释说,所有事物的"自体因之与果"和"一与一关系说"可以比喻为放在一簇燃烧着的火焰周围不同位置的一组镜子,影子以及影子的影子构成了否定第一原则的无休止的因果链。最初的那个火焰,仅仅看起来是个真实的本质,因为人类意识的主体性是有限的。当时,洪恩没有想到这个回答;利玛窦发现后很满意。在他的回忆中,这是最让他有成就感的,因为他把洪恩气得七窍生烟。为了阻止舌战的进一步升级,主人李汝祯过来把洪恩带到了客厅的另一边就座。

宴会开始了。身为外国人的利玛窦被安排在贵宾的位置,在大圆桌边坐在正对着主人的位置。对话转向了人的本性问题,这是个曾让古代中国的思想家们相当活跃的话题。一些客人同意孟子的观点,即人的本性是好的,但是无知和缺乏教育导致了恶行。另一些人赞同荀子和法家思想家,认为法律和纪律是唯一可以抑制人倾向自私和邪恶的办法。第三组人大胆地说人类本性既不坏也不好,但是这些人不知道如何解释人类行为的不同。在持续了一个小时和好几道菜的辩论中,利玛窦一直静

第八章 南　京

静地坐着,心想这些文人"不懂逻辑,也不懂区分道德和自然,更不明白由原罪所造成的人性败坏,以及天主圣宠的道理"。[1] 同桌的其他客人对于利玛窦的安静却有另外的看法:也许他们的辩论对于一个外国人来说太难以捉摸,利玛窦根本就没能跟上用外语进行的嘈杂的对话。出于礼貌,某个人转向利玛窦询问他的看法。利玛窦一直在等待这个机会。他首先比较详细地总结了各个对立派别的观点,这让每个人大吃一惊。接着他补充道:"没人能够怀疑天地之主是最高的善。如果人类本性如此虚弱以至于人们怀疑它是好还是恶,洪恩大师刚才怎么能说人类本性与天地创造之神的本性是一样的呢?谁能怀疑这个本性的好恶呢?"

其中一个客人站起来为利玛窦叫好。他转向洪恩问道:"您怎么看这个问题?"这个佛教主持试图一笑置之,不愿意回答,利玛窦和其他客人向他施压。洪恩引用佛经,但是利玛窦拒绝承认其权威性,他想通过推理进行辩论。最终,洪恩说神既不好也不坏,因为一件事可以有时候好,有时候坏。这里,洪恩的依据为大乘佛教的中心观点,关于空的教义,即没有任何现象具有永久和不变的本质。所有事物——生命、死亡、快乐、痛苦——都是由各种情况和因缘综合形成的,而这些因素又是不断变化的,因此,讨论这些事物的好恶在本质上是无意义的。这时利玛窦反驳说太阳的本质是亮,而不是暗。反驳佛教关于空和相关性的教义时,利玛窦讲到亚里士多德原则,这是一个建立在区分本质和偶然的基础上的哲学。根据利玛窦的回忆录所记载,所有的客人都站在了利玛窦这边。尽管我们只有单方面的关于这次佛教和基督教之间智力交锋的记载,我们还是可以清楚地看到两件事:它在南京的文人中间引起了轩然大波,"整个南京都在谈论这次辩论",我们已经看到,李贽也是这么说的;这次辩论也奠定了耶稣会传教士与佛教之间的论战。

与洪恩在这次辩论中的观点后来成为利玛窦的杰作《天主实义》的第七章的部分内容。这次宴会之后不久,利玛窦于1599年4月间购买了

---

[1] *FR* II, p. 77.

一栋大房子作为耶稣会士的住所。促使利玛窦做成这事的是刘冠南。这个对李汝祯的亲佛教政策感到极大不满的官员自己手上有一栋据说闹鬼的房子。是官家的房子，但是长期无人住。之前在里面住过的几个官员都匆忙搬走了，说里面有鬼怪。没有哪个私人愿意买这栋房子。在查看这栋房子时，利玛窦在柱子上看到失败了的道教法师留下的剑痕。刘把这栋房子亏本卖给了利玛窦，很高兴能收回成本的一小部分，由于这个耶稣会士当时没法现金全额付款而接受了信用支付。利玛窦急切想要在中心地带购买房子，因为郭居静和其他人终于抵达了南京。这所闹鬼的房子也许正是顾起元描写过的那所：坐落在南门内的前督学府署，一位前督学和他的夫人在月光下散步时，突然看见十二个年轻学者的鬼魂在翩翩起舞；受到惊吓的他们搬了出去，从此之后甚至没有人敢在光天化日之下进到这房子里去。[1] 这所房子建在一块高地上，对于这个常发洪水的城市来说是个优越的位置，这笔买卖就显得更加值得。因为这是个阴雨连绵的南方城市，顾起元在他的《客座赘语》中记载，1586年6月，接连下了14天雨，街上的水有几英尺深，唯一能够通过靠近长江的西门的办法是乘船。[2]

被利玛窦日益增长的名声所吸引，官员和文人们"像疯子一样"纷纷前来拜访利玛窦。[3] 利玛窦写道，来的拜访者太多，以至于"有时候我没有时间吃饭"。[4] 利玛窦从来没有把这种社交当成真正的成功：中国人来拜访仅仅是为了满足好奇心——看看这个著名的西方人；当利玛窦"向他们讲述神在西方的杰作时，他们直发愣"。[5] 在回答昔日马切垃塔的朋友、耶稣会兄弟科斯塔关于中国教务方面的问题时，利玛窦用坚定态度如此回答：

---

〔1〕（明）顾起元：《客座赘语》，第284—285页。
〔2〕（明）顾起元：《客座赘语》，第23页。
〔3〕 Lettere, p.363. 在这封于1599年8月14日在南京写给科斯塔的信中，利玛窦写道，各种各样的拜访者"来看我，就像疯子一样"。
〔4〕 Lettere, p.364.
〔5〕 Lettere, p.361.

第八章　南　京

  要知道,我和这里的所有人日日夜夜做的就是这个。为了这个目的,我们离开祖国和朋友们,穿着中国的衣服和鞋子,我们用中国的方式说话、吃饭、喝酒。尽管我们的成就可以与别的教会相提并论甚至超越了他们,看起来似乎做了让人惊奇的事,但是上帝暂时不希望从我们的劳动中看到更多成果。这是因为我们在中国还没到收获的季节,甚至连播种季节都不是,而是开荒和与野生动物以及毒蛇搏斗的时节。通过上帝的恩惠,其他人会到来并书写皈依的故事。

这项开拓性的工作也许充满艰辛,但是利玛窦对于传播福音很乐观,因为他相信:

  中国与其他地方最不同,因为中国人有学问,对艺术有兴趣并讨厌战争;他们聪明,而且现在比以往任何时候都更加怀疑自己的宗教或者迷信。因此,如同我清楚表明的,在短时间内让无限多个中国人皈依将是可能的事情。

利玛窦继续写道,唯一的障碍在于中国人对外国人的不信任,以及皇帝和统治阶级对造反的恐惧。因此,当基督徒聚会时,便会带来怀疑。当前最紧急的任务是"在众人中获得信任,消除所有的疑虑,然后进行传教"。利玛窦补充说:庆幸的是,我们已经通过学识和名声从之前所有的外国人中脱颖而出,"在神的荣耀下,一些人认为我们是经过神奇的漫长旅途来到中国的最伟大的圣人"。[1]

的确,利玛窦让人感到惊奇。描写南京生活的《客座赘语》的作者顾起元见过这个耶稣会士后留下了以下描述:

  利玛窦,西洋欧罗巴人也。面皙、虬须、深目而睛黄如猫,通中国语。来南京,居正阳门西营中。自言其国以崇奉天主为道,天主者,制匠天地万物者也。所画天主,乃一小儿,一妇人抱之,曰"天母"。画以铜板为帧,而涂五采于上,其貌如生,身与臂手俨然隐起帧上,脸之凹凸处,正视与生人不殊。人问:"画何以致此?"答曰:"中国画,

---

[1] *Lettere*, p. 362.

但画阳不画阴,故看之人面躯正平,无凹凸相。吾国画兼阴阳写之,故面有高下而手臂皆轮圆耳。凡人之面,正迎阳,则皆明而白;若侧立,则向明一边者白,其不向明一边者,眼、耳、鼻、口凹处皆有暗相。吾国之写像者解此法,用之故能使画像与生人亡异也。"携其国所印书册甚多,皆以白纸一面反复印之,字皆旁行。纸如今云南棉纸,厚而坚韧,板墨精甚。间有图画、人物、屋宇,细若丝发。其书装订如中国宋摺式,外以漆革周护之,而其际相函,用金、银或铜为屈戌钩络之,书上下涂以泥金,开之叶叶如新,合之俨然一金涂版耳。所制器有自鸣钟,以铁为之,丝绳交络……应时击钟有声。器亦工甚,它具多此类。…… 其人所著有《天主实义》及《十论》,多新警,而独于天文、算法为尤精。[1]

后来,顾起元还遇到了罗儒望,后者于1600年来到南京代替利玛窦;他认为利玛窦的这个"徒弟"一点也没有其师傅聪明。

建立了他们的小居所后,耶稣会士们成了一个新型基督徒社区的看护者。南京的第一个皈依者是位七十岁的老人、致仕的军官成先生。他的儿子成启元也追随其父亲的步伐皈依了,他于1604年取得武进士,在军队里有份成功的事业。父子的受洗名分别为保禄和马丁;这个大家庭的大部分成员也跟随受了洗,成为南京的第一批基督徒。[2]

受到这项成功的鼓舞,利玛窦再次想到了北京。他需要增援:人力、财力和给皇帝的礼物。1599年8月利玛窦派遣郭居静去澳门寻求支持。1600年1月,郭居静带着更多资金和礼物返回了,还为中国这块"葡萄园"带来了另一个传教士,西班牙人庞迪我。

从他的官员朋友祝世禄那里弄到旅行证后,利玛窦再次准备前往北京,表面上是为了向皇帝朝贡礼物,实际上是为天主教获取朝廷的保护。利玛窦留下郭居静负责南京的耶稣会住宅和基督徒社区,他带着庞迪我

---

[1] (明)顾起元:《客座赘语》,第217—218页。
[2] FR. 材料中没有给出这几个受洗者的具体身份。他们的身份在黄一农所著的《两头蛇》中第一次被明确指出,见此书第74—75页。

第八章 南　　京

和两个中国耶稣会修士钟鸣仁和游文辉北上。

通过祝世禄,利玛窦在一艘由充当税使的宦官刘成指挥的船上得到了两个房间。刘从苏、杭带了好几船锦缎返回北京,现在又带上了一个来自西方的朝贡者,带着将送给万历帝的钟表、画和书。1600 年 5 月 18 日,利玛窦再次从大运河出发了,带着"苍白的脸,卷曲的胡须和深陷的眼睛"。在他赶赴决定其最终命运的旅行之际,利玛窦是否已经从南京上空的星际中看见了自己的命运呢?

第九章 北　　京

利玛窦差点就没能到达北京。

他的旅程在开始的时候还算顺利，希望大展宏图的、48 岁的利玛窦，与一小队年轻人出发了。这些人包括：钟鸣仁，38 岁，他已经跟随了利玛窦十年了，从韶州到南昌、北京以及南京；游文辉，仅 25 岁，已经是一个优秀的画家；还有庞迪我，出生于 1571 年的他刚刚从西班牙的托莱多到达，他也是第一个来中国传教的西班牙籍耶稣会士。多亏了祝世禄的介绍，耶稣会士和他们的仆人们受到了宦官刘成的殷勤招待，刘成在船上准备了两个宽敞的房间给客人，但是拒绝接受任何钱财。在这些愉快的日子里，庞迪我常常弹奏翼琴。他在南京的时候拜师郭居静，准备把这个乐器展示给皇帝，他同时继续跟随钟鸣仁学习汉语，并且与一个十岁的仆人练习对话，这个南京籍的仆人是宦官刘成买来送给庞迪我的。官府驳船装载着送给皇帝的来自杭州和苏州的丝绸，在马船的配合下，令人感觉既快又舒适。但是大运河水上交通堵塞，大部分官府的船只都在等待着通过水闸。在每一个关口，刘成都把这些有名的西方人和他们奇特的器物展示给中国官员，因此他得到了优厚的待遇。6 月底，这个小船队到达了山东济宁，这里也是漕运总督的官署所在地。

60 岁的漕运总督刘东星热切地等待利玛窦的到来。

第九章 北　　京

他的儿子已经在南京见过这个著名的西方学者，并且告诉了他父亲关于这个出色的异人和他的雄伟的救世理论等所有事情。这些故事在李贽那里得到了证实，李贽是刘总督的好友，他刚好在利玛窦到达期间拜访刘东星。在总督的府邸，李贽像老朋友一样与利玛窦打招呼，这三个人在一起谈论着西方和来世。去驳船上回访客人时，刘总督看见了挂在耶稣基督和施洗者约翰之间的圣母玛利亚的画像。后来，刘夫人告诉丈夫她之前做过的一个梦，在那个梦里她看见观音菩萨被两个男孩服侍着，思量着这个征兆，刘握着利玛窦的手说："我想跟你一起去天堂。"被他们的热心和诚意打动，利玛窦希望有一天自己可以让这两个人皈依，但是这终究没有变成现实。

7月3日，他们抵达了临清。大约一年前，首次尝试北京定居失败后，郭居静曾被迫在这里过冬。在这里，利玛窦一行曾落入宦官马堂的手中。作为督粮道，马堂因为他的腐败和贪婪而深受人们痛恨。在1599年，造反者杀死了他的37个部下，焚烧了他的衙门。但是，马堂得到了比他更贪婪的上级的全力支持，这个上级就是皇帝；皇帝想要从他的臣民手中榨取每一两银子。拒绝了宦官刘成给的礼物，马堂不给刘的船放行。担心迟到会被处罚，刘告诉马，船上是西方客人，带着给皇帝的特别贵重的礼物，如果马堂帮助他们早日过关，皇帝会给马堂奖赏。意识到这是个晋升和获得财富的机会，马堂答应刘会拜访。

在警觉中，利玛窦向一个熟人请求帮忙，这个人便是临清的提刑按察使钟万禄。钟出生于广东的清远，他在肇庆时初识利玛窦。当钟于1599年被派遣到南京工作时，他们再次建立友谊。在临清，他一直等待利玛窦的到来。因为了解马堂的势力，钟万禄警告利玛窦，想要逃脱马堂的爪牙是不可能的，他们最好假装友善，慢慢想办法解决问题。大宦官都是聪明狡猾的人，不能容忍被怠慢。他们出身卑微，在很小的时候就被征入宫中，善于阿谀奉承和奴颜婢膝，服从于皇帝的残暴和反复无常，被官员和文人鄙视。很多宦官都对权力有着强烈的欲望，一旦他们被赋予任何有权利的职位，他们就会以同样的残暴欺压一般的政府官员和普通人民。

马堂对他在驳船上看到的西方礼物很满意,他说他会把西人的呈文传达给皇帝。利玛窦礼貌地拒绝了,说他有很多官员朋友在北京。大宦官笑了,并且吹嘘说,皇帝几乎从来不看一般官员呈报的奏折,但是总是很快地回复所有他的奏折。马堂命令他的手下把耶稣会士的所有行李搬到了一只属于他的船上。

丢弃了他的乘客,带着马堂的祝福,刘宦官急忙离开了。

利玛窦和他的随从在临清住了约一个月,他们被招待得很好。马堂还邀请他们参加了一个宴会,宴会后是京剧和杂技表演。钟万禄同时也给予了帮助。他对利玛窦的频繁拜访,提醒了马堂,即这些外国人不是孤军奋战,他们不乏有权有势的朋友。有好几次马堂暗示需要贿赂,但是利玛窦装作不知道,在马堂要求把贡品搬到他府邸时,利玛窦指出搬运会给贡品带来破坏,他们有必要每天去维护这些钟表。马堂没有干预。

7月31日,在写了一封新的奏折之后,马堂送耶稣会士们去天津。他们于8月8日到达,马堂自己于8月中旬到达。一个月之后,一份圣旨到了,要求提供一份礼品的清单。利玛窦准备了一份清单,并在万历帝的生日前,即1600年9月23日前及时送到。与马堂想象的不同,皇帝并没有很快召见这些西方人,马宦官开始担心自己是不是因为招待西方人而受到了皇帝的冷落。

冬天来了,马堂必须在大运河结冰前返回临清。他把耶稣会士们搬到了一个城内的寺庙里,把贡品置放在官府的仓库里。一天,在又脏又冷的房间里,传教士们出乎意料地迎来了马堂。自大的马堂带来了个军官和一大队士兵,气呼呼的他指责利玛窦藏有珍贵的宝石,也没有如实上报所有他的家庭成员。士兵们打开并搜查了他们的行李,但是没有发现任何有价值的东西。马堂很恼怒。这时,一个士兵在庞迪我的私人物品中发现了一个东西。他把这个物品给马堂看。这是一个木制的十字架,上面钉着很逼真的正在渗血的耶稣像。惊呆了的马堂大声喊叫着:"这是

第九章 北　　京

你们专门制作了来刺杀我们的皇帝的工具,使用这种手腕的人是恶魔!"看到这个十字架后,其他的中国人畏缩成一团,以厌恶的眼光看着这些被称为"暴行创造者"的西方人。利玛窦很冷静,他当时"不想说这是真正的神",因为"想要在这个时刻对这些愚昧的人"解释这个神秘的事物会很难,况且,马堂会认为这样的解释是借口。仔细地斟酌了措辞之后,利玛窦解释道:"不要认为这是你们想象的那个东西,这实际上是我们国家的一个圣人,他代替我们承受了十字架的苦难。正是因为这个原因,我们才像这样雕刻和画他,以显示我们将永远注视着他和感激他。"听了这番话之后,马堂带来的军官说,即便这样,带着这样的一个人像仍然不好。

然而,马堂没有被说服,搜查继续进行,士兵们相继发现了其他的十字架和十字架的画像。宦官开始平静下来了,这些东西不可能全部是巫术的道具。马堂和军官示意利玛窦和庞迪我坐下。首先,马堂把一个装了 200 多达克特银币的袋子还给了利玛窦,这些钱币是耶稣会士们的旅费。马宦官以为这么做可以显示自己的诚信,但是利玛窦并没有对此感恩戴德。然后,马堂命令他的手下对从耶稣会士们那里充公来的 40 多件物品列个清单,这些物品中包括一些象牙匣子和一个银圣杯。利玛窦要求马堂把匣子还给他,但是马堂不理会他的请求。利玛窦又急切地恳求马堂归还圣杯,并解释说,这是一个给上帝奉献供品的神圣的器物,不可以被不圣洁的手触碰。马堂叫人把圣杯拿上来,双手转来转去,他嘲笑道:"你为什么说这个不能被触碰?"利玛窦控制着自己的怒火,以不愉快的声调对马堂说:"拿走这个钱袋吧,它比圣杯的两倍还值钱,但是把我们神父需要的东西还给我们。"听到这些话,在场的官员来调解了。他建议马堂把圣杯还给利玛窦,因为看来这些外国人在乎的并不是钱;马堂这时也对耶稣会士们表示同情了,他把圣杯还给了他们。

马堂回到了临清,耶稣会士们获得些安宁。他们焦急地等待着消息,生怕以往获得的进展,在瞬间全部消失。可是祈祷也没有带来任何好消息。1600 年底,利玛窦派了两个仆人去临清,一个被马堂痛打一顿后送了回来,另一个被钟万禄秘密接待,并且被告知情形看起来很糟糕,因为马堂正准备上交一份奏折控告这些西方人企图用巫术刺杀皇帝。毁掉十字架,保住你们的性命,逃到广东去吧——这是钟万禄给悲伤的利玛窦唯一的建议。这时,带着利玛窦给他的官员朋友们的信,偷偷溜到北京去的钟鸣仁,也空手回来了,没有人愿意帮助他们。

突然,在1601年1月,一份圣旨到了,指示这些西方人带着他们的礼物启程去北京。似乎是有一天皇帝想起来关于自鸣钟的事情,于是要求看看,侍从宦官提醒皇帝说他还没有回复马堂的奏折,那些西方人还在天津等着,这才有了突然到达天津的圣旨。此时,耶稣会士们已经在冰冷的寺庙中哆嗦了十个星期,距离他们从南京出发的日子也已经八个月了。马堂勉强把那些礼品和西方人的私人物品物归原主。这些私人物品中包括利玛窦的数学课本,这本书被马宦官以明朝法律禁止占卜书籍的理由充公。幸运的是,那个奉命从仓库中归还物品的士兵不识字,所以看不懂马堂封起来的禁令。如果没有这些书籍,利玛窦靠科学传教的策略将会在北京受到阻碍。

依靠马匹赶路,这些来自西方的朝贡者于1601年1月24日,即中国农历新年的前夕进入了京城(彩版7,地图7)。礼品被郑重地送到了宫里,包括:

三幅画,一幅当时代的画着耶稣基督的小画,一幅画着圣母玛丽亚与孩童时期的耶稣和圣约翰,还有一幅圣母的老肖像画,这是从罗马的马杰奥尔圣母堂的贝佳斯礼拜堂复制来的。

一本内页中有金色线条的祈祷书。

一个用珍珠、圣物和不同颜色的玻璃装饰着的十字架。

一份亚伯拉罕·奥特柳斯《地球大观》的复印本。

一个大的装饰着龙的铁制机械钟和一个巴掌大的小钟,这个小钟由闪闪发光的金属制成,上面有雕刻。

两个棱镜。

八面镜子和玻璃花瓶。

第九章 北　京

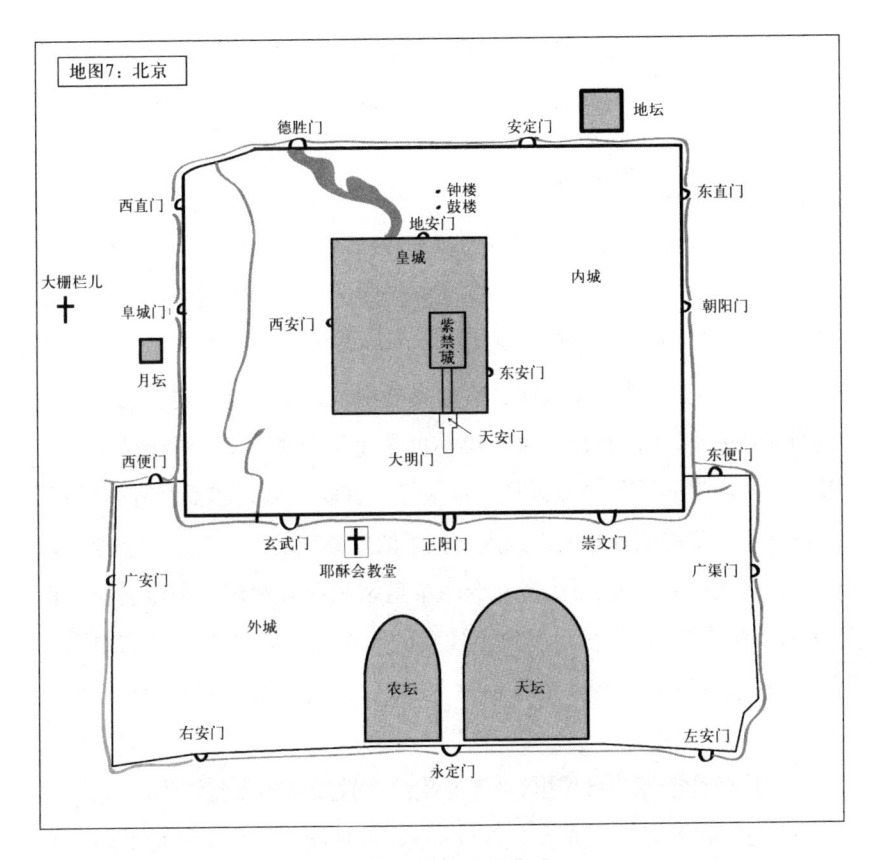

地图7 明代的北京城

一架翼琴。

一个犀牛角。

两个沙钟表。

欧洲的皮带、面料和硬币。

当看到耶稣基督的画像时,万历帝(彩版6)宣称:"这是菩萨!"皇帝被真人似的画像震惊了,他把这幅画送给了他的母亲李太后,一个虔诚的佛教徒。同样被这幅画的三维立体感所震撼,李太后把这幅画储存在了帝国的藏宝库里,但是她本人更喜欢那幅画着圣母玛利亚和小耶稣的来自马杰奥尔圣母堂的画,她每日都在这幅新版本的"送子观音"画像前烧香膜拜。

利玛窦：紫禁城里的耶稣会士

万历皇帝对西方的机械工具最感兴趣。担心那个钟有一天不再发出和谐的声音，他命令利玛窦和庞迪我进入紫禁城外的皇城，在那里他们指导四个懂数学的太监如何正确使用和维护钟表。钟表的事情办妥之后，皇帝希望欣赏在古钢琴上演奏的西方音乐。一直在等待这个机会的庞迪我成了四个太监乐师的老师。利玛窦把八首欧洲乐曲翻译成了汉字，并使用"上帝"、"天"和"天神"来暗示基督教信息。这些课程花了一个多月，在这期间耶稣会士们住在紫禁城外的一个房子里，并在马堂的人的严密监视下，马堂仍然希望从他之前的支持中获得些好处。对自己的被动处境感到无聊，加上在处理皇位继承问题上受到的批评（请详见第八章及之后的内容），万历帝破天荒地对这些对官职一点兴趣都没有、只想在北京有一个安静的住处的外国人产生了浓厚的兴趣。仍然不想让他的官员们看到这些外国人，万历帝命令两个皇家画师画利玛窦和庞迪我的肖像画，其结果"既不像我自己也不像我的同伴"，庞迪我在一封信中这么描述道。任何场合，当皇帝看到这些画时，他总是会称："啊，他们是回回人！"[1]

在教授音乐课的日子里，当庞迪我忙于教授他的太监学生时，利玛窦试图与他在北京的官员朋友们建立联系，可是没有一个人回他的信。利玛窦的沮丧由于马堂的手下的严密监视而加重了，因为他被禁止去拜访礼部尚书余继登。利玛窦接触到的唯一一个人是御史曹于汴，曹因为佩服西方人的诚实和正直而拜访了他。他们后来成了多年的朋友。

一天，一班衙役涌入利玛窦的住处。他们是被礼部的四夷官蔡大人派来的。因为不满这些西方人通过宦官马堂而不是正规的礼部程序向皇帝进贡礼品，蔡决定召见这些人。开始，利玛窦以为这些人想向他们敲诈钱财，便拒绝跟他们走。于是这些人用绳子绑住了钟鸣仁和游文辉的脖子，利玛窦和他的随从被锁在了他们的房间里。听说这件事情后，马堂的人赶快冲过去救援，他们撬开了锁，控告这些礼部的人企图偷走将要送给

---

[1] *FR* II, p. 130.

第九章 北　　京

皇帝的礼物,这些入侵者在匆忙中被吓跑了。意识到这是摆脱马堂爪牙的机会,利玛窦坚持要跟礼部的人走。第二天,利玛窦和一个太监出现在蔡大人的面前。这个太监警告蔡大人别干预,威胁说他要上奏皇帝。在与他的同事商议后,蔡大人仍坚持他的立场。太监离开了,留下利玛窦独自接受审讯。面对怒火中烧的蔡大人,利玛窦解释道:他们是在旅途中被马堂抓住的,一个外国人怎么能抵制这样一个连很多高官都害怕的人呢? 更何况,自从到达北京后,他们每日都被召入宫,常常处在监视下。利玛窦恳求说,他已经在中国生活了很多年了,之前已经来过北京,不应该继续被当作外国人。听到这些话,刚开始很严厉的蔡用鼓励的话回答:不要害怕太监,他(蔡)会上奏给皇帝。这期间利玛窦和他的随行人员可以用公费住在四夷馆。

四夷馆有一个很大的用墙围住的院落,被分成数百个房间来接待来自中亚、东亚和东南亚的给明朝朝贡的使者。为了满足皇帝的虚荣心,这个朝贡体系建立于十五世纪早期,其商业成分多于外交。每过三至五年,突厥人、阿拉伯人、莫卧儿人、波斯人、蒙古人、西藏人、朝鲜人、琉球人、暹罗人、缅甸人、爪哇人和马来人都要成群结队地带着贡品来北京。除了少数例外,比如来自中亚的玉石,大部分贡品都没什么价值。他们在中国期间的花费由中国朝廷出,他们象征性的臣服得到优厚的奖赏,外国人则装满中国的丝绸、瓷器和大黄返回,大黄是中医里强有力的泻药,在西方的市场往往可以获得很高的利润。这些外国人被按照正规的礼节来接待,但是很少受到尊重(朝鲜人除外,因为朝鲜人是被中国文化同化程度最高的)。他们的官方住址的名称展示了这个事实:四夷馆。这里没有一个房间是装修过的,客人们睡在稻草上,照管着他们的"礼品"和动物。除了进贡礼品和离开京城这两个时间,所有人在京城期间都被锁在这个院落里,除了朝鲜使者以外。[1]

---

〔1〕 朝鲜使者一直被允许自由活动,直到 16 世纪早期这种特权被四夷馆的负责人所限制。16 世纪下半叶这个限制经请求被废除。关于 17 世纪北京的宫殿和衙门,请参见孙承泽:《春明梦余录》,卷四十,香港:龙门书店,1965 年,第 606—607 页。

在这里,利玛窦和庞迪我住了三个月(1601 年 3 月到 5 月)。蔡没有按惯例对待他们,他给他们安排了经过装修的房间。5 月上旬,就在他们搬进来的几天之后,利玛窦和庞迪我与别的朝贡者一起被护送到了皇宫里。穿过被士兵和大象塑像保护着的重重大门之后,他们到达了太和殿,在这个房间里,皇座被安置在地毯上,两侧有象征皇权的徽章,皇座被一个用精致铜线制成的帘子罩着,要经过层层大理石台阶才能靠近。[1] 与以往的无为皇帝一样,万历帝这次也没有坐在皇座上出席这次接见。在对着一个空皇座下跪磕头之后,在仪式主持官的大声指示下,这些外国人被礼部的执行官朱国祚(他此时代替得了绝症的余继登行使职权)接待,之后利玛窦一行回到四夷馆里。

虽然名义上不是,实质上耶稣会士们过着犯人一样的生活,他们渐渐与同住的其他人熟识起来。一些穆斯林告诉传教士们,说在中国西北的甘肃省有一个基督教社区:他们肤色很白,男人留长胡须,他们吃猪肉,崇拜耶稣基督和圣母玛利亚的画像。这应该是曾经在中国很兴旺的景教的残余,利玛窦对这个产生了极大的兴趣。

在利玛窦拜访了皇帝之后,朱国祚派人去询问这些西方人,耶稣会士们表达了他们的愿望。他们希望留在中国传播关于他们的神的教义,利玛窦提交了一本祈祷书和一份他的作品的抄本以供审查。根据官僚程序,朱向皇帝提交了一份奏折,在这份奏折里他斥责宦官马堂与这些西方人合谋逃避礼部行使职权。这份奏折写道:

> 《会典》(《大明会典》)止有琐里国(作者按:这里指代斯里兰卡和印度的科罗曼德海岸,在明朝被称为琐里或者西洋),而无大西洋。其(利玛窦的言语)真伪不可知。又寄住二十年,方行进贡,则与远方慕义特来献琛者不同。且其所贡天主、天主母图,既属不经,而随身行李,有神仙骨等物。夫既称神仙,自能飞升,安得有骨?则唐韩愈所谓凶秽之余(作者按:韩愈反对瞻仰佛骨,认为这是"邪恶

---

[1] 孙承泽:《春明梦余录》,卷七,第 73 页。

第九章 北　　京

和肮脏的东西"），不宜令入宫禁者也。况此等方物，未经臣部译验，径行赍给，则该监（指代马堂）混进之非，与臣等溺职之罪，俱有不容辞者。又既奉旨送部，（利玛窦）乃不赴部译，而私寓僧舍，臣不知何意也。乞量给所进行李价值，照各贡译例，给与利玛窦冠带，速令回远，勿得潜住两京，与内监交往，以致别生支节，且使眩惑愚民。[1]

与惯例不同，皇帝没有回复这份奏折。后来，利玛窦从一个太监那里听说万历帝对这份奏折很不悦："为什么将他们像强盗一样抓住？看礼部会把他们怎么样。"这不是唯一一份让皇帝恼怒的奏折。两年以来，当时得了不治之症的礼部侍郎余继登不停地上奏，督促万历帝宣布他的长子为皇太子并且安排皇太子的婚姻。正是因为皇帝的无动于衷和抵制，余继登陷入深深的沮丧中以至得了重病。相反地，礼部的任何奏折都让万历帝恼怒。所以他没有任何行动。一个月过去了，一些官员批评礼部把利玛窦当成犯人一样对待，另一些人不同意朱的驱逐这些西方人的建议；很多人猜测利玛窦喜欢与太监建立的良好关系；大家都知道了万历帝的不悦。朱国祚提交了第二份奏折，这次他避免批评太监，而且对西方人的态度也稍微平和了些。皇帝仍然保持缄默。事实是，万历帝想要这些西方人留在北京，即使只是为了维护他心爱的机械钟也好，那些被指定维护钟表的太监也热切地希望这样，他们担心万一这些奇妙的器物出了问题，他们将人头不保。但是程序规定，在外国人的问题上，皇帝只能回应大臣的奏折，而不能提出新的议题。朱国祚没有因为皇帝的缄默而气馁，又提交了三至四份奏折，每一次都更加软化他的语调，增加对这些西方人的赞美之词，他甚至推荐将利玛窦和庞迪我派遣到江西或者另一个南方的省去任职，但是北京居留这个关键词却没有提及。皇帝仍然没有发话。此时，由于其他官员督促着想要会见这个了不起的西方人，蔡大人允许利玛窦自由出入四夷馆。他甚至给利玛窦提供了一匹马和一个马夫（汇报

---

[1] 完整奏折见沈德符：《万历野获编》卷三十，北京：中华书局，2004年，第三册，第784页。

利玛窦的行踪)。利玛窦拜访的第一个官员是御史曹于汴,他很快成为了利玛窦的朋友和崇拜者。5月份,曹御史利用职权告知蔡大人把西方人安置在四夷馆是不对的。不久,蔡大人便允许利玛窦和庞迪我在城内自由选择住处,并答应为他们和他们的仆人按照外国使节的身份提供粮食。

他们的生活因为得到了一笔数额不大的皇室津贴而有了保障,累计起来他们一年可以得到七十二两银子,这样耶稣会士们开始工作了。利玛窦继续他那相当成功的工作模式:拓展人际关系,交朋友(全部都是在身居高位的人中进行),学习谈话技巧和著书。在1601年的下半年间,利玛窦已经建立起了一个将持续到他去世的工作模式:他接待明朝社会里等级最高的拜访者;他与他们谈论西方的风俗和法律,在适当的时机介绍基督教教义;他制作日晷、地球仪、四分仪,以及其他的天文工具作为礼物送给他的中国交游者们;他四处参加一轮一轮的宴会,参与更多的交谈和拓展人际关系的活动。这是让人精疲力竭的工作,一套详尽的礼仪引导着上流社会的社交:拜访者的名刺要以适当的方式呈上,要穿上丝绸袍子,要送上适合身份的礼物,一定要回访客人,最重要的是,能够参与充满智慧的高质量的对话而不显得庸俗和轻率。在他打交道的那个圈子里,要想拒绝一个邀请又不得罪任何人对利玛窦来说是不可能的。他几乎从来不在自己家里吃饭,他通常每天要参加三或四个活动,即使在斋日也一样。在空余时间,利玛窦主持弥撒,诵读祷文,监督耶稣会士住宅的运行,以及通过信件指导在南京、南昌和韶州的其他耶稣会士,这是让人很少有闲暇的日常工作。

在1601年的下半年,利玛窦交了些很有影响力的朋友。从利玛窦自己的作品和大量的档案文件中,我们可以重建他当时密集社交的大致场景和很多谈话的具体内容。一点一点地,利玛窦把西方的知识传授给了明朝的精英们,并在这个过程中积累了很有价值的社会资本,而这个资本在为中国传教事业打基础的过程中是不可或缺的。

今天在法国国家图书馆可以找到的一份叫做《释客问答》的汉语匿名书稿,为我们描述了利玛窦一定体验过的繁忙的社交生活。本书写于

第九章 北　京

17世纪早期,作者是一位耶稣会士(很可能是利玛窦本人),其用途是作为语言和社会的入门教材。书中的很多都是真实发生过的文本对话,常以京城里学者们互相拜访的场景而开始,它描述一个忙于接待送名刺来的客人和很多回访的主人;它详细记录了很有礼貌的谈话,这些谈话总是以通常的礼节,比如表达对某人的名声和著作的敬仰而开始。在正式的问候以及关于出生地的问题(中国人仍然使用这个作为自我身份的认定)之后,谈话总会因为这些中国拜访者对西方的好奇而转到另一个话题。谈话大致会按照这个顺序进行:在西方有多少个国家?他们互相打仗么?他们的官员穿什么样的衣服,他们穿和我们的官员一样的圆领的官袍和冠带么?普通百姓穿什么样的衣服?他们的头发是什么样的?那里的男人把长发弄成发髻盘在头顶么?男人留胡须么?西方的女人漂亮么?她们缠足么?她们穿什么样的鞋子,戴什么样的首饰?人们怎么结婚,是通过媒人还是父母?人们再婚么?贵国有多大?那里有妓女么?(对于这个问题,这个传教士是这么回答的:有,但是数量很少,并且在城市里不被容许。[1]中国拜访者以赞同的口吻插话说这正是古代的做法。)从大西洋来这里的路途有多远?西方的船是怎么造的?海上航行有什么危险?有海怪吗?一艘船上可以载多少人,他们吃什么?在来中国的路途中,尊贵的西方人经过了多少个国家?还有关于非洲和印度的问题:关于食物、风俗、物质文明和语言。中国是世界的中心吗?(对于这个问题,此耶稣会士谈话者不得不让他的客人失望,他回答说赤道是世界的中心。)为什么尊贵的西方客人没有从陆路来中国?(答案是穆斯林使得陆路旅行变得危险。)中国人和西方人谈了很多关于中国瓷器和欧洲玻璃的话题,那之后客人的好奇心转到了西方官员的工资问题上。此耶稣会士又让中国客人大吃一惊,他说一个西方总督的工资相当于中国的

---

[1] 1556年,教宗庇护五世发布严格的法律在罗马严禁妓女,尽管这项措施并没有在长远上取缔罗马妓女的存在,它成功地把妓女限制在了城中特定的街区。利玛窦正好在教宗实施这些规定时在罗马。请见Tessa Storey, *Carnal Commerce in Counter-Reformation Rome* (Cambridge: Cambridge University Press, 2008)。

60 000至100 000两银子,即75 000至125 000个银比索或者半金达克特,这数目对于明朝的官员是很吸引人的,因为明朝官员的固定工资在历朝中是最低的。〔1〕西方的官员贪婪么? 他们有科举考试么? 一个人要怎样做才能被聘为官? 人们可以考军事科技的科目么?(此耶稣会士对这个问题给了否定的回答,但是又说人们可以学习医学,人文学科就是关于天主的知识。)谈话转到了天文、占卜、西方医学和制药,之后中国客人又很唐突地询问关于钱的问题:你的朋友们是怎么寄钱的?(传教士回答说钱是通过广州寄来的,对于这一点,中国客人坦言他从来不相信那个说尊贵的西方人使用魔术把水银变成银子的谣言。)关于炼金术的话题导致了关于欧洲的钱币系统的对话,这又引到了贫困和慈善的话题上。那里有土匪吗? 他们是怎么被处罚的? 人们是怎么建房子的? 是什么样式? 什么材料? 在西方有世袭君主吗? 那里有城市和防御工事吗? 这最后一个话题又使谈话转到了欧洲的武器和马匹上,直到以一些零散的话题比如朝贡、宫殿、风水和狮子而结束。〔2〕我们可以想象亲切又卓越的谈话者利玛窦如何给大明王国重复着关于西方的故事和他的旅行逸闻的场景。

利玛窦与那些身居高位但是没有权力的人——皇帝的亲戚和皇后交往,他也与有权力但是不那么尊贵的人——军官交往。总之,他活动于统治阶级即高官的圈子。大部分人是来自首都的官员,其他的是从南京或其他省份来办事的。我们很快就会遇到那些最著名的人。因为强烈的好奇心,拜访利玛窦成为北京精英阶层中最新的社交时尚。"各种分量的人都来拜访,"此耶稣会传教士总结道,"但是普通百姓,害怕到我们的房子里来,虽然我们的大门和城里任何别的房子一样总是敞开的。似乎没有哪个有权力的人,不因为同神父们谈过话或者让神父们去他们的家里

---

〔1〕 明朝官员极其低的俸薪在《明史》卷八十二(第2003页)中得到了承认。这也是造成腐败的重要原因。

〔2〕 这是汉语文本《释客问答》(共37页,藏法国国家图书馆,编号 Chinois 7024)的摘要和部分翻译。

第九章 北　京

而感到欣慰的。"[1]至于普通百姓,我们将看到,利玛窦留给了庞迪我。现在让我们见见利玛窦那些显赫的中国官员朋友们。

他最显赫的新朋友是沈一贯,浙江宁波人。他是内阁大学士的一员,是皇帝身边地位最高的大臣之一。沈于1603年成为一品大学士,直到1606年他被对手们阴谋陷害而解职。沈虽然是一个虔诚的佛教徒,却不是菩萨,他对于朝廷中狠毒的政治游戏没有丁点仁慈,这点我们在下一章将会看到。对于利玛窦,沈大学士表现得很大度,他赞扬基督教的一夫一妻制和它的社会纪律,还送钱和丝绸等礼物给利玛窦。自从1601年底第一次见面后,沈与利玛窦的友谊一直继续着,这给了耶稣会士来自北京的强大政治支持。

另外一个虔诚的佛教徒是吏部尚书李戴。因为对来世的关注,这个70岁的尚书总是与利玛窦进行关于生命和死亡的讨论,这给了耶稣会士机会向他讲述人类存在之短暂这一本质。第一次见面时,李戴询问这个西方人的年龄。利玛窦回答说:"已过五旬矣。"困惑的李尚书问道:"贵教以有为无耶?"利玛窦解释道,人们可以储藏黄金和粮食,但是时间与它们不同,时间随着太阳和季节的规律而流逝,永远不再回来。当过去的时光不再属于自己时,人们怎么可以说拥有年龄呢?

利玛窦坦言他已经浪费了五十年,没有为他的国家效任何力,没有强化他家族的力量,或者提高个人道德。李戴宣称:"噫,子何言之谦也。以为徒过光阴,无所事事,无前寿矣。世有不肖者,从少臻耄,侮天耳,害人耳,污己耳。天大慈,更益之以寿,望其改行,而彼反用之增愆也,迨身将毙,则年数与恶绩等焉。殆哉!子言之其寿,有乎?无乎?"利玛窦回答道:"不如未生矣。"被利玛窦的话语打动,李戴训诫他家中的年轻成员说:不要蹉跎光阴。继续着关于时间的短暂本质的谈话,利玛窦再次规劝一个人要在生命中的每一时刻都认识到美德和上帝。[2]

---

[1] *FR* II, p.160.
[2] 这个对话构成了《畸人十篇》的第一章。

关于生命和美德他们的观点是一致的。但是利玛窦对佛教的批评，李戴严重不同意。"他们(耶稣会士们)说菩萨的坏话是不对的。如果天主在天上很伟大，那么菩萨就在地上伟大。"李尚书这么反驳道。[1] 两年以后，当李戴在"妖书事件"(见第十章)中失去官职时，利玛窦不无讽刺地评价道："看样子天主在天上和地上一样伟大，他的偶像们却不能给他自由和让他保有官职。"[2]

老朋友为新朋友敞开了大门。在南京时曾跟利玛窦学习过西方数学的王汝训被提拔为刑部侍郎。他到达京城之后，来自山东省的王介绍利玛窦认识了另外两个来自他家乡的高级官员：王的上司即尚书萧大亨和在1601年8月余继登去世后接任的礼部尚书冯琦。

在京城的不到一年的时间里，利玛窦已经与六卿中的三个建立了关系——李戴、萧大亨和冯琦。此外还有内阁大学士沈一贯。在这些位高权重的人中，冯琦给予了最有效的支持：他是处理外国人事务的级别最高的官员。还有冯琦对基督教教义显示出最浓厚的兴趣，这从他与利玛窦之间关于生命作为短暂驿站的谈话中可以反映出来。由于对当时的腐败感到极度悲观，冯与利玛窦分享他对人性的反思：

> 吾观天地万物之间，惟人最贵，非鸟兽比，故谓人参天地。然吾复察鸟兽，其情较人反为自适，何者？其方生也，忻忻自能行动，就其所养，避其所伤；身具毛羽爪甲，不俟衣履，不待稼穑，无仓廪之积藏，无供爨之工器，随食可以育生，随便可以休息，嬉游大造，而常有余闲。其间岂有彼我、贫富、尊卑之殊，岂有可否、先后、功名之虑操其心哉？熙熙逐逐，日从其所欲尔。
>
> 人之生也，母先痛苦，赤身出胎，开口便哭，似已自知生世之难。初生而弱，步不能移，三春之后，方免怀抱；壮则各有所役，无不劳苦，农夫四时反土于畎亩，客旅经年遍渡于山海，百工无时不勤勤手足，

---

[1] *FR* II, p. 182.
[2] *FR* II, pp. 190 – 191.

第九章 北　　京

士人昼夜剧神殚思焉。所谓君子劳心、小人劳力者也。五旬之寿，五旬之苦。至如一身疾病，何啻百端！当观医家之书，一目之病，三百余名，况罄此全体，又可胜计乎！其治病之药，大都苦口。即宇宙之间，不论大小虫畜，肆其毒具，往为人害，如相盟诅，不过一寸之虫，足残七尺之躯。人类之中，又有相害，作为凶器，断人手足，截人肢体，非命之死，多是人戕。今人犹嫌古之武不利，则更谋新者，辗转益烈，甚至盈野盈城，杀伐不已。纵遇太平之世，何家成全无缺？有财货而无子孙，有子孙而无才能，有才能而身无安逸，有安逸而无权势，则每自谓亏丑。极大喜乐，而为小不幸所泯，盖屡有之。终身所愁，终为大愁所承结，以至于死，身入土中，莫之能逃。

故古贤有戒其子者曰："尔勿欺己，尔勿昧心，人所竞往，惟于坟墓。吾曹非生，是乃常死，入世始起死，曰死则了毕已。月过一日，吾少一日，近墓一步，常畏所不得避患，何时安乎？"夫此只诉其外苦耳，其内苦谁能当之！凡世界之苦辛，为真苦辛，其快乐为伪快乐，其劳烦为常事，其娱乐为有数，一日之患，十载诉不尽，则一生之忧事，岂一生所能尽述乎？人心在此，为爱恶忿惧四情所伐，譬树在高山，为四方风之所鼓，胡时得静？或溺酒色，或惑功名，或迷财货，各为己欲所牵，谁有安本分而不求外者？虽与之四海之广、兆民之众、不止足也，愚矣！然则人之道，人犹未晓，况于他道？而既从孔子，复由老氏，又从释氏，而折断天下之心于三道也乎！又有好事者，别立门户，载以新说，不久而三教之岐，必至于三千教而不止矣。虽自曰"正道正道"，而天下之道日益乖乱，上者陵下，下者侮上，父暴子逆，君臣相忌，兄弟相贼，夫妇相离，朋友相欺，满世皆诈谄诳诞，而无复真心，呜呼！诚视世民，如大海中遇风涛，舟舶坏溺，而其人荡漾波心，沉浮海角，且各急于己难，莫肯相顾；或执碎板，或乘朽篷，或持败笼，随手所值，急操不舍，而相继以死，良可惜也。不知天主何故生人与此患难之处？则其爱人反似不如禽兽焉！

利玛窦衷心表示赞同。然而，人类仍然带着他们所有的痛苦固守在这个世界上。"人之在世,不过暂次寄居也,"利玛窦阐述道,"吾观天主亦置人于本世,以试其心,而定德行之等也。吾本家室,不在今世在后世;不在人,在天。今世也,禽兽之世也,故鸟兽各类之像,俯向于地。人为天民,则昂首向顺于天。""且天主初立此世界,"利玛窦继续道,"俾天下万物或养生,或利用,皆以供事乐我辈,而吾类原无苦辛焉。自我辈元初祖先忤逆上主,其后来子孙又效之,物始亦忤逆我,而万苦发,则此多苦,非天主初意,乃我自招之耳。"

利玛窦说完后,冯琦哀叹道:"噫嘻!此论明于中国,万疑解释,无复有咎天之说,天何咎乎?夫前圣后贤,凡行道救世者,其一生所作,莫非苦辛焉。设造物者令成道之人,身后与草木并朽,而无有备乐地,使之永安常享,则其所历苦辛,造物者竟无以酬之,岂不使世人平生疑惑乎哉?且高论所云,无非引烝人与实德,沮人欲不殉虚浮,坚意以忍受苦辛,不令处穷而滥,强志以归本分,别尊类于丑汇,皆真论也。"[1]

冯琦对基督教的兴趣被唤醒了,他还翻译了《十诫》和其他关于基督教教义的书籍,这让利玛窦印象深刻。此礼部尚书代表着晚明社会中一群对他们社会中的腐败感到绝望的知识分子。由于从传统教义如儒学、道教和佛教中找不到解决这个问题的办法,不管是针对社会习俗还是他们个人的心灵慰藉方面的改革,都无济于事,于是他们找到了基督教,如同利玛窦阐述的一样,这在他们看来是一个"吸引人的、强有力的宗教"。坚信冯琦已经踏上了改变信仰的道路,当44岁的尚书在就职仅18个月就被疾病夺去生命时,利玛窦为他不合时宜的死亡感到悲伤。[2]

典型的情况是,如同利玛窦在北京的第一个支持者御史曹于汴一样,那些传统型的学者被基督教的社会伦理与儒学的交汇而吸引,但是却在改变宗教信仰的问题上止步。利玛窦与曹的一段对话就是一个很好的例子。手头的一个话题就是演讲,这对于曹来说很合适,因为他的官职就是

---

[1] 这个对话构成了《畸人十篇》的第二章。
[2] 冯琦于万历二十九年十月(1601年11月)接替余继登出任礼部尚书,于三十一年三月(1603年4月)离世。参《明史》卷一一二,第3482—3483页。

第九章 北　京

对统治阶级包括皇帝本人的言行进行道德监督。作为第五章收藏在他的《畸人十篇》里，利玛窦回忆曹的提问："圣人皆希言，而欲不言也，奚谓乎？"曹御史告诉耶稣会士："吾幼读孔子，木讷近仁及利佞之说，即有志于减言，且闻贵邦尚真论。"

利玛窦从他丰富的文本知识中首先引用了一个《旧约》的箴言（箴言：17：28）："愚者不言，则人将谓之贤者。"诠释了这个箴言后，利玛窦援引"中古西陬一大贤"苏格拉底的做法，他教授他的学生保持沉默，只让那些可以在七年中保持缄默的学生毕业。第三个例子是西方的一个伟大雄辩家，可他却是一个沉默寡言的人，当他被质问凭什么资格教授辩论时，他回答说沉默就如同研磨石一样可以让刀变得锋利。利玛窦阐述道，船越大越坚固，它发出的声音越少，因此意味着那些没有真才实学的人往往高谈阔论，而一个真正的学者和绅士则会沉默于深厚的学问中。善行比言语更有说服力。利玛窦运用充满联想又生动的隐喻解释道，造物者给了人两只手和两只耳朵，但是只有一个舌头，这表明人应该多听少说。还有，神把舌头深置在嘴里，用城墙似的牙齿、壕沟似的嘴唇和堡垒似的胡须围起来，就是为了警戒我们言语要谨慎。

从西方文本中给出了更多的例子之后，利玛窦告诉了曹于汴哲学家藏德与他的奴隶琐伯的故事。[1] 为了准备一个宴会，藏德吩咐琐伯为客人们准备最精美的食物。聪明的奴隶购买了猪的舌头，煮了一些，烤了其他的，且都调味很重。琐伯为客人端来一盘又一盘用不同方法烹饪的舌头，直到藏德叫嚷着问他怎么这么多舌头。琐伯辩护道，没有什么比舌头更精美更伟大了，因为所有的哲学都依靠舌头，没有了舌头，任何买卖或者法规都不能完成。由于生活都要听从舌头的命令，没有什么比它更伟大了。第二天，藏德给了相反的指示，购买和准备最坏的食物。这一次，琐伯用醋和辣酱烹饪了舌头。对着恼怒的主人和发牢骚的客人，琐伯回

---

[1] 这个故事记录在文章"The Life. The Book of Xanthus the Philosopher and Aesop His Slave"中，出版于 Lloyd W. Daly, trans., *Aesop without Morals* (New York/London: Thomas Yoseloff, 1961), pp. 58–59。

答说所有的坏事都来自舌头,因为它导致了敌意、阴谋、战争、对立、纷争和兵戈,它是世界上最可恶的东西。

希腊寓言和圣经故事为增强利玛窦言辞的吸引力提供了源泉。利玛窦最终还是在高级官员中找到了皈依者,基督教社会伦理和西方科学这两个理论为利玛窦赢得了两个强有力的支持者,他们是利玛窦在北京最亲近的朋友。

工部的四个部门之一的水利部的都水清吏司事郎李之藻(1565—1630)是一个杰出的人。在年少时,李制作了一幅包括了中国十五个省的地图。当他看到利玛窦的《坤舆万国全图》时,他意识到还有大量的地理和天文知识不为明社会所知。因此,利玛窦到达北京后,李急忙邀请他,在宴会上(那天刚好是基督教的一个节日),李注意到利玛窦除了蔬菜其他的什么都不碰,他询问利玛窦为什么吃斋,因为之前这个西方人很清楚地把自己与佛教徒区别开来。这时,利玛窦从他的衣袖中拿出一捆书卷,上面有一篇解释基督徒为何吃斋的短文(为了忏悔罪行,要克制肉体的欲望,要一心一意追求非感官的道德完善)。[1] 李之藻被这个解释打动了,他把这个文章抄写了一份。利玛窦是带着用知识吸引人的戏法有备而来的。

他确实做到了,这个老传教士和年轻的中国科学家迅速成为朋友。利玛窦很欣赏李之藻灵敏的头脑,认为李是他在数学上最优秀的两个学生之一。在随后的九年中,利玛窦与李合作把不少西方科学著作翻译成了汉语,事实上,李之藻即将成为17世纪早期中国最重要的西方科学知识的传播者。李之藻也从另外一个重要方面帮助了利玛窦,他为耶稣会士的新版和再版的作品作序。在明朝的文学界,作品的名声和发行量随着序跋作者的名声而增加。在利玛窦"以书传道"的过程中,他首次从自己与北京官员们的亲密关系中受益。

---

[1] 这次宴会以及利玛窦关于基督教斋戒的文章后来作为《畸人十篇》的第六章内容出版,参见朱维铮主编《利玛窦中文著译集》,第470—473页。

第九章 北　　京

李之藻支持的第一部利玛窦作品是再版的《坤舆万国全图》。在他作的序言中，李提到古代中国关于球形天空的假说以及由此带来的成果。然而即使在元朝，当天文学发展到高峰时，对北极星的测量仍然不精确。因此，利玛窦的《坤舆万国全图》作出了极大的贡献，本书精确描述了世界地理，显示了太阳和月亮移动的规律以及星辰的正确位置。"古人皆以天中为北……盖以极星所当为中……今观此图，意与暗契，东海西海（即中国和欧洲），心同理同。于兹不信然乎！"[1]

承认宇宙秩序的同一个真理暗示着信仰万能的上帝的可能。利玛窦当然希望李对西方科学和数学的兴趣能够让他接受基督教信仰。但是李却步了，部分原因在于他不想接受一夫一妻制和弃妾。让李之藻皈依的过程会相当漫长。

利玛窦的第二份亲密友情是与入狱的官员冯应京（1555—1606）发展起来的。他是京城里的一个名人，他来自凤阳，即明朝建立者朱元璋的家乡，并在湖广省的武昌任御史时成名。冯应京为人正直、诚实而坚持原则，他代表着一个理想的儒家官员的形象。在捍卫正义方面，他庇护贫穷和弱小者，他是全省唯一一个敢于反抗宦官矿税使陈奉的官员；而从任何方面看陈奉都与宦官马堂一样贪婪和臭名昭著。由于冯不停地上奏谴责陈宦官的暴行，他自己反而被后者诬告，最终导致这个正直的官员被罢免官职，这让民众相当惊讶和伤心。冯于1601年2月英雄般地到达北京，立即被万历帝监禁起来，正是在监狱里利玛窦第一次拜访了这个无畏的官员。

冯应京已经崇拜利玛窦很久了，他在年少时曾写过一本书抨击佛教，捍卫儒家的正统。他还在武昌任职时，曾派了一个刘姓弟子去跟随利玛窦学习数学。因为在南京找不到这个西方人，刘跟随着他的主子到了北京，在那里他拜访了利玛窦，并且告诉了利玛窦他的老师多么崇拜他。利玛窦拜访了狱中的冯应京，这两个在年龄和性情上都相似的人立即建

---

[1] 李之藻：《坤舆万国全图序》，见朱维铮主编《利玛窦中文著译集》，第180页。

立起了融洽的关系。"在一个小时的交谈中，"利玛窦写道，"我们建立起了如此亲密的友情，以至于整个中国惊讶了，以为我们已经交往多年了。"[1]冯也被利玛窦打动了，称他为"某个把自己的生命用来交友的人"。[2]这个正直的官员作了篇序来赞扬友情和他的美德，并且出资再版了利玛窦的作品。

之后的三年中，利玛窦定期拜访这位狱中的官员，并且把自己的著作送给冯。在狱中，冯被利玛窦宣讲的教义说服，他宣布他已经准备好皈依了。三年以后，皇帝迫于公众压力和无数的奏折而原谅了这个顽固又正直的官员。释放后只被允许在京城逗留几天，很快冯回到了他的家乡。由于送行的官员众多，利玛窦没有时间确认冯的决定，更没时间进行施洗。后来，利玛窦指示南京的耶稣会士到凤阳为病中的冯进行施洗，但是冯却在得到圣礼前去世了。当利玛窦得到冯去世的消息时，他在深深的后悔中祈祷着："为了他曾为我们做的好事，和他对帮助和跟随圣教显示出的强烈愿望，愿上帝把他算在已受洗者之列，并且使他的灵魂得到永恒的救赎。"[3]

在冯为天主教事业做过的好事中包括他为《天主实义》作序，这是利玛窦最重要的著作，其内容和影响将会在下一章详述。这里我们将读到冯应京作的序，此序简要又精辟地总结了利式传教法，反映了利玛窦对中国晚明的很多知识分子散发出的极大吸引力。冯如此写道：

《天主实义》，大西国利子及其乡会友，与吾中国人问答之词也。天主何？上帝也。实云者，不空也。吾国六经四子，圣圣贤贤，曰"畏上帝"，曰"助上帝"，曰"事上帝"，曰"格上帝"，夫谁以为空？

空之说，汉明自天竺得之。好事者曰：孔子当称西方圣人，殆谓佛欤！相与鼓煽其说，若出吾六经上。乌知天竺，中国之西，而大西，

---

[1] *FR* II, p. 165.

[2] 冯应京为北京再版的《交友论》作的序，见朱维铮主编《利玛窦中文著译集》，第116页。

[3] *FR* II, p. 168.

第九章 北　　京

　　又天竺之西也。佛家西窃闭他卧剌人名劝诱愚俗之言，而衍之为轮回；中窃老氏刍狗万物之说，而衍之为寂灭……古倦极呼天，而今呼佛矣。古祀天地社稷山川祖祢，而今祀佛矣。古学者知天顺天，而今念佛作佛矣。古仕者寅亮天工，不敢自暇自逸以瘝天民，而今大隐居朝、逃禅出世矣。

　　夫佛，天竺之君师也。吾国自有君师，三皇、五帝、三王、周公、孔子，及我太祖以来，皆是也。彼君师侮天，而驾说于其上；吾君师继天，而立极于其下。彼国从之，无责尔。吾舍所学而从彼，何居？……

　　是书也，历引吾六经之语，以证其实，而深诋谭空之误，以西政西，以中化中。见谓人之弃人伦、遗事物，猥言不著不染，要为脱轮回也，乃轮回之诞，明甚。其毕智力于身谋，分町畦于膜外，要为独亲其亲，独子其子也，乃乾父之为公，又明甚。语性则人大异于禽兽，语学则归于为仁，而始于去欲。时亦或有吾国之素所未闻；而所尝闻而未用力者，十居九矣。利子周游八万里，高测九天，深测九渊，皆不爽毫末。吾所未尝穷之形象，既已穷之有确据，则其神理，当有所受，不诬也。[1]

这的确是十足的支持。

---

[1] 朱维铮主编：《利玛窦中文著译集》，第97—98页。

第十章 《天主实义》

利玛窦最有名的著作是《天主实义》，它的创作过程相当漫长。利玛窦遗留书信显示此书的初稿已于 1595 年在南昌完成，与儒生章潢及其弟子的谈话使利玛窦的头脑更加敏锐，他发现《论语》中有与基督教基本原理如原罪、十字架、复活等相对应的说法，受到很大启发。他发展了一个简单又激进的两步学说：中国古代圣贤们曾经知道并且崇拜真正的神，但是这个知识和做法被后来的文人们颠覆了，尤其是在佛教传入中国以后。利玛窦的目的在于运用自然道理和儒学著作的权威来证明万能的神的存在，这个神是天地的创造者，被耶稣会士们称为"天主"，但是在中国古代经典中则被称为"上帝"，或者简称为"天"。1599 年他在南京定居时，利玛窦已经发展了他学说的第一部分——儒学与基督教理论的综合。他理论的第二部分，即反对佛教的部分，则在利玛窦与南京的佛寺住持洪恩及北京翰林院院士黄辉辩论之后，慢慢集中在了一起。

在很多方面黄辉都与利玛窦在南京遇到的杰出的学者和佛教俗家弟子焦竑相似：他们两个人都中了进士，两个人都任职翰林院，两个人都享有很高的文学声望；两个人都是大皇子的老师，常常要在皇帝面前为皇子求情；两个人都是忠实的佛教徒，尤其致力于禅宗。

黄辉不愿意与这个反佛的西方人见面，而是通过他的朋友、礼部的蔡

第十章 《天主实义》

大人得到了一部利玛窦作品，大概是《天主实义》。黄辉对书中关于基督教神的描述并没有意见，但是他被利玛窦对佛教的批评激怒了。不久，利玛窦从黄辉那里收到了这本书稿，页边写满了反驳的话和笔记。因为不想得罪这样一个高位的人，利玛窦把对黄辉的回复纳入了《天主实义》的最终版本里。他于1602年的秋冬一直在冯应京的帮助下修改这本书。"如果没有事先征求我的意见，他对更改每一个字都很谨慎"，利玛窦在9月2日的一封信中这么写道。[1] 这本书于1603年出版。

《天主实义》全书分为八章，以一个西方人和一个中国学者对话的形式写成。这是当时文艺复兴的欧洲和明代中国都很喜欢的一种写作形式。书中的对话在某些方面反映了当时学术讨论会和学者聚会上的谈话。对利玛窦来说，这些对话文本是他与中国文人之间数次谈话的有次序的摘要。他拟定的读者为儒家学者，利玛窦在他写的导言部分清楚地显示了他对儒家思想的兴趣："平治庸理，惟竟于一，故贤圣劝臣以忠。忠也者，无二之谓也。五伦甲乎君，君臣为三纲之首。夫正义之士，此明此行。"利玛窦更明确地写道："邦国有主，天地独无主乎？国统于一，天地有二主乎？故乾坤之原，造化之宗，君子不可不识而仰思焉。"然而，世上有篡位者想造反天帝，于是招致天帝用灾害和苦难来惩罚人类。利玛窦解释说，从他还是少年的时候起，他就想把那些受到蛊惑的人们引导到真主那里来，正是为了这个原因他才来到中国，并学习了她的语言和风俗。

在这个引言之后，利玛窦运用自然理性来证明万能的世界创造者的存在。在第一章，"论天主始制天地万物，而主宰安养之"，利玛窦声称真正的信条不局限在一个国家，而是对所有人。因为被赋予了理性这个把我们与动物区别开来的标志，人应该寻找真理。"人谁不仰目观天？观天之际，谁不默自叹曰：'斯其中必有主之者哉？'夫即天主，吾西国所称'陡斯'是也"。利玛窦继续证明神的存在：第一、世界上的每个国家，人

---

[1] 利玛窦写给龙华民的信，北京，1602年9月2日，*Lettere*, p. 369。

们崇拜一个至高无上的神灵,希望从他那里得到帮助,又害怕他对罪孽的报应。第二、自然现象,因为没有被赋予灵魂而不能随意移动,但是风、水和星辰的移动一定是来自外来力量,这个力量控制着物理世界万物的移动。第三、如果没有一个至高无上的主,动物和没有灵魂的生物怎么能本能地追求生命且孕育幼小呢?

为了继续证明所有的东西都是被创造的,利玛窦辩解道:首先,万物不能自我创造,正如建筑是由工匠营建的一样,太阳、月亮、星辰、山峦、海洋和所有生物不能自我创造而是被创造出来的。其次,所有被创造出来的东西显示出了创造的顺序,正如一所房子的布局和一篇文章的风格反映了隐藏在他们身后的设计一样,天体、地球、空气和水孕育所有的生灵;正如人被赋予了感官,动物被赋予羽毛、皮革、鳞片、喙、角或尖牙,"此世万物,安排布置,有次有常",都是因为有至灵之主赋予其质。

谈到这点时,中国学者表达了他的疑问:"万物既有所生之始,先生谓之天主,敢问此天主由谁生欤?"在他的回答中,利玛窦诉诸于亚里士多德逻辑学,解释本质与意外之间,一个无处不在的、根本的神与他的偶然创造物之间的区别。借助于宇宙间的自然美化理论和儒家的政治伦理,他进一步解释神的无二性:"是故一家止有一长,一国止有一君,有二,则国家乱矣;一人止有一身,一身止有一首,有二,则怪异甚矣。吾因是知乾坤之内虽有鬼神多品,独有一天主始制作天地人物,而时主宰存安之。子何疑乎?"

被逻辑说服,这个中国学者继续询问神的本质。利玛窦用一个寓言来回答。为了写一本权威的关于神的本质的书,圣奥古斯丁有一天因为陷入沉思而在海滩上漫步。他看见一个小男孩在沙滩上挖坑,然后用一个空贝壳往坑里灌水。"子将何为?"圣人问道,"吾欲以此壳尽汲海水倾入窝中也。"男孩答道,圣奥古斯丁笑话男孩的无知。男孩反驳道:"尔既知大海之水,小器不能汲,小窝不尽容,又何为劳心焦思,欲以人力竟天主之大义,而入之微册耶?"随着这些言语在耳边回响,男孩从圣奥古斯丁眼前消失了。他明白这是神给他的一个信号。这个中国学者听了这个故

第十章 《天主实义》

事很开心,并称利玛窦已经"释所不能释,穷所不能穷矣"。听了这个阐释之后,这个中国学者开始见识到"大道"和"大元",并且获得允许可以之后再回来请教。

在第二章,利玛窦反驳了三个中国神灵观。首先,他摒弃了"无"和"空"的观念,这是道家和佛家对于宇宙起源的解释。他肯定儒家学者探讨这个问题的真诚,但是利玛窦认为这个对神的解释是不完整的。对这点,这个儒家学者点头表示同意:"吾国君子亦痛斥二氏(道家与佛家),深为恨之。"然而,这个中国对话者反对利玛窦对新儒学的批评:"吾儒言太极者,是乎?"利玛窦回答道:"余虽末年入中华,然窃视古经书不怠,但闻古先君子敬恭于天地之上帝,未闻有尊奉太极者。如太极为上帝万物之祖,古圣何隐其说乎?"

中国学者回道:"古者未有其名(太极),而实有其理,但图释未传耳。"利玛窦对此不同意:"凡言与理相合,君子无以逆之。太极之解,恐难谓合理也。吾视夫无极而太极之图,不过取奇偶之象言,而其象何在?太极非生天地之实,可知矣。天主之理,从古实传至今,全备无遗,而吾欲志之于册,传之于他邦,尤不敢不揭其理之所凭,况虚象无实理之可依耶?"此中国学者反驳道:"太极非他物,乃理而已。如以全理为无理,尚有何理之可谓?"

这里,利玛窦反对宋代新儒学中的物质性哲学理论,这个理论假设有一个能自我创造的宇宙,诞生于一个没有被分开的物质本原,太极、阴阳之力以及在不同的演化阶段相继出现的五行,所有这些自我创造的物质,包括人类,都统一在第一原则"理"之下;因此,不管一个人通过探讨自然来证实理在思维中的存在,还是从所有的事物中看出思维原则的反映,这只是殊途同归而已。

利玛窦的反驳主要是运用亚里士多德对本质和偶然的区别。人们必须区别开独立性的(本质的)和依赖性的(偶然的)现象。神、灵和魂属于前者,所有的事物,包括太极和理的概念属于后者。借助一个有名的中国古代哲学明喻,利玛窦称马的本质出现在白色之前;因此,一匹白马是一个包括了本质和偶然的综合体,作为偶然的白色不能脱离了本质而存在,正如太极或者物质宇宙不能脱离一个最先的动因,即创造者这个本质而存在。

除了亚里士多德逻辑学,利玛窦只依靠引用儒学经典的权威来证明他的观点:"吾天主,乃古经书所称上帝也。《中庸》引孔子曰:'郊社之礼,以事上帝也。'朱注曰:'不言后土者,省文也。'穷意仲尼明一之以不可为二,何独省文乎?"为了显示他的博学,利玛窦从其他古代经典《诗经》、《易经》、《礼记》和《尚书》中引用了另外七个语录来给他的中国对话者留下深刻印象。

批评新儒学的伟大学者朱熹的权威,对于利玛窦来说是个大胆的举动。但是利玛窦使用古代经典中的文本批判了朱熹的评论。利玛窦揣测,尽管中国有博学的学者,也许仍然有中国人不知道的事情:他们崇敬天而不是天主。当一个外国人到达京城时,看到辉煌的宫殿便施礼而拜,误以为此建筑就是皇帝。利玛窦规劝道,天主才是人类真正的父母,我们只有对他才应该服从和尊敬。

在第三章,利玛窦介绍了灵魂不朽的理论。文章以一个中国学者感叹人类的命运不如动物的快乐而开头。除了微小的改动,它几乎与《畸人十篇》的第二章里跟冯应京的对话一致,具体内容我们已经在本书的第九章见过了。这里,利玛窦回答得更详细。在基督教教义里,灵魂不朽的理论是天堂和地狱学说的基石:没有不朽的和感性的灵魂,永恒幸福和无止境悲痛的意义在哪里呢?"如言后世,"疑虑的中国学者反驳道,"天堂地狱,便是佛教,吾儒不信。"这引来了利玛窦进行了长而有力的辩护,他引用并详细解释了亚里士多德的三个灵魂的观点。在《论灵魂》中,这个希腊哲学家提出了灵魂的等级,从低到高分别为植物、动物和人。最低级的是生魂,这使植物可以再生;中间的是觉魂,所有的动物都有,这使动物可以感知和运动;但是只有人类被赋予了最高级的理性灵魂,所以他们能够进行智力活动。此中国学者觉得这个等级概念比较有说服力,但他还是说道:"君子平生异于小人,则身后亦宜异于小人,死生同也,则

第十章 《天主实义》

所以异者,必在于魄也。故儒有一种,言善者能以道存聚本心,是以身死而心不散灭,恶者以罪败坏本心,是以身死而心之散灭随焉。此亦可诱人于善焉。"利玛窦立即反驳,强调说所有人的灵魂,不管是好是坏,都是永恒的,都注定要受到嘉奖和惩罚。

接下来的一章,"辩释鬼神及人魂异论,而解天下万物不可谓之一体",包括了一段长且散漫的关于形而上学的对话。开篇是一个中国学者讨论灵魂的本质,而利玛窦正是用此本质来论断灵魂的不朽性。通过引用《诗经》和《尚书》中的篇章,利玛窦指出在古代商和周朝,统治者常常诉求于他们的祖先,这证实了灵魂的不朽性。接下来的对话转移到了是否如道家所言所有的东西——植物、动物和石头——都具有某些精神生命力,还是如大乘佛教所说的所有的自然现象都以同样的本质或物质参与。

这样的辩论并不容易,这个关于形而上学的讨论关键在于不同的概念。为了帮助读者理解,利玛窦在他的书中提供了一份详尽的图表,这份图表摘自亚里士多德的著作(《工具论》和《物理学》),图表生动地展示了形式和物质的种类,自生和偶然现象,以及其他抽象的希腊哲学概念。在他的辩论中,利玛窦有一个基本的理念:神与他的创造物是绝对不同的,他还介绍了撒旦这个敢于宣称自己与他的创造者地位平等的灵魂。不仅如此,人怎么能把制作者和他的工具,万能的神和他的创造物等同起来,并称他们有同样的身体和本质呢?让我们看这个辩论。

此中国学者说道:"吾古之儒者,明察天地万物本性皆善,具有宏理,不可更易,以为物有巨微,其性一体,则曰天主上帝,即在各物之内,而与物为一,故劝人勿为恶以玷己之本善焉……但恐与贤圣所论天主者不合。"利玛窦大声说:"兹语之谬,比前所闻者愈甚,曷敢合之乎?"后来,此中国学者建议:"佛氏无逊于上帝也。其贵人身,尊人德,有可取也。上帝之德固厚,而吾人亦具有至德。"他继续称赞传说中古代中国的那些创造了文明和道德法律的皇帝们的作为。"由是论之,人之德能,虽上帝罔或逾焉,讵云创造天地独天主能乎!"对这点,利玛窦只能如此回答:"夫德基于修身,成于事上帝。周(周文王和周公)之德,必以事上帝为务。今以所当凛然敬事者,而曰吾与同焉,悖何甚乎!"

毫无疑问,利玛窦用他与虔诚佛教徒的激烈辩论作为此章的部分内容。可以想象,在真实生活中,耶稣会传教士和他的中国招待者们要在激昂的对立之火烧毁他们的友谊前结束没有定论的辩论。从这个文本上看,利玛窦是赢家(也许只是他的期望),以他的对手承认耶稣会士话语的真实性而告终。

在第五章,利玛窦转到攻击佛教的轮回观、素食主义和反对杀生的规定。利玛窦争辩道,灵魂轮回的理论是毕达哥拉斯首先发明的针对愚蠢的普通人的道德禁令。这个理论不知怎么传到了印度,在那里佛教徒剽窃并对之加以润色,利氏称:"身毒,微地也,未班上国,无文礼之教,无德行之风,诸国之史未之为有无,岂足以示普天之下哉!"

谈到这一点时,此中国学者提到"有很多人们回想起他们的前世"的例子:难道这不是轮回的证据么?利玛窦反驳说所有这些关于前世的记忆都是由佛教徒捏造的,而这些佛教徒实际上是受到了魔鬼的挑唆。利玛窦继续批评轮回理论,认为这个声称人的灵魂可以轮回到动物或者植物的身躯上的说法是荒谬的。利玛窦重申亚里士多德对植物、动物和人类灵魂的区别,并坚持物理外貌与灵魂本质的精确对应:关于人类灵魂附身在动物身上的说法是不可能的和荒谬的。利玛窦嘲笑轮回说的警告意图,邪恶的人迫不及待地想要摆脱他们的人面和道德约束,投胎成为残暴的或者狡猾的动物刚好适合他们邪恶的本性,这并不是神对他们的惩罚:轮回说不仅作为道德警戒是无用的,实际上它对道德是有害的。

利玛窦举了几个例子。对于轮回的信仰使得佛教徒倡导不杀生,因为马和水牛很可能是父母的再生。根据这个逻辑,利玛窦推断道,人们应该放弃农业,因为骑马或者把水牛套在犁上驱赶也是违反孝道的,原因在于这马或水牛很可能是自己的父母!况且,这个理论与儒家伦理是矛盾的。由于有着乱伦的危险,人们可能与一个刚好是自己母亲的再生的女人结婚,一个人的仆人也有可能是自己的父亲和兄弟的再生,这样的话这

第十章 《天主实义》

个王国所有的人伦都会被破坏。

中国学者提出了更多的问题。如果灵魂是不朽的,这个世界岂不由于死者灵魂的存在而变得拥挤不堪?利玛窦回答说这显示你对宇宙无限性的无知。他的中国对话者说道:"轮回之说,自二氏出,吾儒亦少信之。然彼戒杀生者,若近于仁。天主为慈之宗,何为弗与?"为了反驳这点,利玛窦做了一段关于人的高尚性的长篇演说,他说所有被创造出来的事物都被用来服务于人类。此中国学者并不相信所有的事物都对人类有益,怎么看待那些毒蛇和掠夺性的野兽呢?利玛窦提醒他说,人们应该区别外在的和内在的人。神创造了世界来滋养人的躯体,并制造了物理危险来警戒人类要行善并远离邪恶。这个中国学者仍然不相信基督教的神不是一个仁慈的、珍爱所有生命的菩萨。利玛窦用对立的道理反驳说,那些倡导素食主义的人同样在杀生。此中国学者辩驳道:"草木虽为生类,然而无血无知觉,是与禽兽异者也。故释氏戕之而无容悲。"利玛窦回答道:"谓草木为无血乎?是仅知红色者之为血,而不知白者、绿者之未始非血也。"运用辩证法,利玛窦进一步阐述,使用动物做苦力与杀它们做食物有什么区别呢?在这两种情况下动物同样受苦。如果动物对人类没有用处,人们就不会喂养它们,这样它们就会灭绝。从长远意义上看,这比吃了它们更有害。

"如此则斋素无所用耶?"此中国学者问道。利玛窦回答:"因戒杀生而用斋素,此殆小不忍也。然斋有三志,识此三志,滋切滋崇矣。"利玛窦解释道,首先是赎罪,其次是遏制肉体的欲望,然后是培养美德。总体来说,利玛窦列举了西方不同种类的斋戒,并指出老弱者、哺乳期的母亲和那些从事苦力的人不应该斋戒。

第六章很关键,其标题为"释解意不可灭,并论死后必有天堂地狱之赏罚,以报世人所为善恶"。这章讲述天主教关于自由意志和救赎的核心概念。讨论以中国学者承认上帝为万尊至尊而开始。但是他之后提了一个颇有难度的道德问题:"但以天堂地狱为言,恐未或天主之教也。夫因趋利避害之故,为善禁恶,是乃善利恶害,非善善恶恶正志也。吾古圣贤教世弗言利,惟言仁义耳。君子为善无意,况有利害之意耶?"

这个陈述直击道德困境的核心:意志和效用。效用应该成为道德的动机么?在道德评价中,行动和意图占有同样的分量么?在道德选择上,个人意志到底扮演着什么角色?

利玛窦立即把天主教的自由意志理论与儒家的诚意等同起来,认为这两者都被当作道德的基石。他说:"儒者以诚意为正心、修身、齐家、治国、平天下之根基。"人类意志,简单来说,是所有行动的源泉。其特点包括在善恶中做选择的能力,它把人与动物及无生命的物体区别开。多亏了人类意图和他们的意向,一个人可以建立道德区别,展开来说,可以针对他的行为来奖赏与惩罚。

然而,承认意图引出了另一个困境。正如此中国学者很快指出的那样,一个偷东西喂养他父母的孩子是在履行孝道的义务;然而,他的行为是应该依法受惩的。这个行为到底是美德还是恶行?由于已经强调人类意图为中心,利玛窦这时调用了"整体性"这个概念来作为道德评价的标准:善良包括意图和行为,如果只有好的意图而没有一个高尚的行为就不算美德。反之亦然。利玛窦用一个邪恶的男人来作为反例,这个人做了很多善事试图获得好名声并掩盖他的不道德,出于邪恶意图的善举同样不能算美德。"为纤微之不善,可以救天下万民,犹且不可焉。"利玛窦断然总结道。

接下来,利玛窦和他的中国对话者讨论了效用问题,奖赏和惩罚是否应该不可分割地与美德和邪恶联系起来?采用儒家学说,利玛窦引用了《尚书》中的十一个章节和陈述来支撑他的观点。这两个人之后就《春秋》这部由儒家学者专门编纂的书进行辩论。问题又回到了效用上,对效益的关注是否突出了道德决定和高尚的行为?利玛窦敏锐地指明了《春秋》的核心意义。这是一部古代历史的编年史,是给王子们和官员们的一面镜子,这个可以教会他们区分赏罚。从其功用的意向上看,它的作用在于促进美德,因此,效用与美德并不互相冲撞。

利玛窦扩充道:"最大的功用不是对于历史名声的关注,而是来世。"

第十章 《天主实义》

他的中国朋友有些怀疑:"何必劳神虑未来?惟管今日眼前事。""陋哉!"利玛窦答道,"使犬彘能言也,无异此矣。"通过引用一个不知名的哲学家(他脑子里实际上想的是伊壁鸠鲁),利玛窦批评古希腊时期伊壁鸠鲁享乐主义的追随者们——"死后无乐兮。诸儒称其门为'猪寮门'也,讵贵邦有暗契之者?"利玛窦咄咄逼人的语调很难让人不注意。这两人继续引用古代中国的文本就预知和预防,以及在多大程度上应该把这两者延伸到来世进行辩论。他们的分歧很明显:

利玛窦:"吾即死,所留者二,不能朽者精神,速腐者髑髅。我以不能朽者为切,子尚以速腐者为虑。可谓我迂乎?"

中国学者:"行善以致现世之利、远现世之害,君子且非之。来世之利害,又何足论欤?"

为了说服他充满怀疑的朋友,利玛窦借用了一个扩展的隐喻:人类生活就如一个剧场,里面充满了景象和声音,我们所有人扮演着国王、大臣、官员、学者、奴隶、女皇或妻妾的角色;但是最终,我们这些扮演者将卸下道具,如同当初到来时一样裸体并孤单地离开这个世界。在这里,利玛窦是在勾画欧洲巴洛克剧场里的伟大比喻:生活的浮华,只是一个没有景象和声音的空舞台。关于剧场的比喻也深深拨动了中国人敏感性那根弦,因为16世纪正是中国戏剧和昆曲发展的时期。在大明王朝,这个被耶稣会传教士选定为家的地方,生活的激情和忧愁同样在梦境似的人类剧场里上演。

接下来,利玛窦分析了善行的三个动机:对地狱的恐惧,对神的感恩和为了顺应神的旨意。他举了圣方济各的一个名叫如泥伯陆的徒弟为例,泥伯陆一辈子行善不是为了进入天堂而是纯粹出自对神的爱。然而,这世界上的大部分人都陷入邪恶中,要是没有对地狱的畏惧,他们将不会改变自己的生活而转向美德。

"兹与浮屠劝世、轮回变禽兽之说,何殊?"此中国学者问道。区别在于佛教的"空"理论与基督教的"真"教义,利玛窦回答。此中国对话者仍然没有被说服,他建议说如果神应该奖赏美德和惩罚邪恶,那么这些应该是针对后代的。为了反驳这个相信美德或危害可以代代相传的、根深蒂固的中国观念,利玛窦声称个人应该承担道德责任。

依然充满怀疑的中国学者问利玛窦:"先生曾见有天堂地狱,而决曰有?"利玛窦反驳道:"吾子已见无天堂地狱,而决曰无?"利玛窦继续阐释道,世俗的存在是一个持久的对完福的渴望。在继续就对世上的针对美德进行奖赏而对邪恶进行惩罚做了交流后,这两个人就天堂和地狱的文本权威性进行了讨论,这两点从没在儒家学者或任何其他中国圣贤的著作中被提到。正如中国学者指出的那样:"岂圣人有未达此理乎,何以隐而未著?"

利玛窦的答案是这是由不完整的传输造成的。古代中国圣贤们没有写下他们所有的学说,有的是靠口头传递的,另外的文本失传了。他接下来引用了三段来自《尚书》和《诗经》中把古代圣贤和君王置于天的段落。虽然承认这一点,此中国学者仍然认为由于缺乏文本证据,地狱存在的说法是可疑的。"有天堂自有地狱,二者不能相无,其理一耳。"利玛窦回答道。如同古代中国的正直的君主——文王、商汤、周公一定在天堂一样,暴君——夏桀和商纣一定下了地狱。不仅如此,利玛窦解释道,在西方逻辑里,一个人不能仅依据文本证据来论有无。比如说,在西方,《圣经》提到亚当和夏娃是人类的祖先,但是没有提到神秘的中国君王伏羲和神农,这不表明他们不是中华民族的祖先。反过来同样道理,亚当和夏娃这两个名字在古代中国经典中找不到,这并不表明他们不存在。

在他的中国对话者将信将疑之际,利玛窦试图加强他的所获,他声称一个人如果不相信天堂,他是不可能成为正直的人的。利玛窦总结道,这个世界上的公平是不完美的,因此对于永恒的奖赏和惩罚来说,道德是必要的。

在承认了至尊、天堂和地狱的存在之后,此中国学者要利玛窦进一步澄清他对人类本质的看法以及培养道德的正确方法。总体上看,这一章的对话语调显得和谐,与前一章对话中的尖刻对立不一样。利玛窦断言人性本是善的,但他这个论断是在运用亚里士多德关于本质和偶然的术

第十章 《天主实义》

语对哲学类别进行了很长的剖析之后得出的。利玛窦不单只是掉书袋，事实上运用亚里士多德哲学可以证明人类本性的组成，因而他在这里可以娴熟地避免原罪这个话题。利玛窦进一步确认，人类的本质基本上是好的，但不是所有人都好，因为神赋予了人理智，每个人都根据自己的理智来追求美德。利玛窦在把责任从万能的创造者转移到被创造的人的同时，为邪恶的存在留下了空间，而邪恶的存在被他定义为善良消失的后果。

利玛窦在被赋予的美德与后天得到的美德之间做了第二个绝对的区分，来与儒学中的性（本质）和德对应。被创造的善并不必然表明人可以过充满美德的一生，一个人必须为此努力。这要求人运用理智来了解神、敬爱神，并把这个敬爱延伸到所有人。以园艺为例来说，过充满美德的人生的第一步是辛勤地铲除邪恶，之后不断地关注道德之树的培育。在解释基督徒生活时，利玛窦采用了儒学中的义和仁的观点，认为东西方的美德是完美一致的。然而，利玛窦对这个之前承认中国古代圣贤们的美德没有被当代学者遵循的中国学者说道，儒家教化中有不足的地方："吾穷视贵邦儒者，病正在此，第言明德之休，而不知仁意易疲，不能自勉而休，又不知瞻仰天帝以祈慈父之佑，成德者所以鲜见。"

接下来，此中国学者问道是否吟诵佛教祷文完全无用，人也许不应该抛弃佛祖、神仙和菩萨，因为他们是被天主委派管理各个省份的官员。这个说法使得利玛窦开始了又一轮对佛教的尖刻攻击。他解释道，宇宙中只有一个统治者，一家中只有一个父亲，因此这个政治比喻是不恰当的。他继续嘲笑佛教，它的天文理论荒谬，缺乏道德严谨——救赎被许诺给那些仅仅吟诵了《莲华经》和"南无阿弥陀佛"的人。从这里开始，利玛窦开始他对三一教的痛斥，这是由明学者林兆恩（1517—1598）通过融合儒学、道教和佛教而创立的教派。用利玛窦的话说，这是个"一身三首的妖怪"。如果跟随这个教派，一个人犯的错误会变成三番。"夫真，维一耳。道契于其真，故能荣生"。

最后一章从对西方风俗的询问开始。在回答这个问题时，利玛窦描绘了一幅理想的图画：最高权力掌握在教宗手中，这个人被他用汉语称为"教化王"，即文化和道德教育的皇帝，通常由于他的远见卓识和美德而当选。由于教宗不结婚，所以不能把他的王朝传给下一代（这里他没有使用与教宗裙带关系有关的词），这样教宗可以一心一意为公众的利益而献身。因此，欧洲所有的统治者都尊崇他为至高权威。不用说，利玛窦不会在新教改革上浪费言辞。这幅关于教宗权威的理想图画与历史事实相去甚远，即使在中世纪盛期也极不相符。利玛窦这么说的目的是想通过描绘一个想象中的完美基督教世界，给他的中国朋友留下深刻印象。在这个完美的基督教王国，有一些为了传播宗教信仰而加入宗教团体的人，比如利玛窦所在的耶稣会。

这里，中国学者怀疑是否有必要保持贞节，这是否太极端？人类岂不会灭绝？利玛窦强调说这只是自愿的，并不强求，但是他肯定独身的优越性。生命中最重要的事情是为神服务，婚姻和孩子虽然并不被神禁止，然而对于全心全意为神服务却是一个障碍，因为要养家就必须追求财富。利玛窦告诫道，在为神服务的过程中有两个危险因素：贪婪和欲望。一个人可以通过保持独身来避免两者。不仅如此，如果一个人希望远行去传播关于天主的真理，家庭纽带将被证明是牢不可破的约束。正因为这个原因，那些在中国献身于美德培养的人为了照顾他们的家庭而不远行至国外。至于人类灭绝，这几乎不是目前存在的威胁。在古代，人类数量很少但是美德蓬勃发展；如今，世界上满是人类，但美德却在垂死挣扎。与其追求婚姻倒不如达到更迫切的救世的目的。然而，利玛窦谨慎地强调，并不是每个可以抵挡女色的人都是充满美德的。在中国，有些人喜欢幼童而不喜欢女人，沉迷于一种"西乡君子弗言，恐浼其口"的与天性相违背的罪恶中。

"但中国有传云'不孝有三，无后为大'者。"此中国学者反驳道。利玛窦对此给出了一个很有说服力的答案，充分显示了他对儒学经典的驾驭能力。首先，这个观点来自亚圣孟子，而不是来自孔子或者其他任何古代中国的圣贤；其次，孔子本人曾赞扬过商朝和周朝早期的三个人物为有

第十章 《天主实义》

美德的圣贤，然而，伯夷、叔齐和比干没有后人。你怎么能根据孟子的标准来谴责这些人为不孝，而孔子称赞他们为正义之士呢？利玛窦阐述道，孝顺要根据广泛的背景来重新定义，在一个理想的世界里，一个人应该孝顺于三个父系权威：天主、国君和家父；在不完美的世界里，一个人也许会苦恼于互相矛盾的承诺；在天主的眼中，所有人都是平等的，在西方有很多圣人保持独身的例子。

"为学道而不婚配，诚合义也。"此中国学者附和。他引用了大禹的例子，大禹是神话时代（公元前三千年）领导人们治水的领袖，也是夏王朝的建立者，他曾在八年间不停地奔走监督洪水的控制，尽管他曾三次经过他的家门，禹却出于对公共事业的忠诚而没有进门。"今也当平世，士有室家，何伤焉？""呜呼！子以是为平世乎？"利玛窦反驳道。今日的灾难比古代的洪水更严重。人们已经不再尊崇真正的天主了，在所有的地方，卑鄙的官员们为自己建立生祠，在每个角落，都竖立着用来崇拜佛教和道教神灵们的庙宇。

此中国学者对此表示衷心赞同，并感慨说认识"天主是真理的源泉"比较容易，但是由于世界带来的种种分心，要想完全把自己献身于天主要困难得多。"（天主）曷不自降世，亲引群迷？俾万国之子者，明睹真父，了无二尚，岂不快哉！"对此，利玛窦欢快地说道："望子此问，久矣！"利玛窦接着阐述道成肉身、圣母无染原罪童贞受孕说，及约1603年前，即汉哀帝元寿二年耶稣的诞生。这里，利玛窦提到亚当和夏娃是有罪的，尽管人类本性是善的，人类需要圣灵的干预以再次找到正确的道。耶稣的降临被他之前的很多先知预测到了。耶稣在世上生活了33年，制造了很多奇迹：救治病人，治愈盲者、失聪者和跛足者。利玛窦通过捏造历史，声称哀帝听说了耶稣的诞生后，派遣使者去西方；但是此使者却失误去了印度并带回了佛经这个异端。中国失去了这个机会多可惜啊！在利玛窦对耶稣一生的兴高采烈的总结中，他刻意忽略了十字架。

漫长的对话在此也到了尾声。由于受到利玛窦的解释，此中国学者的疑问得到解答，他希望跟随天主的教义。

利玛窦将儒学与基督教综合,使得后人极其称赞。在此书出版时,它却有着不同的影响:《天主实义》简直是对佛教宣战。利玛窦确实成功地制造了强大的敌人。虔诚的佛教徒吏部尚书李戴(见第九章)和翰林黄辉尤其对这个西方人的论战感到气愤,他们计划提交一份奏折给皇帝。"但是神立即用他的天意来帮助惩罚他的和我们的敌人。"自信又激进的利玛窦如此宣称。[1] 此耶稣会传教士用发生在危机四伏的北京的毫无关联的事件,作为神对佛教徒责罚的征兆。

第一个事件是李贽的悲惨去世。我们上次提到他是在利玛窦漫长且被中断的前往京城的途中,李贽于1600年6月在山东迎接利玛窦。这两个人分别时已是朋友。之后李贽搬到了通州,此地离北京需要半天的行程。在湖北他对耿家的无情批评和他对传统道德的鄙视引起了当地士绅的极度不满,这些人雇用暴徒烧毁了李贽的寺院。在通州,一个朋友和徒弟欢迎了中国头号的狂士。在这里,这个七十多岁的老者、"疯狂的冥想者"、自成一统的狂禅佛教徒和尚、往日的大人和官员、儒家正统和虚伪的批评者,只得到了一年的和平日子。礼部的一个叫做张问达的官员上了一份奏折给皇帝,控告李贽散播歪门邪说,写作亵渎孔子和孟子的作品,颠覆道德秩序,勾引已婚妇女和幼女,他那挑衅的不墨守成规的标牌已经使年轻人偏离了儒家正统,转向了佛教徒的疯狂。应该禁止他在京城附近出现。万历皇帝下令逮捕李,并毁掉了他的著作。被捕并被送到北京后,李贽在监狱里度过了自己生命中最后的几天,1602年4月末的一天,李贽向狱卒请求刮脸,拿到剃刀后,这个老人割破了自己的喉咙,两天后他去世了。利玛窦以符合事实但又冷淡的语调汇报李贽的悲惨死亡,能显示他们往昔友谊的唯一暗示,也许在于他把自杀描绘成凄惨的死亡。

对于利玛窦来说,真正的友谊仅存在于真理信奉者的社区里。在他看来,李贽的自杀仅仅代表着佛教最终消亡过程中的另一个挫败,因为他的佛教官员对手同样也受到了神的惩罚。在1603年至1604年间肆虐的

---

[1] *FR* II, p.182.

第十章 《天主实义》

"妖书事件"使李戴失去了官职。

如果这些事件是神在惩罚佛教徒的话,利玛窦是唯一能够解释的人。实际上,"妖书事件"几乎全部跟政治有关,而无关宗教。其核心是从1590年代开始就使得宫廷政治瘫痪的王位继承危机,它起源于1588年一本毫无害处的小册子的出版,此书扭曲且复杂的故事在15年后终于酿成了一场惊人的政治丑闻。

当年,利玛窦仍然在韶州时,一个有名的官员吕坤(1536—1618)编纂了关于历史上的烈女的故事并以《闺范》的标题出版。作为一个积极倡导妇女教育和社会道德改革的官员,吕坤邀请他的朋友焦竑(我们在第八章已经遇到过此人)作序。受这两个人的名声的影响,此书立即成为畅销书并翻印了多次。它甚至引起了皇帝最宠爱的妃子郑贵妃的注意,她出版了一个新版本,加上了另外十二个历史人物作为妇女美德的典范,并以她自己作为结尾。这次作序的人是她的叔叔和哥哥,均为显赫的朝中贵人,书中还加上了插图,此新版于1595年,以《闺范图说》的标题出版。

此书出版时正值皇位继承危机,万历帝拒绝册封他健在的长子常洛为太子。《闺范图说》引发了激烈的政治反应,由于之前已经被怀疑想要让自己的儿子成为皇太子,这次郑贵妃把自己描绘成妇女美德的模范的行为受到了严厉的批评。一篇匿名的短文于1598年流布。此文表面上谴责吕坤意图密谋更大的阴谋,实际上此文是间接攻击郑贵妃的野心。两个御史也提交了具有同样目的的、让郑贵妃懊恼的奏折。为了平息这场政治风波,万历皇帝表现出不同寻常的克制。他仅仅放逐这两个御史到边远的广东,并拒绝把此事件扩展成为一场如某些郑贵妃党派的人希望的政治迫害。不仅如此,皇帝宣布说他曾亲自给过郑贵妃一本《闺范》,暗示任何对郑贵妃的继续批判都将成为叛逆罪。

此风暴暂时平息了,但是它并没有消失。1603年11月,另一篇短文出现在了北京。它如同炸雷一般轰击了整个京城。此短文以两个真实存在的御史的名义,声称尽管常洛皇子于1601年被册封为太子,但是皇帝这么做是违背了自己的意愿;郑贵妃仍然在密谋推翻常洛皇子,让她自己的儿子福王成为太子来继承王位。尤其有火药味的是这两个官员之间的对话,他们的对话中提到了郑贵妃身边的九个同党,这些人都是身居高位的内政和军事官员,均可以被指来发动宫廷政变。这场阴谋中的大学士沈一贯——也是利玛窦的保护人之———被描绘成"一个狡猾又邪恶的人,利用别人但是从不被别人利用。因而他自己可以从别人那里获取任何可能得到的利益却可以让自己远离麻烦"。[1]

　　一夜之间此皇朝的宫廷核心受到了震撼。这种小册子的复本在北京的各个角落都可见,窃窃私语附和成震耳欲聋的谣言。叛逆罪、宫廷政变、政治阴谋,万历帝不能忽视他宠爱的郑贵妃。她跑到他身边哭着控诉,又气恼"妖书"动摇了朝廷的根基。皇帝理智地豁免了这两个惊恐的御史,他还接受了被提到的当事人的无罪辩白,并立即展开了调查。由于要在短期内找出作者,东、西厂的捕役四处奔走去捉拿每一个小头目,缉拿有丁点怀疑的人,并使用酷刑来获得信息。

　　这个恐怖的氛围为沈一贯制造了机会,他是名副其实的"狡猾又邪恶的人"。由于妒忌他在内阁的同事沈鲤,沈一贯炮制了针对礼部侍郎、沈鲤的学生的郭正域的指控。起诉郭至少可以结束沈鲤的政治前途。为了给这个无辜的侍郎定罪,沈一贯的手下逮捕了好些人,并用酷刑逼出供词。其中一个被逮捕的人是一个名叫紫柏真可的和尚,他的被捕和死亡对于利玛窦来说代表着神对佛教徒的愤怒。

　　身为苏州吴江县人,这个年轻的游侠剑客沈真可决定用剑换取佛珠,且采用了"紫柏"和"达观"的佛名。在20岁受戒后,他四处拜访不同的朝圣之地,誓言振兴禅宗。紫柏在几位核心朝廷官员和显赫的俗家佛教徒包括瞿汝夔的同父异母哥哥瞿汝稷的帮助下,负责《嘉兴藏》的编纂和出版。由于受到万历帝的母亲李太后的宠爱,紫柏真可是北京最显赫的和尚,与很多高级官员都是朋友。

────────

〔1〕 引用于樊树志:《万历传》,第322页。

第十章 《天主实义》

利玛窦在京城定居后,紫柏希望会见这位了不起的西方人,但是又不想因为拜访外国人而降低身份。他让这位耶稣会士了解到他想要利玛窦去拜访他,并且承诺利玛窦将以与自己同等的地位被接待。由于对南京雪浪洪恩的讨厌仍然记忆犹新,利玛窦拒绝了任何与此佛教徒有关的社交。对于利玛窦来说,这些人是偶像崇拜者,是魔鬼的仆人,因此对于紫柏的去世他由衷高兴。

紫柏被捕是因为他给同乡的沈令誉医生写了封信,在此信中紫柏批评万历帝违背其母后的意愿,而其母后是一个虔诚的佛教徒。一些当代资料显示,紫柏在狱中受到了极度折磨,沈试图得到株连大臣郭正域的供词;另外的资料显示,皇帝并不打算判处紫柏,而沈令誉最终亦被释放。[1] 不管怎么说,紫柏由于受酷刑而最终死在监狱。[2] 利玛窦评价道:"由于他们恨他(紫柏),刑部的官员们(尚书为萧大亨)在他被监禁后狠狠地折磨他,他很快就死了。由于他常常吹嘘不在乎自己的身体,这招致了蔑视;然而,当他被折磨时,他像其他粗俗的人一样尖叫。被埋葬后,为了确定他的死不是假装的,他的尸体被挖出来验尸。"[3] 利玛窦的这些话反映出天主教的斗争性,但是好像缺乏基督教的爱心。

在他充满胜利的言辞间,利玛窦甚至把 1595 年憨山德清(1546—1623)的受辱和流放归咎于神的复仇。这个博学的和尚和禅宗大师是紫柏的亲密朋友。同样深受李太后的宠爱,憨山与紫柏一样得到了显赫的地位。太后的支持使得母亲与身为儿子的万历帝之间有了矛盾,因此万历帝用一个小借口把憨山流放到了广东。他的朋友紫柏试图改变圣旨,但是徒劳无功。结果,憨山成了那个比较幸运的人。由于受到当地官员的保护,憨山被任命为韶州附近南华寺的住持,在这里他着手施行一系列改革,希望振兴这个曾经有名的寺院。而这个寺庙,利玛窦曾在多年前坚

---

[1] 对紫柏在监狱中受虐的不同叙述,见樊树志:《万历传》,第 326 页;沈德符:《万历野获编》,卷三,北京:中华书局,2004 年,第 692 页。
[2] 郭朋:《明清佛教》,福州:福建人民出版社,1982 年,第 190—195 页。
[3] *FR* II, p. 190.

决拒绝入住,这是利玛窦生涯中讽刺性的事件之一。

回到对疑犯的搜捕,东、西厂急着想要解决此案,由于皇帝对调查进展缓慢感到恼怒,一些官员已经丢了官职。利玛窦带有恶意地评价说,这些被解职的人中包括锦衣卫中的一个官员,李戴的侄子。最终,某人举报一个叫做皦生光的可怜的年迈学者,称此人曾写作了诽谤性的文章。抓住了一根救命稻草,官员们折磨皦,直到他招供。尽管"妖书"所提的内容只有朝廷官员知晓而不可能被皦这样的底层书生了解,但这个替罪羊还是被判处了凌迟,在缓慢的痛苦中死去。"妖书"的真正作者从未被找到。

"因此我们已经谈到过的偶像崇拜者们(佛教徒)被极大地羞辱了。听说了这些消息后,我们不管是在朝中还是朝外的基督徒和朋友们都认为一切都转到了对基督教有利的情形,基督教开始在朝廷的中心传播,而之前在朝廷流行的是佛教。"他想象中的敌人被铲除了,利玛窦和他的追随者们已经做好了准备要把耶稣的旗帜植入中华帝国的心脏。

第十一章 奠定基石

"甚至连中国皇帝也成了基督徒!"在罗马,利玛窦的进展被这样吹嘘道。[1] 尽管这不是真的,利玛窦的上级们有很多理由感到高兴。他们在中国的教务开拓者已经在明帝国的广泛领域内开辟了一条道路:利玛窦和他的助手们已经在韶州、南昌和南京发展了一些小的基督徒社区;耶稣会已经在中华帝国的心脏——北京站稳了脚跟。澳门耶稣会学院的新院长卡瓦略派李玛诺(1559—1639)去中国做一趟考察。李玛诺与倪一诚(1579—1638)一道旅行,倪是中国父亲和日本母亲的混血儿,他在澳门加入耶稣会并且被培养成了画家。在参观了南方的三个耶稣会住所后,他们于1602年7月到达北京,在这里他们住了两个月。李玛诺对他的见闻印象深刻,他让倪一诚留下来帮助利玛窦,自己返回了澳门,在澳门他向卡瓦略汇报了基督教在中国的鼓舞人心的发展。亚洲教务的巡阅使范礼安在告别了日本后,于1603年2月10日到达澳门,此时的日本由于新的统治者反对基督教而不适合传教。中国教务的创办者,也是首先于1578年召唤罗明坚加入这个教务的范礼安,看到往日罗马学院的学生的成功而备受鼓舞。中国就是未来!尽管受到日本的神父们的极力反

---

[1] 利玛窦写给马赛利的信,1605年5月,*Lettere*,p.371。

对,范礼安仍然在日本副省里开辟了一个独立的中国教区。他还派遣了一批新的传教士,六个葡萄牙人和两个意大利人:杜禄茂和骆入禄去韶州帮助精力充沛但是超负荷工作的龙华民和黄明沙;高一志、黎宁石和林裴理在南京辅助罗儒望,自从郭居静因病去澳门休养后,罗成了这个重要地区唯一的神父;李玛诺和一位修士在南昌去帮助苏如望;费奇观去北京成为利玛窦最新的伙伴,他给利玛窦带了一本珍贵的由克里斯托弗·帕拉丁于1569年在安特卫普出版的《圣经》,这个版本有丰富的插图,且有来自希伯来语、希腊语、古巴比伦语、叙利亚语和拉丁语的翻译文本。尽管利玛窦仍然是中国教务的最高管理者,他繁忙的工作以及北京与南方的距离使得有必要聘请李玛诺担任南方三个住所的管理者,这样利玛窦就从这个广阔的教区造成的过度管理负担中解脱出来了。

利玛窦在北京已经做了足够的工作。这个耶稣会士在京城洗礼了第一个基督徒。与肇庆、韶州和南昌的基督教在17世纪中叶的危机中逐渐消亡不同,北京的天主教社区从利玛窦时期开始一直持续到今天。在头两年间,传教士施洗了约70个教徒,与耶稣会在广东12年间施洗120—130个教徒的成绩相比,这是个相当不错的数据。比数字更加重要的是教徒的质量。明朝的精英们首次接受了这个外国信仰。的确,那些受洗的"精英"大多很年轻或者未成年,比如朝廷首席御医的两个儿子、皇后的姐夫、董纳爵(Ignatius Tung)、未来的刑部尚书(1605年3月至1606年1月在职)董裕的一个亲戚,还有当时的刑部尚书萧大亨的侄子18岁的萧额尔。另外的一些受洗教徒已经退休,比如60岁的崔大人,他祖籍河南,受洗时采用了安东尼奥作为洗名。受洗者是现职官员的很少,但也有,锦衣卫中一个叫做李应试(1559—1620?)的武官,曾参与抗日援朝的战争,于1602年9月21日在他42岁时受洗。尽管他被利玛窦的数学和天文知识吸引,李应试信教过程并不是很顺利。他好道、佛,尤其致力于占星和风水,在进行了多次充满耐心的对话后,利玛窦才决定给他洗礼。但是一旦李接受了基督教,他便显示出极大的热情,他写了一份公开的入教宣言,且焚毁了他所有关于占卜和星术的书籍。他还劝说他所有

第十一章 奠定基石

的家庭成员——母亲、妻子、两个儿子、一个家庭教师、他所有的仆人(包括一个犹豫不决者)——入了教。

毫无疑问,利玛窦的个人魅力促成了这些洗礼。虽然庞迪我在1603年前已经掌握了足够的汉语来接待拜访者并与他们对话,"他与利玛窦比起来相去甚远。"睿智又好奇的学者沈德符(1578—1642)如此评价道。沈德符收集万历朝史实,撰成《万历野获编》(1619),该书为后人了解明末的历史提供了独特的、富有洞察力的信息。作为利玛窦居住北京期间的邻居,沈德符写到利玛窦时说:"往时予游京师,曾与卜邻。果异人……性好施,能缓急人。人亦感其诚厚,无敢负者。"[1]在明代同时期的人的评论中,利玛窦的个人魅力显示出了一股穿越时间的力量,不管是北京的沈德符还是南京的顾起元(请参见第八章),均认为利玛窦的徒弟们——西班牙人庞迪我和葡萄牙人罗儒望不如他们杰出的"师傅"。

在中国教区,与任何别的教区一样,传教士的个性至关重要。在罗儒望和苏如望的领导下,南京和南昌的基督徒社区稳定了下来,但是在利玛窦离开后,这里没有任何显赫的事迹可以报告。只有在韶州,多亏了取代利玛窦和郭居静的龙华民的强烈个性,耶稣会士取得了杰出的成绩。这个西西里的贵族,之后继承利玛窦成为中国传教区的领导人,且成为在中国服务时间最久的耶稣会传教士,在这里开始了一个新的方向。在韶州的那几年是利玛窦事业的低潮:为数不多的教徒,强烈的敌视,两个同伴的去世。同样地,由于当地市民对基督信息的漠视,龙华民也深感挫折,于是他把目光转到了韶州附近的村庄,在那里他得到了热烈的欢迎。随着教徒的增多,一个基督徒社区在这个城市和其腹地诞生了。随着他的自信心的提升,龙华民采取了更加战斗性的立场。为了显示与过去的断绝,龙华民要求新受洗者烧毁佛教、道教和中国神灵的雕像。一些事件迅速使关系变得紧张,热心的基督徒青年们摧毁佛教寺庙里的雕像,龙华民断然拒绝为社区的庙会捐赠,他嘲讽此时从北京流放来、忙于改革南华寺

---

[1] 沈德符:《万历野获编》第三册,第783—785页。

且想要会见西方传教士的憨山德清,虽然由于当地官员的保护,耶稣会士的传教处在安全状态,但是被清算的日子即将到来。

利玛窦与龙华民各自采用的传教方法都相当成功,但是他们的方法有一个很大的不同。利玛窦重视精英教徒,通过关于数学、自然哲学和来世的充满智慧的对话引诱中国学者到基督教的世界里来;而龙华民以一个宗教工作人员的身份来证实他的有效性,这比欧洲近代早期天主教乡村里进行忏悔式传教的神父们有过之而无不及。利玛窦在他的著作里尤其关注来自社会上层的教徒,记载了他们的社会地位和个人详细信息,尽管他的大部分教徒属于社会底层。他描绘的是一个基督化世界(Christianitas),一个标准的包含了人文主义学识、美德、基督教教义与儒家伦理的综合及对来世的忠诚的世界。与此不同,龙华民的报告中描绘出的是一幅与明朝官员、学者构成的场景不同的世界,这个世界里充斥着邪恶的或善良的灵魂,有着强烈的对现世的健康和繁荣以及对来世的幸福的渴望,充满了梦想、预言和奇迹,且基督徒和异教徒之间有着绝对的区别。这是中国大众的世界——农民、工人、工匠和商人,用儒家的话说,这些是被"君子"统治着的"小人"。

实际上的确有这么一个与众不同的人。徐光启(1562—1633)来见利玛窦时已经是一个基督徒了。1604 年,时年 43 岁的徐光启赴京参加殿试,见到利玛窦时,徐提醒这个西方人说他们之前见过面。徐光启于 1600 年在南京拜访过他的老师焦竑。同许多文人一样,徐跑去听这个了不起的西方人的学说。由于徐被利玛窦的话语打动,"窃以为此海内博物通达君子矣"。[1]但对这个上海人来说,这不是他第一次与西学打交道。1595 年,徐在韶州谋得一份教师的职位。在那里,他参观了天主教堂,并与郭居静谈论西学中的宗教和科学问题。

与耶稣会士的很多官员熟人们不同,徐光启来自一个地位卑微的家

---

[1] 这些话语出现在徐光启为《二十五言》作的后记中,这是利玛窦根据伊壁鸠鲁的拉丁文著作《手册》(*Encheiridion*)翻译过来的,出版于 1604 年,见朱维铮主编《利玛窦中文著译集》,第 135 页。

第十一章 奠定基石

庭。他的祖父弃农从商,使他的家庭得到了繁荣,但是他四十多岁就去世了。他的儿子,即光启的父亲徐思诚,对赢利既没有才华也没有兴趣。慷慨又聪慧的徐思诚没能从传统的社会晋升阶梯中获得社会成功:从财富到学术和科举的成功。反之,思诚慷慨地施与穷人,并通过医学、天文学和历史书籍来满足自己的好奇心。到徐光启出生时,这个家庭已经在衰落了,年幼的光启经历过饥饿和海盗袭击的混乱,因为16世纪中期的上海,这个明代中国的新兴城市还没有城墙。这个家庭所有的期望都寄托在了年轻的光启身上,他好学、杰出,是个天才男孩。1581年,徐光启通过了第一级科举考试,成了贡生,通常称为秀才。这使他获得了一笔政府的资助,且有资格参加下一级科举考试。1581年至1597年间对于徐光启来说是段充满了极大挫折的时期。他于1582年、1588年和1591年三次乡试失败。对于那些满怀希望的读书人来说,机会变得越来越少。14世纪晚期到16世纪晚期,中国的人口翻了不止两番,达到了一亿五千万,但是政府并没有修改明朝初期制定的中举的配额。徐光启只是成千上万个希望破灭的人之一,一些不成功的读书人把他们的才华转到了其他的方面。李时珍和徐霞客分别在医学和旅游上使自己的失望得到了弥补,他们分别成为明朝最有名的中医和地理学家。然而,徐光启并没有放弃走上仕途的希望,除了增强自己的毅力以外,居无定所的这几年使徐光启到了广东和广西的边远城镇,靠教书和为官员当家庭教师为生,这些使他思考成败以外的人生问题。

1597年,徐光启再次在北京参加举人考试。他的文章在第一轮阅卷时就落选了。按照惯例,阅卷官们翻阅这些被拒绝的文章以找出一个有才华但是碰巧在第一轮阅卷时没有被他们注意到的人。焦竑是副阅卷官。当他阅读徐光启的文章时,焦竑拍案喊道:"这一定是一个伟大的学者写的!"徐在这次举人考试中名列第一。第二年,由于两个同事提交奏折以报复,批评焦竑忽略一些考试中不正统的言论(请参见第八章),翰林院士被降了职,此事使徐光启对焦竑的感激之情变得更加深厚。在他整个一生中,徐光启把焦竑当作自己的老师和恩人。当焦竑致仕回到南京老家时，徐去探望他，正是在那时徐遇到了利玛窦。

不管他有多么崇拜和尊敬焦竑，徐光启没有分享他的老师对佛教的忠心或对道家哲学的兴趣。总的来说，徐光启是一个正统儒家学者，他关注的主要是知识的实用效果。如果不是为国家服务，几十年的学术和长年累月的考试的目的是什么？儒学必须用来培养道德，来改良行为，提高人们的生活水平，加强国家的保卫。深刻的危机感使徐对于形而上学的推测没有耐心。繁重的税务迫使农民离开了土地，满人威胁着北方边疆，派系斗争使朝廷官僚瘫痪，从他之后的奏折中，我们可以看到徐光启是一个靠行动说话的人，他计划试验农场、训练军队、购买葡萄牙武器和大炮，还总是训诫他的家人要朴素、节俭和有美德。这是一个被自己家庭的挣扎和童年的经历深刻塑造出来的人，他清楚学术成功所付出的代价和官职所带来的负担。

1600 年至 1603 年间，当徐光启在上海教书时，他反思基督教的问题。一天夜里，他梦见进入一个有着三个礼拜堂的寺庙。在第一个礼拜堂里有一个慈父般的画像，在第二个礼拜堂里有一个年轻的男人戴着皇冠，第三个礼拜堂是空的。徐在第一个和第二个礼拜堂里表达了尊敬，但是忽略了第三个。他想更多了解西方教义的愿望使他于 1603 年 1 月到了南京，但是利玛窦已经离开去了北京。被罗儒望接待后，徐光启显示了强烈的迫切感。他每天去教堂两次，学习教理和其他耶稣会士给他的读物，其中包括尚未出版的利玛窦《天主实义》手稿抄本。被介绍了三位一体的学说后，徐运用此理论来解释他的梦境，认为这是一个信号。徐光启以保禄的名字受了洗。

对于徐光启来说，基督教对他的吸引力是多方面的。它为来世提供了一个解决的办法，此办法深深满足了徐对正义的渴望：如果邪恶的人统治现世的其他人，他们一定会在地狱里永久受折磨。它证明了宗教道德与社会伦理的统一：在耶稣会士们讲述的故事里，基督教欧洲似乎是一个完美的社会，没有战争、叛乱和暴政带来的痛苦，在这个社会里，道德高尚的教士们——西方社会里与明朝的士大夫相对应的阶层——引

第十一章 奠定基石

导着神的子民。它代表着宗教和实用知识的综合：西方人尤其是利玛窦,更精通算术和天文知识,对自然界的秘密更加了解,更精湛于可以强国的科学和军事技术。它是一个在当时仍然深深扎根于现世的来世的宗教。

1604年,徐光启启程去北京参加殿试并考中进士,利玛窦把这归结于神的奖赏。在被任命为官吏前徐被分配到翰林院任职三年,他搬到了与耶稣会士的住宅毗邻的一栋房子里。通过一个共用的通道,他不用通过街道就可以进入耶稣会士们的院落。他成了耶稣会教堂的常客,且参加基督徒的每一个仪式。当利玛窦布道时,他坐在一个板凳上,用毛笔飞快地记录这个耶稣会士的讲道。徐几乎每天都与利玛窦交谈,向他学习逻辑学和几何学。他催促利玛窦出版更多中文著作,"这是唯一使基督教在中国稳定和扩大的方法。"[1]徐成为京城里的模范基督徒,他的热情赢得了其他信宗教者的效仿,他被利玛窦视为一个有才华的学者、一个好基督徒和一个朋友。

此时传来了另一个朋友的好消息。1605年3月25日,高一志施洗了瞿汝夔和他12岁的儿子瞿式榖。尽管他们之间有长久的友谊,瞿汝夔总是不能或不愿意皈依。第一,对于教堂来说,面临着重婚的阻碍。他的妻子去世后,汝夔仍然不愿意与他的妾结婚,尽管她已经为她生了两个儿子。也许对于死亡的思考使得瞿汝夔接受了基督教的慰藉,在接受了西方信仰后,55岁的汝夔把他的儿子委托给南京的耶稣会士并跟随传教士们学习。因为有18年的友谊,利玛窦对于瞿汝夔的受洗倍感欣慰。

在死亡这个话题上,利玛窦记载了与徐光启之间的几次对话。一次,当利玛窦说神不时地通过梦境来解释神秘时,徐光启讲述了他自己在上海做的关于有三个礼拜堂的寺庙的梦。他告诉利玛窦说自己不愿意追叙这个梦境,因为神父们不赞同解梦,而中国人常通过解梦来寻求时运的预示和征兆。利玛窦向徐保证说,有很稀罕的例子,神在给选民的神圣的梦

---

[1] *Lettere*, p. 398.

境中给出信号,并评判说徐一定是被赋予了神的特别恩惠。在给同为耶稣会士的好朋友科斯塔的信中,利玛窦如此写道:"看样子神选择了他(徐光启)作为基督教在这些地区最强大的支柱,并想通过特别的帮助来教他。"[1]在另外的场合,利玛窦和徐讨论死亡这个问题。利玛窦在《畸人十篇》的第三章和第四章记载了他与徐的两次对话。在其中一次对话中,利玛窦问徐为什么中国人不愿意谈论死亡,他想借此阐述准备死亡的必要性。当徐反问利玛窦西方的习俗时,利玛窦枚举了思考死亡的五个好处:它约束自我,把我们从死后的大恶中解脱出来;它是对抗性欲的最好的药;它使我们鄙视我们离世时带不走的财富和名声;它使我们谦逊且阻止我们变得傲慢;它帮我们战胜对死亡的恐惧并平静地接受它。利玛窦的理由在基督教义里也许很普遍,然而,他的言辞是很巧妙的。运用他那些人文和宗教读物中的例子,利玛窦还善用了寓言。他讲述了一个饥饿的狐狸经过一只母鸡的家时,从一个狭窄的缝隙挤了进去。有好几个月这个狐狸都靠他的猎物生活,直到他担心自己落入农民的陷阱。它因为太胖而不能从狭缝中挤出去,这只狐狸为了挽救自己的性命而必须让自己挨饿以便回到之前的悲惨自我。利玛窦解释说,这个鸡窝就是世界,我们就是那只享乐的狐狸,直到死亡使我们感到畏惧时我们才停止享乐。

  从利玛窦那里,徐光启不仅学习了西方历史和文学,还有西方科技。继李之藻(请参见第九章)后,徐光启是利玛窦最紧密的传播西方科技著作的合作者。其方法为耶稣会士口述,中国学者执笔。这有三个好处。其一,这使得已经极度超负荷工作的利玛窦可以在他人生的最后五年中创作出大量的中国科技著作。其二,频繁和紧密的接触加强了传教士和教徒之间的纽带。最后,这个合作的方法使翻译达到最大限度的精确和优雅,使耶稣会士对欧洲著作的理解和中国学者对文体优雅的掌握实现最大化。利玛窦与徐一道翻译了欧几里得《几何原本》的前六卷。利玛

---

[1] *Lettere*, p. 398.

第十一章 奠定基石

窦所撰《译几何原本引》描述了他们的合作情形:

> 窦自入中国,窃见为几何之学者,其人与书,信自不乏,独未睹有原本之论。……当此之时,遂有志翻译此书,质之当世贤人君子,用酬其嘉信旅人之意也,而才既菲薄,且东西文理,又自绝殊,字义相求,仍多阙略,了然于口,尚可免图,肆笔为文,便成艰涩矣。嗣是以来,屡逢志士,左提右挈,而每患作辍,三进三止。[1]

这个困难只在遇到徐光启后才得到解决。在他们关于基督教和西方科学的讨论中,徐催促利玛窦完成此翻译,"命余口传,自以笔受焉。反复辗转,求合本书之意,以中夏之文,重复订政,凡三易稿。"[2]

除了翻译欧几里得,徐光启还与利玛窦合作撰写了《测量法义》(1608),以及为《同文算指》作序。1607年,他们的合作由于徐光启的父亲去世而中断。由于受到其儿子的催促,徐思诚与其他徐氏家族的人一道受洗了。按照法律,徐辞职三年为父亲服丧,护送其父亲的灵柩回到了上海。听从利玛窦的建议,徐光启利用这个服丧的机会展示天主教葬礼,仪式中剔除了中国的迷信做法,比如烧纸钱、请道士和佛教礼师。依据西方习俗,徐家用黑服代表哀悼,这与中国传统的白色不同。康复后回到南京的郭居静专程去上海为徐父主持安魂弥撒。

基督教对明朝最后一代知识分子有极大吸引力的原因在于基督徒与儒者的综合,而利玛窦与徐是这个综合的象征。漫长的职业生涯展现在徐光启面前,其国家和教会都需要他的服务。在帝国政府中的多个职位最终使他在生命的最后几年升到了礼部尚书和内阁大学士,徐光启成了进入天主教会的职位最高的官员。上海西郊的徐家汇,即徐家的基地,不久发展成了中国天主教的一个主要据点,直至今日。

在1601年至1606年间充满热忱的氛围中,刚起步的基督教传教活动仍然有令人焦虑的征兆。1604年初,有消息传到京城说,1603年10月

---

[1] 徐宗泽:《明清间耶稣会士译著提要》,北京,中华书局,1989年,第261—262页。
[2] 徐宗泽:《明清间耶稣会士译著提要》,第262页。

3 日至 11 月 14 日间西班牙人屠杀了吕宋的一万五至两万中国人，几乎把整个社区都毁灭了。西班牙人把菲律宾变成自己的殖民地后，中国贸易者成群到了马尼拉，为西班牙人供应食物和日常生活用品，购入美洲银到中国。他们的社区从 1570 年代早期的几百个居民扩展到了 1585 年的五千人、1590 年代的一万人，至屠杀前夕已经有近两万人。其人口大大超过了西班牙殖民者，中国人建立了自己的社区"巴里安"，坐落于马尼拉城墙外，且经济上成为西班牙殖民地不可缺少的部分。对于中国人社区规模逐渐扩大感到忧心，西班牙人屡次尝试驱逐他们，都失败了。虽然多明我会在这个闽南来的移民聚落中发展了几百个天主教徒，但绝大多数移民固守他们自己的信仰。1602 年，一个从菲律宾回到福建的木匠告诉人们某地有一个巨大的银矿。由于极度缺乏银矿，明政府已经从日本进口了大量的银，这很快被 17 世纪更大量的美洲银的供应所取代。贪婪的万历帝下令宦官矿使去各处开矿，这破坏了乡村的经济。听说这个消息后，皇帝命令福建的官员去调查。1603 年 5 月，三个官员从福建南方的海澄县出航了。尽管西班牙殖民政府以适当的礼仪接待了他们，西班牙人因为明官员的傲慢而深感受辱，且害怕中国人接管此地。明官员空手回去了，接下来的夏天和秋天的几个月吕宋的情势日益变得紧张。当一些中国居民武装自己时，殖民政府把这当作叛变的信号。西班牙军队在日本雇佣军和菲律宾人的帮助下，对中国人进行屠杀。尽管在中国有强烈的指责，朝廷并没有采取惩罚性的出征。但是在每个地方，尤其在南部沿海省份，对所有欧洲人的怀疑和敌视更加严重。在这种形势下，利玛窦害怕人们把西班牙人与耶稣会士们联系起来。他试图清除基督教与西班牙的任何联系，他告诉徐光启说，耶稣会的神与西班牙人尊崇的神是不一样的，这两个字的拼写都不同。徐光启在他的官员圈子中重复着耶稣会士的这个诡辩，很显然这只对容易轻信的耳朵有效。利玛窦低估了马尼拉屠杀使中国人对欧洲人印象产生的负面影响，这很快就波及到了耶稣会士们。然而，京城的基督徒社区暂时没有受到打击，教徒的人数仍然在增长。

第十一章 奠定基石

　　一个不那么严重的威胁在朝廷官僚中产生了，一些讨厌利玛窦对佛教的攻击的官员们于 1605 年 2 月上奏给皇帝，请求皇帝取消给西方人的赏赐并遣返耶稣会士们。在给欧洲的信件中汇报此事件时，利玛窦显得很自信：耶稣会士们不仅得到他的朋友、礼部尚书冯琦的保护，就连皇帝本人也不时需要这些西方人为他心爱的钟表服务。实际上，他说得没错，这些奏折没有给他们带来任何麻烦。

　　我们有利玛窦于 1605 年写的八封信，证明他乐观的情绪。北京教徒的数量从 1603 年的 70 人上升到了 100 多人。其他地方的会堂也汇报了新的教徒，其中龙华民在韶州受洗的教徒数量最多，苏如望也吹嘘说在南昌的明王室家族里诞生了第一个天主教徒。加在一起，洗礼登记册上有超过 1 000 个灵魂。利玛窦自己的北京社区虽然在数量上不是最大的，但是在教徒的社会地位和精神热情上首屈一指。在 1604 年的圣诞节，耶稣会士们用古钢琴和竖琴庆祝了三至四个弥撒，一些基督徒甚至参与了守夜。有些教徒因为勤奋学习拉丁祷文而让利玛窦印象深刻，比如李应试的妻子可以背诵认罪祷告文（the Confiteor），另一些人用他们的真诚悔悟打动了利玛窦，这包括自虐、急于告解和接受圣体。一小部分人把他们的佛教和道教神像带来烧毁，一个用利玛窦在罗马学习时的老师法比奥·德·法比耶的名字为洗名的 85 岁老人，坚持让人把自己抬到教堂，而不愿在领受圣体后得到安慰之前离世。总之，利玛窦为自己的小羊群感到自豪，他给他的朋友和同事科斯塔写道："为我祈祷吧，我亲爱的神父，希望有一天上帝将恩惠我以神圣的死亡来完成我的事业，因为我们在中国的基督徒社区并不比其他的低下，它不仅有汗水的印记，还有血。"[1]

　　教徒的精神热忱体现在对奇迹的坚信，其中一个故事是这样的：一个基督徒被错误地控告抢劫和谋杀，却被一个被贿赂了的官员定了罪。当其他基督徒希望从神父那里得到建议时，神出现在另一个官员的梦中

---

[1] 利玛窦写给利斯塔的信，1605 年 5 月 10 日，*Lettere*，p. 400。

并要他帮助这个无辜的基督徒囚徒，而这个案子刚好转到了这个官员手中。这个官员虽然不是教徒，却释放了无辜的基督徒并惩罚了蓄意控告者。另一个高龄教徒告诉利玛窦说圣母玛利亚一身白装、怀抱着婴孩出现在了他的梦中。圣母告诉这个重病在床的基督徒，应该让其家人想办法让他出汗，醒来后，其家人已经这么做了，这个老人也康复了。第三个故事是关于一个老师的，他同他的七八个学生一道接受了洗礼。另一个 13 岁的男孩也想受洗，但是这位老师认为他还没有准备好。一天，这个男孩被闪电击中并昏迷了三天。在昏迷中，这个男孩看见了他在学校时敬仰过的神，神对他说这次他可以饶了他的性命。男孩醒来后便受了洗，其他教徒称他为"闪电弥格尔"。这些梦境和幻觉让利玛窦印象深刻，他在好几封信中重复讲述。他们代表着神对刚刚起步的传教区的垂青，对利玛窦来说也一样，尽管他向来镇静理智，且属于一个不相信任何过度热烈的神秘主义事件的宗教团体。

  一天，当利玛窦在照料他的小葡萄园时，他得知基督教曾在过去的中国获得过丰收，基督徒仍然分散在明帝国广泛的国土上。一个 60 岁的老学者来到耶稣会士的教堂，当他看到圣母玛利亚和早年祖辈先人的影像时，这个老人跪下来敬仰。刚开始，利玛窦以为他是基督徒，这个名叫艾田的来访者，祖籍河南开封，正前往扬州府学任职督学的途中。与他交谈不久，利玛窦明白了艾田是犹太人。尽管艾田对犹太教的知识了解得很片面，他告诉利玛窦他祖先的宗教传统，它的经卷、法律、饮食禁忌以及传说。身为三子之一，艾田通过了科举考试，他的两个哥哥学习了希伯来语，其中一人当时在开封一个只有七或八个家庭的小社区当拉比。艾田告诉利玛窦说，他的老家也有基督徒家庭。第二天再次拜访时，艾田带来一个同事、一位张姓的官员，是陕西基督徒的后代。张大人对耶稣会士的教堂和与利玛窦的对话极感兴趣，但是他很遗憾没有多少时间来熟悉他祖先的宗教。此事使利玛窦确信了马可波罗的话，即在他那个时代，在蒙古人统治下的中国有很多基督徒。至少，犹太人艾田受洗

第十一章 奠定基石

了。也许正是在那之后,利玛窦有了派遣传教士去开封的想法,这个想法在三年后得到实施。

书籍把开封的小犹太人社区与他们祖先的信仰紧紧捆绑在一起。书籍也是襁褓中的天主教会的核心。印刷、出版实际上对于基督教在中国的传播起着领军的先锋作用。在遇到利玛窦以前,很多中国学者比如徐光启,已经通过他的《坤舆万国全图》知道了他的名字。多亏了明代中国印刷的流行和不昂贵的书籍出版,耶稣会士们能够雇佣中国工人雕刻雕版,此雕版被放置在耶稣会所里。如利玛窦说的那样,复印作品唯一的花费仅是纸张。由于日益增长的基督徒社区的礼拜需要,耶稣会士们把公历翻译成了汉语并印刷出来分给教徒。他们还修改了祈祷书,使其语言与基督教—儒学神学的日益融合一致。新版的《天主教要》于1605年3月出现,包括天主经、圣母经、天主十诫、信经、十字架号、形神哀矜十四端、八福、七罪宗、七德、身体的五大感官、心灵的三势,以及三大神学美德。

书籍以两种方式传达基督教信息,第一,利玛窦的中文著作提高了他的名声,因此也提高了西学或者天学的名声。我们将在之后讨论利玛窦的另一作品《二十五言》时会回到这个主题。第二,作为一种物质,欧洲书籍比廉价又普及的明朝版本更昂贵精致,这在中国人中留下了深刻的印象。明代的书籍市场很广泛,儒学经典、学校课本、历史书籍、诗歌、戏剧、小说、历书、占星书、风水书、医学书、农业书,以及一系列涉及很多科目的书籍,来满足这个尊崇书写和文化学问的社会。然而,与宋代相比,明代的书籍造价低廉,薄又脆弱的纸,劣质的装订,退色的笔墨和粗劣刻制的木版。使用起来是要付出代价的,明代的藏书爱好者收集宋代的、外观更好看的书籍。在这种背景下,与耶稣会士们引进的造价昂贵的西方书籍显示出鲜明的对比。顾起元记载说,利玛窦"携其国所印书册甚多,皆以白纸一面反复印之,字皆旁行。纸如今云南棉纸,厚而坚韧,板墨精甚。间有图画、人物、屋宇,细若丝发。其画装钉如中国宋摺式,外以漆革周护之,而其际相函,用金、银或铜为屈成锯络之,书上下涂以泥金,开之则页页如新,合之俨然一金涂版耳"。[1]

利玛窦很明白作为一种实物来看,中国书籍与西方书籍的外观对比。在他的卧室里,他把这些书籍展示在书架的外层,这种展示总是让来访的中国文人因为西方物质的优越而印象深刻,这同时也暗示了基督教社会的优越。中国客人不识拉丁文并不要紧。西方书籍代表着有声望的符号,很像汉唐时期被系统翻译前的早期佛经。在北京耶稣会士图书馆的西文藏书中,没有一本比费奇观带入中国的多语的普郎坦《圣经》更出名。

携带普郎坦《圣经》的驳船实际上在大运河上沉没了,但是费奇观成功将装有此《圣经》的柜子挽救起来。当这本圣经在耶稣会堂庄严地呈现时,该庞大又制作精美的书使在场的中国旁观者愣住了,中国教徒们对它封起来的神秘感到敬畏。普郎坦《圣经》带来的声誉使耶稣会士们感到极大满足,"它的美丽使整个中国为之惊叹。"利玛窦这么说道。[2] 然而他们对以下的要求感到捉襟见肘,"这本《圣经》将会更完美,"一些中国拜访者建议道,"如果这八本用四种语言写成的书被翻译成汉语的话。"[3] 利玛窦认为,中国学者理解普郎坦《圣经》包括用希伯来语、古巴比伦语、叙利亚语和希腊语分别写作的《旧约》和《新约》两部分,所以总共成了八本书,但是他们自然从来没有听说特利腾大公会议禁止用其他语言翻译《圣经》。处于一个尴尬的位置,利玛窦"不知道如何回答,因为这个要求看起来是有充分根据且虔诚的"。他暂且同意了这个请求,但是借口说没有时间来做这件事,"这需要很长时间和很多人力。"利玛窦解释道,他还以《七十贤士译本》的故事作为理由。另一次,他说"这需要得到教宗的允许和命令",或者,他"已经把这些《圣经》中的某些关于基督教教义的内容翻译成了《天主教要》,此书刚被翻译和印刷,已经在全

---

[1] 顾起元:《客坐赘语》,第 217—218 页。
[2] 利玛窦写给 João Álvares 的信,1605 年 5 月 12 日,*Lettere*, p.405。
[3] *Lettere*, p.406.

第十一章 奠定基石

中国发行使用"。[1]

幸运的是,对于耶稣会士们的教务来说,图画比文字更有效。另一本安特卫普出版的书的出现转移了《圣经》翻译这个让人尴尬的话题。来自马略卡岛的西班牙人杰罗梅·纳达(1507—1580)是耶稣会最早的十个成员之一。罗耀拉亲自催促纳达编纂并发行一本插图版本的福音冥想的指南。纳达选择了《圣经》场景,且按照一定的布局安排在书中,还为每一副场景配了解说。在安特卫普出版商克里斯托弗·帕拉丁的合作和帮助下,153幅版画最终被制作出来。这些图画于1593年以《福音故事图集:根据弥撒圣祭中描述的耶稣生平的时间顺序排列》(*Evangelicae Historiae Imagines ex ordine evangelicorum quae toto anno in missae sacrificio recitantur in ordinem temporis vitae Christi digestae*)为名出版。从题目可以看出此图集以耶稣生平的时间顺序安排。版画的使用在欧洲绘画史上具有悠久历史,对耶稣基督故事的生动描述,利于把基督教信息以历史事实的方式传达给中国教徒。奉李玛诺之命被送到南京耶稣会堂的《福音故事图集》,将对后来的耶稣会传教士们的工作起很大作用。1637年,意大利籍耶稣会士艾儒略把五十五幅图画做成了中国木刻版画,并以《天主降生出象经解》为标题,将其中的拉丁文本翻译成了汉语,这是基督教靠中国艺术进行视觉传教的里程碑事件。

受到徐光启关于出版的忠告,利玛窦不停地强调汉语基督教书籍的出版对于基督教传播的作用。从他的著作的成功出发,利玛窦总结道:"在中国我们可以用书籍和我们的科学获得极大的收获。我一直在这里孤军奋战,且现在仍然没有任何人在这方面给过我帮助,在这个领域都已经引起了些轰动,试想一个没有我这么忙碌且比我更有天赋的人将会获得多大的成功呀。在这点上,我建议所有在这里的神父们都学习中国文学,因为中国的皈依在很大程度上取决于此。"[2]尤其让利玛窦感到欣慰

---

[1] *Lettere*, p.406.
[2] 利玛窦写给马赛利的信,1605年5月,*Lettere*, p.377。

的是来自日本教区的神父请求得到他的书,此请求来自他事业早期的伙伴巴范济。

利玛窦的乐观情绪来源于他最新出版的著作《二十五言》(1605)的成功。从埃皮克提图(Epictetus)的拉丁文著作《手册》(Encheiridion)翻译过来,被利玛窦基督化了的《二十五言》把斯多葛派介绍给了中国。埃皮克提图是古希腊的斯多葛派哲学家,他宣扬说所有外在的事件都是由命运决定的,个人是无法控制的。个人只能冷静地接受发生的任何事情。一个人只有通过自我反省才能检讨,只有通过自律才能控制自己的行为。痛苦来自试图控制无法控制的事情,或者忽略在我们能力范围内的事情。

什么原因使这本薄薄的书比他的《天主实义》更受欢迎呢?利玛窦如此解释道:"在这本书中我以自然和基督教哲学家的身份宣讲美德和养生,没有排斥任何宗派,除此以外没有做什么别的事情。因此,这本书被所有人开心地阅读,不管他属于什么派别。其他的耶稣会堂写信给我说,这本书在很多地方都很轰动,因此几乎所有来访者都恳切地要求我写更多的书,由此我们已经给我们的宗教增添了信誉。"[1]

他如实地描述了斯多葛派自然哲学对中国人的吸引力,但是利玛窦没有提到另一个让此书成功的关键原因。那就是《二十五言》的出版得到了冯应京的资助,这个被诬告并被不公正地判入狱的官员是利玛窦的亲密朋友(请参见第九章),他在狱中读了此书的手稿后被打动了,于是资助此书的出版并为之作序,在此基础上徐光启作了跋文。

如同很多图画吸引注意力的往往是画的边框而不是画本身,《二十五言》被接纳也是同样的道理。这些图画代表着斯多葛派哲学"对命运的接受"、"自我控制的迫切",这与基督教宣称的"尘世的存在是一个充满泪水的旅程"的观点类似。这本书的"边框"是冯应京本人的命运,一个正直的为了普通百姓反抗贪婪残暴的宦官税使的官员,他的入狱引发

---

[1] *Lettere*, p.377.

第十一章 奠定基石

了抗议,冯成了抗击暴政的标志。对于冯应京和其他一些官员来说,自我牺牲仍然是儒家正统实践的唯一选择,它提供了在忠诚和暴政的矛盾中唯一的出路。

"如以外物得失为祸福,以外至荣辱为吉凶,或遭所不欲得,或不遭所欲得,因而不顺命,甚且怨命,是皆失仁之大端者也。"在利玛窦的汉语文本中,一个君子,真正的哲学家,只能自我控制。除了泰然接受由那些权威者——统治者、父亲、长兄——给予的不公正待遇外,没有别的选择。[1] 被这些话语深深打动的冯应京认为这二十五段话不仅可以运用于他自己的命运,还可以运用于暴政统治下的国家的命运。

在公众的压力下,万历皇帝最终释放了冯应京。成千上万的人在监狱门口为这个正直的官员欢呼。与之志趣相投的徐光启在冯受命离开京城前在自己家中迎接了他。1605 年是很重要的一年,《二十五言》的出版和被接受,显示了基督教化的斯多葛派对面临着晚明社会危机的精英们的极大吸引力。

利玛窦没有意识到这个国家的大众危机意识吗?不,他注意到了,因为他常在自己的记载中评价被皇帝授予特权的宦官如何愚蠢且残暴地执行其权力。他没有理解中国精英被基督教吸引的复杂的、也许连官员教徒们自己也没能清楚地表达出来的原因么?很有可能他的确不明白。从利玛窦的书信中我们可以肯定的是,在这里生活了这么多年,对她的语言和习俗如此熟悉。他也精明又成功地把自己从一个来自西方的和尚转换成一个西方学者,学识上与儒家学者们平起平坐,但科技比他们高超。但是,中国对他来说在情感上仍然是一个疏离的国度。即使在他事业的巅峰,利玛窦给罗马学院的老教授马赛利的信中哀叹:"你的这个儿子在几百万外国人中承受了如此多的困难。"[2] 在另一封给他的老师法比耶的信中,利玛窦想要表达的不仅是比喻。利玛窦感谢法比耶给自己写信且

---

[1] 朱维铮主编:《利玛窦中文著译集》,第 131 页。
[2] *Lettere*, p.371.

在他众多举足轻重的欧洲职责中仍记得他在中国的耶稣会士们。利玛窦写道：法比耶的优雅"被他的一个处于世界尽头的异教徒中的可怜的兄弟以特殊的爱铭记在心"。他把自己描绘成一个"可怜的,处在野蛮人中的,远离我们欧洲和印度的朋友们,同样远离我们在中国的同伴的人"。[1] 在北京这个远离沿海、澳门和罗马的京城,"我将结束我的生命。"利玛窦在一封写于1605年5月10日的感人的信中告诉他的父亲。[2] 在一封给他身为马切拉塔政府要员的弟弟奥拉齐奥(Orazio)的信中,利玛窦这么描述传教士的命运:

> 我们这些信教的人在这些国家就像自我流放,我们不仅远离亲人,也远离基督徒和我们的国家。有时候在十或二十年中都见不到一个欧洲人。就像中国人一样活,从来不吃面包不喝酒……我们在这里留长胡子,在家里头发从后背垂下来。就连我们的工人都比我们幸福。我还得逃离敌人的袭击。有一次我从窗户上跌下来,扭伤了脚,至今都还疼。

利玛窦在他的信中继续写道:

> 死神在注视着传教士,有些人溺死于大海或者河流,这在我身上发生过一次;有些人被敌人钉死在十字架上;有些人被箭头、有的是被矛刺穿;那些幸存的人由于身处几百万异教徒中,所有人都是敌人,所以一直与死亡共同生活。所有这些都是为了对神的爱,但愿神原谅我们的罪孽,把我们从地狱中解救出来。所有这些使得我们每日以泪洗面,不知道神怎么判决我们。那些仍处于安全的家中,与他们的家人和朋友们在一起,在舒适和欢愉中的人会做些什么呢?……真的,我已经没有多少年了,我已经须发全白了,那些惊叹我看起来比实际年龄老的中国人,他们不知道他们自己正是使我头发灰白的原因。[3]

---

[1] *Lettere*, p. 381.
[2] *Lettere*, p. 389.
[3] *Lettere*, p. 401.

第十一章 奠定基石

利玛窦写下这些话不到一年,就承受了厄运对于基督徒斯多葛主义者的打击。

1606年1月20日,范礼安的去世是第一个打击。身为耶稣会亚洲教区的关键人物,此巡阅使在准备考察中国教务工作时离世,享年67岁。利玛窦深切感受到了失落:"这一年,在诸多困难中,由于尊敬的范礼安神父的去世,我们蒙受了沉重的损失,这一损失使得我们都成了孤儿一样。"[1]这之后不久,曾被指定在中国护送范礼安神父的黄明沙在广州被捕。范礼安去世于澳门;麻烦也正是从澳门这个地方起源的。利玛窦曾有预感。

1605年7月26日,他对罗马的阿夸维瓦神父报告道:

> 虽然澳门处在中国的版图内,但人们认为这个城市是不同的,这里的人由于有坏名声而常被怀疑。因此,所有与澳门有牵连的中国人都被看作社会底层人,他们到处都被怀疑。人们互骂时,就叫喊说对方是与澳门有关联的人。人们试图在任何可能的情况下,掩盖我们与澳门的联系。如果说我们的事业面临着危险的话,最大的危险则来自澳门。[2]

中国人认为澳门是一个充满暴力的一个殖民地,这里居住着约600葡萄牙人、几百日本人,此外还有印度人、帝汶人、非洲人和一些声名败坏的中国人,这是一个骚动的温床。葡萄牙人于1602年在他们的居住地周围营造城墙,最终把整个澳门围了进去。他们的防护中心建在澳门的最高点,紧邻耶稣会学院和新耶稣会教堂——天主之母教堂的圣保禄城堡。葡萄牙人并不是使中国人感到不安的唯一因素,亚洲海域面临争夺战。此世纪初,葡萄牙人在印度洋和南中国海的霸权地位受到新兴力量荷兰共和国的挑战。荷兰本在西班牙占领之下,在低地国家的第一次起义约25年之后,西班牙王室仍然试图平息他们的北方占领地。但宣告独立

---

[1] 利玛窦写给阿夸维瓦的信,1606年8月15日,*Lettere*, p. 423。
[2] *Lettere*, p. 409.

后,荷兰于16世纪90年代把战争转移到了大西洋和印度洋海域,1602年,他们成立了荷兰东印度公司,从葡萄牙人手中抢夺高盈利的香料贸易。因为这些葡萄牙人都是西班牙国王的臣民,荷兰人抢夺通商路线也算是出师有名。1600年以后,通过建造一系列从巴伊亚到巴达维亚的强大据点,荷兰人挑战了葡萄牙人在巴西、斯里兰卡、马六甲和香料岛的霸权,并觊觎日本和中国。1601年,荷兰人航行到福建沿海,他们对中国许诺,如果被授予经营贸易的权力,他们将把葡萄牙人驱逐出澳门,把西班牙人驱逐出马尼拉。中国政府回绝了,荷兰人最终把他们的注意力转到了台湾和日本。同年,两艘荷兰船抵达澳门,一支登陆队伍上了岸。他们落入葡萄牙人手中。葡萄牙人用自己的船只驱赶走了阿姆斯特丹号和古达号这两艘荷兰船,除了一些已经皈依为天主教徒的人以外,其他的荷兰囚徒都被葡萄牙人处决。荷兰人于1607年返回并以武力攻击。尽管对澳门的攻击最终失败了,荷兰人对日本的阴谋却获得了成功。1610年,日本新领袖、强大的幕府将军德川家康中断了长崎与澳门的贸易,把特权给了荷兰人。

像一个混合着硫磺、木炭和硝酸钾的火药桶,拥挤的澳门混合着不同的种族,葡萄牙政府与中国政府并行,这个地方非常容易爆炸。第一次爆炸在青洲,此地处在一个距葡萄牙人定居点不远的岸边,与中国人建立的关闸很近。在那里,耶稣会士们曾建立了一个礼拜堂,一个日本耶稣会修士被任命管理这个朝圣点,这是一个澳门人短途出游的目的地,尤其是在天气好的时候。某个基督教的斋日,当葡萄牙人和他们的随从在城中聚集起来进行大礼弥撒时,一个中国下级官员带领一群他的同胞来到了青洲,此人碰巧是个穆斯林。"这是中国的领土!"他们叫嚷道。他们焚烧了礼拜堂,穆斯林官员撕毁了圣安东尼的一张画像。一些日本基督徒想拔出他们的武士刀,但是被耶稣会修士给劝阻了。之后,当葡萄牙人看到他们被撕毁的圣徒像时,他们对此穆斯林官员进行武力围攻。明智的是,葡萄牙当局释放了这个已经被粗暴整治的人,并给香山地方官送了封信去打圆场。

第十一章 奠定基石

葡萄牙人还没有时间来庆祝自己的成就,另一场冲突导致了与中国人之间更加严重的矛盾。在这里,葡萄牙人只能自责。如同葡萄牙在海外的很多据点一样,处于大型外国文明的边缘,殖民地激烈的派系斗争同样引起了激烈的内部冲突。在莱昂纳多·萨主教于1597年去世后,果阿大主教聘请前耶稣会士,曾用名为克拉佐的奥古斯丁修士桑多斯为副主教秘书长和澳门总督。1605年3月,副主教秘书长禁止信徒行圣礼。这个极端的行为来源于一长链的冲突:一个圣老楞佐堂的世俗教士侮辱了一个方济会修士,此方济会修士把他的恼怒传达给了教宗权力的代表者、耶稣会巡阅使卡瓦略,后者的裁决不利于圣老楞佐教士,此教士向代理主教上诉,最终,这个禁止信徒行圣礼的禁令仅在桑多斯的修会和圣老楞佐教堂严格实行。很明显,对于耶稣会的憎恨在此代理主教、奥古斯丁修士和前耶稣会士的行为中逐渐激化。教会权力的冲突分裂了葡萄牙人社区,不久,对耶稣会士们不利的谣言便成倍增长。说他们把所有世俗和宗教权力攥在自己手中;说他们阴谋在叛国贼教徒和耶稣会传教士们的帮助下推翻明朝,建立以意大利人郭居静为统治者的新耶稣会王国;说他们计划引入日本和印度雇佣军来征服中国,并仿照西班牙人于1603年在吕宋的暴行,以谋杀在澳门的所有中国居民为开端。

中国人惊慌了,他们逃离了这个地方,很多人逃到了广州,一路重复着关于耶稣会士们的阴谋和葡萄牙人入侵的谣言。中国人的仇外心理有了如此多的蔓延渠道,惊慌的中国官员们反应过度了,两广总督何士晋命令做好自卫的准备。在广州,掌管海岸防御的海道,为了加强防御力,夷平了城墙和珠江之间的包括一千多穷苦居民的社区。不仅如此,他切断了与澳门的所有联系,张贴逮捕西方传教士和他们的仆从的布告。由于食品供给被切断,葡萄牙人派遣使者求情:作为明朝的忠实臣民,他们没有反叛的意图。没有了从印度来的船只(由于荷兰人的攻击),这个城市的经济也黯然失色,食品的短缺将为这个地方带来厄运。此时,另一些从澳门来的中国旅行者诉说着葡萄牙人之间的矛盾。随着谣言和恐慌的消退,民众对海道肆意破坏的愤怒开始增加。

利玛窦：紫禁城里的耶稣会士

1606年2月20日，耶稣会修士黄明沙到达了广州这个充满紧张情绪的城市。被范礼安从韶州叫到澳门来为他的中国之行护航的黄明沙收到了一封通知范礼安去世的信。不确定到底是继续前进还是返回，这个中国耶稣会修士写信请求指示。自然，黄明沙看到了贴在城门上的布告。他迅速送了一封警告信给韶州的龙华民。但他自己忽略了禁止离开省府的紧急命令，有三个原因导致了这个致命的决定。首先，他想等待来自澳门的回复；第二，他相信他的无辜是最好的防御；最后，澳门出生的黄明沙，身为第一批中国耶稣会士，有在此修会15年的服务经历，他希望通过利玛窦的威望和神意来保护自己。

深受晚期肺结核的折磨，黄明沙在床上躺了一个多月，等待着指示，直到他于3月26日夜里被逮捕。抱着得到奖赏的愿望，一个小基督徒社区的一个教徒向同知告发：一个来自澳门的外国特务在这个城市。身为海道的朋友，此同知以为这个逮捕将证实阴谋的真实存在，因而能减轻民众对海道的愤怒。除了这个中国耶稣会士外，另外五个基督徒也被逮捕。他们是：从韶州陪伴黄明沙来的两个仆人 Ignatius 和 Athanasius，两个兄弟伯多禄和保禄，还有他们的叔叔，也就是这所房子的主人。

同知立即命令使用司法酷刑。他们的腿被紧紧夹在两块木板中间，六人的大腿都遭到毒打。黄明沙用广东话要求其他人保持信仰；为了证明自己的清白，他告诉官员说他是带着官方的许可从韶州过来的。因为感觉到了官员的犹豫，控告者转而用广东话询问其中一个男孩子，耶稣会士是否曾买过药，对此问题男孩做了肯定的答复。在普通话和广东话里，"药"这个字的意思是含糊的，单独使用时，它指代药品，与"枪"或"火"一起使用时，它指代火药。此官员的疑虑增强了，他要男孩重复他的回答。受到惊吓的男孩结结巴巴地说实际上是药品。这时，此官员命令他的手下使用另一个酷刑，把双手的手指夹在竹条之间，松散地绑在一起，这样手指既捆绑在一起，两端又可越来越紧；尖叫的男孩招供了。从黄的行李中找到的西文书信进一步证实了他的罪行。

第二天，这些囚犯被交给了海道。把成年人殴打了一通后，海道宣称

第十一章 奠定基石

黄修士及其仆人 Ignatius 和叔叔都有罪：他们是从澳门来的特务,来广州购买火药以准备一场叛变。这个案件被转回到同知那儿判刑。此同知再次命令殴打黄明沙,这个病恹恹的人,既没有水也没有食物,在不断的折磨下,第一次击打就让他断了气。害怕得到上级的司法制裁,此同知命令立即掩埋黄明沙。这个33岁的耶稣会修士于3月31日去世。

在韶州,士兵们包围了耶稣会士的住所。海道要求他在韶州的同事们搜查火药和武器,没查出任何东西来。当黄明沙被逮捕和去世的消息传来时,每个人都害怕与耶稣会士们有牵连。没有哪个基督徒敢去教堂,面临通奸指控的龙华民也必须通过写信给两广总督和其他官员们来为自己的清白辩护。一个怀有敌意的邻居在敲诈一个和尚通奸成功后,企图用同样的方法敲诈此西方人。但是从没有别人控告过这个西方人,何况一同被控告的是一个女人,她在韶州大街上尖叫着声称自己是无辜的;地方官撤销了此诉讼。

这个混乱的事件,在一个对耶稣会士友善的高级官员回来后才终结。龙华民的朋友、按察司副使张德明,那时因皇帝生日的原因以广东省代表的身份去了北京。带着利玛窦赠送的贵重礼物回来的张德明答应帮忙,他命令同知开启对耶稣会士们的正式调查。意识到耶稣会士们与他的上级之间的友谊,这个官员立即宣布耶稣会士们的行为是合法的和不受怀疑的。张德明派遣了一名军官去澳门,此军官被郭居静热情接待,对葡萄牙人社区的参观使他印象深刻,他带着赞赏返回。随着一些有针对性的中伤和谣言的消退,基督徒社区度过了危险。

在北京,张德明被聘兼任海道。在这个权力下,他把广州案子从同知手中转移到另一位官员手中。这位官员曾敢于批评其上级的行为不当。请求饶命的控告者坦白说自己捏造了证词。张德明把这个人送到肇庆的总督那里判刑,在那里此人通过贿赂逃出了监狱。五个被逮捕的基督徒被释放了。黄明沙修士的遗体被从普通坟墓中掘了出来,他的手腕和脚踝仍然被铐着,他的遗体被转移到韶州,之后在家乡澳门,他作为第一个中国基督徒殉道者,以庄严的仪式下葬。第二年,在京城的三年期审查中，前面提到的海道和同知均为因司法不当而没有连任。利玛窦认为，这是神对他往日同伴的凄惨去世的报应。

虽然暂时的危险避免了，但是对于耶稣会的敌视没有消失。1607年，韶州的一些文人组织的一次请愿召集到了四百个签名，要求驱逐龙华民和外国人，因为这些人打破了社区的和平。张德明拒绝接受这个请愿。同年，重病的苏如望离开南昌去了澳门修养，他于8月去世，享年41岁，他是被工作拖垮的。发生在韶州和南昌的挫折，突显出利玛窦在京城发挥的巨大作用，他扮演着耶稣会的守护神和保护者。

第十二章 畸　　人

耶稣会的赞助者不是圣徒，精于权术的利玛窦更像个尚书。

跟尚书效忠的皇帝一样，利玛窦不出京城便可接待要员和这个王国未来的官员们。每三年，约五千至六千政府官员来北京进行一次政绩评估；每三年，全国的精英文人在京城举办的会试中自己的狭小考室里挥汗如雨。大概为了消解身处官僚系统中的紧张或者对前途的焦虑，这些政府官员和文人们常常拜访京城中的名胜，而天主教堂是一个常被光顾的地方。在这种忙碌时期，耶稣会士们从早到晚接待访客。"我一生中从没有像现在这么感到时间紧张过，"利玛窦如此写道，"因此当我最需要时间时，我不时向神祈祷给我更多时间。"[1] 每一次，利玛窦都要充当向导，解释教堂里的圣物和圣像；每一次拜访，利玛窦都要参与到礼貌且充满学识的对话中，展示西方知识、基督教教义和欧洲书籍。每天，耶稣会住宅作为一个有地图、书籍、星盘、象限、地球仪和其他奇器的博物馆那样开放着，吸引着明代统治阶级的注意力。他意识到对于基督教务的保护取决于小心翼翼地维护和扩展他们的人际关系，为此必须发展新的友谊，必须认识不少人。

---

[1] 利玛窦写给法比耶的信，1605年5月9日，*Lettere*, pp. 381-382.

1606年3、4月间,刚在京城拜访过利玛窦而返回的张德明,回乡后清除了龙华民和郭居静的所有反叛控告,并且由黄明沙平了反,此举使耶稣会士们转危为安。在不显眼的时候,利玛窦的谈话和著作被官员和文人们带到他们的工作岗位和家乡,使得天学更加远播。在1607年这个政绩考核年,利玛窦汇集了他在中国的那些年中经历的十个对话,写下来修改后,成了他的一本新书《畸人十篇》。

这部著作比《天主实义》更受欢迎。汉语里"畸人"意思为杰出的人,也可以指异乎寻常的人,这个人的不寻常的个性导致别人的不信任、迷惑或者敬仰。实际上,很多中国人尽管称赞他的博学和美德,仍然因为这个西方圣人抛弃了家乡和祖国而感到迷惑不解。如果说《圣经》的先知不会因为留在家里而受到称赞,必须在陌生人中间传播圣教的话,中国的圣人则牢牢蹲在自己的土地上,因为对于中国人来说,旅行到外地通常代表着潦倒,最多被看作冒险。对于他们来说,一个西方人来讲道,然而却没有结婚,这就像和尚一样。这个独身的圣人谴责佛教,而在中国人眼中西方宗教与佛教没什么不同。这个来自西方的伟大的博学之人可以说是畸人中的畸人。一些来自浙江省的官员,在《畸人十篇》付印前,从京城带了一些抄本回到他们任职的城市。当此书流传时,杭州一个致仕官员给这个来自西方的"畸人"写了封公开信,这个人便是虞淳熙。

甚至还在孩童时期,身为杭州人的虞淳熙便以虔诚佛教徒著称。《居士传》中对他有记载:一个3岁男孩在夜晚拒绝睡觉而不停地念着菩萨的名字;虞后来从他的祖母那里学习了冥想,且专致于禅宗;再后来,他从晚期佛教振兴人物、杭州的袾宏方丈学习,学到了更有纪律性和以祈祷为核心的仪式。坚信灵魂转世说的虞曾经告诉万历朝的翰林沈德符一个关于他前世的生动的故事:由于他对一个路过的高官的荣誉极度着迷,他被惩罚在官场的惊涛骇浪中再生。[1]

---

[1] 沈德符:《万历野获编》,卷二十七,第三册,第703页。

第十二章 畸　人

此风浪使虞淳熙上下颠簸。于1584年取得进士后，他的第一份工作是在北京。不久，其父的去世使他必须回到杭州履行三年的丁忧职责。在丁忧期，虞成了著名佛教方丈袾宏的徒弟。他整日喂养野生动物，进行冥想，诵读佛经。在1590年代早期，虞是在北京的吏部以稽勋员外郎为职位的中级官员，在1593年的京城所有官员的纪效考察中，虞是被检察员批评的官员中的一个。他的上司，吏部尚书孙铙（孙矿同父异母的哥哥，正是孙矿协助利玛窦离开广东去南昌，请见第六章）试图保护虞。对北京的政治感到沮丧的孙很快退了休，虞淳熙也第二次丢了官职。在接下来的官场变动中升职的虞，被聘为礼部的四个部门之一的主客司员外郎，主管接待外国朝贡使团。利玛窦第一次到达北京时，他正在这个职位上，尽管没有证据表明他们曾会过面。这时已经五十多或刚进六十的虞，退休到了老家杭州，在这里他读了这个西方文人的新著作。[1]

1608年虞写了封公开信给利玛窦，原因在于《畸人十篇》的出版。虞以"不佞熙，陈留人也"开始他的信，并表达了他对受到浙江其他文人们称赞的利玛窦的钦佩，"利西泰先生，非中国人，然贤者也，又精天文方技握算之术"。尽管如此，虞致力于回答这个耶稣会士对佛教的无情攻击。这个佛教俗家弟子在其信中继续写道：

> 不佞生三岁许时，便知有三圣人之教，声和影随，至今坐鼎足上不得下。侧闻先生降神西域，渺小释迦，将无类我鲁人诋仲尼"东家丘"，忽于近耶？及读天堂地狱短长之说，又似未绎其书，未了其义者。岂不闻佛书有云，"入无间地狱，穷劫不出，他化自在天寿，一昼夜为人间一千六百岁"乎？推此而论，定有遗嘱。夫不全窥其秘，而辄施攻具，舍卫之坚，宁遽能破？敢请遍阅今上所颁佛藏，角其同异，摘其瑕衅，更出一书，悬之国门，俾左袒瞿昙者，恣所弹射。万一鹄无饮羽，人徒空箙，斯非千古一快事哉！见不出此，仅出谤闻，资彼匿

---

[1] 虞淳熙的传记请见《明史》卷一一二，第十九册，第5894—5895页；另参彭际清：《居士传》，见《新编卍续藏经》，卷四十二，台北：1994年再版，第946—947页。

笑，一何为计之疏也。藉令孜孜汲汲，日温时习，无暇尽阅其书，请先阅《宗镜录》《戒发隐》及《西域记》《高僧传》《法苑珠林》诸书，探微稽实，亦足开声罪之端。不然者，但曰"我国向轻此人，此人生处，吾尽识之"，安知非别一西天，别一释迦，如此间三邹、二老，良史所不辩者乎！古今异时，方域辽邈，未可以一人之疑，疑千人之信也。

原夫白马东来，香象西驾，信使重译，往来不绝，一夫可欺，万众难惑。堂堂中国，贤圣总萃，谓二千余年之人，尽为五印诸戎所愚，有是事哉？兹无论其人之轻重，直议其书之是非。象山、阳明，传灯宗门，列俎孔庙，其书近理，概可知矣，且太祖、文皇，并崇刹像，名卿察相，咸峙金汤，火书庐居，谭何容易！幸无以西人攻西人，一遭败蹶，教门顿圮。天主有灵，宁忍授甲推毂于先生，自戇圣城，失定吉界耶？

不佞固知先生奉天主戒，坚于金石，断无倍师渝盟之理。第六经子史，既足取征，彼三藏十二部者，其意每与先生合辙，不一寓目，语便相袭，讵知读《畸人十篇》者，掩卷而起，曰"了不异佛意"乎！辽豕野芹，窃为先生不取也。

嗟乎！群生蠕蠕，果核之内，不知有肤，安知有壳？况复肤壳外事，存而不论，是或一道，惟先生择焉。

倚枕腾口，深愧谦占，穿量鸿包，应弗摽外。主臣主臣！

利玛窦见招折招，笔锋毫不逊色：

窦西陬鄙人，弃家学道，泛海八万里，而观光上国，于兹有年矣。承大君子不鄙，进而与言者，非一二数也。然窦于象纬之学，特是少时偶所涉猎，献上方物，亦所携成器，以当羔雉。其以技巧见奖借者，果非知窦之深者也。若止尔尔，则此等事，于敝国庠序中，见为微末，器物复是诸工人所造，八万里外，安知上国之无此？何用泛海三年，出万死而致之阙下哉！所以然者，为奉天主至道，欲相阐明，使人人为肖子，即于大父母得效涓埃之报，故弃家忘身不惜也。

第十二章 畸　人

　　幸蒙圣恩,既得即次食大官,八年于兹,亦欲有所论著。不敏未能,昨《畸人篇》,则是答问时,偶举一二理端,因笔为帙,质之大都人士,其于教中大论,曾未当九牛之一毛也。不图借重雄文,谬见奖许,诸所称述,皆非窦所敢当也。独后来"太极生上帝"语,与前世圣贤所论,未得相谋,尚觉孔子"太极生两仪"一言为安耳。太极生生之理,亦敝乡一种大论,其书充栋,他日尚容略陈一二,以请斧教。至乃弃置他事,独以大道商榷,则蒙知实深矣。

　　捧读来札,亹亹千言,诲督甚勤,而无胜气,欲窦据理立论,以阐至道。敝乡谚云"和言增辩力",台教之谓乎! 且钟鼓不叩击,不发音声,亦是凤昔所想望也。伏读来教,知窦辈奉戒,坚于金石,不识区区鄙衷,何由见亮? 即此一语蒙察,虽极虑毕诚于左右,知弗为罪,幸甚幸甚。

　　盖窦辈平生所奉大戒有十,诽谤其一也。佛教果是,果未尝实见其非,辄遂非之,不诽谤耶? 窦自入中国以来,略识文字,则是尧舜周孔而非佛,执心不易,以至于今。区区远人,何德于孔,何仇于佛哉! 若谓窦姑佞孔以诒士大夫,而徐伸其说,则中夏人士,信佛过于信孔者甚多,何不并佞佛,以尽诒士大夫,而徐伸其说也? 实是坚于奉戒,直心一意,所是所非,皆取凭于离合。尧舜周孔,皆以修身事上帝为教,则是之;佛氏抗诬上帝,而欲加诸其上,则非之。窦何敢与有心焉?

　　夫上帝一而已,谓有诸天,不诬乎? 渺小人群,欲加天帝之上,不抗乎? 比为瑕衅,孰大于是! 亦何必遍缮五千余卷而后知也。佛氏之书,人自为说,闻《大藏》中,最多异同。侧聆门下,盖世天才,而留心贝叶,若其书中,果有尊崇上帝,虔修企合,以此为教,敢不鞭弭相从? 若其未然,即窦之执心不易,既蒙台亮矣,至其书中指义,捕风捉月者实多,微渺玄通者不少,虽未暇读,窃亦知之。然譬诸偏方僭窃之国,典章制度,岂不依稀正统,而实非正统。为臣者岂可艳其文物,襄裳就之哉? 舍卫虽坚,恐未免负固为名也。虽然,而来教所云"检阅诸经、探微稽实"者，实获我心，所不敢废。顷缘匆匆，未能得为。仰惟门下，博物多闻，素深此义，若得抠趋函丈，各挈纲领，质疑送难，假之岁月，以求统一，则事逸功倍，更惬鄙心矣。此实良觌，当夙宵图之，或遂得果此，未可知也。

至于拙篇中天堂、地狱短长之说，鄙意止欲辟轮回之妄，使为善不反顾，造恶无冀幸耳。孟子云不以文害辞、辞害意也。傥因鄙言悟轮回之妄，则地狱穷劫不出，天堂一日千岁，此亦言之有据者也，又何待论乎？

若云生处尽识，故轻此人，此偶举之言也。海内万国，颇尝审究，某方某教，千百其歧，印度以东，延入中国，二三万里之内，知有佛耳，止一天竺，无别释迦。但十室之邑，必有忠信，理果是者，何论其地？此非异同之肯綮也。凡诸异教，行久行远者，无不依附名理，继以聪明特达之士，入于其中，著述必多，自觉可信。所贵穷源极本，原始要终，以定是非之极。窦辈所与佛异者，彼以虚，我以实；彼以私，我以公；彼以多歧，我以一本。此其小者。彼以抗诬，我以奉事，乃其大者。如是止耳。

且佛入中国，既二千年矣，琳宫相望，僧尼载道，而上国之人心世道，未见其胜于唐虞三代也。每见学士称述，反云今不如古。若敝乡自奉教以来，千六百年，中间习俗，恐涉夸诩，未敢备著。其粗而易见者，则万里之内，三十余国，错壤而居，不一易姓，不一交兵，不一责让，亦千六百年矣。上国自尧舜来，数千年声名文物，傥以信佛奉佛者，信奉天主，当日有迁化，何佛氏之久不能乎？此未见之事，难以征信，今直当详究其理，以决从违。大义若明，即定于樽俎，岂输攻墨守之比，而待授甲推毂为哉？

但其中一事，颇觉为难。佛书固多，习者亦众，敝国经典，及述事论理羽翼道真者，方之佛藏，不啻倍蓰，然未经翻译，窦又孑然无徒，未能办此。以今事势，如来教所云"以一疑千，恐遭败蹶"，此为力屈，非理屈也。鄙意以为，在今且可未论胜负，傥藉上国诸君子之力，翻译经典，不必望与佛藏等，若得其百之一二，持此而共相诘难，果为

第十二章 畸 人

理屈,即亦甘心败蹶矣。自非然者,则台教云"不尽通佛书,不宜攻舍卫城",窦亦将云"不尽通天主经典,岂能臁我圣城,失我定吉界耶"?究心释典,以核异同,窦将图之;究心主教,以极指归,非大君子孰望焉!此为天下后世别歧路以定一尊,功德不细,幸毋忽鄙人之言也。

风靡波流,耳目所囿,贤圣不免。门下云"堂堂中国,贤圣总卒,其所信从,无弗是者",则汉以前中国无圣贤耶?门下所据,汉以来之圣贤,而窦所是者,三代以上之圣贤。若云尧舜周孔,未闻佛教,闻必信从,则窦亦云汉以下圣贤,未闻天主之教,闻必信从。彼此是非,孰能一之?凡此皆不可为从违之定据也。

来教又云鄙篇所述,"了不异佛意",是诚有之,未足为过。何者?若窦窃佛绪余,用相弹射,此为操戈入室耳。今门下已知窦未晓佛书,自相合辙,何不可之有!窦所惜者,佛与我未尽合辙耳。若尽合者,即异形骨肉,何幸如之!门下试思,八万里而来,交友请益,但求人与我同,岂愿我与人异耶?逃空谷者,闻人足音,跫然而喜矣。辽豕自多其异,窦乃极愿其同,则群豕果白,亦跫然而喜之日也。

肆笔无隐,罪戾实深,仰冀鸿慈,曲赐矜宥,悚仄悚仄![1]

文人们发表了虞淳熙的信和利玛窦的回复。这个反对者的优美辞藻掩盖了争议的激烈性,正如佛教辩论家与基督教护教者将在之后的几年中进行文字交锋一样。这都是以后发生的事。对于利玛窦来说,他的日子渐渐接近了尾声。

1605年8月27日,利玛窦搬进了一所新房子,在这里他将度过他人生中的最后几年。

多亏了范礼安的先见之明,耶稣会在财政上相当充足。高墙围绕的新住宅坐落在内城(今日的西长安街)之南、宣武门之东边,是中国精英阶层的典型住宅。它的富裕是外人看不到的,它的新奇亦非全部显露,仅对那些跨入门槛的人开放:他们可以观看、交谈并吸收西方的奇妙知识。

---

[1] 朱维铮主编:《利玛窦中文著译集》,第657—662页。

这个院落的中心建筑是耶稣会堂。见惯了佛教寺庙里拥挤的人群、烧香跪拜祈祷、瞻仰佛祖神像、询问命运等等景象,中国拜访者发现基督教堂是块安静的绿洲。它的安静显示出庄重和尊严,它不寻常的图画引导着参观者拜访陌生的世界。尽管没有关于此住所在利玛窦时期的描述,后来的拜访者(明朝晚期)所看到的教堂,也就是今日的南堂,与利玛窦时期相比几乎没有什么变化。

刘侗和于奕正(1594—1636)在他们的著作《帝京景物略》中描述了京城的 129 处景点和古迹,宣武门边的天主教堂便是一处:

> 堂制狭长,上如覆幔,傍绮疏,藻绘诡异,其国藻也。供耶稣像其上,画像也,望之如塑,貌三十许人。左手把浑天图,右叉指若方论说次,指所说者。须眉述者如怒,扬者如喜,耳隆其轮,鼻隆其准,目容有瞩,口容有声,中国画绘事所不及……右圣母堂,母貌少女,手一儿,耶稣也。[1]

关于圣母玛利亚和耶稣的画像不是进口而来,在北京的耶稣会士们有他们自己的本堂画家,后来修士倪一诚对这幅画做了些修改,他以意大利博洛尼亚的圣露卡大教堂中的玛利亚为摹本,据称这是圣史路加的作品(图14)。

在教堂的边上,组成内部庭院的是世俗建筑。与所有的中国房子一样,这里有一个会客厅,会客厅的后面有一些走廊,通向不同的房间。其中一个房间专门用来印刷和收藏利玛窦作品,并收藏这些作品的木刻版;另一个房间是关于西方科技仪器的展览室并充工作室;其余的是居住者的私人房间,包括利玛窦的,这些房间面对着放满书的书架,中国的和西方的,包括普郎坦《圣经》在内。

1608 年,15 个人居住在此。[2] 这个数字后来也基本没有变化,尽管有些人来,有些人离开。利玛窦是上司,由另外两个教士辅佐,庞迪我在

---

[1] 刘侗、于奕正:《帝京景物略》,上海:远东出版社,1997 年,第 229 页。
[2] 这个数字在利玛窦 1608 年 8 月 22 日写给夸维瓦的信中提到,见 *Lettere*, p. 487。

第十二章 畸 人

图 14 圣路加(San Luca)的圣母像。

他身边工作了八年,葡萄牙人费奇观(1571—1649)在被分配到南昌前于 1604 年 8 月至 1607 年春天之间住在他身边。费奇观后来被意大利人熊三拔(1575—1620)取代,熊三拔在天文学和水利学方面受过培训,是利玛窦专门为北京教务要求派来的专家。[1] 接下来是四个帮手,负责教授基督教理或者进行世俗工作的耶稣会修士们,其中三个出生于澳门:徐必登(1581？—1611)、邱良禀(1582—1652)和邱良厚(1584—1640),后两个明显是兄弟,第四个是中日混血画家倪一诚。另外,这所房子还包括八个仆人。

利玛窦应该是以慈爱的态度对待他的这个家庭的,正如他强调老传教士们应该关爱从欧洲新来的教士一样。他喜欢费奇观。"一个有美德和天赋的严谨的人,他住在这里的两年间,已经向我展示了很多启发性的例子,"利玛窦在给会长阿夸维瓦的汇报中写道,"尽管他只受过很少的神学教育(只有两到三年),他很懂汉语,在中国文学上将有很大造诣。"[2] 利玛窦有没有在费奇观身上看到自己年轻时的影子呢？这个领导也喜欢费奇观的继任者熊三拔。同这个同乡一起,利玛窦可以练习他逐渐遗忘的意大利语,并讨论当时的耶稣会罗马教区领导法比耶,熊三拔在来海外的途中见过他。关于法比耶的记忆温暖了利玛窦这个老人的心,他时常怀念自己年轻时以修士身份在罗马的学习时光。[3] 常在信中抱怨自己的意大利语变得日益生疏的利玛窦,似乎同中国教务中所有他的同胞们进行语言训练。在阿夸维瓦面前,他既称赞龙华民,也称赞高一志,并推荐两者宣誓第四誓言。不仅如此,前者还显示了作教区总管的资质。[4]

唯一受到利玛窦严厉批评的是庞迪我,这个与他一起度过的时间比任何其他耶稣会士(不管是欧洲人还是中国人)都长的同伴。早在1606年,利玛窦写信给阿夸维瓦:

> 我有另一个同伴庞迪我,两年前来拜访的神父命令他宣誓了第四誓言,然而他没有为我做出任何启发性的事情,也没有向修士们和

---

[1] 见利玛窦1605年5月12日写给João Álvares的信,见 *Lettere*, p. 407。
[2] *Lettere*, p. 427。
[3] 利玛窦写给法比耶的信,1608年8月23日,见 *Lettere*, p. 498。
[4] *Lettere*, p. 426。

第十二章 畸　人

房子里其他的人展示出他的好,大家认为他缺乏美德和严谨,尤其是我,尽管我已经让他跟随了我五六年。因此我认为让他宣誓第四誓言是个羞辱。[1]

这确实是刻薄的言辞。然而利玛窦没有记录任何证明庞迪我缺乏美德和严谨的例子。从汉语资料上我们确实知道这两个人的性格很不同。中国文人彭端吾后来这样描写庞迪我:"在与中国人打交道时,庞迪我总是会失去友谊。他应该更深入地理解汉语,不应该坦露其胸怀,说一些不应该说出口的话。"[2]情绪化、坦率,也许还易怒,缺乏判断力和严谨,缺乏与中国精英打交道必不可少的外交能力,庞迪我身上汇聚了利玛窦所不欣赏的那些特征。谨慎不仅仅代表一项个人特质,它决定了教务工作的成败。后来在一个关于儒学的对话中,庞迪我批评中国文人混淆了魔鬼与天使因而失去了正确的定位。[3]这样的话将危及到利玛窦精心开发的耶儒综合的传教策略。在雄辩中,利玛窦从来没有忘记"礼貌地同人说话",谢肇淛(1567—1624)也表达过他对利玛窦的欣赏,他认为利玛窦的讲道"与儒家相似"。[4]沈德符也回忆道利玛窦"能够让没有耐心和愤怒的人平静下来,所有人都感觉得到他的真诚和仁慈"。利玛窦写这些刻薄的话语时,正值1606年夏天,范礼安刚去世,黄明沙也刚刚殉道,正流传着基督徒叛乱的谣言。利玛窦在他的著作中向中国人解释,基督教提倡的是和平和顺从,而不是战争和反叛。[5]在这充满危险的时期,谨慎是唯一的美德。不久,利玛窦软化了他的言辞,浮躁可以转化为热情,轻率可以转化为热心。通过与费奇观一道在京郊保定区附近的传教活动,庞迪我脱颖而出,他于1606—1607年在四个村庄中施洗了142个

---

[1] *Lettere*, p. 427.
[2] 转引张铠:《庞迪我与中国:耶稣会"适应"策略研究》,北京:北京图书馆出版社,1997年,第183页。
[3] 张铠:《庞迪我与中国:耶稣会"适应"策略研究》,第184页。
[4] 谢肇淛:《五杂俎》,转引张铠《庞迪我与中国:耶稣会"适应"策略研究》,第185页。
[5] 利玛窦写给阿夸维瓦的信,见 *Lettere*, p. 428。

利玛窦:紫禁城里的耶稣会士

教徒。[1]

在他人生的最后几年,利玛窦同样习惯了自己在北京的头几年就形成的固定的工作日程:每天他都向住所里的耶稣会士们朗读一篇汉语文章;通常他花一个小时讲授数学和一个小时讲授如何与中国人交谈;然后就是不断地接待络绎不绝的拜访者。每三或四天,利玛窦会回访客人。尽管所有这些拜访和回访"超出了我们的能力",他仍然这么做。有时候,他一天就接待二十多个拜访者。新年和大瞻礼日,拜访者几乎有一百!虽然疲惫,但是"不需要出去布道了,因为中国人络绎不绝地自动来找",[2]利玛窦如此安慰自己。他主持教区的礼拜和宗教生活。1606年,耶稣会士们授洗了36个人,包括一些弃婴,因为那年大洪水使北京经受了大灾难。1608年,利玛窦领导着京城的300个基督徒,当时全国也仅有2 000个。[3]比与基督徒打交道更费时的是与其仰慕者打交道。在给阿夸维瓦的信中,利玛窦抱怨说通信占据了他的时间:"我在这里的其中一个最费时的工作,是回复从这个国家的各个地方络绎不绝寄来的信,有的来自很重要的人物,有的是旧相识,另一些人我从未见过,所有人写信给我都是因为我很出名。"[4]作为领导,他需要为了钱而写信给阿夸维瓦。除此以外,还需要关注其他耶稣会所的发展情况,这是个日益让他操心的事情。

从龙华民那里,利玛窦得知韶州仍然对耶稣会有敌视,利玛窦打算把耶稣会所迁到附近的南雄。从南昌也传来坏消息,1607年一伙文人联名签署了一份请愿,谴责西方人和他们的宗教。布政使司王佐碰巧是利玛窦的朋友,他为耶稣会士的好名声辩护,但是为了公平和照顾文人请愿者们的面子,王佐想出了个看似完美且满足中国人的说法。他说,耶稣会士不是间谍,他们被中国的伟大文化吸引来,他们并没有做该受谴责的事

---

[1] 利玛窦写给阿夸维瓦的信,1607年10月18日,见 *Lettere*, pp. 446–447。
[2] 利玛窦写给 Masselli 的信,1605年5月,见 *Lettere*, p. 377;利玛窦写给阿夸维瓦的信,1608年8月22日,见 *Lettere*, pp. 495–496。
[3] *Lettere*, p. 486。
[4] *Lettere*, p. 473。

第十二章 畸　　人

情；他们应该沿袭他们祖先流传下来的宗教,当然中国人不应该信仰这些仪式。这个公开宣告同明朝政府的其他宣告一样,没有改变当时的状况,教徒仍然来耶稣会堂参加圣礼,尽管为了不引人注目,神父们要求他们分成小组前来。

如果说通信和日常事务占据了利玛窦的生活,那么意料之外的事件则提醒了他,仍然有未开发的领域存在。首先,关于河南的犹太人。1607年冬天,利玛窦派遣徐必登去开封,徐受到当地犹太人的热烈欢迎。想让这些曾繁荣一时的希伯莱人的最后成员皈依基督教不是件容易的事情,利玛窦在给阿夸维瓦的一封信中说:"当我们与那些沉浸在自己的书籍里面的人打交道时,想要投机取巧是不容易的。"利玛窦警醒地说,要谨慎和不断学习。[1]

在寻求与"中国的过去"发生联系时,"中国的过去"自动敲响了利玛窦的门。

1607年10月28日,中国耶稣会士钟明礼终于带着亚美尼亚人艾萨克来到了北京的耶稣会所;广州时的同伴钟明礼于1606年3月被利玛窦派往西北的甘肃省。1606年初有个消息传到京城,说一个耶稣会士试图从印度前往中国时被困在了甘肃。这个史诗般的旅程是在1602年开始的,旨在追随马可波罗的脚步,并把葡萄牙控制的印度与利玛窦联系在了一起。葡萄牙籍修士鄂本笃从阿格拉(今印度北部)的莫卧儿帝国开始了他的旅程。在能流利说波斯语和土耳其语的亚美尼亚籍商人艾萨克的陪同下,鄂本笃经过了拉合尔、喀布尔,跋山涉水,跋过了世界上最难走的几个地区,最终到达了古丝绸之路。此路从中亚出发,经过北边被白雪覆盖的天山和南边由贫瘠的塔里木沙漠包围的绿洲城镇形成的走廊。当他到达中国长城内的肃州时,距离北京仍有一千英里。鄂本笃由于极度疲惫和一场严重的疾病而去世。这个史诗般的旅程,如果说有些蛮干的话,更加让利玛窦确信《马可波罗游记》中提到的汗八里正是明朝中国。勇

---

[1] *Lettere*, p. 471.

敢的艾萨克到了澳门,在那儿乘船回到了印度,与阔别七年的妻子和孩子们团聚。

对于利玛窦来说,他从来没有想过要回家。他觉得自己老了,"我已经55岁了,"他于1606年写信给阿夸维瓦说,"而且被这项我已经经营了25年的累人的事业弄的精疲力尽"。[1] 两年后,他写信给他的朋友科斯塔:"我已经差不多60岁了,离坟墓已经不远了。为了纠正我前世犯下的错误,我仍然要服务于上帝,如果我能完成这最后的工作,希望上帝会感到愉快。"[2] 在给他的弟弟安东尼奥·玛利亚的信中,利玛窦说"尽管最近几年我一直是健康的,但是我已经发现自己越来越虚弱"。[3] 现存的他写的最后一封信,即写于1609年2月17日寄给总管阿夸维瓦的葡萄牙籍助理João Álvares的信中,利玛窦做好了继续工作的准备:"我已经又老又累,但是仍然健壮。赞美我主天父!"[4]

旅行是年轻人的事。在他人生的最后九年,利玛窦从来没有离开过北京。乡村的教务分给了他的年轻同事们和中国传道员们。他人生的最后五年中,除了必要的礼节性拜访,利玛窦不轻易踏出耶稣会住宅的门槛,因为"这是我力不能及的"。利玛窦也不需要旅行,整个世界以拜访和书信的方式自动找上门来。他则通过其著作接触外界。利玛窦写信给科斯塔说:这就是书籍的重要性,它把敌视转化为友谊。一个伟大的文人住得离我们很近,他很傲慢,在他们(儒家文人)中非常有名,在家中接待络绎不绝的听众,且由于他的美德而从一个微小的职位被提拔到了高位。由于我们的著作、新奇的东西、我们谈论的好教义,他来拜访过多次,但是最近两年,请也不来。我不知道他是怎么得到我的《畸人十篇》的,他非常喜欢这部著作,因此突然极度谦逊地来看我,并再三邀请我去参加他宴会。他还带了他的朋友们,一些重要的人物来拜访我。从这点,尊贵

---

[1] *Lettere*, p. 429.
[2] *Lettere*, p. 463.
[3] *Lettere*, p. 507.
[4] *Lettere*, p. 523.

第十二章 畸　人

的您可以理解通过在中国出版书籍您可以得到多少收获。[1]

利玛窦补充说,由于他缺乏西方书籍,他全是凭借记忆写这些书的。尽管这样,中国文人们为他的学识感到惊奇。如果年轻传教士们跟随他的步伐,他们的成就将会比利玛窦的高多少呢?"所有这些取决于天主,这么一个如此无能的工具(指他自己)都发挥了这么好的效用,正是由于这个原因,我尽我所能确保我们的神父们学好汉语书籍和学会著书,虽然说来难以令人信服,但可以肯定的是,与口头语相比书籍可以让我们在中国做更多事情"。[2]

尽管谦逊,利玛窦也为自己的著作感到自豪,它们是他的世界。由于在日本的耶稣会士们使用了他的著作,利玛窦为此感到极度安慰。[3] 当他得到欧几里得著作的汉语版——这是他和徐光启合译的成果,利玛窦自豪地把抄本寄给阿夸维瓦、科斯塔和已经被很多中国人熟悉[4]的他的老教授克拉维乌斯。[5] 另一些合作翻译的科学著作由他的好朋友李之藻出版。这些和其他作品,均由重要的中国官员作序,这让利玛窦的名声广播。利玛窦宣称,甚至连中国的穆斯林们都在读《天主实义》![6] 多次再版自然证明了他的成功。没有其他作品比《坤舆万国全图》再版的次数多。现在,甚至连皇帝都要一本。当发现木刻版用完后,利玛窦用了更时髦的方法为皇室准备,这是一个更新、更精美的刻在漆屏上的《坤舆万国全图》,是第五次印刷,而且可以移动。

虽说万历皇帝仍然深居宫中,利玛窦无法面见,但皇帝对于耶稣会的世界是开放的。在回复来远东访问的巴范济的询问时,利玛窦回答说,给皇室再版《坤舆万国全图》,其实是为耶稣会的教务获得了不管怎样都很难获得的官方保障。[7] 很多土耳其人在没有官方允许的情况下旅行到

---

[1] *Lettere*, p.461.
[2] 利玛窦写给阿夸维瓦的书信, 1608 年 3 月 8 日, 见 *Lettere*, p.470。
[3] 利玛窦写给阿夸维瓦的书信, 1608 年 3 月 8 日, 见 *Lettere*, p.469。
[4] 利玛窦写给 Álvares 的书信, 1605 年 5 月 12 日, 见 *Lettere*, p.407。
[5] 利玛窦写给阿夸维瓦的信, 1608 年 8 月 22 日, 见 *Lettere*, p.487。
[6] 利玛窦写给阿夸维瓦的信, 1608 年 8 月 22 日, 见 *Lettere*, p.489。
[7] 利玛窦写给巴范济的信, 1609 年 2 月 15 日, 见 *Lettere*, p.509。

中国,这里不像德川幕府统治下的日本,中国没有将违法进入中国的外国人判处死刑的法律规定。利玛窦建议说,最好在不请求官方许可的情况下,往中国派更多的传教士。根据自己在中国多年的经验,利玛窦认为一个小但是高质量的基督徒团体比大但是质量参差不齐的团体要好。尤其是,耶稣会士们学好汉语比施洗十万个新基督徒要重要得多。他说:"只知道我们自己的(文化),而不知道他们的(文化),是没有任何作用的……我个人认为这(懂得汉语文化)比再授洗十万个教徒更有价值,因为这是使这个王国全部归宗的办法。"[1]对于耶稣会士们的唯一存在的危险来自他们与澳门的葡萄牙人的持续联系,而最近来自御史的奏折显示,葡萄牙人仍然是被怀疑的对象。总体上看,利玛窦是乐观的。

  他已经在中国人中生活了多年,他说这是"导致我头发花白的原因"。利玛窦承认最开始时适应起来是不容易的,倒不是由于没有面包、酒和要吃大米,而在于睡硬床和枕硬枕头,因为这是中国人的习惯。耶稣会士们高兴地模仿着中国文人,"全部穿着以受人尊重的中国风格为主,即长袖子和方帽子,蓄长胡子和长头发,然而我们不能模仿他们(中国文人)留长指甲并对手指甲过分考究,为了不让手指甲开裂,很多人在指甲上佩带超过一个半手掌长的指甲套,这对我们来说是丑恶和畸形的,但是对他们来说却是相当严肃的事,因为指甲比玻璃还脆弱"。[2]经过了一辈子的矛盾后,利玛窦已经原谅了在他事业早期中国人对他的不善。"要我描述这些人的智慧是多余的,"利玛窦在向阿夸维瓦吐露他对中国人的看法时如此写道,"东方的所有人都向他们俯首称臣,他们花很多功夫学习文化,如果说他们没有伟大哲学家的话,那是因为他们从来没有真正的哲学。但是如果向他们传授这些知识,我认为他们不仅会达到我们的水准,甚至会在很多方面超越我们。关于宗教,他们并不相信他们自己的教士们的话,因为他们认为他们的宗教是建立在谬误之上的。可以想

---

[1] 利玛窦写给巴范济的信,1609 年 2 月 15 日,见 *Lettere*, p. 519。
[2] 利玛窦写给 Giulio 和 Girolamo Alaleoni 的信,1605 年 7 月 26 日,见 *Lettere*, p. 420。

第十二章 畸　人

见一旦传授他们真宗教,他们是不会拒绝的。"[1]利玛窦相信:"为皈依带路的将是儒家文人,他们一直都统治着中国……而他们从来不谈论迷信,并在道德上跟我们几乎全部一致。"不是反驳儒家文人,而是采用基督教的方法来诠释儒家文人们的道理,"他们中的很多人已经成了基督徒,且有成为好基督徒的明显迹象。他们来告解和领圣体,显示了他们的力量和意志,以及他们对我们的神圣信仰的爱。"[2]

1608年夏日的一天,一些官员和宦官邀请利玛窦巡游城墙。巨大的砖墙保护着京城不受北方诸多蛮族的入侵。城墙的宽度可以让十匹马在墙顶并列驰骋或者七八辆四轮马车并行。每一箭之遥,利玛窦都看到一个哨岗。"我无法数清其数目,但可以肯定,有好几百个,"利玛窦向法比耶回忆着他的城墙巡游,他继续道:"除此以外,还有很多高塔,在这边还有一组很宽的防御城墙,在城墙的方框里可以看到另外两个门,这个方框形的防御城墙与比城墙高很多的多个塔一道坐落在城门的外边。可以肯定,有一万多个士兵和军官在长城上日夜守护。"在提到中国人对外人入侵的担忧时,利玛窦如此写道:

> 我们几乎不能相信一个如此伟大的、拥有这么多士兵的王国会害怕别的小国……中国人不相信任何外国,因此他们不让任何人进入,除了发誓不再返回的人,比如现在的我们。即使我们想回家,他们也不会答应的。正因为这样,我和父亲,我们想再看到对方是没有希望的,除非在来世。尊贵的您请祈祷吧,当这一切结束时,但愿上帝让我值得这么做。[3]

在北京的城墙上,利玛窦的视线越过一片棕色且尘土飞扬的平原,一直延伸到其视野不可及之海域和他曾经居住过的城市——南京、澳门、果阿、里斯本和罗马。尽管在其视野之外,但很可能在他想象之中。自从他于1601年1月24日踏入北京,利玛窦就一直生活在巨大的城墙之内。

---

[1] *Lettere*, pp. 496–497.
[2] 利玛窦写给巴范济的信,1609年2月15日,见 *Lettere*, p.520。
[3] 利玛窦写给法比耶的信,1608年8月23日,见 *Lettere*, p.504。

自从他于 1583 年 9 月 11 日在肇庆安家,他就没有从大明王朝返回。记忆快速扫过他年轻时经历过的地方和人们。这么多在中国的记忆,这么多现已去世的同伴,这么多熟人和朋友,这么多倾慕者(活着的和死了的),过去和现在,他出生和向往的国度以及他选择定居的国度,混合成了一个无缝的整体。

对这个无缝的整体,利玛窦做了些划分。善于掌握丰富记忆的利玛窦把每个事件、每个人物、每个城市放置在记忆中的各个不同的具体房间里,连在一起后,这个空间是如此广阔,以至于更接近紫禁城中的皇宫,他写道:"去年(1608)底,我不知道为什么,突然意识到我是第一批进入这个王国的人中唯一一个留下来的,没有人知道最初发生的事情。因此,我开始写一个关于我认为读起来会很有趣的事情的报告。由于根据事情发生的时间顺序记载会好些,我已经记载了很多我自己经历过的事情;但是有时候记载下的内容与事情的实际发展会不同。"〔1〕

1610 年又是三年一度的考察年和会试时间,数千官员和有抱负的文人涌到了京城。"这股人流大大增加了利玛窦神父的疲劳度,因为所有这些文人要么与他有私交,要么被他的著作吸引,"利玛窦在北京住所的意大利籍同伴熊三拔这么写道,"他们涌入我们住所的情景让人难以置信。这股拜访者开始于封斋期,为了接待客人,神父不得不中断自己的午餐或晚餐。由于他绝对严格地遵守所有的宗教斋戒,其他的耶稣会士们不能说服他继续被打断了的用餐,另一个时辰吃些点心。"在此期间,李之藻身患重病。利玛窦照顾他的朋友,使其恢复了健康。一直以来利氏都在劝说李想想来世。拒绝受洗已有八年之久的李之藻心软了。为了使自己与利玛窦之间的友谊变得完美,李之藻曾打算接受这个朋友兼合作者的宗教信仰,然而其妾一直是这个愿望的绊脚石。现在他答应送走他的妾以实现这个愿望。毫无疑问,李之藻的皈依给了利玛窦极大的安慰,为了照顾这个生病的朋友,利玛窦自身的力气已经进一步枯竭。3 月 3

---

〔1〕 利玛窦写给 Álvares 的信,1609 年 2 月 17 日,见 *Lettere*, p. 524。

第十二章 畸 人

日,在从"超越我们的能力"的拜访中返回后,利玛窦精疲力竭地回到自己房间休息。他的同事们去看他时,他告诉他们自己感到疲劳,应该是得了致命的病。李之藻把自己的私人医生派了过去,耶稣会士们请了北京的六个最好的大夫,这些人开出了三个不同的处方。他病重的消息传出后,很多教徒来到教堂同耶稣会士们一起为利玛窦的康复祈祷。由于缺乏医学权威,他们把这三个处方都放在十字架前。最终,他们选择了其中一个,配药给卧床不起的利玛窦,却没有效果。3月8日,在卧床六天后,利玛窦向熊三拔神父做了告解。第二天,利玛窦于早晨领了圣体。下午三四点的时候,发烧的利玛窦陷入了昏迷。有时,他可以很清楚地回答问题;有时,他激昂地谈论中国和其皇帝的皈依。24个小时后,利玛窦恢复了意识。他领了终傅。在他的同事们和教徒的围绕下,利玛窦建议他们给予新来的传教士们慈爱,并说自己把他的同伴们留在"一个通过巨大的努力、经历过很多危险和劳动而开启的门槛"前,还表达了他对从没有见过面的法国耶稣会士 Pierre Coton 以及从加尔文教改宗获得王位的亨利四世的告解神父的崇拜。被27年超负荷的劳动耗尽力气的利玛窦,在与其同伴和教徒们的清晰对话中度过了人生的最后几个小时。在他临终时刻,利玛窦回到了他心灵的私人空间,在其身后关闭了大门,走进一个语言无法形容的由无穷的画面组成的洪流中去。

利玛窦于1610年5月11日逝世,享年58岁。

结　　语

　　在由舞动的松柏枝组成的拱门下,利玛窦躺在刻有汉语和拉丁语墓志铭的大理石下。此陵墓正坐落在内城西边、城墙中部的阜成门外,此门仍被北京人以其旧名平则门称呼。由于他们对直接发声法的喜爱,人们把这个陵墓称为栅栏,字面意思为木门,指把这个地方隔离开的围栏。利玛窦在平静的孤寂中等待着,仅有柏树和松树给予他故乡和罗马乡村的亲切感。他是第一个,但不是最后一个。很多他钟爱的耶稣会的弟兄们将在他身边找到安息之地,利玛窦实际上为传教士们的葡萄园清扫了硬土。由他去世之年到该会于1773年被取缔之间,约五百人来到中国传教。他们来自整个天主教欧洲:葡萄牙人、西班牙人、意大利人、法国人、比利时人、德国人、奥地利人和波兰人;小部分从中国教徒中征入。

　　如果死者可以凝视天堂,那么栅栏是个名副其实的天文学院。在北京的星空下,其他耶稣会的天文学家们在墓地与利玛窦汇合了:德国人邓玉函于1630年下葬于此,意大利人罗雅谷于1638年葬于此,另一个德国人汤若望于1666年葬于此,佛兰德斯人南怀仁于1688年葬于此;18世纪仍有其他人加入这个队伍。最早的三个人(邓、罗、汤)均由在利玛窦遗产宣传中扮演了关键角色的金尼阁征召,并于1618年一起来到中国。

结　　语

　　出生于弗兰德斯的金尼阁(1577—1628)于1594年加入耶稣会。他去"印度"传教的请愿得到批准后,金尼阁于1607年乘船去果阿,并于1610年到达中国。在杭州、北京和南京服务的金尼阁被他的上司龙华民任命为耶稣会中国教区的采办员。1613年2月,金尼阁带着筹集资金和为刚起步的中国教务招募增援的使命返回欧洲,在金尼阁携带的纸张中包括利玛窦的日志手稿。在漫长的海上航行中,金尼阁把利玛窦的回忆录翻译成了欧洲所有受过教育的读者都懂的拉丁语。途经印度、波斯和埃及,金尼阁最终于1613年10月11日到达了罗马。

　　作为耶稣会中国教区的发言人,聪明的金尼阁成功了。身穿丝绸袍子,头戴学者帽子的金尼阁汇报了稳步增长的教务工作和几百万灵魂将被拯救的前景,且这一切都被已故传教士大师利玛窦的著作所预测。金尼阁获得了很大成功,他获得了教宗的许可,在天主教弥撒时用汉语代替拉丁语,金尼阁说因为中国人不能区别很多拉丁文字母辅音。他为中国教务取得了最强大的天主教君主、西班牙的菲力普三世的支持;他说服了耶稣会总会长下令设立独立的耶稣会中国副省,这是阿夸维瓦去世前做的最后几个决定之一。同时,金尼阁版本的利玛窦回忆录于1615年在奥格斯堡出版,书名为《献给教宗圣父保禄五世的关于耶稣会和同会的利玛窦神父进行的中国教务的五本书,书中准确又最忠实地描述了中国的风俗和律法,以及刚建立的教会的困难开端》[1](即《基督教远征中国史》),金尼阁把自己列为作者。书的标题页采用了耶稣会士在圣剧和封斋期四十小时明供圣体中发展得极好的视觉图像。他把圣方济各·沙勿略(带着光晕)和利玛窦(穿着明朝学者的服装)描绘成柱子,形成并支撑着耶稣会教堂;一个大的包括出版标题和数据的白色窗帘悬挂在入口,一部分利玛窦的《坤舆万国全图》补充了其余空间(彩版8)。这个设计邀

---

〔1〕　*De Christiana Expeditione apud Sinas. Suscepta ab Societate Jesu ex P. Matthaei Riccii eiusdem societatis commentariis libri V ad S. D. N. Paulum V in quibus Sinensis Regni mores, leges, atque instituta, & novae illius Ecclesiae difficillima primordia accurate & summa fide describuntur.* Augsburg, 1615.

请观看者想象将要开始的圣剧,且鼓励他通过翻页进入传教士剧场。第二个版本于 1616 年在里昂出版,第三个版本于 1617 年在科隆出版。利玛窦回忆录《基督教远征中国史》取得了出版和宣传的极大成功。金尼阁不仅仅是翻译者,还做了相应的删减和增补,且把此书以大体上更融合的叙述呈现出来,因此他有充足的理由把自己称为"作者"。

　　1616 年,金尼阁离开罗马,踏上了招聘旅程,一路经过里昂、慕尼黑、科隆和安特卫普。每到一处,金尼阁都住在当地耶稣会学院。他的到来以及被夸大了的、不同寻常的、冒险和光荣的使命,点燃了年轻耶稣会士们的热情和想象力。他的到来使得耶稣会新聘人员数量迅速膨胀。在经过他的家乡尼德兰前,金尼阁赢得的支持者里包括德国最显赫的王子们和天主教主教,并获得了巴伐利亚公爵和科隆大主教的财政支持。在尼德兰,金尼阁在他那个时代最伟大的画家鲁本斯(1577—1640)的画室里穿着中国士大夫的丝绸袍子让大师给自己画像(图 15)。这副水墨素描与游文辉画的利玛窦肖像形成有趣的对比(请参彩版 1)。这两个人都穿着黑色丝绸袍子,戴着方形帽子,是明朝文人装束;但相似之处也仅于此。在游的画作中,利玛窦的男性权威通过他狮子鬃毛似的白胡子展现,他的学问通过其长而优雅的鼻子表达,他的交际能力则由紧握且隐藏的双手来象征,他钢铁般的意志则显示在稳定的眼神里。与此不同,在鲁本斯的渲染下,金尼阁看起来是个精致到几乎脆弱的人。他瘦很多,也许反映了十年内两次环球航行和在中国及欧洲内部的多次旅行对体力的消耗。他的长而稀的胡子使得他看起来像中国人多过像欧洲人。尤其是他那双生动又充满智慧的眼睛,从紧皱的眉头下看向远方,使他看起来有些焦虑。这是个与利玛窦比起来总体上更加敏感、紧张和脆弱的人。也许我们在这里花了太多时间研读鲁本斯对金尼阁人生最后几年的描画,现在我们来看看他那几年的情形。此时是他人生中最辉煌的时刻,新召的传教士使其队伍强大了,资金募得了,满怀胜利的金尼阁领着一队新召的年轻耶稣会士于 1618 年 4 月中旬从里斯本出发。这些人中包括邓玉函、罗雅谷和汤若望,这三个人被选为为中国皇帝服务的数学家利玛窦的继承人。

图 15 金尼阁(Nicholas Trigault)画像,鲁本斯绘,
纽约大都会艺术博物馆。

当金尼阁奔驰在欧洲,身后留下胜利之风时,耶稣会在中国正经历一场风暴。1616 年,南京的礼部右侍郎沈㴶(1565—1624)向皇帝递交了不利于耶稣会士在两都居住的奏折。沈反对把计划进行的历法改革交给北京的庞迪我和熊三拔,还责备南京的王丰肃(1568—1640)和曾德昭(1586—1658)通过禁止一些祖先崇拜的仪式来削弱儒家道统。尽管徐

光启和另一个教徒官员杨廷筠提交了辩护奏折,但一份出自1617年2月3日的命令把这四个耶稣会士流放到澳门。在那里,利玛窦的老同伴们相继去世,庞迪我于1618年去世,熊三拔于两年后去世,毫无疑问,这两个人都被个人的失望击得粉碎。其他耶稣会士在杨廷筠的保护下,在杨的家乡杭州秘密而谨慎地工作。1616—1617年凶猛但是短暂的迫害没有摧毁耶稣会传教工作的根基。1619年底前,当金尼阁和他新招的会士们到达澳门时,风向转向有利于耶稣会一方。1629年,当明皇室天文学家再次没能准确预测日食时,徐光启上奏给新登基的崇祯皇帝(1628—1644年在位)要求改革历法。崇祯帝急切想要改革(难道不是所有的天象都是天命的表现且对治国之道有深刻影响么?),他委托徐负责成立新的历局,并召耶稣会数学家进行历法校正。邓玉函、罗雅谷和汤若望是钦天监的第一批耶稣会官员,之后有南怀仁和一长串的其他传教士数学家和天文学专家们,即使该会于1773年被解散,他们仍继续工作于此。

在接下来一百六十年中,利玛窦的遗产在耶稣会传教士中得到传承,更重要的是,它对中国基督徒社区的影响使其能够在17世纪中期的朝代更替的灾难性危机中存活下来。至少,利玛窦的朋友们幸免于难。也许我们应该提到利玛窦在中国最久的朋友瞿汝夔,他直到1607年才受洗,他的妾是其受洗的障碍。直到第一任妻子去世,他与妾正式结婚后,汝夔才能加入天主教会。他15岁的儿子式穀也跟随其父受了洗。为了纪念他们之间的友谊,瞿汝夔以利玛窦的名字为其儿子命名为玛窦,似乎正是在利玛窦的祈祷下,汝夔才得到了这个珍贵的儿子。[1] 被家族原谅并悄然搬回来的汝夔,在其好朋友利玛窦去世两年后,也于1612年在其家乡常熟去世。新一代耶稣会士继承了与文人之间的友谊。瞿式穀成了教会的强大支持者,他于1623年欢迎意大利耶稣会士艾儒略去他家乡传播西方信仰。

至于利玛窦在北京的朋友们,徐光启不仅比他的西方老师多活了二

---

〔1〕 这个故事在艾儒略写的利玛窦传记《大西西泰利先生行迹》(1630)中提到。

结　　语

十三年,而且成了中国早期天主教史上最重要的人物,他的支持和保护使得耶稣会在明朝的最后十年欣欣向荣。[1] 在利玛窦去世(1610)和他自己退休到上海(1622)期间,徐光启努力在日益紧张的官员派系斗争中维持自己的地位。在作为家族继承人的责任和训练军队的紧急工作之间,徐光启得以找到时间分身,在其位于天津附近的私人农场进行农业试验。他所有的工作都是为了同一个目的:强大中国。为了正确的统治而教育一个充满道德的继承人,为了抵抗满族而训练一支有效的军队,为了增收而改善农业:这都是一个正直官员通常会关注的。但是对于徐光启来说,这些公共思考与他自己的宗教信仰毫无缝隙地合并在一起。与晚明的其他精英教徒一样,徐光启期望天主教教义带来充满道德的行为和社会纪律。用耶稣会文学中流行的比喻来说,基督教为一个在社会风气、政治和精神上极度病态的社会提供了最好的疗药。

明朝的政治病态加上自己健康欠佳,使徐于1622年从公职退休。在朝廷政治中,由强大的宦官魏忠贤支持的一派成了赢家且开始复仇。很多对立派系的官员,即被称为东林党的成员,要么被处决,要么被监禁或者被迫辞职。徐光启明智地处于中立,把自己的退休时光放在了促进故乡上海的天主教发展上。1628年,朱由检继位为崇祯皇帝。这个雄心勃勃想要改革的年轻人清除了魏忠贤及其宦官派系。他召回徐光启出任礼部左侍郎。尽管此时已66岁高龄,徐光启爽快地接受了这个职位。在他出任公职的最后几年,徐光启致力于改革明政权的治国之道并振兴基督教,对于后者来说最明显和持久的措施是把耶稣会士天文学家们介绍到帝国官僚体系中。在帝国官僚体系中的一系列最高职位使徐这几年短暂的仕途极其显赫:首先是升官至礼部尚书,年老多疾的徐光启于1633年8月又被任命为大学士,离他1633年11月8日去世仅隔三个月。中国的耶稣会士们深刻哀痛他的离世,并称他为在中国刚起步的天主教会的三

---

[1] 徐光启仕途的年表请见杜鼎克(Ad Dudink)的论文,见 Catherine Jami, Peter Engelfriet and Gregory Blue (ed.) *Statecraft and Intellectual Renewal in Late Ming China. The Cross-Cultural Synthesis of Xu Guangqi (1562 – 1633)*, (Leiden: Brill, 2001), pp. 399 – 409.

大柱石(与李之藻和杨廷筠一起)之一(图16)。

图16 徐光启雕像。上海光启公园。

对于外界人来说,中国天主教在跨越式地增长。利玛窦去世时的2 500个教徒,到崇祯继位前夕已壮大到13 000人。崇祯在位期间,基督徒的数量以惊人的31%的年平均增长率增长,此速度在中国基督教史上从未被超越过,至崇祯末年,教徒已达70 000人。[1] 这个强劲的外部增长掩盖了耶稣会内部的危机。继任利玛窦成为中国教区的领导后,龙华民对利玛窦的传教方式日益怀疑起来。这个来自西西里的耶稣会士不赞同利玛窦的合儒策略,并怀疑中国高官和文人教徒们对教义的理解程度。作为在普通民众中间有魅力的布道者,龙华民认为儒家思想有着无神论的底色,而大部分明代文人都是唯物主义的,这与基督教基本教义相抵触。日本的耶稣会士们对利玛窦的中文文本的批评,加强了他的疑虑。

---

[1] 中国教徒的数字,见 HCC,382—383页中的各种估算。

结　语

龙华民实际上推动了对利玛窦传教方法和其遗产的重新评估。

早在韶州传教时,年轻的龙华民已经开始对利玛窦的方法进行批判了。他曾写道:

> 中国"上帝"这名词,早在二十五年以前我首次看见便觉得心里不安。因为我读了孔子的《四书》后(我们抵达后都先学《四书》),察觉到"上帝"这名有不同的注释,与神圣的自然格格不入。可是,传教区以往的神父听到"上帝"就是我们的神后,他们放开了心中的不安,创造了一个概念,这个概念与注释《四书》的学者的论点也许有差异,但学者的注释亦有与经文参差的地方。在我们传教区的神父有了这个说明与想法后,在韶州过了十三年,没有机会去反思这一点。利玛窦神父逝世后,我接任他为会长,接到日本省巡阅使神父巴范济的一封信。他说日本的神父认为我们的中文著作有异教徒的错误,他们很费力地去反驳中国神父提出的论点。故此,他恳求我好好观察这里的情况,因为他很难想象,写这些中文书的神父既是优秀的神学家又精于中国经典,是怎样犯了异教的错误?读了巴范济神父的警告,我确定旧有的怀疑是对的。[1]

尽管龙华民没有提及名字,毫无疑问他指的是利玛窦。作为耶稣会中国的会长,龙华民要求在中国的所有耶稣会士分享他们对上帝、天神、灵魂和儒家经典(《四书》和《五经》)的看法。在所有回答中,一些人相信在古代中国确实存在关于真神的概念,另一些人认为程朱儒学是不承认神灵的唯物主义哲学。

坚信天主教与儒学的融合玷污了教会教义的纯洁性,龙华民于1623年写了题为《对中国宗教的几点看法》的文章,在此文章中他写道,程朱儒学哲学家们认为存在一个物质宇宙,中国文人们基本上是无神论者,从而反驳了利玛窦对质朴、自然和准基督教的古代中国哲学与腐败的程朱

---

[1] 参见拙文《天主教与明末社会:崇祯朝龙华民山东传教的几个问题》,《历史研究》,2009年第2期,第51—67页;英文版本"Christian Conversion in Late Ming China: Niccolo Longobardo in Shangdong," in *Medieval History*, 2009, No. 12, pp. 275 – 301。

儒学之间的区别。1627年,11位在中国的耶稣会士聚集在嘉定开会。尽管龙华民命令禁止使用"天"、"上帝"和"天主"指代基督教的神,比利时人金尼阁领导下的大部分传教士仍强烈支持利玛窦的传教策略,这也得到中国高级官员教徒的全心支持。此次会议的结果是在中国古代经典中出现的"天"和"上帝"两词从天主教用语中废除,而"天主"这个新词则保留,因此在天主教和儒学用语中设定了鲜明的界限。

至于对孔子和祖先的崇拜,此次会议决定保留利玛窦之前的策略。此策略得到该会在罗马的总会长批准后,在中国的耶稣会传教士们一致支持这个修改了的文化调适策略。因此,龙华民的《对中国宗教的几点看法》在嘉定会议后被禁止流传。然而,在17世纪中叶,法国耶稣会士江儒望由于同情龙华民的处境而把此文章的抄本送给了方济会士利安当。后者对利玛窦的文化调适的传教方法极度不满,于是把此文传给了多明我会修士闵明我,闵明我把此文发表在其著作《中华帝国、政府、伦理和宗教历史》的西班牙语版本中。不久,这便构成了将要分裂中国天主教会根基的礼仪之争的第一桶火药。[1]

作为利玛窦遗产的守护者,金尼阁在1627年的嘉定会议上是胜利者,但他的神经紧张度已经超过了临界点。正如我们在鲁本斯的肖像画中看到的一样,金尼阁敏感、精致又急躁,此事使他陷入了长期的忧郁中,最终于1628年11月14日在杭州上吊自杀。为了从丑闻中挽救自己,耶稣会士们对金尼阁的自杀保持沉默,仅用秘密代码指代此事。[2]然而利玛窦的神圣性并没有因为金尼阁的大罪而被玷污,正如耶稣会在满族征服中国的屠杀中生存下来一样。

当农民起义军于1644年3月征服北京,满族军队从长城涌入时,明

---

〔1〕 龙华民的文章收在西班牙语著作中,见 Domingo Fernandez Navarete, *Tratados Historicos, Politicos, Ethicos y Religiosos de la Monarchia de China* (Madrid: Imprensa Real, 1676),第五章。对礼仪之争起因的简短叙述,以及在华耶稣会与托钵修会之间的冲突,见 J. S. Cummins (ed.) *The Travels and Controversies of Friar Domingo Navarete 1618–1686*, 共两卷(Cambridge: Cambridge University Press, 1962),第一卷,xliii–xlv 页。

〔2〕 见 Liam M. Brockey, *Journey to the East. The Jesuit Mission to China, 1579–1724* (Cambridge, MA: Harvard University Press, 2007), pp. 87–89。

结　语

政权开始了一个持续近 40 年的、痛苦的缓慢死亡。耶稣会传教士、中国教徒以及上百万人民在屠杀和自然灾害中死亡。有一段时间,利玛窦的话似乎变成了现实:"甚至连中国的皇帝都成了基督徒。"这是利玛窦于 1605 年给罗马的汇报信中对自己的成就的夸张描述。在绝望中,作为满清政府的抵抗者,南明的统治者欢迎西方人的帮助,不管是葡萄牙人的枪还是耶稣会的神。[1] 1648 年桂林的永历朝廷,即南明最后一个皇帝的宫廷,见证了三个关键人物的皈依:皇后和两个太后,受洗名分别为亚纳(Anna)、烈纳(Helena)和玛利亚(Maria)。耶稣会士们声称,甚至皇帝本人也考虑受洗,只是因为基督教的一夫一妻制使其难以接受才没有进行。但是在皇后的施压下,永历帝勉强同意襁褓中的皇太子受洗,洗名当定,此男孩发了高烧,但在受洗后康复。这个君士坦丁并没如他的罗马名字那么有成就,因为他和他的父亲一道于 1662 年在云南被投降满族的将领吴三桂绞死。

另一些人则在新政权下发达了。多亏了钦天监的突出表现,德国耶稣会士汤若望相继从李自成起义军和新的满族政权中保护了北京的天主教团体。不久,汤若望与年轻的顺治皇帝成了朋友,皇帝把这个西方人几乎当作父亲来对待,并授予他一品官的荣誉。在新朝代的官府里,汤若望保证了耶稣会教务的生存和繁荣。尽管顺治皇帝去世后天主教会在 1664—1665 年间经历了短暂的迫害,在康熙(1662—1723 在位)朝期间天主教会获得了蓬勃发展。在 17 世纪中期被危机打断后,传教士事业在康熙朝得以恢复。

利玛窦到达北京的一个世纪以后,这个天主教会的奠基人将有充分的理由在他的坟墓里微笑。1701 年,中国有约 20 万个教徒和 153 个教士。后者包括属于耶稣会的 9 个中国籍会士和 82 个欧洲耶稣会士。[2] 与其他宗教团体并肩在葡萄园里工作,且常互相妒忌和敌视,耶稣会仍然

---

[1] 见拙著 "Fürstenkonversionen in China," in *Konversionen zum Katholizismus in der Frühen Neuzeit*, eds., Dieter Bauer, Wolfgang Behringer, and Eric-Oliver Mader, forthcoming.

[2] *HCC*, vol. I, pp. 307, 383.

占据了全国三分之二的教士,贡献了80%的中文天主教著作。天主教堂几乎在清帝国的每个省都有,康熙本人与他的耶稣会士顾问们也相当熟悉,并跟随他们学习拉丁文、数学和西方科技,还得益于他们对奎宁的使用,使其从疟疾复发中康复。耶稣会士们再次激动地谈论皇室皈依的前景。

突然一切都变了。仅在九年之后,在利玛窦逝世的一百周年,基督教被禁止在中国传播。传教士们只能责怪自己。在半个世纪中,在中国的耶稣会和托钵修道会之间关于中国礼仪的争论变得越来越激烈和充满敌意。第一代耶稣会传教士对中国文化做了太多妥协么?利玛窦和他的跟随者对基督教内容做了太多稀释,以至于中国人在信仰一个名实不符的信仰么?学生、学者和官员,如果他们是基督徒,可以敬孔时不遵循"偶像崇拜"的礼仪么?中国古代圣贤是因其美德而升入天堂,还是因为生活在罪孽中以及对"真信仰"的愚昧而下了地狱?奉献食物和饮品给自己的祖先,把他们的名字刻在牌子上,把他们的画像保留在家庭神社里,"事死如事生",是孝道还是偶像崇拜?何处是文化的终结和宗教的开端?不用欧洲的表达方式,而用折衷的方式,基督教怎么能表达自己?所有这些和其他的问题,包括文化上和神学上的,使日益壮大、日益分裂的中国基督教事业备受折磨。不停地派代表去罗马、神学家之间的讨论、罗马教廷的申明和传信、外交提案,甚至教宗派代表于1700年去中国,这一切都没能解决这个危机。厌倦了西方人之间无休止的争吵,恼怒的康熙于1705年禁止其臣民信基督教。该法令宣布,西方人被允许按照自己的习俗做礼拜,但他们应该避免说教传道。所有希望留在中国的西方传教士都要发誓信守"利玛窦规矩"并保证永远不回西方。多明我会、奥斯定会和巴黎外方传教会的神父们集体离开了;方济各会士们在这个问题上极度分裂;在中国的耶稣会神父中,除了一些葡萄牙人,全部发誓坚守"利玛窦规矩"。

也许,这足以安慰坟墓中的利玛窦。因为在接下来的八十年中,1705年法令很少被执行。偶尔的迫害要么来源于政治因素,要么源于个别地区的本地官员。天主教会继续增长,尽管速度比较慢,大量中国司铎补充

结　语

了欧洲传教士的地下工作。然而,利玛窦没有被忘记。1773年至1782年间,乾隆皇帝命令修《四库全书》,这是一套由清政府批准的包括一万多种图书和手稿的百科全书汇编。主编采用了好几部利玛窦的科学著作,这是40多个在中国出版了著作的耶稣会士中唯一一个获此殊荣的。

在利玛窦去世两百周年的纪念日里其实没有什么值得庆祝的。在康熙皇帝的孙子乾隆皇帝(1736—1796在位)和曾孙嘉庆皇帝(1796—1820在位)的统治下,零星的迫害使一些西方传教士和中国教徒殉教,尽管只有少数人去世和一些人被流放,与德川幕府时期日本为了压制基督教而血腥杀害数万人不能相提并论。但严重的是,耶稣会不复存在了。部分原因在于它的骄傲和成功,耶稣会制造了太多强有力的敌人,它招致了葡萄牙、西班牙和法国君主们的愤怒。此会于1773年被解散后,耶稣会传教士从西班牙和葡萄牙的殖民领地相继被押送回欧洲,有些人在葡萄牙人的监狱里受苦多年,直到1814年教宗庇护七世驳斥了之前颁布的压制性的教宗敕书为止。

与天主教会一样,耶稣会在后拿破仑时期的欧洲迅速复原,耶稣会传教士再次做好了在中国传播福音的准备。此时的中国已经被大英帝国在第一次鸦片战争(1840—1842)和英法联合发动的第二次鸦片战争(1858—1860)中打败。双方签订的条约迫使清政府把国家开放。在法国的外交和军事双重保护下,耶稣会士和其他的天主教传教士带着外交身份和新的权力来到了中国。对于中国人来说,传教士是西方政权的代表和欧洲侵略的延伸。一旦回来,耶稣会士便启动了一系列的诉讼,企图收回一个世纪前被充公的财产。传教士到处保护基督徒,干涉公民权力和财产纠纷,上诉给地方官和他们的领事。随着他们的影响力的增加,中国人对所有关于基督徒的和西方的事情的仇恨也增加了。儒家文化与基督教文化的融合、中西之间的调和被遗忘了。绝大多数的晚清儒家学者都暗地反基督教,如果说他们并不直白地排外的话。谣言和传说倍增。有的起源于让人不安的想象:传教士付钱给受洗者,他们授洗婴儿后便杀害他们,他们把活人的眼挖出来造药。另一些则源自事实:他们为外国政府充当间谍,他们谴责中国文化为迷信,常毫不犹豫地叫来他们的外交官和士兵施加压力。1870 年在天津,一场混乱中有人杀死了一个摇晃着手枪的法国领事以及十几个传教士或教徒。在压力下,清政府为了平息事态而杀了反教的首领。这是另外一些即将发生的事情的先兆。

1899 年,山东和河北都发生教案。原因之一是村庄与村庄之间的利益冲突。而其中一些村庄是基督徒村庄,于是,这种冲突就具有了反教性质。另一个原因是地区性运动的兴起,即义和拳。这是一个声称自己除了有武功还有医术和魔力的组织。义和拳把主要目标锁定为基督徒和外国传教士。"扶清灭洋"是义和拳的口号,他们被清廷中敌视西方的党派利用。在朝廷的帮助下,义和拳进入北京,攻击了西方传教士和中国教徒已经逃离了的外国使馆。除了杀害基督徒和西方人外,义和拳还于 1900 年 6 月攻击了栅栏的天主教坟场,他们毁坏了 88 座陵墓,打开坟墓,烧掉遗骸,把骨灰四处挥洒。由八国组成的联军进京打败了义和拳。一个让人感到侮辱的条约强加给了清政府。

不久,天主教会重新获得了栅栏,再次埋葬了可以找到的遗骸,建立了新的陵墓。然而,对于基督教来说,想要从义和拳暴力造成的破坏中恢复过来要困难得多。随着利玛窦去世三百周年纪念日的逼近,在全国性对西方基督教进行排斥的情形下,记住并庆祝此传教士先锋的意义变得更加重大。新成立的王国意大利为了国家的荣耀,决定在马切拉塔举办一个关于地理学家和东方学研究者的会议,以此来纪念其著名的儿子"中国的地理学家和使徒"。[1] 天主教会也不甘落后。在尘封了近三个世纪后,耶稣会终于扫除由利玛窦在北京时的耶稣会士同伴之一的熊三拔寄来的手稿上的灰尘。这个最早的利玛窦传记在他去世的三百周年纪念日前夕出版。[2] 这不是唯一的出版活动。耶稣会的官方史学家汾屠

---

〔1〕 这次会议上的文章被结集出版为: *Atti e memorie del convegno di geografi-orientalisti tenuto in Macerato il 25 – 27 settembre 1910* (Macerata, 1911)。

〔2〕 *P. Matheus Ricci S. J.: relação escripta pelo seu companheiro P. Sabatino de Ursis S. J.*; *publicação commemorative do terceiro centenario da sua morte* (Rome: Enrico Voghera, 1910)。

结　　语

立神父(1861—1956)抄写并出版了保存于耶稣会罗马档案馆的"利玛窦回忆录"的手稿。第一次,利玛窦直接对后人说话,而不是金尼阁的解释性翻译,这就是《利玛窦神父历史著作集》(*Opere storiche del P. Matteo Ricci*)。第一册于 1911 年问世,这年正好发生了辛亥革命,也是意大利在利比亚殖民统治建立的第二年;第二册在两年后才出版。《著作集》收集了利玛窦和其他耶稣会士之间的来往书信。(要到 2001 年,这些书信的另一个更完整的版本才出现。尽管汾屠立神父很博学,但他在使用不是出自利玛窦的手笔的耶稣会文件时却大意了,比如附件中的几个出自罗明坚的文件被错标成阿夸维瓦所著。更加严重的是他对汉语很无知,这意味着《利玛窦神父历史著作集》在学术性和可靠性上仍有严重局限性。意识到自己的这些不足的汾屠立神父,并没有花时间来提升自己的学术水准。20 世纪 20 年代到 30 年代期间,此耶稣会史学家充当了庇护十一世、庇护十二世和墨索里尼之间的纽带。他作为元首的告解神父,在幕后对元首施加了巨大的非正规影响。在拉特兰条约的签订中,他也扮演了核心角色;这个条约确立了墨索里尼政府与梵蒂冈的关系。他与法西斯政权的亲密关系,导致了 1928 年对他的一次刺杀,刺杀失败了。在他繁忙的"黑衣人"角色中,并没有忘记利玛窦。1933 年他召德礼贤(1890—1963)去罗马,准备出版一个新的更加重要的利玛窦作品。

此时,耶稣会士们继续从利玛窦那里得到灵感。受训成为数学家的法国耶稣会士裴化行(1889—1975)对他 16 世纪时的意大利前辈利玛窦的科学——宗教任务有正确的认识。于 1924 年和 1947 年间活跃于中国的裴化行,先是在天津教数学。他对耶稣会传教史的兴趣很快地使他全职专注于研究。他是好几本关于利玛窦的著作的作者,最有名的是一本关于利玛窦对明朝中国的科技贡献的小书和两卷本的关于利玛窦与中国社会的传记。[1] 出版于 1937 年的大部头著作《利玛窦神父与他生活的中国社会

---

[1] *L'apport scientifique du P. M. Ricci à la Chine* (Tianjin: Mission de Tianjin, 1935) and *Le Père Matthieu Ricci et la société chinoise de son temps 1552 – 1610*, 2 volumes (Tianjin: Hautes Études, 1937).

（1552—1610）》将利玛窦的事业和晚明社会并行记述，然此方法常使两者没有交汇。依靠汾屠立版本的利玛窦著作，裴化行把他的故事集中在中国，当然没有忽略利玛窦在罗马的那几年，也没有忽略他在印度的短暂停留。讲明代社会、文化和政治。如同利玛窦所著的《基督教远征中国史》一样，裴化行也是为了西方读者而写，对于欧洲地理和基督教文明不作解释，而中国和传记中的英雄主人公是好奇心和兴趣所在。尽管没有参照更重要的关于利玛窦的著作，也没有充分了解中国人物和核对中国材料，裴化行的传记仍然是关于利玛窦的里程碑式著作，但不是一部关键性的学术专著，这方面的著作要等到十年后由与利玛窦来自同一个国家的另一位耶稣会士来完成。

　　年轻的耶稣会士德礼贤于1913至1917年间，在上海西郊徐光启的老家徐家汇的耶稣会中心学习。在去美国和英国进一步进行了神学训练后，他于1923年回到中国，并在上海的耶稣会震旦大学授课。汉学训练和他早年在上海的经历，使得德礼贤成为汾屠立的理想继任者。汾屠立想要这个耶稣会士汉学家综合汉语资料后去创作一部新的关于利玛窦的传记。作为耶稣会大学的传教学教授以及之后的罗马州立大学的汉学教授，德礼贤终身致力于三卷本的《利玛窦全集》(fonti ricciane)的收集和整理，此著作现已成为关于利玛窦生平和著作的基本参考资料。他的博学保证每一个涉及到的中国人物、机构和事件都经过核实和订正。尽管有考证方面的微小错误，《利玛窦全集》仍然是一部不可或缺的著作，成为意大利法西斯政权平衡教会和政府关系的里程碑。意大利制造了善良又文明的形象，不只回溯到天主教传播到中国的时代（意大利的传教士们与来自西班牙、葡萄牙和法国的同事们相比不那么有攻击性且文化上更温和），而且推展到法西斯主义的扩张殖民计划上。《利玛窦全集》是学术在面对困难多变时局的一部代表作。德礼贤在墨索里尼把意大利人发动到一场不情愿的战争中去的时候，着手并完成了这个工程。第一册于1942年在政府出版局的资助下付印出版；第二和第三册在墨索里尼去世多年后的1949年才得以出版，此时教宗和法西斯之间的关系，更加受到

结　语

关注。

随着《利玛窦全集》的出版,利玛窦在中国教务的英雄形象毫无疑问得到建立。被同会修士们包围的利玛窦在传教士的故事中占据了舞台的中心。他的前辈和在中国的第一个同伴罗明坚仅被描绘成某个"为利玛窦铺平道路,把利玛窦介绍给中国,之后便沉默着从舞台消失"的人。[1]在罗明坚的手稿的扉页,一个档案管理人员写下了如下备注:"这本手稿不能被信任,因为此手稿的四分之三似乎是被伪造的。"[2]与汾屠立相比,更加广泛地引用了罗明坚的几乎不能被辨认的手稿的德礼贤,也仅仅为了详细评论利玛窦的文本而拆解使用。一个天主教徒英雄,一个了不起的人物,似乎是走向革命的共产主义群众的最佳对抗:德礼贤完成他的著作的那一年正好是中国共产主义者向西方传教士关闭国门的那一年。

如果说天主教徒在二十世纪三十年代是站在法西斯的反共运动中的话,共产主义者并没有忘记传教士们。利玛窦去世的三个世纪后,他的灵魂还留在栅栏。那个灵魂,有时镇静,有时惊慌,在政权更替中徘徊。1949年以后,天主教会由天主教爱国会统领,此会谴责西方的宗教和殖民入侵,所有的西方传教士都被迫离开中国。对罗马忠诚的一些中国教士在劳改所或监狱中度日。但利玛窦没有被遗忘。1954年,北京市党委在栅栏建立了一个为共产党培养接班人的学校。大部分坟墓都被移走了,但是周恩来总理坚持按照原样保留利玛窦和其他耶稣会传教士们的坟墓,在政府委员会的保护下成了文化纪念碑,这个决定使得这些碑石逃过了红卫兵的暴力;他们于1966年8月来到栅栏,企图毁坏所有与西方、贵族和帝国主义者有关的东西。学校领导说服了这些年轻的革命者将碑石埋葬,而不是打碎。当这场风暴过去后,这些碑石在使利玛窦和他的同伴们的安息之地重见天日(图17)。

---

〔1〕　*FR* I, N. 205, p.147, n. 2.
〔2〕　ARSI Jap-Sin. 101I, fol. 2. 事实上罗明坚在他的日记随笔中记载的信息,其精确性令人吃惊,这份日志之所以被忽视,是因为它组织得很松散,不容易读。

图17 耶稣会墓地入口。北京。

当中国被革命的浪潮淹没时,对利玛窦的记忆似乎仅限于西方。"利玛窦回忆录"英文版于1942年出版,[1]译者路易斯·加勒赫是从金尼阁的拉丁文译本翻译过来的,这本书成为一本可以满足好奇心但是没有学术价值的读物。

当西方学者把他们的注意力集中到利玛窦时,他们的观点是多么的不同!在利玛窦到达中国的四百年纪念日前夕,两个顶级西方汉学家出版了关于利玛窦和耶稣会传教史的研究,他们的成果深刻反映了对利氏的不同理解。在谢和耐1982年的著作《中国和基督教》中,他分析了古代中国和基督教西方之间思维和语言的深刻隔

---

[1] Louis J. Gallagher, *The China that was: China as discovered by the Jesuits at the Close of the 16th Century* (Milwaukee: Bruce, 1942). 1953年这本书以另外一个标题再版: *China in the Sixteenth Century. The Journals of Matthew Ricci: 1583 - 1610* (New York: Random House, 1953)。

结　语

膜。[1] 有些批评者认为他夸大了中国和西方的文化差异,质问道:每个地方的人类难道不是一样的么?使人相信创造之神的存在不是最简单的逻辑么?难道对宗教的相似愿望不存在于所有人类中么?为了反驳这些批评者,谢和耐给出了绝对性的回答,他声称:

> 在欧洲与在中国一样,宗教情感和最寻常、最基本的概念一样,有他们的历史。对于传教士们来说很明显的事情,对于当时的中国人来说并不是一样的。人们可能会问,与中国人一起生活了多年的利玛窦为什么并不比二十世纪的一个历史学家更了解中国人呢?这是因为,利玛窦及他的同伴们和继任者们都觉得我们在这里讨论的这个文化差异的问题完全不存在。中国人没有能拥抱这个可以给他们带来永恒救赎的宗教,原因在于他们的迷信、佛教的嫉妒和士绅的敌视带来的阻碍。[2]

谢和耐辩解道,利玛窦本人意识到了语言和思维方式之间的鸿沟,因此他努力学习汉语并把基督教信息用适当的方式传达给儒学听众。而这正是龙华明所反对的。谢和耐暗示说,更深刻的是语言和思维之间的沟壑,被创造出的宇宙以及一位位格化的神降生到世界上的理论永远只会让明代中国的一少部分人信服。

集中在利玛窦而不是中国,史景迁的书代表了不同的视角。[3] 用利玛窦的回忆录开篇,史景迁通过剖析利玛窦的《西国记法》来探讨这个意大利传教士的意识世界。偏离传统的利玛窦传记的重点,史景迁严肃对待这个意大利传教士在欧洲的成长阶段。他对利玛窦在马切拉塔、罗马和反宗教改革的欧洲的生活的描述是书中最精彩的部分,否则此书将会因为建立在利玛窦的一本对明朝社会几乎没什么影响的小书的基础上而

---

[1] *Chine et christianisme. La première confrontation* (Paris: Gallimard, 1982). 谢和耐 1990 年出版了此书的修订本,并另写前言回应了对此书的批评,我采用的正是这个版本。此书有英文版,*China and the Christian Impact: A conflict of cultures* (Cambridge: Cambridge University Press, 1985)。

[2] Gernet, *Chine et christianisme*, pp. i - iii.

[3] *The Memory Palace of Matteo Ricci* (New York: Penguin, 1984).

显得平庸。然而,史景迁的历史想象和他把不同的欧洲和中国历史编织在一起而毫无缝隙的叙述的能力,毫无疑问为其他的利玛窦传记提供了灵感。这个叙述中有些让人无法抵抗的东西:由于其智慧,利玛窦这个英雄般的人物在完全不同的文明间架起了桥梁,通过自己的学识和聪慧开启了新的认知的世界。

正是这个有创造力、有天赋的头脑,使利玛窦深受他的同胞们的喜爱,他们把这个耶稣会士当作处理当代意大利与中国的文化和外交关系的楷模。一个政治家,但同时是知识分子:在外交中有创造力和掩饰力,这不正是基督教外交之父、在1972年至1992年之间三次当选为意大利总理的朱利奥·安德烈奥蒂拥有的特点么?他在不断地攻击自己与黑手党的联系中保卫了自己,并在高龄退休后写了利玛窦传记。[1] 正如米凯拉·冯塔娜在出色的传记中写的那样,对于一些人来说,是利玛窦在中国的外交和文化经历为他们提供了灵感。[2] 在利玛窦传统研究中,其他传记来自耶稣会士和汉学家。与谢和耐的意见相反,罗马大学的汉学家 Gaetano Ricciardolo 指出,很多儒家学者比教徒更看重利玛窦和他的继任者们做出的文化贡献。[3] 最近的耶稣会方面的著作是由梵蒂冈官方出版社的官方编辑、《天主教社会与文化》(the Civiltà Cattolica)一书的责编弗朗西斯科·奥凯达写的短小的传记。[4]

马切拉塔用一条街道和一座雕像来缅怀她的儿子。由市政府、省、大学和教区联合创建了利玛窦研究所。关于利玛窦的研究著作和翻译作品不断涌现。在一组中国研究者的帮助下,利玛窦的所有汉语著作陆续被翻译成意大利文。利玛窦研究所的领导菲利普·米尼尼也写了一本利玛

---

[1] Giulio Andreotti, *Un gesuita in Cina (1552 – 1610): Matteo Ricci dall'Italia a Pechino* (Milan: Rizzoli, 2001).

[2] Michela Fontana, *Matteo Ricci: un gesuita alla corte dei Ming* (Milan: Mondadori, 2005).

[3] Gaetano Ricciardolo, *Oriente e Occidente negli scritti di Matteo Ricci* (Naples: Chirico, 2003).

[4] Francesco Occhetta, *Matteo Ricci. Il gesuita amato dalla Cina* (Cascino Vica-Rivoli: Elledici, 2009).

结　　语

窦的传记,此书在真实场景的基础上加入想象,从利玛窦的孩童时期写起,生动展示了他父亲的药房、他待过的教堂、学校和 16 世纪马切拉塔的街道。[1]

对于利玛窦的研究和纪念,把汉语著作译成意大利文,并不是中国人唯一的参与。"文化大革命"(1966—1976)之后的三十年,尤其是 1978 年邓小平宣布经济改革后,中西接触的兴趣日益高涨。关于利玛窦的汉语著作的出版与经济增长的速度成正比。

其中第一部也是最重要的学术作品之一为林金水写的《利玛窦与中国》。[2] 尽管此书 1996 年才出版,林早在邓小平关于经济自由的演说后的 1981 年就完成了初稿。在那些年头,中国似乎终于不再仇外,而开始向往西方,开始了现代化的长征。此过程在她最近的 120 年历史中不断被打断。林金水断言,利玛窦对中国做出了重要贡献,开启了与西方的持续的交往。林感叹说这个文化交流没有把中国带入现代化,后来的清朝代表了比明朝更加封建的政权;另外,耶稣会士们的科技和现代化方法仅仅为他们的宗教目的服务。之后,林训诫道:

> 我们也不能因为耶稣会士与西、葡殖民主义海外扩张有联系,而不分历史阶段,不作具体分析,简单地一概而论,把所有来华传教士一概视为"文化侵略分子"、"殖民主义先遣队",这也不符合历史唯物主义的精神。
>
> 宗教来往和传播,是人类文化交流的一种方式,是古代中西文化交流的主要手段。通过它,西方文明传到中国,中国灿烂的文化传到各国。因此,我们对在宗教形式下进行的文化交流不要轻易加以非议,必须对具体问题,做具体分析。明末清初来华的耶稣会士与鸦片战争之后来华的传教士,可以说有着性质上的差别。耶稣会士来华传教,是为了在中国这个既非基督教国家,又非伊斯兰教国家的国度

---

[1] Filippo Mignini, *Matteo Ricci. Il chiosco delle fenici* (Ancona: il lavoro editoriale, 2004).

[2] 林金水:《利玛窦与中国》,北京:中国社会科学出版社,1996 年。

里，赢得基督教的信仰和信徒；这是一种正当的传教活动。[1]
林解释说，不同点在于明清之际耶稣会的法律约束和文化调适的特点，这与1842年鸦片战争后西方对中国的军事、经济和文化侵略不同。当这些侵略者将曝光、被批评时，林呼吁人们记住"对那些与中国人民友好、对中西文化交流有贡献的传教士，我们是纪念的。北京重修利玛窦等耶稣会士墓，就是一个明证"。[2]

除了有实用性的观点外，林的书代表了学术上的一大进步。除了分析利玛窦的数学、天文、地理、艺术、音乐和语言贡献外，林还在参考大量中文文献的基础上，提供了利玛窦作品中提到的141个中国官员和学者的信息。该传记仍然是将来对早期耶稣会的社会史做研究的基础。

在知识分子方面，孙尚扬在他1994年出版的书《基督教与明末儒学》中发表了其哲学观点。[3] 在此书的第一部分，孙仔细地分析了利玛窦作品中的基督教与儒学的综合；第二部分，他分主题追踪十七世纪时儒家的反应。孙总结说，正如利玛窦本人展示的那样，只有少部分人创造性地采用了基督教，要么为了治国之道、社会改革，或者个人的救赎。但为了保持传统文化和社会的稳定，大部分人反对这个外国文化。然而，这个稳定性却是以文化排外和仇外为代价的，致使十九世纪面对来自西方的非和平挑战时，中国完全没有准备。失去了利玛窦时期文化交流的和平窗口，中国遭遇了一个世纪的半殖民地的屈辱。[4]

当我们踏入二十一世纪时，如同经济改革第一次实施了"经济特区"一样，中国关于天主教传教史的学术研究早已超越了上个世纪三十和四十年代时期研究的局限，从艺术、数学、天文、宗教、哲学、音乐到语言，利玛窦研究成为显学。

在他逝世的四百周年纪念日，利玛窦不是孤独的：他的墓碑被抛光

---

[1] 林金水：《利玛窦与中国》，第284页。
[2] 林金水：《利玛窦与中国》，第285页。
[3] 孙尚扬：《基督教与明末儒学》，北京：东方出版社，1994年。
[4] 孙尚扬：《基督教与明末儒学》，第257—260页。

结　语

竖立,他的著作被再版,他的事迹被庆祝。台湾于 1983 年、意大利于 2002 年、澳门于 2006 年分别发行的三套邮票使耶稣会集邮者万分激动。[1] 台北、马切拉塔、旧金山和澳门的四个以他的名字命名的研究机构致力于中西文化交流和关于耶稣会中国传教的学术研究的支持。在庆祝他的众多学术会议、展览和出版中,我们应该记住利玛窦初来中国成名前的日子,那时的生活与他后来在南昌、南京和北京大受欢迎,中国士人争相拜访瞻仰"西儒",甚至挤垮门的情况形成对比。

几年前,在我刚开始这项研究时,曾拜访过肇庆,即耶稣会士们的第一个住所,正是在这里利玛窦度过了不愉快的七年。不懂广东话,且对自己的传教成绩很不满意的利玛窦和他的同伴们住在东门外西江边紧邻崇禧塔的一栋房子里。参观每一个历史古迹,走在仍然围绕着肇庆旧城的城墙上,我徒劳地寻找着利玛窦的遗迹。最大的书店新华书店里没有关于肇庆历史的书籍,当然亦没有关于利玛窦的。这个美丽的、曾经的广东省城,似乎在利玛窦离开、前往韶州的那一刻,就忘记了耶稣会士们。三天后,我前往渡轮码头启程回香港。在那里,在一时冲动下,在离开前,我从河边快速跑到崇禧塔。当我走到遮蔽着一些灰色作坊的低矮城墙转角时,壮观的佛塔出现在了我眼前。在左边我发现了一个小纪念碑。此碑由市政府立于 1998 年,用来纪念利玛窦曾经住过的耶稣会昔日住宅。

生活在远离家乡的陌生世界的利玛窦,剃着光头,穿着和尚的装束,被当地人鄙视为不懂当地语言的野蛮和尚。他应该为即使在肇庆他也不会被遗忘而感到安慰。

---

[1] 在这个网站 http://www.manresa-sj.org/stamps/home.htm 可以看到这些邮票的样本。我要感谢美国集邮协会(American Philatelic Society)的 Ellen Peachey 女士帮助我找到这些邮票的收藏点。

附录：

指控罗明坚通奸行为之判词

ARSJ　Jap-Sin. I‑198, fols. 183, 187

审得蔡一龙于九月廿五日,哄骗番僧宝石到省,意图重价勒赎。且因借陆于充本银八两,欲宝石私当抵偿。随充往省,寻见,问论前情。是充执回宝石,送道验明,发还本僧。此一龙解到本府,暂收仓监,唤僧面贤究惩。乃捏罗洪告词,称僧明坚与妻通奸,即指一龙写帖张挂口准。后虑本府审出真情,又诉匿名诈害。今据李主历回称：罗洪原（187）案住南门,与妻先期外躲。即是一龙供报详看,罗洪与明坚素无来往,何故将妻自污,告害番僧？况南门去本府颇远,以异言异服之僧,私往通奸,一路地方邻佑岂不窥见？即使潜迹,亦难逃于近处耳目。此中奸棍甚歹脱,一瞰知登时捉获,或送官,或吓诈,仍所不遂,而始待久出之夫告鸣耶？此俚人之所必无可知矣。今洪既不出官对俚,即是一龙捏名妄告,图泄私念无（183）疑。应将一龙问罪,仍追还陆于充本银八两,将一龙取问罪犯。

参 考 文 献

一、原始文献

Archivo General de Indias, Patronato 25, 22.
　　http://www.upf.es/fhuma/eeao/projectes/che/s16/roman.htm.
Archivum Romanum Societatis Iesu
　　Fondo Gesuitico, 723/5
　　Jap-Sin 10, II
　　Jap-Sin 101 I
　　Jap-Sin I 198
　　Lusitania 39
Bibliothèque Nationale de France, Chinois 1320, 7024, 9186.

二、古籍
1. 中文

艾儒略:《大西西泰利先生行迹》,钟鸣旦、杜鼎克编《耶稣会罗马档案明清天主教文献》第十二册,台北市:台北利氏学社,2002年。
陈昌齐编:《广东通志》,台北:华文书局,1968年。
单兴诗、额哲克编:《[同治]韶州府志》(1874),《中国地方志集成·广东府县志辑》,上海:上海书店出版社,2003年。
顾起元:《客坐赘语》,南京:凤凰出版社,2005年。
过庭训:《本朝分省人物考》,台北:成文出版社,1971年再版。
焦竑:《焦氏笔乘》,上海:上海古籍出版社,1986年。
焦竑:《焦氏澹园集》,台北:伟文图书出版社,1977年。
李国祥、杨昶编:《明实录类纂》(广东海南卷),武汉:武汉出版社,1993年。
李琼英、张颖超编:《明实录类纂》(宗藩贵戚卷),武汉:武汉出版社,1995年。

李应昇编:《白鹿书院志》(1622),见《白鹿洞书院古志五种》,北京:中华书局,1995年。
李贽:《李贽文集:焚书·续焚书》,北京:燕山出版社,1998年。
刘侗、于奕正:《帝京景物略》,上海:远东出版社,1997年。
刘重编:《明实录类纂》(职官任免卷),武汉:武汉出版社,1995年。
马元编:《曹溪通志》,《四库禁毁书丛刊补编》,北京:北京出版社,2005年。
马元编:《[康熙]韶州府志》,北京:书目文献出版社,1988年。
彭际清:《居士传》(1776),《新编卍字续藏经》,台北:新文丰出版公司,1994年再版。
沈德符:《万历野获编》,北京:京华出版社,2001年。
孙承泽:《春明梦余录》,香港:龙门书店,1965年。
王永瑞编:《[康熙]新修广州府志》,《北京图书馆古籍珍本丛刊》第39—40册,北京:书目文献出版社。
徐宗泽:《明清间耶稣会士译著提要》,北京:中华书局,1989年。
殷梦霞编:《[崇祯]肇庆府志》,《日本藏中国罕见地方志丛刊续编》第十二册,北京:北京图书馆出版社,2003年。
喻昧庵编:《新续高僧传四集》六十五卷,台北:琉璃经房,民国五十六年(1967)。
张廷玉:《明史》,北京:中华书局,1997年。
章潢:《图书编》,《文渊阁四库全书》第九百七十二册,第850—862页。
章潢编:《[万历]新修南昌府志》(1588),《日本藏中国罕见地方志丛刊》,北京:书目文献出版社,1990年。
朱维铮主编:《利玛窦中文著译集》,上海:复旦大学出版社,2001年。

2. 西文

Acosta, José de. *Obras*, Francisco Mateos, editor. Madrid: Ediciones Atlas, 1954.

Avisi particolari delle Indie di Portugallo ricevuti in questi doi anni del 1551 & 1552 da li reverendi padri della compagnia di Iesu. Rome, 1552.

Avisi particolari del avmento che Iddio da alla sua Chiesa Catolica nell'Indie, et spetialmente nelli Regni di Giappon con informatione della China, ricuuti dalle Padri della Compagna di Iesu, questo anno del 1558. Rome, 1558.

Cartas que os padres e irmãos da Companhia de Iesus escreuerão dos Reynos de Iapão & China aos da mesma Companhia da India, & Europa, des do anno de 1549 atè o de 1580, vol. II. Evora 1598/Maia 1997.

Colin, Francisco. *Labor Evangelica. Ministerios Apostolicos de los Obreros de la Compañia de Iesus, Fundacion, y Progressos de su Provincia en las Islas Filipinas*. Pablo Pastells, editor. 3 vols. Barcelona: Henrich y Co., 1900/1902.

De Christiana Expeditione apud Sinas. Suscepta ab Societate Jesu ex P. Matthaei Riccii eiusdem societatis commentariis libri V ad S. D. N. Paulum V in quibus Sinensis Regni mores, leges, atque instituta, & novae illius Ecclesiae difficillima primordia accurate & summa fide describuntur. Augsburg, 1615.

De Ursis, Sabatino. *P. Matheus Ricci S. J.: relação escripta pelo seu companheiro P. Sabatino de Ursis S. J.; publicação commemorative do terceiro centenario da sua morte*.

参考文献

Rome: Enrico Voghera, 1910.
Didaci Lainez Adhortationes, 1559. In *Fontes Narrativi de S. Ignatio de Loyola et de Societatis Iesu initiis*, vol. II, *Monumenta Historica Societatis Iesu*. Rome: IHSI, 1951.
Diversi avisi particolari dall'Indie di Portogallo, riceuuti dallanno 1551 sino al 1558, dalli Reuerendi padri della compagnia di Giesu, dove s'intende delli paesi, delle genti, & costumi loro, & la grande conuersione di molti popoli, che hanno riccuuto il lume della santa fede, & religione Christiana. Tradotti nuouamente dalla lingua Spagnuloa nella Italian. Venice, 1565.
Documenta Indica, 1540 – 1597, 18 volumes, editor, Joseph Wicki. Rome: MHSI, 1948 – 1988.
Fonti Ricciane. Matteo Ricci, Storia dell' Introduzione del Cristianesimo in Cina, 3 volumes. Pasquale D' Elia, editor. Rome: La Libreria dello Stato, 1942 – 1949.
Matteo Ricci Lettere (1580 – 1609). Francesco D' Arelli, editor. Macerata: Quodlibet, 2001.
Navarrete, Domingo Fernandez. *Tratados Historicos, Politicos, Ethicos y Religiosos de la Monarchia de China*. Madrid: Imprensa Real, 1676.
Novi avisi di piu lochi de l'India et massime de Brasil . . . doue chiaramente si puo intendere la conuersione di molte persone . . . Rome, 1553.
Opere Storiche del P. Matteo Ricci S. I., 2 volumes. Pietro Tacchi-Venturi, editor. Macerata: F. Giorgetti, 1913.
Pantoja, Diego de. *Relacion de la Entrada de algunos Padres de la Compañia de Iesus en la China, y particulars sucessos que tuvieron, y de cosas muy notables que vieron en el mismos Reyno*. Valencia: Juan Chrysostomo Garriz, 1606.
Ricci, Matteo. *Tianzhu Shiyi: The True meaning of the Lord of Heaven*. Douglas Lancashire and Peter Hu Guozhen, translators. St. Louis: Institute of Jesuit Sources, 1985.
Ricci, Matteo and Nicolas Trigault. *China in the Sixteenth Century. The Journals of Matthew Ricci: 1583 – 1610*. New York: Random House, 1953.
Tordesillas, Agustin de. *Relación de el viaje que hezimos en china nuestro hermano fray Pedro de Alpharo con otros tres frailes de la orden de Nuestro seraphico padre san Francisco de la prouincia de san Joseph etc*. 1578. Archivo de la Real Academia de la Historia, Velázques, tomo LXXV. Available at http://www.upf.es/fhuma/eeao/projectes/che/s16/tordes.htm, p. 13.

三、近人研究

1. 中文

陈宝良:《明代社会生活史》,北京:中国社会科学出版社,2004年。
陈卫平、李春勇:《徐光启评传》,南京:南京大学出版社,2006年。
樊树志:《万历传》,北京:人民出版社,1993年。
方豪:《中国天主教史人物传》三卷,香港:中华书局,1970年。
郭朋:《明清佛教》,福州:福建人民出版社,1982年。

郭朋:《中国佛教思想史》,福州:福建人民出版社,1994 年。
何孝荣:《明代南京寺院研究》,北京:中国社会科学出版社,2000 年。
黄一农:《两头蛇:明末清初的第一代天主教徒》,新竹:清华大学出版社,2005 年。
蓝吉富:《佛教史料学》,台北:东大图书公司,1997 年。
冷东:《叶向高与明末政坛》,汕头:汕头大学出版社,1996 年。
林金水:《利玛窦与中国》,北京:中国社会科学出版社,1996 年。
沈新林编:《明代南京学术人物传》,南京:南京大学出版社,2004 年。
释圣严:《明末佛教研究》,台北:东初出版社,1987 年。
孙尚扬:《基督教与明末儒学》,北京:东方出版社,1994 年。
魏道儒:《中国华严宗通史》,南京:江苏古籍出版社,2001 年。
夏伯嘉:《利玛窦与章潢》,田浩编《为了文化与历史的追索:余英时教授八秩寿庆论文集》,台北:联经出版社,2009 年,第 727—749 页。
夏伯嘉:《天主教与明末社会:崇祯朝龙华民山东传教的几个问题》,《历史研究》,2009 年 2 月,第 51—67 页。
张彬村:《美洲白银与妇女贞节:1603 年马尼拉大屠杀的前因与后果》,朱德兰编《中国海洋发展史论文集》第八辑,台北:中研院中山人文社会科学研究所,2002 年,第 295—326 页。
张铠:《庞迪我与中国》,北京:北京图书馆出版社,1997 年。

2. 西文

Alden, Dauril. *The Making of an Enterprise. The Society of Jesus in Portugal, Its Empire, and Beyond 1540 – 1750.* Stanford: Stanford University Press, 1996.

Andreotti, Giulio. *Un gesuita in Cina (1552 – 1610): Matteo Ricci dall' Italia a Pechino.* Milan: Rizzoli, 2001.

Atti e memorie del convegno di geografi-orientalisti tenuto in Macerato il 25 – 27 settembre 1910. Macerata, 1911.

Barreto, Luis Filipe. *Macau: Poder e Saber. Séculos XVI e XVII.* Lisbon: Editorial Presença, 2006.

Bernard, Henri. *L' apport scientifique du P. M. Ricci à la Chine.* Tianjin: Mission de Tianjin, 1935.

Bernard, Henri. *Le Père Matthieu Ricci et la société chinoise de son temps 1552 – 1610*, 2 volumes. Tianjin: Hautes Études, 1937.

Billings, Timothy. *On Friendship: One Hundred Maxims for A Chinese Prince.* New York: Columbia University Press, 2009.

Borao, José Eugenio. "The Massacre of 1603." *Itinerario* 22:1 (1998), pp. 22 – 40.

Boxer, C. R. editor. *South China in the Sixteenth Century.* London: The Hakluyt Society, 1953.

Boxer, Charles. *The Church Militant and Iberian Expansion 1440 – 1770.* Baltimore: Johns Hopkins University Press, 1978.

Brockey, Liam M. *Journey to the East. The Jesuit Mission to China, 1579 – 1724.* Cambridge, MA: Harvard University Press, 2007.

参考文献

Brook, Timothy. *Praying for Power. Buddhism and the Formation of Gentry Society in Late-Ming China*. Cambridge, MA: Harvard University Press, 1993.

Chan, Albert S. J. "Michele Ruggieri, S. J. (1543 – 1607) and his Chinese Poems." *Monumenta Serica* 41 (1993), pp. 129 – 176.

Chang, Pin-tsun (Zhang Bincun). "Chinese Maritime Trade. The Case of 16th Century Fuchien." Ph. D dissertation, Princeton, 1983.

Ch'ien, Edward T. *Chiao Hung and the Restructuring of Neo-Confucianism in the Late Ming*. New York: Columbia University Press, 1986.

Coelho, António Borges *Inquisição de Évora 1533 – 1668*. Lisbon: Caminho, 2002.

Cook, Francis H. *Hua-yen Buddhism. The Jewel Net of Indra*. University Park, PA: Penn State University Press, 1977.

Cronin, Vincen. *The Wise Man from the West. The True Story of the Man who first brought Christianity to Fabled Cathay*. New York: Image Books, 1955.

Cummins, J. S., editor. *The Travels and Controversies of Friar Domingo Navarrete 1618 – 1686*, 2 vols. Cambridge: Cambridge University Press, 1962.

Daly, Lloyd W, trans. *Aesop without Morals*. New York/London: Thomas Yoseloff, 1961.

Delumeau, Jean. *Vie économique et sociale de Rome dans la seconde moitié du XVIe siècle*. 2 volumes. Paris: de Boccard, 1957.

Elman, Benjamin A. *A Cultural History of Civil Examinations in Late Imperial China*. Berkeley: University of California Press, 2000.

Fonseca N., T. A. Santos, and F. Castro, "Study of the intact stability of a Portuguese Nau from the early XVII century," in *Martime Transportation and Exploitation of Ocean and Coastal Resources*, eds., Guedes Soares et al. (London: Taylor & Francis, 2005), pp. 841 – 849.

Fontana, Michela. *Matteo Ricci: un gesuita alla corte dei Ming*. Milan: Mondadori, 2005.

Gallagher, Louis J. *The China that was: China as discovered by the Jesuits at the Close of the 16th Century*. Milwaukee: Bruce, 1942.

Gernet, Jacques. *China and the Christian Impact: A conflict of cultures*. Cambridge: Cambridge University Press, 1985.

Gernet, Jacques. *Chine et christianisme. La première confrontation*. Paris: Gallimard, 1982.

Gerritsen, Anne. *Ji'an Literati and the Local in Song-Yuan-Ming China*. Leiden: Brill, 2007.

Hauf, Kandice J. "The Jiangyou group: Culture and society in sixteenth century China." Ph. D dissertation, Yale 1987.

He, Bingdi. *The Ladder of Success in Imperial China: Aspects of Social Mobility 1368 – 1911*. New York: Columbia University Press, 1962.

Hsia, R. Po-chia. "Christian Conversion in Late Ming China: Niccolo Longobardo in Shangdong." In *The Medieval History Journal* 12: 2 (2009), pp. 275 – 301.

Hsia, R. Po-chia. "Dreams and Conversions: A Comparative Analysis of Catholic and Buddhist Dreams in Ming and Qing China: Part I". *Journal of Religious History*, 29: 3

(October 2006), pp. 223-240.
Hsia, R. Po-chia. "Fürstenkonversionen in China." In *Konversionen zum Katholizismus inder Frühen Neuzeit*, edited by Dieter Bauer, Wolfgang Behringer, and Eric-Oliver Mader. forthcoming.
Hsia, R. Po-chia. "Mission und Konfessionalisierung in Übersee," in *Die Katholische Konfessionalisierung*, eds., Wolfgang Reinhard and Heinz Schilling (Münster: Aschendorff, 1995), p. 158.
Hsia, R. Po-chia. "Valignano e Cina," in *Alessandro Valignano. S. I. Uomo del Rinascimento: Ponte tra Oriente e Occidente*, pp. 102-103.
Jami, Catherine, Peter Engelfriet, and Gregory Blue, eds. *Statecraft and Intellectual Renewal in Late Ming China. The Cross-Cultural Synthesis of Xu Guangqi (1562 - 1633)*. Leiden: Brill, 2001.
Lattis, James M. *Between Copernicus and Galileo. Christopher Clavius and the collapse of Ptolemaic Cosmology*. Chicago: University of Chicago Press, 1994.
Linschoten, Johann Huighen van. *John Huighen van Linschoten. His Discours of voyages into ye Easte & West Indies* (London: John Wolfe, 1598).
Lippiello, Tiziana and Roman Malek, editors. "*Scholar from the West*". *Giulio Aleni S. J. (1582 - 1649) and the Dialogue between Christianity and China*. Nettetal: Steyler, 1997.
Loureiro, Rui Manuel, editor. *Em Busca das Origens de Macau (Antologia documental)*. Lisbon: Grupo de Trabalho do Ministéro da Educação para as comemorações dos descobrimentos Portugueses, 1996.
Ma, Tai-loi. "Private Academies in Ming China (1368-1644). Historical Development, Organization and Social Impact." Ph. D dissertation, University of Chicago, 1987.
Malatesta, Edward and Guo Zhiyu, editors. *Departed, yet present: Zhalan, the Oldest Christian Cemetery in Beijing*. Macau/San Francisco: Instituto Cultural de Macau/Ricci Institute, 1995.
Mauro, Frédéric. *Le Portugal et L' Atlantique au XVIIe siècle (1570-1670). Étude économique*. Paris: SEVPEN, 1960.
Martin, Gregory. *Roma Sancta*. George Bruner Parks, editor. Rome: Edizioni di Storia e Letteratura, 1969.
Montaigne, Michel de. *The Complete Works*. Translated by Donald M. Frame. New York: Alfred A. Knopf, 2003.
Monumenta Sinica, vol. I (1546-1562). John W. Witek and Joseph S. Sebes, editors. Rome: IHIS, 2002.
Meskill, John, *Academies in Ming China. A Historical Essay*. Tucson: University of Arizona Press, 1982.
Mignini, Filippo. *Matteo Ricci. Il chiosco delle fenici*. Ancona: il lavoro editoriale, 2004.
Nebgen, Christoph. *Missionarsberufungen nach Übersee in drei Deutschen Provinzen der Gesellschaft Jesu im 17. Und 18. Jahrhundert*. Regensburg: Schnell/Steiner, 2007.

参 考 文 献

Needham, Joseph. *Chinese Astronomy and the Jesuit Mission: An Encounter of Cultures*. London: The China Society, 1958.

Needham, Joseph. *The Shorter Science and Civilisation in China*, vol. 1. Cambridge: Cambridge University Press, 1978.

Needham, Joseph and Wang Ling. *Heavenly Clockwork. The Great Astronomical Clocks of Medieval China*. Cambridge: Cambridge University Press, 1960.

Ollé, Manel. *La invencion de China: percepciones y estrategias Filipinas respect a China durante el siglo XVI*. Wiesbaden: Harrassowitz, 2000.

Pavur, Claude S. J, translator. *The Ratio Studiorum: The Official Plan for Jesuit Education*. St. Louis: Institute of Jesuit Sources, 2005.

Pires, Benjamin Videira. *A Viagem de Comérico Macau-Manila nos séculos XVI a XIX*. Macau: Museu Maritimo de Macau, 1994.

Ricciardolo, Gaetano. *Oriente e Occidente negli scritti di Matteo Ricci*. Naples: Chirico, 2003.

Roscioni, Gian Carlo. *Il desiderio delle Indie. Storie, sogni e fughe di giovani gesuiti italiani*. Turin: Einaudi, 2001.

Saraiva, A. J. *Inquisição e cristãos novos*. Porto: Inova, 1969.

Saunders, A. C. de C. M. *A social history of black slaves and freedmen in Portugal 1441 – 1555*. Cambridge: Cambridge University Press, 1982.

Shih, Joseph S. J. *Le Pere Ruggieri et le problem de l' evangelisation en China*. Rome: Pontificiae Universitatis Gregorianae, 1964.

Sinica Franciscana, vol. II. *Relationes et Epistolas Fratrum Minorum Saeculi XVI et XVII*. Anastasius van den Wyngaert, editor. Florence: Collegium S. Bonaventurae, 1933.

Spence, Jonathan D. *The memory palace of Matteo Ricci*. New York: Viking penguin, 1984.

Standaert, Nicolas and Adrian Dudink, editors. *Chinese Christian Texts from the Roman Archives of the Society of Jesus*, 12 volumes. Taipei: Ricci Institute, 2002.

Storey, Tessa, *Carnal Commerce in Counter-Reformation Rome*. Cambridge: Cambridge University Press, 2008.

Standaert, Nicolas, editor. *Handbook of Christianity in China Volume One: 635 – 1800*. Leiden: Brill, 2001.

Turner, Rossella. "La figura e l'opera di Michele Ruggieri, S. J. Missionario Gesuita in Cina." Tesi di Laurea in storia e civiltà dell' Estremo Oriente. Naples: Istituto universitario Orientale Napoli, 1984.

Villoslada, Riccardo G. *Storia del Collegio Romano dal suo inizio (1551) alla soppressione della Compagnia di Gesù (1773)* (= *Analecta Gregoriana*, vol. LXVI). Rome: Gregorian University Press, 1954.

Wicki, Josef. "As Relações de Viagens dos Jesuítas na Carreira das Naus da India de 1541 a 1598," in Luís de Albuquerque and Inácio Guerreiro, editors. *II Seminário Internacional de História Indo-Portugues*. Lisbon: IICT-CEHCA, 1985, pp. 3 – 17.

Wicki, Josef. "Der einheimische Klerus in Indien (16. Jahrhundert)," in Johannes

Beckmann, editor. *Der Einheimische Klerus in Geschichte und Gegenwart* (= *Neue Zeitschrift für Missionswissenschaft* Supplementa II). Schöneck-Beckenried: NZM, 1950, pp. 17 - 72.

Witek, John. *Dicionário Português-Chinês = Pu Han ci dian = Portuguese Chinese Dictionary*. San Francisco: Ricci Institute, 2001.

Yerushalmi, Yosef Hayim. *The Lisbon Massacre of 1506 and the Royal Image in the Shebet Yehudah*. Cincinnati: Hebrew Union College, 1976.

Yü, Chün-fang. *Kuan-yin: The Chinese Transformation of Avalokitesvara*. New York: Columbia University Press, 2001.

Zupanov, Ines G. *Missionary Tropics. The Catholic Frontier in India* ($16^{th} - 17^{th}$ *Centuries*). Ann Arbor: University of Michigan Press, 2005.

Zürcher, Erik. "Giulio Aleni's Chinese Biography"; Dudink, Adrian. "Giulio Aleni and Li Jiubiao." In "*Scholar from the West*". *Giulio Aleni S. J.* (*1582 - 1649*) *and the Dialogue between Christianity and China*, pp. 85 - 200. Edited by Tiziana Lippiello and Roman Malek. Nettetal: Steyeler, 1997.

复旦文史丛刊（精装版）

《动物与中古政治宗教秩序》　　　　　　陈怀宇　著
《利玛窦：紫禁城里的耶稣会士》　　　　〔美〕夏伯嘉　著
　　　　　　　　　　　　　　　　　　　向红艳　李春圆　译　董少新　校

《朝鲜燕行使与朝鲜通信使：使节视野中的中国·日本》
　　　　　　　　　　　　　　　　　　　〔日〕夫马进　著　伍跃　译

《禅定与苦修：关于佛传原初梵本的发现和研究》　刘震　著

《从万国公法到公法外交：晚清国际法的传入、诠释与应用》
　　　　　　　　　　　　　　　　　　　林学忠　著

《中国近代科学的文化史》　　　　　　　〔美〕本杰明·艾尔曼　著
　　　　　　　　　　　　　　　　　　　王红霞　姚建根　朱莉丽　王鑫磊　译

《礼仪的交织：明末清初中欧文化交流中的丧葬礼》
　　　　　　　　　　　　　　　　　　　〔比利时〕钟鸣旦　著　张佳　译

《宋代民众祠神信仰研究》　　　　　　　皮庆生　著
《形神之间：早期西洋医学入华史稿》　　董少新　著
《明末江南的出版文化》　　　　　　　　〔日〕大木康　著　周保雄　译
《日本佛教史：思想史的探索》　　　　　〔日〕末木文美士　著　涂玉盏　译
《东亚的王权与思想》　　　　　　　　　〔日〕渡边浩　著　区建英　译